淮南子用韻考

張雙棣 著

商務印書館
2010年·北京

圖書在版編目(CIP)數據

淮南子用韻考/張雙棣著.—北京:商務印書館,2010
ISBN 978-7-100-06604-4

Ⅰ.淮… Ⅱ.張… Ⅲ.①雜家—中國—西漢時代②淮南子—音韻學—研究 Ⅳ.B234.45 H11

中國版本圖書館 CIP 數據核字(2010)第 034500 號

所有權利保留。
未經許可,不得以任何方式使用。

HUÁINÁNZǏ YÒNGYÙNKǍO
淮 南 子 用 韻 考
張雙棣 著

商 務 印 書 館 出 版
(北京王府井大街36號 郵政編碼 100710)
商 務 印 書 館 發 行
北京瑞古冠中印刷廠印刷
ISBN 978-7-100-06604-4

2010 年 3 月第 1 版　　開本 850×1168 1/32
2010 年 3 月北京第 1 次印刷　印張 13⅜

定價:27.00 圓

目　　錄

一　《淮南子》韻例 ·· 2

　（一）韻語的分佈 ·· 2

　　1. 排比句用韻 ··· 2

　　2. 對偶句用韻 ··· 3

　　3. 較整齊的句子用韻 ······································· 3

　　4. 不很整齊的句子用韻 ····································· 3

　　5. 引用諺語 ··· 4

　　6. 引用古籍韻語 ··· 4

　（二）韻在句中的位置 ·· 4

　　1. 句尾韻 ··· 4

　　2. 句中句尾韻 ··· 7

　　3. 句首句尾韻 ··· 7

　（三）韻在韻段中的位置 ······································ 8

　　1. 句句韻 ··· 8

　　2. 非句句韻 ··· 9

　　3. 換韻 ·· 13

二　《淮南子》用韻分析 ·· 15

　（一）獨韻分析 ··· 15

　　1. 陰聲韻 ·· 15

    2. 入聲韻 ……………………………………… 18
    3. 陽聲韻 ……………………………………… 20
  (二) 通韻分析 …………………………………… 24
    1. 陰入通韻 …………………………………… 25
    2. 陰陽通韻 …………………………………… 25
    3. 陽入通韻 …………………………………… 25
    4. 陰陽入通韻 ………………………………… 26
  (三) 合韻分析 …………………………………… 26
    1. 陰聲合韻 …………………………………… 26
    2. 入聲合韻 …………………………………… 27
    3. 陽聲合韻 …………………………………… 28
    4. 混合合韻 …………………………………… 29
  (四) 入韻字表 …………………………………… 44
    1. 陰聲韻 ……………………………………… 44
    2. 入聲韻 ……………………………………… 45
    3. 陽聲韻 ……………………………………… 47
  (五) 歸字說明 …………………………………… 48
    1. 陰聲韻字 …………………………………… 48
    2. 入聲韻字 …………………………………… 53
    3. 陽聲韻字 …………………………………… 54

三 《淮南子》韻譜 ………………………………… 57
  (一) 獨韻 ………………………………………… 57
    1. 陰聲韻 ……………………………………… 57
    2. 入聲韻 ……………………………………… 69
    3. 陽聲韻 ……………………………………… 76

（二）通韻 …………………………………………… 88
    1. 陰入通韻 ………………………………………… 88
    2. 陰陽通韻 ………………………………………… 94
    3. 陽入通韻 ………………………………………… 98
    4. 陰陽入通韻 …………………………………… 101
（三）合韻 ……………………………………………… 102
    1. 陰聲合韻 ……………………………………… 102
    2. 入聲合韻 ……………………………………… 112
    3. 陽聲合韻 ……………………………………… 117
    4. 混合合韻 ……………………………………… 129
四 《淮南子》韻讀 ……………………………………… 134

《淮南子》是漢初的一部重要典籍,是繼《吕氏春秋》之後集先秦諸子之大成而又有所發展的一部大書,對於研究中國古代文明有著十分重要的價值。《淮南子》的作者劉安博學多聞,擅長辭賦,曾旦夕之間完成《離騷賦》。《淮南子》雖是一部散文體的著作,但駢散相間,有相當多的韻語。這些韻語,反映了漢初語音的面貌,是研究漢初語音的非常可貴的資料。清儒王念孫曾作《淮南子韻譜》,因未最後完成,始終没有刻印,稿藏北大圖書館。王譜是未完成之初稿,有嫌簡略,因此有進一步考察的必要。同時需要對它作分析研究,從而看出《淮南子》用韻的特點。①

---

① 本書《淮南子》底本為本人據道藏本所校訂之《淮南子校釋》本。

一　《淮南子》韻例

研究《淮南子》的用韻情況，首先要確定它的韻例。駢麗語言固然多有押韻，散句也有相當多押韻的情況，所以必須全面考察。

（一）韻語的分佈

《淮南子》共 21 篇，有些篇駢麗語多些，韻語也就多些，如《原道》等；有些散句多些，韻語也就少些，分佈不很均勻。

1. 排比句用韻

《原道》："日月以之明，星歷以之行，麟以之遊，鳳以之翔。"（"明、行、翔"陽部）

《原道》："無形而有形生焉，無聲而五音鳴焉，無味而五味形焉，無色而五色成焉。"（"生、鳴、形、成"耕部）

《天文》："四時者，天之吏也；日月者，天之使也；星辰者，天之期也；虹蜺彗星者，天之忌也。"（"吏、使、期、忌"之部）

《繆稱》："欲知天道察其數，欲知地道物其樹，欲知人道從其欲。"（"數、樹、欲"侯屋通韻）

《齊俗》："鉛不可以為刀，銅不可以為弩，鐵不可以為舟，木不可以為釜。"（"弩、釜"魚部）

《齊俗》："望我而笑，是攓也；談語而不稱師，是返也；交淺

而言深,是亂也。"("攓、返、亂"元部)

2. 對偶句用韻

《原道》:"萬物有所生而獨知守其根,百事有所出而獨知守其門。"("根、門"文部)

《主術》:"上好取而無量,下貪狠而無讓。"("量、讓"陽部)

《繆稱》:"人以其所願於上以與其下交,誰弗載?以其所欲於下以事其上,誰弗喜?"("載、喜"之部)

《兵略》:"或將眾而用寡者,勢不齊也;將寡而用眾者,用力諧也。"("齊、諧"脂部)

3. 較整齊的句子用韻

《俶真》:"若夫神無所掩,心無所載,通洞條達,恬漠無事,無所凝滯,("達、滯"月部)虛寂以待。"("載、事、待"之部)

《時則》:"日窮於次,月窮於紀,星周於天,歲將更始,令靜農民,無有所使。"("紀、始、使"之部)

有時,若干較整齊的句子相鄰用韻。如:

《兵略》:"止如丘山,發如風雨,所凌必破,靡不毀沮,動如一體,莫之應圉。是故傷敵者眾,而手戰者寡矣。"("雨、沮、圉、寡"魚部)

《說山》:"夫照鏡見眸子,微察秋毫,明照晦冥。故和氏之璧,隨侯之珠,出於山淵之精,君子服之,順祥以安寧,侯王寶之,為天下正。"("冥、精、寧、正"耕部)

4. 不很整齊的句子用韻

《俶真》:"夫人之拘於世也,必形繫而神泄,故不免於虛。

使我可係羈者,必其有命在於外也。"("世、泄、羈、外"月歌通韻)

《覽冥》:"魯陽公與韓搆難,戰酣日暮,援戈而撝之,("難、撝"元歌通韻)日為之反三舍。("暮、舍"鐸魚通韻)"

《氾論》:"譬猶師曠之施瑟柱也,所推移上下者無寸尺之度,而靡不中音,故通於禮樂之情者能作。"("度、作"鐸部)

5. 引用諺語

《齊俗》:"故諺曰:'鳥窮則噣,獸窮則觢,人窮則詐。'"("噣、觢、詐"屋鐸合韻)

6. 引用古籍韻語

《本經》:"《詩》云:'不敢暴虎,不敢馮河,人知其一,莫知其他。'"("河、他"歌部)

《繆稱》:"《易》曰:'即鹿無虞,惟入于林中。君子幾不如舍,("虞、舍"魚部)往吝。'"

《繆稱》:"故《傳》曰:'魯酒薄而邯鄲圍,羊羹不斟而宋國危。'"("圍、危"微歌合韻)

《道應》:"故老子曰:'多言數窮,不如守中。'"("窮、中"冬部)

(二) 韻在句中的位置

1. 句尾韻

《淮南子》用韻,一般都是句尾韻。如:

《主術》:"吞舟之魚,蕩而失水,則制於螻蟻,離其居也。

猨狖失木,而擒於狐狸,非其處也。"("居、處"魚部)

《詮言》:"不為始,不專己,循天之理;("始、己、理"之部)不豫謀,不棄時,與天為期;("謀、時、期"之部)不求得,不辭福,從天之則。("得、福、則"職部)"

句有大句、小句之別,有的是大句句尾韻,如上例一;有的是小句句尾韻,如上例二。大句句尾入韻時,有時其中各小句不入韻。如:

《齊俗》:"夫敗軍之卒,勇武遁逃,將不能止也;勝軍之陳,怯者先行,懼不能走也。"("止、走"之侯合韻)

《氾論》:"秦穆公出遊而車敗,右服失馬,野人得之。穆公追而及之岐山之陽,野人方屠而食之。"("得、食"職部)

有的不但大句句尾入韻,各大句中小句句尾各自入韻。如:

《道應》:"夫爵賞賜予,民之所好也,("予、好"魚幽合韻)君自行之;殺戮刑罰,民之所怨也,("罰、怨"月元通韻)臣請當之。("行、當"陽部)"

有的大句句尾入韻,而某些小句句尾也隨大句句尾入韻。如:

《時則》:"行春令,則其國乃旱,陽氣復還,五穀無實;行夏令,則冬多火災,寒暑不節,民多瘧疾。"("實、節、疾"質部)

句尾韻一類,有時有虛字尾。如:

兮字尾:《原道》:"忽兮怳兮,不可為象兮;("怳、象"陽部)怳兮忽兮,用不屈兮。("忽、屈"物部)幽兮冥兮,應無形兮;("冥、形"耕部)遂兮洞兮,不虛動兮。("洞、動"東部)"

也字尾:《俶真》:"夫大寒至,霜雪降,然後知松栢之茂也。據難履危,利害陳於前,然後知聖人之不失道

也。"("茂、道"幽部)

之字尾:《俶真》:"是故生不足以使之,利何足以動之？死不足以禁之,害何足以恐之？"("動、恐"東部)

矣字尾:《齊俗》:"是故仁義立而道德遷矣,禮樂飾則純樸散矣。"("遷、散"元部)

乎字尾:《精神》:"人之耳目曷能久熏勞而不息乎？精神何能久馳騁而不既乎？"("息、既"職物合韻)

焉字尾:《俶真》:"冥冥之中獨見曉焉,寂漠之中獨有照焉。"("曉、照"宵部)

也有混合虛字尾。如：

《俶真》:"是故神者,智之淵也,(淵)[神]清則智明也。智者,心之府也,智公則心平矣。"("明、平"陽耕合韻)

也有虛字入韻的。如：

《俶真》:"夫聖人量腹而食,度形而衣,節於己而已,貪汙之心,奚由生哉！"("食、已、哉"之職通韻)

《泰族》:"豈獨形骸有瘖聾哉,心志亦有之。"("哉、之"之部)

還有雙虛字尾。如：

《說山》:"明其火者,所以爝而致之也；芳其餌者,所以誘而利之也。"("致、利"質部)

《主術》:"國之所以存者,仁義是也；人之所以生者,行善是也。"("義、善"歌元通韻)

例一是"之也"為雙虛字尾,除"致、利"押質部外,也可以認為"之、之"押之部,"也、也"押歌部。例二是"者也"雙虛字尾,除"義、善"歌元通韻外,"是、是"押支部,"也、也"押歌部。這種情況或稱之為富韻。

還有不同虛字尾也入韻,加上原有入韻字,也是一種富韻。如:

《說林》:"非有事焉,所緣使然。"("事、使"之部)
這裏"事、使"押之部,"焉、然"押元部。

2. 句中句尾韻

《原道》:"不在於彼而在於我,("彼、我"歌部)不在於人而在於我身。("人、身"真部)"

《本經》:"洞然無為而天下自和,("為、和"歌部)澹然無欲而民自樸。("欲、樸"屋部)"

《主術》:"是以上多故則下多詐,("故、詐"魚鐸通韻)上多事則下多態。("事、態"之部)"

《繆稱》:"根淺則末短,("淺、短"元部)本傷則枝枯。("傷、枯"陽魚通韻)"

《兵略》:"因其飢渴凍暍,("渴、暍"月部)勞倦息亂,("倦、亂"元部)恐懼窘步。("懼、步"魚鐸通韻)"

《說山》:"以清入濁必困辱,("濁、辱"屋部)以濁入清必覆傾。("清、傾"耕部)"

《說山》:"故玉在山而草木潤,("山、潤"元真合韻)淵生珠而岸不枯。("珠、枯"侯魚合韻)"

3. 句首句尾韻

《氾論》:"惑於財利之得,("惑、得"職部)而蔽於死亡之患也。("蔽、患"月元通韻)"

《泰族》:"功約,易成也;("功、成"東耕合韻)事省,易治也。("事、治"之部)"

(三) 韻在韻段中的位置

1. 句句韻

二句段：

《原道》："生萬物而不有,成化象而弗宰。"("有、宰"之部)

《氾論》："物動而知其反,事萌而察其變。"("反、變"元部)

四句段：

《覽冥》："故聖若鏡,不將不迎,應而不藏,故萬化而無傷。"("鏡、迎、藏、傷"陽部)

《氾論》："故萇弘知天道而不知人事,蘇秦知權謀而不知禍福,徐偃王知仁義而不知時,大夫種知忠而不知謀。"("事、福、時、謀"之職通韻)

句句韻中也有些很特別的情況,分別敍述。

大句句尾押韻,大句中每個小句相對應的部位押韻。如：

《主術》："故皋陶瘖而為大理,天下無虐刑,有貴於言者也。師曠瞽而為太宰,("理、宰"之部)晉無亂政,("刑、政"耕部)有貴於見者也。("言、見"元部)

《原道》："所謂天者,純粹樸素,質直皓白,未始有與雜糅者也。所謂人者,("天、人"真部)偶睒智故,("素、故"魚部)曲巧偽詐,("白、詐"鐸部)所以俛仰於世(人)而與俗交者也。("糅、交"幽宵合韻)"

這裏,兩個對應的句子的對應部位押韻。例一大句句尾"言、見"押元部,二大句中相應的部位"理、宰"押之部,"刑、政"押耕部。例二二大句中相應部位押韻,"天、人"真部,"素、故"魚部,"白、詐"鐸部,"糅、交"幽宵合韻。還可以認為"天、人"、"糅、交"之外,每個大句中的小句各自為韻,"素、白""故、詐"皆魚鐸通韻。《淮南子》用韻之妙,有似天籟。

兩大句中相應位置押韻,同時,其中某相應小句的首尾又押韻。如:

《原道》:"其全也,純兮若樸;其散也,混兮若濁。"("全、散"元韻,"純、混"文部,"樸、濁"屋部)

這裏,對比句中,各自的前一小句押韻,後一小句首字與首字押韻,尾字與尾字押韻,十分整齊。

2. 非句句韻

非句句入韻的情況較為複雜,分別敍述如下:
(1)偶句入韻
四句段:

《原道》:"累之而不高,墮之而不下,益之而不眾,損之而不寡。"("下、寡"魚部)

《主術》:"天氣為魂,地氣為魄。反之玄房,各處其宅。"("魄、宅"鐸部)

六句段:

《原道》:"卓然獨立,塊然獨處;上通九天,下貫九野;員不中規,方不中矩。"("處、野、矩"魚部)

《俶真》:"若夫神無所掩,心無所載,通洞條達,恬漠無事,無所凝滯,虛寂以待。"("載、事、待"之部)

八句段：

《原道》："故音者，宮立而五音形矣；味者，甘立而五味亭矣；色者，白立而五色成矣；道者，一立而萬物生矣。"（"形、亭、成、生"耕部）

《齊俗》："江南河北不能易其指，馳騖千里不能易其處。趨舍禮俗，猶室宅之居也。東家謂之西家，西家謂之東家，雖皋陶為之理，不能定其處。"（"處、居、家、處"魚部）

十句段：

《道應》："吾知道之可以弱，可以強；可以柔，可以剛；可以陰，可以陽；可以窈，可以明；可以包裹天地，可以應待無方。"（"強、剛、陽、明、方"陽部）

《脩務》："湯夙興夜寐，以致聰明；輕賦薄斂，以寬民氓；布德施惠，以振困窮；弔死問疾，以養孤孀；百姓親附，政令流行。"（"明、氓、窮、孀、行"陽冬合韻）

十二句段：

《人間》："故蔡女蕩舟，齊師大侵楚。兩人搆怨，廷殺宰予，簡公遇殺，身死無後，陳氏代之，齊乃無呂。兩家鬭雞，季氏金距，郈公作難，魯昭公出走。"（"楚、予、後、呂、距、走"魚侯合韻）

二十句段：

《地形》："自東北方曰和丘，曰荒土；東方曰棘林，曰桑野；東南方曰大窮，曰眾女；南方曰都廣，曰反戶；西南方曰焦僥，曰炎土；西方曰金丘，曰沃野；西北方曰一目，曰沙所；北方曰積冰，曰委羽。凡八紘之氣，是出寒暑，以合八正，必以風雨。"（"土、野、女、戶、土、野、所、羽、暑、雨"魚部）

有首句入韻的。如：

《原道》："故聖人不以人滑天，不以欲亂情，不謀而當，不言而信，不慮而得，不為而成，精通於靈府，與造化者為人。"（"天、情、信、成、人"真耕合韻）

(2) 奇句入韻

三句段：

《時則》："毋行水，毋發藏，毋釋罪。"（"水、罪"微部）

四句段：

《原道》："是故禹之決瀆也，因水以為師；神農之播穀也，（"瀆、穀"屋部）因苗以為教。"

五句段：

《原道》："泰古二皇，得道之柄，立於中央，神與化遊，以撫四方。"（"皇、央、方"陽部）

《主術》："且夫不治官職，而被甲兵，不隨南畝，而有賢聖之聲者，非所以都於國也。"（"職、畝、國"職之通韻）

六句段：

《齊俗》："故日月欲明，浮雲蓋之；河水欲清，沙石濊之；人性欲平，（"明、清、平"陽耕合韻）嗜欲害之。"

(3) 奇偶混合入韻

三句段：

《覽冥》："故召遠者使無為焉，親近者使無事焉，惟夜行者為能有之。"（"事、有"之部）

四句段：

《覽冥》："夫全性保真，不虧其身，遭急迫難，精通於天。"（"真、身、天"真部）

《齊俗》："故凡將舉事,必先平意清神;神清意平,物乃可正。"("神、平、正"真耕合韻)

《齊俗》："王子比干非不知箕子被髮佯狂以免其身也,然而樂直行盡忠以死節,故不為也;伯夷、叔齊非不能受祿任官以致其功也,然而樂離世伉行以絕眾,故不務也;許由、善卷非不能撫天下、寧海內以德民也,然而羞以物滑和,故弗受也;豫讓、要離非不知樂家室安妻子以偷生也,然而樂推誠行必以死主,故不留也。"("務、受、留"侯幽合韻)

五句段:

《時則》："冬正將行,必弱以強,必柔以剛,權正而不失,萬物乃藏。"("行、強、剛、藏"陽部)

《齊俗》："道之得也,以視則明,以聽則聰,以言則公,以行則從。"("明、聰、公、從"陽東合韻)

《氾論》："當於世事,得於人理,順於天地,祥於鬼神,則可以正治矣。"("事、理、治"之部)

六句段:

《氾論》："故東面而望,不見西牆;南面而視,不覩北方。唯無所嚮者,則無所不通。"("望、牆、方、嚮、通"陽東合韻)

《氾論》："子之譽,日聞吾耳,察子之事,田野蕪,倉廩虛,("譽、耳、事、蕪、虛"魚之合韻)囹圄實。"

七句段:

《原道》："是故不以康為樂,不以慊為悲,不以貴為安,不以賤為危,形神氣志,各居其宜,以隨天地之所為。"("悲、危、宜、為"微歌合韻)

《道應》："形若槁骸,心如死灰,真實知,不以故自持。墨墨

恢恢,無心可與謀。彼何人哉?"("骸、灰、持、恢、謀、哉"之部)
十句段:

《泰族》:"天地所包,陰陽所嘔,雨露所濡,以生萬[殊](物),瑤碧玉珠,翡翠玳瑁,文彩明朗,潤澤若濡,摩而不玩,久而不渝。"("嘔、濡、殊、珠、濡、渝"侯部)

3. 換韻

一個韻段中,有時不止押一次韻,這就要換韻。換韻的情況,有多種多樣,有一般的換韻,也有所謂交韻、抱韻等,下面分別敍述。

(1)一般換韻

《原道》:"泰古二皇,得道之柄,立於中央,神與化游,以撫四方。("皇、央、方"陽部)是故能天運地滯,輪轉而無廢,("滯、廢"月部)水流而不止,與萬物終始。("止、始"之部)風興雲蒸,事無不應。("蒸、應"蒸部)雷聲雨降,並應無窮。("降、窮"冬部)鬼出電入,龍興鸞集。("入、集"緝部)鉤旋轂轉,周而復[反](匜)("轉、反"元部)。已彫已琢,還反於樸。("琢、樸"屋部)"

《說山》:"殺戎馬而求狐狸,援兩鱉而失靈龜,("狸、龜"之部)斷右臂而爭一毛,折鏌邪而爭錐刀。("毛、刀"宵部)

(2)交韻　所謂交韻,是指入韻字交相押韻。如:

《原道》:"人大怒破陰,大喜墜陽,薄氣發瘖,("陰、瘖"侵部)驚怖為狂。("陽、狂"陽部)"

《覽冥》:"毒獸不作,飛鳥不駭,入榛薄,("作、薄"鐸部)食薦梅。("駭、梅"之部)"

複雜交韻,前後各一大句四小句,各大句的一三小句為韻,兩大句的二小句、四小句分別為韻。如:

《精神》:"性有不欲,無欲而不得;心有不樂,("欲、樂"屋藥合韻)無樂而弗為。無益於情者,不以累德;("得、德"職部)不便於性者,("情、性"耕部)不以滑和。("為、和"歌部)"

(3)抱韻　所謂抱韻,是指首尾兩句句尾字入韻,中間兩句句尾字入韻,就像抱在中間一樣。如:

《原道》:"是故柔弱者,生之榦也;而堅強者,死之徒也。先唱者,窮之路也;("徒、路"魚鐸通韻)後動者,達之原也。("榦、原"元部)"

《俶真》:"外不滑内,則性得其宜;性不動和,("宜、和"歌部)則德安其位。("内、位"物部)"

還有複雜抱韻。如:

《俶真》:"包裹天地,陶冶萬物,大通混冥,深閎廣大,不可為外,("大、外"月部)析豪剖芒,("冥、芒"耕陽合韻)不可為内,("物、内"物部)無環堵之宇而生有無之根。"

二 《淮南子》用韻分析

我們用王力先生考定的戰國古韻三十部，去考察《淮南子》用韻的情況，以換韻為一次計，共得出韻語 3620 條，其中獨韻韻語 1745 條，通韻韻語 668 條，合韻韻語 1207 條。分析這些韻語，可以看出《淮南子》用韻的特點。

（一）獨韻分析

《淮南子》中獨韻的情況是最主要的押韻形式，占全部韻語的近二分之一。這說明《淮南子》韻部與戰國時代的韻部是一致的，亦分為三十部。

1. 陰聲韻

(1) 之部

《原道》："生萬物而不有，成化象而弗宰。"（"有、宰"之部）

《俶真》："若夫神無所掩，心無所載，通洞條達，恬漠無事，無所凝滯，虛寂以待。"（"載、事、待"之部）

《天文》："四時者，天之吏也；日月者，天之使也；星辰者，天之期也；虹蜺彗星者，天之忌也。"（"吏、使、期、忌"之部）

《詮言》："守其分，循其理，失之不憂，得之不喜。"（"理、

喜"之部)

(2) 支部

《原道》:"脩極於無窮,遠淪於無崖;息耗減益,通於不訾。"("崖、訾"支部)

《泰族》:"《禮》之失忮,《春秋》之失訾。"("忮、訾"支部)

(3) 魚部

《原道》:"是故有生於無,實出於虛。天下為之圈,則名實同居。"("無、虛、居"魚部)

《俶真》:"是故虛無者,道之舍;平易者,道之素。"("舍、素"魚部)

《地形》:"自東北方曰和丘,曰荒土;東方曰棘林,曰桑野;東南方曰大窮,曰眾女;南方曰都廣,曰反戶;西南方曰焦僥,曰炎土;西方曰金丘,曰沃野;西北方曰一目,曰沙所;北方曰積冰,曰委羽。凡八紘之氣,是出寒暑,以合八正,必以風雨。"("土、野、女、戶、土、野、所、羽、暑、雨"魚部)

《詮言》:"故聖人不以行求名,不以智見譽,法修自然,已無所與。"("譽、與"魚部)

(4) 侯部

《原道》:"新而不朗,久而不渝;入火不焦,入水不濡。"("渝、濡"侯部)

《地形》:"或奇或偶,或飛或走。"("偶、走"侯部)

《詮言》:"王子慶忌死於劍,羿死於桃棓,子路菹於衛,蘇秦死於口。"("棓、口"侯部)

(5) 幽部

《原道》:"是故欲剛者,必以柔守之;欲強者,必以弱保

二 《淮南子》用韻分析

之。"("守、保"幽部)

《俶真》:"夫大寒至,霜雪降,然後知松栢之茂也。據難履危,利害陳於前,然後知聖人之不失道也。"("茂、道"幽部)

《主術》:"是故君人者,無為而有守也,有為而無好也。"("守、好"幽部)

《氾論》:"相戲以刃者,太祖軵其肘;枕戶橉而臥者,鬼神驌其首。"("肘、首"幽部)

(6)宵部

《原道》:"處小而不逼,處大而不窕;其魂不躁,其神不嬈,湫漻寂漠,為天下梟。"("窕、嬈、梟"宵部)

《俶真》:"冥冥之中獨見曉焉,寂漠之中獨有照焉。"("曉、照"宵部)

《主術》:"處無為之事,而行不言之教,清静而不動,一度而不摇,因循而任下,責成而不勞。"("教、摇、勞"宵部)

(7)微部

《地形》:"寢居直夢,人死為鬼;磁石上飛,雲母來水;土龍致雨,燕雁代飛,蛤蟹珠龜,與月盛衰。"("鬼、水、飛、衰"微部)

《道應》:"夫物盛而衰,樂極則悲。"("衰、悲"微部)

《氾論》:"夫繩之為度也,可卷而懷也,引而伸之,可直而睎。"("懷、睎"微部)

(8)脂部

《地形》:"高者為生,下者為死;丘陵為牡,谿谷為牝。"("死、牝"脂部)

《精神》:"其動無形,其静無體;存而若亡,生而若死。"("體、死"脂部)

《氾論》:"盤旋揖讓以修禮,厚葬久喪以送死。"("禮、死"脂部)

(9)歌部

《精神》:"夫癩者趨不變,狂者形不虧,神將有所遠徙,孰暇知其所為?"("虧、為"歌部)

《本經》:"喬枝菱阿,芙蓉芰荷,五采爭勝,流漫陸離。"("阿、荷、離"歌部)

《主術》:"無小大脩短,各得其所宜;規矩方圓,各有所施。"("宜、施"歌部)

2. 入聲韻

(1)職部

《俶真》:"捫之不可得也,望之不可極也。"("得、極"職部)

《主術》:"天道玄默,無容無則。大不可極,深不可測。尚與人化,知不能得。"("默、則、極、測、得"職部)

《氾論》:"國之所以存者,道德也;家之所以亡者,理塞也。"("德、塞"職部)

(2)錫部

《氾論》:"槽柔無擊,脩戟無刺。"("擊、刺"錫部)

《詮言》:"詩之失僻,樂之失刺,禮之失責。"("僻、刺、責"錫部)

《泰族》:"醜必託善以自為解,邪必蒙正以自為辟。"("解、辟"錫部)

(3)鐸部

《本經》:"著於竹帛,鏤於金石。"("帛、石"鐸部)

《主術》:"天氣為魂,地氣為魄。反之玄房,各處其宅。"("魄、宅"鐸部)

《說林》:"救經而引其索,拯溺而授之石,欲救之,反為惡。"("索、石、惡"鐸部)

(4)屋部

《原道》:"已彫已琢,還反於樸。"("琢、樸"屋部)

《道應》"將衰楚國之爵而平其制祿,損其有餘而綏其不足"("祿、足"屋部)

《說山》:"上求材,臣殘木;上求魚,臣乾谷。"("木、谷"屋部)

(5)覺部

《覽冥》:"植社槁而𡎺裂,容臺振而掩覆;犬群嗥而入淵,豕銜蓐而席澳。"("覆、澳"覺部)

《人間》:"此故公家畜也,老罷而不為用,出而鬻之。"("畜、鬻"覺部)

(6)藥部

《本經》:"是以天覆以德,地載以樂,四時不失其敘,風雨不降其虐。"("樂、虐"藥部)

《脩務》:"夫魚者躍,鵲者駁也。"("躍、駁"藥部)

(7)物部

《原道》:"忧兮忽兮,用不屈兮。"("忽、屈"物部)

《說山》:"嘗一臠肉,而知一鑊之味;懸羽與炭,而知燥溼之氣。"("味、氣"物部)

《泰族》:"夫天地不包一物,陰陽不生一類。"("物、類"物部)

(8)質部

《覽冥》:"徑躡都廣,入日抑節,羽翼弱水,暮宿風穴。"

("節、穴"質部)

《齊俗》:"已淫已失,復揆以一。"("失、一"質部)

《兵略》:"夫五指之更彈,不若卷手之一挃;萬人之更進,不如百人之俱至也。"("挃、至"質部)

(9)月部

《原道》:"故兵強則滅,木強則折,革堅則裂,齒堅於舌而先之弊。"("滅、折、裂、弊"月部)

《天文》:"天阿者,群神之闕也。四宮者,所以為司賞罰。"("闕、罰"月部)

《時則》:"流而不滯,易而不穢;發通而有紀,周密而不泄。"("滯、穢、泄"月部)

《精神》:"五藏定寧充盈而不泄,精神內守形骸而不外越。"("泄、越"月部)

(10)緝部

《原道》:"鬼出電入,龍興鸞集。"("入、集"緝部)

《本經》:"是故古者明堂之制,下之潤溼弗能及,上之霧露弗能入,四方之風弗能襲。"("及、入、襲"緝部)

《兵略》:"若聲之與響,若鏜之與鞈,眯不給撫,呼不給吸。"("鞈、吸"緝部)

(11)盍部

《天文》:"審羣禁,飾兵甲,儆百官,誅不法。"("甲、法"盍部)

3. 陽聲韻

(1)蒸部

《原道》:"風興雲蒸,事無不應。"("蒸、應"蒸部)

《主術》:"萬物並興,莫不嚮應也。"("興、應"蒸部)

《兵略》:"故前後正齊,四方如繩,出入解續,不相越淩。"("繩、淩"蒸部)

(2)耕部

《原道》:"包裹天地,稟授無形。源流泉浡,沖而徐盈。混混汩汩,濁而徐清。"("形、盈、清"耕部)

《精神》:"若此人者,抱素守精,蟬蛻蛇解,游於太清,輕舉獨住,忽然入冥。"("精、清、冥"耕部)

《本經》:"天愛其精,地愛其平,人愛其情。"("精、平、情"耕部)

(3)陽部

《原道》:"約而能張,幽而能明,弱而能強,柔而能剛。橫四維而含陰陽,紘宇宙而章三光。"("張、明、強、剛、陽、光"陽部)

《繆稱》:"故情勝欲者昌,欲勝情者亡。"("昌、亡"陽部)

《氾論》:"山出嘄陽,水生罔象,木生畢方,井生墳羊。"("陽、象、方、羊"陽部)

(4)東部

《氾論》:"古者人醇工龐,商樸女重。"("龐、重"東部)

《兵略》:"鐏銊牢重,固植而難恐,勢利不能誘,死亡不能動。"("重、恐、動"東部)

《説山》:"行合趣同,千里相從;行不合趣不同,對門不通。"("同、從、同、通"東部)

《説林》:"聽有音之音者聾,聽無音之音者聰;不聾不聰,與神明通。"("聾、聰、聰、通"東部)

(5)冬部

《詮言》:"隔而不通,分而為萬物,莫能及宗。故動而為之生,死而謂之窮。皆為物矣,非不物而物物者也,物物者亡乎萬物之中。"("宗、窮、中"冬部)

《説林》:"駿馬以抑死,直士以正窮。賢者擯於朝,美女擯於宫。"("窮、宫"冬部)

(6)文部

《精神》:"精神入其門,而骨骸反其根,我尚何存?"("門、根、存"文部)

《説林》:"環可以喻員,不必以輪;條可以為綸,不必以釧。"("員、輪、釧"文部)

《泰族》:"動成獸,止成文,可以愉舞,而不可以陳軍。"("文、軍"文部)

(7)真部

《天文》:"蚑行喙息,莫貴於人。孔竅肢體,皆通於天。"("人、天"真部)

《人間》:"外化,所以入人也;内不化,所以全其身也。"("人、身"真部)

《脩務》:"文王四乳,是謂大仁,天下所歸,百姓所親。"("仁、親"真部)

(8)元部

《主術》:"工無二伎,士不兼官,各守其職,不得相姦。人得其宜,物得其安,是以器械不苦,而職事不嫚。"("官、姦、安、嫚"元部)

《繆稱》:"苟鄉善,雖過無怨;苟不鄉善,雖忠來患。"("善、

怨、善、患"元部)

《說林》:"病熱而強之餐,救暍而飲之寒。"("餐、寒"元部)

(9)侵部

《兵略》:"敵人執數,動則就陰,以虛應實,必為之禽。"("陰、禽"侵部)

《說林》:"有山無林,有谷無風,有石無金。"("林、風、金"侵部)

《泰族》:"神農之初作琴也,以歸神;及其淫也,反其天心。"("琴、淫、心"侵部)

(10)談部

《主術》:"故不仁而有勇力果敢,則狂而操利劍。"("敢、劍"談部)

《繆稱》:"日月為明而弗能兼也,唯天地能函之。"("兼、函"談部)

各韻部的押韻次數如下:

陰聲韻	入聲韻	陽聲韻
之 188	職 103	蒸 13
支 11	錫 11	耕 146
魚 199	鐸 51	陽 211
侯 34	屋 38	東 31
幽 64	覺 6	冬 12
宵 29	藥 5	
微 57	物 41	文 32
脂 22	質 41	真 56
歌 90	月 96	元 131
	緝 9	侵 13
	盍 2	談 3

每個韻部的押韻次數是不等的,有的押韻的次數多,有的則

少。超過百次的陰聲韻裏有之部、魚部，陽聲韻裏有耕部、陽部、元部，入聲韻裏有職部；50—100次的，陰聲韻裏有幽部、微部、歌部，陽聲韻裏有真部，入聲韻裏有月部、鐸部；20—50次的，陰聲韻裏有侯部、宵部、脂部，陽聲韻裏有東部、文部，入聲韻裏有屋部、質部、物部；其他各部則在20次以下。這種情況說明，有些韻部是寬韻，有些韻部是窄韻，寬韻運用得多，窄韻則運用得少，這是符合一般規律的表現。

（二）通韻分析

清儒孔廣森發明古韻陰陽入三聲對轉的規律之後，得到音韻學者的共識。《詩經》、《楚辭》的實際證明孔氏理論的正確性。我們曾經考察過《呂氏春秋》用韻的情況，也證實了這一點。《淮南子》的用韻，再一次驗證了這種理論的正確，同時也證明陰聲韻與入聲韻的關係要比陽聲韻與入聲韻的關係更加密切。我們看到之職通韻有133次，蒸職通韻只有18次；魚鐸通韻61次，陽鐸通韻只16次；侯屋通韻有17次，東屋通韻只有3次；等等。陰聲韻與入聲韻關係密切，並不是合為一部。這我們從它們各自獨用的頻率可以清楚地看出來。比如之部獨用188次，職部獨用103次。獨用的次數相當多，它們的界限是非常清楚的，陰聲韻和入聲韻沒有合為一部。同時我們還看到，有的韻部通韻的情況多些，有的韻部通韻的情況少些，比如，歌月元三聲，歌月通韻66次，元月通韻69次，歌元通韻52次；無論是陰入通韻，還是陽入通韻，或者是陰陽通韻次數都很多；而支錫耕三聲，支錫通韻8次，耕錫通韻5次，支耕通韻2次，它們通韻的情況就比較少。《淮南子》通韻的情況如下：

1. 陰入通韻

之職通韻 133，支錫通韻 8，魚鐸通韻 61，侯屋通韻 17，宵藥通韻 8，幽覺通韻 10，微物通韻 17，脂質通韻 28，歌月通韻 66。

2. 陰陽通韻

之蒸通韻 13，支耕通韻 2，魚陽通韻 63，侯東通韻 4，幽冬通韻 1，微文通韻 9，脂真通韻 10，歌元通韻 52。

3. 陽入通韻

職蒸通韻 18，錫耕通韻 5，鐸陽通韻 16，屋東通韻 3，覺冬通韻 1，物文通韻 18，質真通韻 14，月元通韻 69。

	之	支	魚	侯	宵	幽	微	脂	歌	職	錫	鐸	屋	藥	覺	物	質	月
職	133																	
錫		8																
鐸			61															
屋				17														
藥					8													
覺						10												
物							17											
質								28										
月									66									
蒸	13									18								
耕		2									5							
陽			63									16						
東				4									3					
冬						1									1			
文							9									18		
真								10									14	
元									52									69

4. 陰陽入通韻①

之職蒸通韻4,魚鐸陽通韻8,質脂真通韻1,歌月元通韻9。

（三）合韻分析

合韻現象,在詩文用韻中是一種很正常的也很普遍的現象。段玉裁說:"知其合,乃始知其分。"如果不承認或不知道合韻,則古韻混頓一片,無法理出其頭緒。《淮南子》中合韻的情況比較多,達162種。情況如下:

1. 陰聲合韻

之支合韻13,之魚合韻71,之侯合韻3,之宵合韻2,之幽合韻6,支魚合韻3,支侯合韻3,支幽合韻1,魚侯合韻93,魚宵合韻5,魚幽合韻14,侯宵合韻5,幽侯合韻32,幽宵合韻22,之脂合韻17,之微合韻2,之歌合韻3,支微合韻1,支脂合韻6,支歌合韻8,魚微合韻2,魚脂合韻2,魚歌合韻9,侯脂合韻1,幽脂合韻4,幽微合韻3,侯歌合韻1,宵微合韻1,宵歌合韻6,幽歌合韻9,脂微合韻19,歌微合韻36,脂歌合韻21,魚侯幽合韻3②,侯幽支合韻1,魚侯歌合韻1,歌脂幽合韻1、脂微歌合韻1。

	之	支	魚	侯	宵	幽	脂	微	歌
之		13	71	3	2	6	17	2	3
支			3	3		1	6	1	8

---

① 三聲通韻者暫無表。
② 三聲合韻者,表中沒有列入。下同。

续表

魚			93	5	14	2	2	9
侯				5	32	1		1
宵					22		1	6
幽						4	3	9
脂							19	21
微								
歌							36	

2. 入聲合韻

職錫合韻4,職鐸合韻5,職屋合韻4,職覺合韻2,錫鐸合韻1,錫屋合韻1,錫覺合韻1,鐸屋合韻16,覺鐸合韻1,鐸藥合韻1,屋藥合韻5,屋覺合韻3,職物合韻7,職質合韻4,職月合韻3,職緝合韻2,職盍合韻1,錫物合韻1,錫質合韻1,錫月合韻1,鐸物合韻1,鐸質合韻2,鐸月合韻9,屋物合韻2,屋質合韻2,屋月合韻1,物質合韻18,質月合韻31,物月合韻42,物緝合韻2,緝月合韻1,物盍合韻1,月盍合韻2,緝盍合韻2。

	職	錫	鐸	屋	藥	覺	質	物	月	緝	盍
職		4	5	4		2	4	7	3	2	1
錫			1	1		1	1	1	1		
鐸				16	1	1	2	1	9		
屋					5	3	2	2	1		
藥											
覺											
質								18	31		
物									42	2	1
月										1	2
緝											2
盍											

附：多入韻部合韻

職鐸錫合韻1,屋覺職合韻1,覺屋鐸合韻1,藥鐸職合韻1,錫屋鐸合韻1,鐸職屋合韻1,質月物合韻2,質物職合韻2,月物職合韻2,月物鐸合韻1,鐸職月合韻1,職覺質合韻1,覺質鐸合韻1,覺錫物合韻1,藥屋月合韻1,鐸屋質合韻1,質鐸錫屋合韻1,質覺月鐸合韻1,錫職屋質合韻1,物月屋職合韻1,物錫職質合韻1,物月屋覺職合韻1,質屋職物月合韻1,鐸緝職錫合韻1,鐸月緝職合韻1,月質盍職合韻1,盍職藥月合韻1,職錫盍物質合韻1,覺屋錫緝盍合韻1。

3. 陽聲合韻

蒸陽合韻20,蒸耕合韻6,蒸東合韻9,蒸冬合韻8,耕陽合韻54,耕東合韻28,耕冬合韻7,陽東合韻63,陽冬合韻20,東冬合韻20,蒸文合韻1,蒸真合韻1,蒸侵合韻5,耕侵合韻2,陽侵合韻1,冬侵合韻8,耕文合韻2,耕真合韻75,陽元合韻29,陽談合韻1,真文合韻46,文元合韻33,文侵合韻11,真元合韻21,真侵合韻7,元侵合韻3,侵談合韻4,文談合韻2,元談合韻12,真談合韻1,蒸陽耕合韻2,蒸陽東合韻2,蒸陽冬合韻1,耕陽東合韻5,耕東冬合韻1,耕陽東冬合韻1,陽東冬合韻3,真文元合韻4,耕陽元合韻1,陽元談合韻1。

	蒸	耕	陽	東	冬	真	文	元	侵	談
蒸		6	20	9	8	1	1		5	
耕			54	28	7	75	2		2	
陽				63	19			29	1	1
東					20					
冬									8	

续表

真						46	21	7	
文						33	11	2	
元							3	12	
侵								4	
談				1					

4. 混合合韻

(1)陰入合韻

職魚合韻5,鐸侯合韻4,魚屋合韻4,幽屋合韻1,錫歌合韻1,微質合韻3,脂物合韻1,職之魚合韻2,魚侯鐸合韻1,脂微物合韻1。

(2)陰陽合韻

之侵合韻1,魚東合韻1,幽東合韻7,微真合韻3,脂文合韻1,微元合韻1。

(3)陽入合韻

侵職合韻1,真錫合韻1,覺東合韻1,真物合韻1,文質合韻2。

	之	魚	侯	幽	脂	微	歌	職	錫	鐸	屋	覺	質	物	東	真	文	元	侵
之																			1
魚											4				1				
侯																			
幽											1				7				
脂														1			1		
微													3			3		1	
歌																			
職		5																	1
錫							1									1			
鐸			4																
屋																			
覺															1				
質																	2		
物																1			

续表

東					1						
真						1					
文											
元											
侵											

合韻的現象，是我們研究各韻部關係的重要根據，因此特別值得重視。

下面，我們就一些重要的問題作些分析。

①冬部獨立

《詩經》韻部中，戰國以後的冬部字是包含在侵部之中的，也就是説，這些字的韻尾是-m，不是-ng。到戰國以後，這些字的韻尾發生了變化，從-m尾變成了-ng尾，與東部字音接近，與幽覺二部構成陰陽入三聲對轉的關係。《楚辭》的押韻以及戰國後期的諸子如《吕氏春秋》的用韻，都反映了這種情況。《楚辭》中冬部獨韻8例，侵部獨用6例，没有冬侵合韻的，只有冬侵東合韻的一例①。這説明，在《楚辭》時代冬部已經獨立。《吕氏春秋》的情況與之相同，冬部獨用6例，侵部獨用7例，僅一例冬侵合韻的情況②。這進一步説明，冬部獨用不僅是楚地的方音，而應該是普遍的現象，或者説是通語的現象。

《淮南子》中冬部也同戰國時期一樣，從侵部中分立出來。《淮南子》中冬部獨韻12例，侵部獨韻13例，冬侵合韻8例。獨韻仍遠多於合韻。冬部字還常與蒸部、耕部、陽部、東部字押韻，説明它

---

① 《楚辭》(僅限屈宋作品)用韻，根據王力先生的《楚辭韻讀》，1980年，上海古籍出版社。

② 《吕氏春秋》用韻，見拙著《吕氏春秋詞彙研究》(修訂本)的附錄，2008年，商務印書館。下引並同。

已從-m尾變成-ng尾。這裏需要説明的是，"風"字，在戰國時代屬於侵部，《楚辭》中6例侵部獨韻，有2例是風與林、心押韻，而没有與冬部押韻的；《吕氏春秋》中"風"只與音、南、淫押韻，説明"風"還是侵部字，而没有轉入冬部。到《淮南子》中"風"仍是侵部字，有3處是與音、心押韻，而没有與冬部字押韻的情况。需要注意的是，"風"有一例與"明"押韻，《俶真》："其所守者不定，而外淫於世俗之風；所斷差跌者，而内以濁其清明。"這説明"風"有向冬部轉化的跡象。

關於冬部與東部的關係，周祖謨先生在《漢魏晉南北朝韻部演變研究》中認為，《淮南子》中冬部已與東部合流為一部，即東部。細考《淮南子》用韻，感覺冬、東兩部十分接近，但尚未合併為一個韻部。《淮南子》中，冬部字獨用有12例，冬部字與東部字合韻有20例。冬部字獨用的有"降、窮、中、農、衆、宗、宫"7個字，與東合用的冬部字有"窮、中、降、終、宗、衆、忠、隆、宋、宫"10個字，基本上是重合的。冬部也有與陽部合韻的情况，達19例之多，冬部字是"中、降、終、忠、隆、窮、充、宫"，也基本是上重合的。這種情况説明，冬部字既可與東部字押韻，又可與陽部字押韻。如果可以認為冬部與東部合併，是否也可以認為冬部與陽部合併呢？顯然是不合適的。因為冬部與東部接近，所以有較多合韻。再者，冬部與侵部合韻8例，東部没有一例與侵部合韻的；冬部與蒸部相近，冬部與蒸部有8例合韻，東部與蒸部只有3例合韻（"應、動"二字合韻重複7次，按1次計）。冬、東與侵、蒸的關係，充分説明冬、東之間尚有一定差距，並没有合二為一。從上述情况來看，冬部有其獨立性，應該是一個獨立的韻部。①

---

① 周祖謨先生認為，《淮南子》中東冬合為一部，而與之同時的司馬相如及其後直至蔡邕都是東冬分用不合。冬部剛從侵部分出，就與東部相合，而後又分，這很難解釋。

②侯魚分立

《詩經》中，没有一例魚侯合韻的情況，這説明魚侯的主元音有一定距離。王力先生晚年將魚部主元音擬為 a，侯部主元音擬為 ɔ，一個是前元音，一個是後元音，正好説明了《詩經》魚侯兩部的實際。

魚侯合韻，李方桂認為可能是方言現象。董同龢認為，起初可能是楚方言現象。考察《楚辭》用韻，没有魚侯合用的。這説明，這種現象並不一定是楚方言的特點。再考察《管子》、《莊子》、《荀子》①，都没有魚侯合韻的情況，再看《老子》，江有誥《老子韻讀》云，魚侯合韻 3 例，17 章"譽侮"，24 章"主下"，34 章"居主"②；另外宋玉賦中有 3 例魚侯合韻的例子，《風賦》"口下怒迕"，《高唐賦》"硅下"，《神女賦》"傅去附"③。趙彤《戰國楚方言音系》考察戰國楚簡，簡本《老子》只有一例魚侯合韻的例子(17 章"譽侮")，他認為，有人懷疑傳世《老子》有經漢人竄改，是可能的。綜上所述，魚侯合韻，屈辭、《管子》、《莊子》皆無一例，宋賦中有 3 例。這説明戰國後期確實出現了魚侯合韻的現象，而且越到後來，用例越多。

戰國末期諸子中，《韓非子》、《吕氏春秋》的用韻情況，也説明了這一點。魚侯合韻《韓非子》5 例④，《吕氏春秋》9 例⑤。王力先生在《漢語史稿》中將侯東主元音擬為 o，將魚陽擬為 a，可以作為戰國末期這兩部的擬音，o、a，都是後元音，只是 o 高於 a，二者很

---

① 依江有誥《先秦韻讀》。下同。
② 喻遂生認為有 5 例。
③ 據趙彤《戰國楚方言音系》引。
④ 依江有誥《先秦韻讀》。
⑤ 參見拙著《吕氏春秋詞彙研究》(修订本)附錄。

接近。因此可能合韻,甚至到最後可能合流。我們可以看出,魚侯合韻可能不是方言現象,而是時代發展的結果。

魚侯合韻到漢代更有所發展,《淮南子》中魚侯合韻有 93 例①。例如:

《原道》:"是故大丈夫恬然無思,澹然無慮,以天為蓋,以地為輿,四時為馬,陰陽為御,乘雲陵霄,與造化者俱。"("慮、輿、馬、御、俱"魚侯合韻)

《天文》:"帝張四維,運之以斗,月徙一辰,復反其所。"("斗、所"侯魚合韻)

《主術》:"是故審毫釐之計者,必遺天下之大數;不失小物之選者,或於大事之舉。譬猶狸之不可使搏牛,虎之不可使搏鼠也。"("數、舉、鼠"侯魚合韻)

《說林》:"見虎一文,不知其武;見驥一毛,不知善走。"("武、走"魚侯合韻)

但是,兩部雖然接近,可以合韻,但還沒有合流。②《淮南子》中魚部獨韻有 199 例,侯部獨韻有 34 例,魚部一處獨韻多達四五字乃至十個字,而不雜一個侯部字,如《兵略》"雨、沮、圉、寡"韻("止如丘山"八句),《說山》"鼠、齲、徒、與"韻("掘室而求鼠"四句),《脩務》"雨、矩、御、下"韻("合如雷電"八句),《泰族》"野、閭、鼓、馬、下"韻("周處酆鎬之地"十二句),《地形》"土、野、女、戶、土、

---

① 其中有引《詩》一例,《脩務》:"我馬唯騏,六轡如絲。載馳載驅,周爰諮謀。"今本《詩經·小雅·皇皇者華》"謀"作"諏",為"騏、絲、諏"韻,之部,"驅"不入韻。《淮南子》引作"謀",與"驅"為魚侯合韻,必當是魚、侯二部接近之後的事。

② 周祖謨先生《漢魏晉南北朝韻部演變研究》認為侯部已與魚部合流,形成新的魚部。

野、所、羽、暑、雨"韻("自東北方曰和丘"二十句)。侯部也有一處獨韻達六個字的,如《泰族》"嘔、濡、殊、珠、濡、渝"韻("天地所包"十句)。在散文體的著作中,這種現象只能說明,魚部、侯部獨韻還是主要的,不能認為合流了。

③關於陽東合韻、鐸屋合韻

魚鐸陽、侯屋東各是陰陽入三聲相配。從音理上講,陽東合韻、鐸屋合韻、魚侯合韻,道理是一樣的。

《詩經》中有一例陽東合韻的情況(《周頌·烈文》"公疆邦功皇"),《楚辭》有一例(《卜居》"明通")。而《管子》有3例,《莊子》有1例。《老子》有6例,12章"盲聾爽狂妨",16章"常明常凶容公王",22章"明彰功長",24章"行彰功長行",26章"行重",67章"勇廣長"。《韓非子》中陽東合韻5例,《呂氏春秋》中陽東合韻有15次,如《尊師》"聾盲爽狂",《季夏》"昌功殃",《仲秋》"量衡甬",《論威》"兵勇",《序意》"盲聾狂",《序意》"亡凶",《悔過》"商江",《任數》"聰明公",《執一》"章當昌鴻",《愛類》"江障"。這說明,陽東合韻自戰國後期已經出現,到漢代逐漸多起來,《淮南子》中陽東合韻已有63例。如:

《原道》:"是故至人之治也,掩其聰明,滅其文章,依道廢智,與民同出於公。"("明、章、公"陽東合韻)

《精神》:"是故五色亂目,使目不明;五聲譁耳,使耳不聰;五味亂口,使口爽傷;趣舍滑心,使行飛揚。"("明、聰、傷、揚"陽東合韻)

《主術》:"臣道(員者運轉而無)方者,論是而處當,為事先倡,守職分明,以立成功也。"("方、當、倡、明、功"陽東合韻)

但是陽部獨韻有211例,東部獨韻31例,例已見前。

我們覺得,陽東合韻可能早於魚侯合韻,文獻反映了這種情況。文獻中先有陽東合韻,後有魚侯合韻,而且陽東合韻多於魚侯合韻。陽東都是陽聲韻,有相同的韻尾-ng,主元音接近之後,它們很容易合韻。魚侯是陰聲韻,沒有韻尾,因此合韻會相對遲緩一些,這是很正常的事情。《淮南子》為漢初作品,與《呂氏春秋》相隔僅一百年,魚侯兩部的情況,與戰國末期沒有根本的變化。從這種情況看出,漢代初期,魚侯、陽東更加接近,以至於到漢代後期魚侯兩部合而為一。

鐸屋二部合韻的情況,在《淮南子》中也比較多,共有16例。特別是《齊俗》所引的諺語,《齊俗》:"故諺曰:'鳥窮則噣,獸窮則觠,人窮則詐。'""噣、觠、詐"屋鐸合韻。這個諺語,《荀子·哀公》也引用過:"顏回對曰:'臣聞之:鳥窮則啄,獸窮則攫,人窮則詐。'"作"啄、攫、詐",然屋鐸合韻與此同。這說明,屋鐸合韻至少在荀卿的時代已經有了。到了《淮南子》的時代,運用更多。這與魚侯合韻、陽東合韻是一致的,它們的主要元音相同,韻尾也相同。

④之魚合韻

之魚合韻,過去一般認為是江淮方言。《淮南子》中用例多達71例,如《原道》"罟、有",《氾、浦、舍、里》,《時則》"市、旅、財、事",《氾論》"譽、耳、事、蕪、虛",等等。同時,在《淮南子》正文中有謂"母"曰"社",謂"士"曰"武"的現象。如:

《說林》:"東家母死,其子哭之不哀,西家子見之,歸謂其母曰:'社何愛速死,吾必悲哭社。'"高誘注:"江淮謂母為社。"

《覽冥》:"夫死生同域,不可脅凌;勇武一人,為三軍雄。"高誘注:"江淮間謂士曰武。"

《脩務》引《詩經·小雅·皇皇者華》"我馬唯騏,六轡如絲。載馳載驅，周爰諮謨"，今本《詩經》"謨"作"謀"，與"騏、絲"韻之部，《淮南子》改為"謨"，可見魚部與之部非常接近。

以上似乎是説江淮方言讀之部字如魚部字。

西漢詩文之魚合韻的有 6 例，其中司馬相如 3 例，枚乘 1 例，劉向 1 例，王褒 1 例。作者中司馬相如、王褒為蜀郡人，枚乘為淮陰人，劉向為豐沛人，都在故楚之地。① 這似乎也是説之魚合韻是楚語的現象。

但《楚辭》中卻連一例之魚合韻的情況也没有。而《吕氏春秋》中竟有 13 例之多，如：《勸學》"子、父"韻，《異用》"右、下"韻，《本味》"喜、女"韻，《為欲》"子、下、祖"韻，《知化》"處、使"韻等。西漢末年涿郡人崔篆《易林》之魚合韻更多，有數十次②。

這似乎又説明之魚合韻，不光是楚地方言現象。

我們又看到，在《詩經》中已有 5 例之魚合韻，《鄘風·蝃蝀》"母、雨"③，《小雅·小旻》"止、否、膴、謀"，《巷伯》"謀、者、虎"，《大雅·緜》"飴、謀、龜、時、茲、膴"，《常武》"士、祖、父"。《大雅》、《小雅》都是頌詩，主要應該是雅言或京師語；《鄘風》是鄘地民歌，鄘地是殷京故土，在殷京之南，即今河南衛輝一帶（黄河之北）。這些也都不是楚地方言。

鑒於此，我們是不是可以設想，如王力先生所説，上古時期，魚部的主元音逐漸後移，與之部的主元音拉近了距離。到了漢代，江淮方言魚之兩部的這種關係可能越發密切，以至於有些字音如

---

① 據羅常培、周祖謨二先生《漢魏晉南北朝韻部演變研究》。
② 同上。
③ 王力先生有注云：段玉裁説："此古合韻也。"金文中也有魚之合韻。大約較古時代之部讀ə，故與魚部 a 為鄰韻。

"母、社"、"士、武"不易區分而相混。《楚辭》無一例魚之合韻的情況,是否材料所限,沒有涉及的緣故?

⑤脂微分立

王力先生對古音學説的重要貢獻之一在脂微分部。王先生的論斷得到了音韻學界普遍認同,因為它是符合上古音實際的。清代古韻學家陽聲韻真文、入聲韻質物(包含在陰聲韻內)都分成兩部①,陰聲韻脂微不分,缺乏系統性。從《詩經》用韻看,雖然脂微有合韻的情況,但分用還是主要的。《詩經》脂微合韻36次,脂部獨用36次,微部獨用54次②。這只能説明,脂微兩部語音比較接近,而不是相同。因此應該分立。直到戰國末期,這種現象仍沒有改變。《吕氏春秋》脂微兩部也是分開的。《吕氏春秋》中,脂部、微部獨用各有9例,如微部有《順説》"衰、歸",《審時》"穖、尾";脂部有《辯土》"死、秕、弟",《審時》"米、飢"。而脂微合韻只有3例,如《明理》"鴟、飛",《下賢》"禮、歸"。《淮南子》的情況與先秦的情況一致,脂部獨用22例,微部獨用57例,脂微合韻19例,脂微仍然是分立的。

⑥質物分立、真文分立

脂質真、微物文各是陰入陽三聲相配,從音理上講,質物、真文與脂微是一樣的。質物合韻,在《詩經》中有10例之多,真文合韻亦有3例。但獨用更多,質部獨用36例,物部獨用13例;真部獨用78例,文部獨用27例,顯然多於合韻的情況,所以前人質物分

---

① 見王念孫《詩經群經楚辭合韻譜》,稿存北大圖書館。此據羅常培、周祖謨《漢魏晉南北朝韻部演變研究》。

② 據王力先生《詩經韻讀》。

立,真文分立。《淮南子》中有質物合韻 18 例,然而質部獨用 41 例,物部獨用 41 例;真文合韻 46 例(其中"臣、君"合韻 7 次,若以一次計,則為 40 例),然而真部獨用 56 例,文部獨用 32 例。這些可以看出,質、物分用大大多於合韻,質、物應該是分立的。真文合韻比較多,這說明真文兩部的關係更為密切,但是真部與耕部合韻的情況遠勝於文部與耕部的合韻,真耕合韻 75 次,文耕合韻僅 2 次,從真、文與耕的關係看,十分清楚地說明,在《淮南子》中真、文兩部還應該是分開的。

⑦關於支歌合韻

支歌合韻,《詩經》中没有用例,《楚辭》有 2 例①,"離移"與支部字押韻。這說明支歌合韻,在戰國時期已經出現。戰國末期以後漸多,《韓非子》4 例,"倚離地為"與支部字押韻;《吕氏春秋》有 3 例,歌部"離危地"與支部字押韻。

西漢以後,支歌合韻更多,《淮南子》中支歌合韻有 8 例。如:

《原道》:"是故一之理,施四海;("理、海"之部)一之解,際天地。("解、地"支歌合韻)"

《俶真》:"是故貴有以行令,賤有以忘卑,貧有以樂業,困有以處危。("卑、危"支歌合韻)"又:"登千仞之谿,臨蝯眩之岸,不足以滑其和。("谿、和"支歌合韻)"

《主術》:"若欲規之,乃是離之;("規、離"支歌合韻)若欲飾之,乃是賊之。("飾、賊"職部)"又:"故心小者禁於微也,志大者無不懷也,("微、懷"微部)智員者無不知也,行方者有不為也,("知、為"支歌合韻)能多者無不治也,事鮮者約所持也。

---

① 據王力先生《詩經韻讀》、《楚辭韻讀》。

("治、持"之部)"

《繆稱》:"言無常是,行無常宜者,("是、宜"支歌合韻)小人也。"

"地危和離為宜"與支部字"解卑谿規知是"押韻。但是,《淮南子》歌部獨韻90次,支部獨韻11次,這説明《淮南子》中歌部與支部分立是顯然的。

《史記》中歌支合韻也達13例之多。① 歌部"地靡麼雞倚馳為彼和砢罷義"等字與支部字押韻。

從《楚辭》以來的與支部合韻的歌部字都是三等字。這些歌部三等字到東漢張衡時代從歌部分出,歸入了支部。②

在《淮南子》中還有錫歌合韻的現象,《原道》:"形性不可易,勢居不可移也。"《吕氏春秋》也有錫歌合韻的例子,《功名》:"賢不肖不可以不相分,若命之不可易,若美惡之不可移。"也是"易、移"相押。③ "移"是歌部開口三等支韻字,東漢時也轉入支部,錫部是支部的入聲,錫歌合韻與支歌合韻音理上是一致的。

⑧真耕合韻

真耕兩部,《詩經》中已有3例合韻,《小雅·節南山》"領、騁"韻,《小宛》"令、鳴、征、生"韻,《桑扈》"領、屏"韻。④ 到戰國時期,《老子》中有5例:三章"賢、爭"韻,十三章"驚、身"韻,二十一章"精、真、信"韻,二十二章"盈、新"韻,三十二章"名、臣、賓、均、名"

---

① 參見施向東《史記中的韻語》。
② 據羅常培、周祖謨《漢魏晉南北朝韻部演變研究》。
③ 參看拙著《吕氏春秋詞彙研究》(修訂本)附録。
④ 王力先生把《詩經》中"令"聲歸入真部(段玉裁亦歸真部),在《楚辭》中,則歸耕部。

韻。《楚辭》中有 5 例:《哀郢》"天、名"韻,《遠遊》"榮、人、征"韻,《卜居》"耕、名、身、生、真、人、清、楹"韻,《九辯》"清、清、人、新、平、生、鄰、聲、鳴、征、成"韻,又"天、名"韻。《呂氏春秋》真耕合韻達 20 次,如《季夏》"神、靈"韻,《精通》"生、馨、年"韻,《君守》"平、情、人"韻,《貴信》"寧、輕、令、親、貞"韻,又"生、精、成、開"韻。這說明真耕兩部在先秦時代,已經存在合韻的情況,而且日漸增多。

《淮南子》中真耕合韻則多達 75 次。如:

《原道》:"故聖人不以人滑天,不以欲亂情,不謀而當,不言而信,不慮而得,不為而成,精通於靈府,與造化者為人。"("天、情、信、成、人"真耕合韻)

《本經》:"莫死莫生,莫虛莫盈,是謂真人。"("生、盈、人"耕真合韻)

《齊俗》:"是故其耕不強者,無以養生;其織不力者,無以捍形;有餘不足,各歸其身。衣食饒溢,姦邪不生;安樂無事,而天下均平。"("生、形、身、生、平"耕真合韻)

真耕合韻如此之廣、之多,説明它們的主元音應該十分接近,王力先生認為此二部的主元音相同,皆擬為 e。由於它們主元音相同,所以經常通押。合韻並不意味著合併,《淮南子》中獨韻的情況更多,耕部獨韻 146 次,真部獨韻 56 次。這是因為它們的韻尾不同,所以二部沒有合為一部,而各自獨立。

⑨關於之支脂合韻

之支脂三部分立,是段玉裁的功績,並且得到普遍的認同。我們考察《淮南子》這三部的情況,進一步證明,直到漢初,這三部的分別仍然是很清楚的。《淮南子》中,之部獨韻 188 例,支部獨韻

11例,脂部獨韻22例,而之支合韻13例,之脂合韻17例,支脂合韻6例。獨韻大大多於合韻。再從它們的入聲職錫質的情況來看,職部獨韻103例,錫部獨韻11例,質部獨韻41例,而合韻情況,職錫4例,職質4例,錫質1例。同樣,獨韻大大多於合韻。應該説,之支脂在《淮南子》中分立是可以肯定的。

⑩關於幽東合韻

關於幽東合韻的情況,段玉裁在《説文解字注》"調"字下説:"本音在三部(幽部),讀如稠。《車攻》以韻同字,屈原《離騷》以韻同字,東方朔《七諫》以韻同字,皆讀如重,此合韻也。"王力先生《詩經韻讀》謂"調讀如 diong,與同協,東部"。《淮南子》中幽東合韻的有7例:

《天文》:"古之為度量輕重,生乎天道。"("重、道"韻)

《本經》:"心與神處,形與性調,静而體德,動而理通。"("調、通"韻)

《氾論》:"視其更難,以知其勇;動以喜樂,以觀其守。"("勇、守"韻)

《泰族》:"日月照,陰陽調,四時化,萬物不同。"("調、同"韻)

周祖謨先生認為這是一種江淮方言的現象。除幽東合韻之外,《淮南子》還有覺東合韻的現象,《主術》:"天下之物,莫凶於雞毒,然而良醫橐而藏之,有所用也。"("毒、用"韻)幽覺主元音相同,幽可與東合韻,覺自可與東部合韻。幽覺與東押韻,似乎也説明東冬二部元音的接近。這種現象,在《淮南子》中不多,還待進一步考察。

⑪關於脂歌、微歌合韻

《詩經》中脂歌合韻1例,質月合韻8例,物月合韻2例,没有微歌合韻。這説明，脂歌關係近，質月關係近。到了《楚辭》時，微歌合韻2例，物月合韻3例，沒有脂歌合韻、質月合韻。① 這與《詩經》相反，似乎微歌、微物關係接近了。《詩經》中與脂合韻的歌部字是"何、宜、河"，《楚辭》中與微部合韻的歌部字是"訑、蛇"。王力先生指出："歌部與脂部關係很深，我們把脂微分為兩部以後，歌部與微部關係最深。"

《淮南子》中脂歌合韻21例，微歌合韻36例，與之相應的入聲，質月合韻31例，物月合韻42例。這説明脂微歌，質物月關係密切，脂微歌都有元音韻尾-i，質物月都有塞音韻尾-t，所以經常合韻。三韻之中，歌部與微部、月部與物部合韻情況更多，所以關係更為密切。

還有一種情況值得注意，有些句子多個入聲韻部字通押。如：

《俶真》："夫挾依於跂躍之術，提挈人間之際，撢掞挺挏世之風俗，以摸蘇牽連物之微妙，猶得肆其志，充其欲，何況懷瓖瑋之道，忘肝膽，遺耳目，獨浮游無方之外，不與物相弊撥，中徙倚無形之域，而和以天地者乎？"（"術、際、俗、欲、目、外、撥、域"物月屋覺職合韻）

《天文》："虎嘯而谷風至，龍舉而景雲屬，麒麟鬬而日月食，鯨魚死而彗星出，蠶珥絲而商弦絶，賁星墜而勃海決。"（"至、屬、食、出、絶、決"質屋職物月合韻）

《主術》："故國無九年之畜，謂之不足；無六年之積，謂之閔急；無三年之畜，謂之窮乏。"（"畜、足、積、急、畜、乏"覺屋錫緝盍合韻）

---

① 據王力先生《詩經韻讀》、《楚辭韻讀》。

《淮南子》中這種多入韻部相押的有 32 處,其中-k 尾相押的有 6 例,-t 尾相押的有 2 例,-k 與-t 相押的有 18 例,-k 與-p 相押的有 2 例,-k、-t、-p 三聲相押的有 4 例。從這裏看不出什麼規律性的東西。

這種情況在《詩經》、《楚辭》中不曾出現,僅在《呂氏春秋》中發現一個例子,《義賞》:"孔子聞之曰:臨難用詐,足以卻敵;反而尊賢,足以報德。("詐、敵、德"鐸錫職合韻)"這裏是偶然相押,還是有意為之,尚待進一步考察。不過,周祖謨先生在《漢魏晉南北朝韻部演變研究》中列舉了很多漢代作品多入韻部相押的例證,如司馬相如《子虛賦》"谷閜㘩宿"屋鐸覺合韻,王褒《四子講德論》"虐賊伏毒足族"藥職覺屋合韻,《易林》"落宿谷室"鐸覺屋質合韻,"側乏北絕"職盍月合韻;等等。也是三種韻尾混押的情況都有,沒有明顯的規律性。這種多入韻部合韻的情況到東漢時期就更多了。那末,這種情況,是否正是漢代押韻的一個特點?而《呂氏春秋》開了先河呢?

總括《淮南子》用韻的情況,可以有這樣幾個特點:一、韻部與戰國後期一致,除宵藥沒有陽聲韻相配,緝侵、盍談沒有陰聲韻相配外,其他各部都是陰入陽三聲相配整齊,系統性很強;二、自顧炎武以來多認為《淮南子》多楚語,而且認為《淮南子》用韻代表了江淮一帶的方音。其實並不然,它的很多語音現象是時代的產物,而不是某一方言的特點。具體特點是:1.冬部獨立,東冬沒有合併,但二部關係密切;2.侯魚、東陽、屋鐸關係密切,但都沒有合併;3.脂微歌、真文元、質物月關係密切,但都沒有合併;4.真耕二部關係密切;5.魚之二部關係密切。

（四）入韻字表

1. 陰聲韻

（1）之部

止始有宰祀已志能時之謀理海右在使餌鯉材載事待治里吏史期忌起子茲丘來滋旗牛市財耛紀駭梅骸母裏災坏灰裘埃持喜怪欺疑辭態才耳基囿狸友礙諉恢氾舊臺己悔似晦龜絲殆久醫姬矣頤畝騏士詩恥趾哉以采　熙尤亥齒司慈恃息否耳敏飴佩蟹茝誨倍胎改笞苔

（2）支部

崖訾知解雌貕堤蹢枝麓虩智伎　恚碑此肢雞伎是徙歧闈闞枳卮卑規

（3）魚部

下寡御馬輿鼠邪處暑所野矩無虛居怒苦舉餘去衢宇圉雨父女舍素舞書初譽圖都胡武羽土午枯車杵呂戶圃社祖閭渚輔烏蜍與緒慮徒鼓故固敘浯魚娛虎組瑕蒢疏五窶湖駼阻塗圉語挈儲旅虞撫據弩釜鑢家諸孤楚夫魯蕪莬豫怖浦扈扶助庫筴假沮序壺竽著汙齲眾蛆絮布疽覦顧紓價　捕巴傅屠墟虜辜股稼疎呼伍巨粗　瓠狐夏輔舒予賦櫨廬賈除如呰華盱倨漁鋸寫距紓兔遮炬巫牙予謨梧俎途除禹

（4）侯部

區驟隅樞具漱渝濡偶走注頭口柱府主湊誅符厚鬭趣侯垢愚陋懦趨謳鉤棓後寇揍狗珠嘔殊畫拘耦喻　斗鏤聚數樹諛附構務取

溝俱取愉霧驅軀叀駐遇候戍鶩瘺軵縷豆呴兜喉儒驪藪

(5) 宵部

搖勞窕嬈梟高腦毛巢桃廟佼少消耗照兆校橈教詔釣朝笑撓操刀叫熛燒毅饒眺姚　要謠夭小苗召躁孝槁交郊旄堯矯孝盜表

(6) 幽部

巧鳥流浮游舟守保周好包求獸茂道受授收秋留疇卯酉飽紐九調造休導牖寶手醜由肘首瞗悠爪考老牡酒缶幽討州救牢　讎猶庖糅阜咆囚就羞擾濤脩茅篍繡柔仇壽矛皁稻蕭陶救遊條冑憂鳥

(7) 微部

微回飛推歸畏水稀毀遺悲開肥衣機火饑衰鬼罪哀懷非壞睎雷累帷椎尾幾依諱　威劘驥淮乖穀壞圍譏廻

(8) 脂部

死牝體細齊眯飢資尸妻弟禮視梨指諧矢私米　二遲濟履美比師葵兕犀嗜

(9) 歌部

何地墮禍移多隨虧化馳彼我離議和為施義宜破危阿苛挫臥螭蛇荷偽河他犧鼉羆過儀差貨劑池羈轙麻波訛詭陂皮那靡弛毀加　禾媧鍾麗戈羅賀麾歌搋贏陀可罷阤戲碕炊碼奇寄佐餓

2. 入聲韻

(1) 職部

極測息德伏職國北食力勒側得牧黑異殖服賊色匿戒克革代惑福埴識飾默置亟富翼織備墨意塞稽稷直域輻刻械弋則棘　植背閡麥嗇或試軾式忒

(2) 錫部

溢解擊敵刺責帝僻易璧適　積臂跡軛畫避益

(3) 鐸部

石澤露赫慕啞喏廓漠涸腳逆釋赦度作薄宅帛錯魄榭閣獲謝莫射措白籍壑惡格夜步搏昔昨藉落暮乍穫索溥伯縛席若　詐路客柘郭絡躩墓夕妬迫斥炙螫攫霸擇卻坼託狢尺烙繹液虢

(4) 屋部

琢樸漬穀角足濁寶谷祿族俗粟哭欲愨屋木轂慾穋速辱鹿觳犢觸束僕玉撲　斲握噣逯斛嶽

(5) 藥部

樂虐灼鑿躍駮　弱約暴擢豹

(6) 覺部

宿覆澳目戚篤復腹畜鬻　軸督肉祝育學

(7) 物部

汨忽屈既費悖韍物出內位類滑未昧氣匱遂憒貴味祟愛拙術笏勃槩懟隧蹟　隊窟悴沒涬律卒對戌掘粹

(8) 質部

穴室一日節實疾至閉失詰鐵漆慄質器利嫉結血肆必挃致垤駤　潔叱彎七棄譎戾惠密瑟甗

(9) 月部

滯廢外滅大折裂弊裔蓋制害發蘖垺末說際達拔桎伐絕闕罰月歲殺敗竭癘脫穢泄割瀨越蹶察別奪厲遏濊枘慧訣缺劂銳玦熱烈噬趹雪揭喝掇芥柿秋快薛勢世祭帶　逮愒怚衛錯賴謁鉞喙設奈渴蛻傑　蔽跋毳褐吠髮汭藝會劓

(10) 緝部

入集急濕襲及吸鞈　立給雜合

(11)盍部
甲法　脅接業劫

3. 陽聲韻

(1)蒸部
蒸應勝淩繩興夢登乘朋憎雄稱　　肯崩徵承矰簦升冰騰凝菱
(2)耕部
形盈寧清冥靜性聖生成亭情營平榮傾聲聽姓命刑城鳴經徑正井省精名定爭政輕肩耕纓誠櫻令幸驚勁庭盛靈　　瑩牲頂星鼎贏程頸佞型荆瘦領螟瞑贏旌硎
(3)陽部
張明強剛陽光行翔皇央方孀怳象往景上網像霜傷藏當鄉創常狂喪亡房蔣旁堂黃章芒筐昌殃桑亢涼彊康養良疆香梁忘匡鏡迎棠魍璜放防長煌荒糧葬量讓彰相兵襄塘綱祥病望境兄狀償兩衡商王更尚柄黨羊攘唱腸場賞揚抗枉烹芳嘗倉囊橫牆殃羹梁湯享　　仰壯廣響丙謗將虻京萌倡釀纊蕩秉仗並障響裳杭床英氓潁竟
(4)東部
洞動容公總孔縱用恐蓬蒙通功龐重同從聾聰塚隴龍江鍾頌棟凶　　誦訟攻奉龍空撞工東籠銅壅庸種巷踵腫胸
(5)冬部
降窮中農眾宗終宮　　冬蟲忠隆充宋沖癃崇
(6)文部
川侖門先根錞刃存勤純混辰振本閫舜尊雲遁淪順恨筋聞憫文寸準悶垠運墊員輪紃軍分論　　貧春軫君斤倫紛循溫奮奔悎綸圓近損紾仞樽涽

(7)真部

天人神民慎身淵寅螾申呻真均親新伸田信臣賢秦恩仁　潤電尹閵眩鈞堅蹎年賓袗進盡隣塵畇因鄰鬢鱗

(8)元部

轉反殘淺然觀焉斡原攀　難患斷勸散遠還炭變間建滿山燕酸羶垸寬安言完肝豢見辯便寒苑鍛怨願緩　縣亂官姦嫚叛權班連善遷短泉判攎返褊免遣獻轅源鮮戰賤援前端鞍卷選摶撚幹悍倦旦半猨殫貫穿歡　餐煖卵旋干懸關萬畔歎壇　熯簡煩圈旱鞭環樊蘩諫罕偃全漫斿爨棤蘭箮竿顯船冠嬗肩元誕垣

(9)侵部

陰瘖音風闇禁琳心男喑飲減枕簪貪擒深任林金琴淫　吟感朕含今南侵鍼蕈念汎

(10)談部

敢劍兼函瞻慊廉澹濫淹感犯險嚴陷銜甘

（五）歸字說明

1. 陰聲韻字

掊　從音之字，王力先生歸入之職部，何九盈先生歸侯部。段玉裁《六書音均表》歸入一部（即之職部），《説文解字注》"音"字注改"否亦聲"為"丶亦聲"，並云："丶，各本作否，非，今正。音，韻書皆入侯韻，或字從豆聲（按：或體作㪤，從豆欠）。段注：欠者口氣也；豆者聲也。）豆與丶同部，《周易》䶂斗主為韻，䶂正音聲也天口切，四部。"段氏又以從音之字歸侯部。《説文》掊字下段注："掊棓正俗字。音聲之字在四部。"《說文》踣字下段注："古音在四部,《爾雅》、《釋文》音赴,或孚豆、蒲侯二反是也。"周祖謨先生從音之字入之職部兼入侯部。周先生是對的。《淮南子》棓與口押韻,棓自當歸入侯部。《詮言》："王子慶忌死於劍,羿死於桃棓,子路葅於衛,蘇秦死於口。"（"棓、口"侯部）段玉裁說棓棒正俗字,棒從奉聲當在東部,侯東對轉,正合音理。《呂氏春秋·行論》引逸詩云："將欲毀之,必重累之；將欲踣之,必高舉之。"其中毀與累押韻,為微部；踣與舉押韻,為侯魚合韻。《呂覽》、《淮南子》中的棓、踣都應歸入古韻侯部。

麗　麗及從麗得聲之字,各家歸部多有分歧。段玉裁、董同龢歸支部,江有誥、朱駿聲、周祖謨先生歸歌部。考《淮南子》中"麗"有三處入韻,一為《俶真》："夫貴賤之於身也,猶條風之時麗也；毀譽之於己,猶蚤虱之一過也。（"麗、過"韻）一為《精神》："今高臺層榭,人之所麗也,而堯樸桷不斵,素題不枅；珍怪奇異,人之所美也,而堯糲粢之飯,藜藿之羹；文繡狐白,人之所好也,（"麗、美、好"韻）而堯布衣揜形,鹿裘御寒。（"枅、羹、寒"元陽合韻）"一為《詮言》："故不得已而歌者,不事為悲；不得已而舞者,不矜為麗。（"悲、麗"韻）""過"為歌部,"美"為脂部,"悲"為微部。"麗"與此三部押韻,自當與此三部音相近。與"過"相押為同部相押,與"美、悲"相押為鄰韻相押。此皆較與支部相押為近。《精神》"麗"除與"美"押之外,還與"好"押,"好"為幽部。檢《淮南子》有幽與歌部相押者,而沒有與支部相押者。故而將"麗"字歸入歌部。

危　危及從危得聲的字,各家也多有分歧。段玉裁歸支部,江有誥、朱駿聲、董同龢、周祖謨先生歸歌部,王力先生歸部有些變化,《漢語史稿》歸歌部,《脂微質物月五部的分野》歸微部,《王力古漢語字典》又歸支部。考《淮南子》用韻情況,危與歌部押韻 4 次（另有詭與歌押韻 1 次）,與微部押韻 4 次,與脂部押韻 2 次,與月部押韻 3 次,與元部押韻 5 次。與歌押韻：

《天文》:"申為破,主衡;酉為危,主杓。"("破、危"歌部)

《主術》:"臨死亡之地,犯患難之危。"("地、危"歌部)

《詮言》:"故治未固於不亂,而事為治者,必危;行未固於無非,而急求名者,必剉也。"("危、剉"歌部)

《説林》:"水火相憎,䰞在其間,五味以和;骨肉相愛,讒賊間之,而父子相危。"("和、危"歌部)

《説林》:"水雖平,必有波;衡雖正,必有差;尺寸雖齊,必有詭。"("波、差、詭"歌部)

與微押韻：

《原道》:"是故不以康為樂,不以慊為悲,不以貴為安,不以賤為危,形神氣志,各居其宜,以隨天地之所為。"("悲、危、宜、為"微歌合韻)

《主術》:"所任非其人,則國家危,上下乖,("危、乖"歌微合韻)羣臣怨,百姓亂。"

《繆稱》:"魯酒薄而邯鄲圍,羊羹不斟而宋國危。"("圍、危"微歌合韻)

《齊俗》:"形殊性詭,所以為樂者,乃所以為哀;所以為安者,乃所以為危也。"("詭、哀、危"微歌合韻)

與脂押韻：

《原道》:"土處下不爭高,故安而不危;水下流不爭先,故疾而不遲。"("危、遲"歌脂合韻)

二 《淮南子》用韻分析 51

《要略》:"誠明其意,進退左右,無所擊危,乘勢以為資,("危、資"歌脂合韻)清静以為常,避實就虛,若驅羣羊,此所以言兵也。("常、羊、兵"陽部)"

與月押韻:

《主術》:"鴟夜撮蚤蚊,察分秋毫,晝日顛越,不能見丘山,形性詭也。"("越、詭"月歌通韻)

《兵略》:"軍井通而後敢飲,所以同飢渴也;合戰必立矢射之所及,[所]以共安危也。"("渴、危"月歌通韻)

《泰族》:"璩伯玉以其仁寧衛,而天下莫能危也。"("衛、危"月歌通韻)

與元押韻:

《主術》:"譬而軍之持麾者,妄指則亂矣。慧不足以大寧,智不足以安危。"("麾、亂、危"歌元通韻)

《主術》:"體離車輿之安,而手失馭馬之心,而能不危者,("安、危"元歌通韻)古今未有也。"

《齊俗》:"以治身則危,以治國則亂,以入軍則破。"("危、亂、破"歌元通韻)

《氾論》:"寧其危,解其患。"("危、患"歌元通韻)

《詮言》:"故無為而寧者,失其所以寧則危;無事而治者,失其所以治則亂。"("危、亂"歌元通韻)

從危與歌部、微部相押,似歸歌歸微皆無不可,然危與月部、元部相押,應以歸歌部為是,歌與月部、元部皆為對轉關係,而微部則與之較遠。支部與之更遠,且危沒有與支部相押的韻語。鑒於此,我們將危及從危聲之字歸入歌部。

廟 廟字從朝,歸宵部不成問題。嚴可均、朱駿聲以為朝從舟聲歸入幽部，古文字已表明，朝是會意字，不從舟聲。何九盈從詩文押韻看，《詩經》、《左傳》諺語、《上林賦》韻語中有廟與幽部字相押的例子，因此認為，廟當作為一個例外歸入幽部。檢《淮南子》用韻，"廟"有 6 次入韻，分別與"桃"（《時則》）、"矛"（《時則》）、"稻"（《時則》）、"寶"（《本經》）、"囚"（《主術》）、"樂"（《泰族》）押韻，"桃"是宵部，"矛、稻、寶、囚"是幽部，從這裏看，似乎將"廟"歸入幽部順理成章；然而"樂"是藥部字，"廟"歸入宵部，"廟、樂"韻是宵藥對轉，於音理甚通，若將"廟"歸入幽部，幽、藥合韻，《淮南子》未見一例。從此考慮，我們將"廟"歸入宵部，認為與幽部字"矛、稻、寶、囚"相押為宵幽合韻。這樣似更合理一些。

　　釣　釣字從勺得聲，從勺得聲的字一般歸入入聲藥部。然也有分入陰入兩部即宵藥二部的，如何九盈《古韻通曉》勺聲歸藥部，從勺得聲的約杓等歸藥部，釣扚等歸宵部。周祖謨先生勺聲也歸藥部，但釣字歸宵部。《廣韻》中勺聲字有在入聲韻的，也有在陰聲韻的。可能上古時期，勺聲字皆為入聲，部分字後來脫落入聲韻尾，轉入陰聲韻。《淮南子》中"釣"字有兩次入韻，一次與宵部字"召"押韻：

　　　　《說山》："故魚不可以無餌釣也，獸不可以虛器召也。"
　　（"釣、召"宵部）

　　一次與幽部字"寶、誘"押韻：

　　　　《主術》："虞君好寶，而晉獻以璧馬釣之；胡王好音，而秦穆公以女樂誘之。"（"寶、釣、誘"幽宵合韻）

　　根據《淮南子》押韻的實際，我們覺得，釣字歸入宵部較為適宜。

2. 入聲韻字

汩 曰字，《廣韻》在月韻，月韻字上古音一般歸入月部。王力先生曰聲字歸月部。周祖謨先生歸入物部。段玉裁《說文解字注》曰字歸十五部，段氏的十五部入聲包括物部和月部字。汩字，《說文解字注》及《六書音均表》皆歸十五部入聲，引《楚辭·懷沙》"汩、忽"為韻。此當為物部。王力先生《楚辭韻讀·懷沙》"汩、忽、慨、謂"為韻，物部。《淮南子·原道》："源流泉浡，沖而徐盈。混混汩汩，濁而徐清。"這裏"盈、清"押韻，"浡、汩"押韻。一為耕部，一為物部。與段、王、周之說皆合。《淮南子》中尚有一處"汩"與"亂"通韻的，《俶真》："水之性真清，而土汩之；人性安静，而嗜欲亂之。"這裏"清、静"押韻，"汩、亂"押韻，前者耕部，後者月元通韻。月元為入陽對轉，主元音相同。曰聲字本在月部，轉而與物部相押入物部。本書將"汩"字分別歸入月、物兩部。

逮 逮字各家歸部不一，段玉裁歸十五部，孔廣森、江有誥歸脂部，王力先生歸質部，黄侃歸物部。段氏的十五部包括有脂部、物部、月部字，收字過寬。孔、江二家的脂部兼有入聲，且是脂微未分之脂。綜上，分歧在於質、物、月三者之間。《王力古漢語字典》除"隸"字歸入物部，其餘從"隶"得聲的"棣、逮、隸"等字都歸入質部。郭錫良《漢字古音手册》"棣"歸質部，"逮"歸月部。何九盈《古韻三十部歸字總論》認為"隶"聲及從"隶"得聲的"逮"應歸入物部，還舉出《淮南子·原道》叶"悖轡逮"的例證。

《淮南子》中此類字只有一個"逮"字入韻 2 次，且都是與"過"相押：

《原道》："時之反側，間不容息。（"側、息"職部）先之則大過,後之則不逮。("過、逮"歌月通韻)夫日回而月周,時不與人游。("周、游"幽部)"

又:"是故以中制外,百事不廢。("外、廢"月部)中能得之,則外能[牧](收)之。("得、牧"職部)中之得則五藏寧,思慮平,("寧、平"耕部)筋力勁強,耳目聰明;("強、明"陽部)疏達而不悖,堅強而不鞼;("悖、鞼"物部)無所大過,而無所不逮;("過、逮"歌月通韻)處小而不逼,處大而不窕;其魂不躁,其神不嬈,淑漻寂漠,為天下梟。("窕、嬈、梟"宵部)"

前一例"側、息"職部,"過、逮"歌月通韻,"周、游"幽部;後一例"外、廢"月部,"得、牧"職部,"寧、平"耕部,"強、明"陽部,"悖、鞼"物部,"過、逮"歌月通韻,"窕、嬈、梟"宵部。兩例都是"過、逮"相押無疑,歌月相押,是陽入對轉,主元音相同。若將"逮"歸入物部或質部,音相距都比較遠。且後例將"逮"與"悖、鞼"相押,則與前後韻例不合。因此本文從《淮南子》的實際出發,將"逮"歸入月部。

3. 陽聲韻字

令　令及從令得聲的字,段玉裁、朱駿聲、何九盈等歸真部,江有誥、周祖謨先生兼入真耕二部,王力先生于《詩經》歸真部,于《楚辭》歸耕部,因《詩經》時期多與真部相押,《楚辭》時期則多與耕部相押。王先生的意見是對的。因為語音的發展,令聲之字多從真部轉入了耕部。《楚辭》的押韻是證明。產生于戰國末期的《吕氏春秋》用韻也證明了這一點。《吕氏春秋》中令及從令得聲的命多與耕部字相押,如《圜道》韻"性、正、令",《令、命、定",《審應》韻"敬、令、静、定",《知分》韻"性、命"等。《淮南子》中令及從令得聲的命字與耕押韻的有10次之多(其中令4次,命6次),《俶真》韻

"静、性、命",《精神》韻"静、命",《主術》韻"平、正、命",《齊俗》韻"聖、令",《氾論》韻"生、誠、命",《兵略》韻"政、令"、"正、命",《人間》韻"令、刑、定",《泰族》韻"令、誠";而與真部押韻的只有2次,《主術》韻"命、慎",《氾論》韻"令、親",這可以認為是合韻。同時,令及從令得聲的字,有與陽部押韻的,《原道》韻"柄、令",《要略》韻"柄、令",而没有與文部押韻的,這更説明,令及從令得聲的字確實具有了韻尾-ng,而不再是-n尾。《史記》中"令"有2次與耕部相押,而不與真部相押,也説明"令"聲在漢初入耕部。①

矜　令聲,各家皆歸侵部,然矜古當為令聲,段玉裁《説文解字注》將大徐本"矝"改為"矜",説:"今依漢石經論語、溧水校官碑、魏受禪表皆作矜正之。"又説:"字從令聲,令聲古音在真部,故古假矜為鄰。《毛詩鴻雁傳》曰'矜,鄰也。'言假借也。"王力先生《詩經韻讀》"矜"與"天、臻、玄、民、旬、慎"等為韻,歸真部。《淮南子》中"矜"字雖没有與真部字獨韻的用例,但矜與真、耕部字有相押者,如《詮言》:"有禍則詘,有福則赢,有過則悔,有功則矜,遂不知反,此謂狂人。("赢、矜、人"耕真合韻)"又:"大道無形,大仁無親,大辯無聲,大廉不嗛,大勇不矜。("形、親、聲、矜"耕真合韻)從此二例可以看出,矜與真、耕為韻,絕非侵部字。然戰國後期從令之字從真部轉入耕部,如《楚辭》中從"令"得聲的"領"等字均與耕部字為韻。"矜"歸真,還是歸耕?《淮南子》中尚有如下用例:《兵略》:"伐棘棗以為矜,周錐鑿而為刃。("矜、刃"真文合韻)《説林》:"吕望使老者奮,項託使嬰兒矜。("奮、矜"文真合韻)《淮南子》中,真文合韻者多,而耕文合韻者幾乎没有,因此可以斷定,矜在《淮南

---

①　參見施向東《史記中的韻語》。

子》中當歸入真部。

褊　扁及從扁得聲的字,江永、段玉裁等各家多歸真部,董同龢歸元部,《王力古漢語字典》或歸真,或歸元,不一。周祖謨先生根據漢代詩文用韻,歸元部。《淮南子》中從扁得聲的字只有"褊"字,兩次入韻:

《主術》:"是故得道者不為醜飾,不為偽善,一人被之而不褒,萬人蒙之而不褊。"("善、褊"元部)

《説林》:"足以躡者淺矣,然待所不躡而後行;智所知者褊矣,("淺、褊"元部)然待所不知而後明。("行、明"陽部)"

"褊"皆與元部字相押,沒有與真部字押韻者,因此,我們依周祖謨先生的辦法,將"褊"字歸入元部。

三 《淮南子》韻譜

（一）獨韻

1. 陰聲韻

（1）之部

止、始（原道"水流而不止"二句），有、宰（"生萬物而不有"二句），祀、已（"與高辛爭為帝"二大句），志、之（"使舜無其志"二句），能、時（"藏於不敢"四句），時、之（"應化揆時"二句），謀、之（"先者隤陷"二句），理、海（"是故一之理"二句），有、有（"夫天下者"二句），右、在（"在於上"四句）；使、有（俶真"於是在上位者"四句），餌、海、有（"禮樂為鉺"六句），鯉、材（"夫牛蹄之涔"四句），載、事、待（"若夫神無所掩"六句），治、里、能（"故治世則愚者"三大句），里、海（"舜之耕陶也"四句）；吏、史、期、忌（天文"四時者"八句），起、始（"天維建元"五句），子、子（"淮南元年冬"四句），子、茲（"指子"二句）；載、時（地形"地形之所載"六句），丘、之（"昆侖之山"二句）；始、止（時則"從國始"二句），來、滋（"則苦雨數來"二句），旗、牛（"建黃旗"二句），市、財、事（"理關市"四句），時、起（"則雪霜不時"二句），事、耜（"令農計耦耕事"二句），紀、始、使（"日窮於次"六句），理、紀、起、理（"感動有理"六句）；事、有（覽冥"親近者"二句），駭、梅（"毒獸不作"四句），理、止（"陰陽之所壅沈"四句）；骸、有（精神"而骨骸者"二句），母、紀（"以天為父"四句），裏、紀（"外為表而內為裏"三句），時、災（"風雨非其時"二句），坯、之（"夫造化者"二句），已、止（"其生我也"四句），有、理（"是故聖人"二句），之、來、灰、骸（"居不知所為"八句），裘、已、埃、止、已（"知冬日之箑"八句）；始、止（**本經**"不占卦兆"四句），持、治（"天下有能持之者"二句），喜、子、里（"萬民皆喜"四句），灰、時、財（"燎木以為炭"六句），怪、志（"夫聲色五味"四句），欺、疑（"君臣相欺"二句）；辭、謀（**主術**"是故心知規"四句），事、態（"上多事"一句），在、里（"志之所在"二句），理、宰（"故皋陶瘖"二大句），才、治（"任人之才"二句），耳、里（"夫華騮綠耳"二句），時、財、謀（"清靜無為"三句），治、志（"夫人主之聽治也"二句），能、基（"是故群臣輻輳"二大句），事、志（"故人主誠正"二大句），里、止（"堯為匹夫"四句），囿、怪（"志專在於"四句），貍、牛（"譬猶貍之不可使搏牛"一句），里、海（"故假輿馬者"四句），能、之（"君人者不任能"二句），理、治（"數窮於下"四句），起、餌（"有為則讒生"四句），右、止（"夫七尺之檠"六句），治、持（"能多者無不治也"二句），母、友（"孝于父母"三句）；裏、礙（**繆稱**"包裹宇宙"二句），載、喜（"人以其所願於上"四句），來、之（"崇侯惡來"二句），事、時（"故聖人之舉事也"二句），里、海（"有聲之聲"四句），駭、理（"勿驚勿駭"二句），有、使（"兼覆蓋"二句）；載、諰（**齊俗**"乃至天地"二句），己、止、海（"故古之聖王"五句），時、裘（"欲以耦化應時"二句），耳、母（"親母為其子"四句），己、里（"不運於己"二句）；骸、灰、持、悝、謀、哉（**道應**"形若槁骸"七句），子、材（"臣之子"二句），理、子（"吾固惑吾王之數"四句），止、之（"三舍不止"二句），氾、之、來、士（"至於河上"六句），謀、疑、時（"周伯昌行仁義"三句），里、怪（"屈商乃拘文王"二句），時、之（"使之時而敬順之"一句），氾、里、在（"此其外猶有"三句），母、子（"有命之父母"二句）；能、子（**氾論**"如將不能"三句），海、治（"百川異源"二句），事、理、治（"當於世事"五句)、治、士("禹之時"四句)、時、疑("當此之時"二句)、里、子("地方不過百里"二句)、臺、里("故桀囚于焦門"四句)、事、謀("湯武有放弑之事"二句)、丘、子("孔子辭廩丘"四句)、耳、事("日聞吾耳"二句);始、己(**詮言**"不為福先"四句)、時、是、載("足用之本"十句)、理、喜("守其分"四句)、始、己、理("不為始"三句)、謀、時、期("不豫謀"三句)、事、己("欲尸名者"四句)、治、能("使水下流"四句)、來、治("故士行善"三句)、時、辭("外交而為援"二大句)、理、時("人以其位"四句)、喜、謀、事、悔("福至則喜"六句)、始、似("陰陽之始"二句)、己、有("無損益於己"二句)、己、志("古之存己者"三句);待、來(**兵略**"百姓開門"三句)、始、晦、紀("終而復始"三句)、時、治、旗("動靜時"六句)、才、事("必擇其人"四句)、來、之("與飄飄往"三句)、治、旗、持、之("當擊其亂"八句)、欺、謀("信者易欺也"二句)、狸、來("始如狐狸"二句)、之、謀("故所鄉非所之也"二句)、子、海("上視下如子"二句)、龜、旗("之太廟"四句);止、喜(**說山**"曾子攀柩車"撒據)、絲、龜("下有茯苓"四句)、止、里("深則達五藏"四句)、事、怪("被羊裘而賃"四句)、龜、狸("壞塘以取龜"二句)、狸、龜("殺戎馬而求狐狸"二句)、己、里、始("不運於己"三句)、來、待("有鳥將來"二句)、理、在("聖人之同死生"四句)、里、母、殆("烹牛以饗其里"三句)、治、事("文王汙膺"五句);事、似(**說林**"人之從事"二句)、龜、久("必問吉凶"二句)、醫、謀("與死者同病"四句)、牛、狸("見象牙乃知"二句)、海、里("田中之潦"四句)、姬、牛、來、來("獻公之賢"八句)、己、矣、里("諸之與己"三句)、謀、骸("譖夫陰謀"二句)、海、己("流潦注海"三句)、止、里("騏驥驅之"三句)、晦、謀("見之闇晦"二句)、事、使("非有事焉"二句)、子、醫("憂父之疾者子"二句);事、悔、之、醫(**人間**"是故人皆輕小害"六句)、頤、之、子("圍三匝"五句)、喜、耳("與之使喜"三句)、謀、期("二君乃輿"二句)、能、子("不能"二句)、辭、喜("其所能者"四句)、殆、久("知足不辱"三句)、時、滋、之("聖人敬小慎微"六句)，之、謀("今不務使患無生"四句)，時、畝("當此之時"二句)，骸、之("文王葬死人之骸"二句)，使、止、理("夫勸人而弗能"三句)，久、志("虞氏富氏"二句)；事、理(**脩務**"聖人之從事也"二句)，騏、絲("我馬唯騏"二句)；畝、里(**泰族**"故九州不可"二句)，事、士("官府若無事"四句)，絲、紀、絲("繭之性為絲"三句)，時、事("天不一時"三句)，止、有("輕者欲發"四句)，事、治("事省易治也"一句)，能、待("宰祝雖不能"二句)，子、詩、治("舜為天子"四句)，在、治("故法雖在"二句)，恥、治("民無廉恥"二句)，疑、財("知足以決嫌疑"二句)，事、謀("約從橫之事"二句)，時、事("足用之本"四句)，海、趾("紂之地"四句)，哉、之("豈獨形骸"二句)，以、喜("欲知輕重"二句)，治、始("人之於治也"二句)，理、事("治由文理"二句)；事、理、始(**要略**"所以紀綱道德"七句)，己、理、紀、母("使人知遺物反己"七句)，事、能("主術者"四句)，采、理、始("所以一群生"六句)，始、時("故言道而不明終始"四句)，子、右("下無方伯"四句)。

(2)支部

崖、啙(**原道**"修極於無窮"四句)；知、知(**俶真**"是故有真人"四句)；知、知(**精神**"能知一"四句)；知、解(**本經**"智之所不知"二句)；雌、豀(**道應**"守其雌"二句)；卮、是(**氾論**"今夫雷水"三句)；隄、豀(**兵略**"勢如決積水"二句)；蹏、枝、知(**說林**"馬齒非牛蹏"三句)；麇、睨(**人間**"孟孫獵而得麑"三句)，解、智("患結而不解"二句)；忮、啙(**泰族**"禮之失忮"二句)。

(3)魚部

下、寡(**原道**"累之而不高"四句)，御、馬("末世之御"二句)，輿、馬、御("以地為輿"六句)，處、暑、所("各因所處"四句)，處、野、矩("卓然獨立"六句)，無、虛、居("是故有生於無"四句)，怒、邪("夫喜怒者"二句)，怒、苦("是故無所喜"二句)，舉、餘(**俶真**"其道可以"四句)，去、居("是故事其神者"二句)、衢、宇、無("散六衢"三句)、虛、野、圄("若夫真人"四句)、雨、父、女("燭十日"六句)、舍、素("是故虛無者"四句)、舞、書、下("弦歌鼓舞"三句)、初、虛("欲以反性於初"二句)、下、譽("故能有天下者"四句)、書、圖("洛出丹書"二句)、都、湖("夫歷陽之都"二句);武、羽(**天文**"其獸玄武"二句)、居、土("當居而弗居"二句)、居、舍("紫宮者"四句)、舍、野("何謂七舍"二句)、午、枯("陰生於午"三句)、女、馬、車("至於悲泉"四句)、午、忤("指午"二句)、呂、去("大呂者"二句)、處、戶("蟄蟲首穴"二句)、下、五("南二萬里則無景"四句);圃、雨(**地形**"或上倍之"四句)、土、野、女、戶、土、野、所、羽、暑、雨("自東北方曰和丘"二十句)、下、暑、土("凡八極之雲"六句);圄、邪(**時則**"繕囹圄"二句)、社、祖("祭於公社"二句)、武、御("命將率講武"二句)、間、圄("塗闕庭門閭"二句);女、羽(**覽冥**"夫瞽師庶女"三句)、圃、渚("翱翔四海之外"四句)、馬、者(**精神**"踰於六馬"二句)、下、輔("黃帝治天下"二句)、女、下、寡("別男女"六句);無、居(**精神**"虛無者"二句)、暑、怒("天有風雨"二句)、烏、蜍("日中有踆烏"二句)、無、虛("故有而若無"二句)、與、虛、慮("抱其太清之本"四句)、緒、宇、野("反復終始"六句)、書、徒、鼓("藏詩書"六句)、慮、素、故("委心而不以慮"三句)、宇、野("處大廓之野"二句);處、固、敘(**本經**"積壤而丘處"八句)、野、下("夷羊在牧"四句)、者、下("刳諫者"四句)、雨、土、怒("天之精"六句)、唔、魚、餘、娛("曲拂邅回"八句)、虎、組("寢兕伏虎"二句)、瑕、居、蒢、疏("抑微滅瑕"舞劇)、五、下("此五者"二句)、馬、女("驅人之牛馬"二句);圄、虛(**主術**"囹圄空虛"一句)、下、竈("甯戚商歌車下"二句)、湖、駮、阻("湯武聖主也"三大句)、怒、與("國有誅者"二句)、車、馬、塗("是乘眾勢"三句)、戶、下("是故不出戶而知天下"一句)、圄、語("瘖者可使"二句)、與、邪("主上出令"四句)、舉、譽("今夫朝廷"二句)、虎、鼠("虎之不可使搏鼠"一句)、邪、拏("志在直道正邪"二句)、輿、馬("是故權勢者"

四句），御、車、馬（"今夫御者"三句），居、處（"吞舟之魚"二大句），鼓、下（"歲登民豐"四句），儲、鼓、旅（"故民至於"八句）；怒、慮（**繆稱**"不喜不怒"二句），虞、舍（"即鹿無虞"三句），車、戶（"故終年為車"四句），撫、據（"故若眯而撫"二句），敘、下（"絲筦金石"留居），固、舉、舉（"君反本"五句），舍、者（"故老而弗舍"二句），下、雨（"故行險者"四句），馬、弩、下（"善御者"三句）；弩、釜（**齊俗**"鉛不可以為刀"四句），下、徒、馬（"故堯之治天下也"三句），虛、餘（"故亂國若盛"四句），舞、雨、處（"於是舜脩政偃兵"六句），馬、羽、下（"知三年而非一日"五句），下、暑（"儀必應乎高下"二句），矩、宇、所（"故天之員也"五句），居、去（"今吾欲擇是而居之"二句），鏵、土、塗（"脩脛者使之蹠鏵"四句），車、家（"夫待騕褭飛兔而駕之"四句），居、家、處（"趨舍禮俗"八句），諸、魚（"故惠子從車百乘"三句），家、魚、餘（"湖上不鬻魚"二句），孤、餘（"獨夫收孤"二句）；居、故（**道應**"德將來附若美"四句），居、處（"與人之弟居"四句），書、舞（"智者不藏書"二句），馬、馬（"可告以良馬"二句），馬、下（"此其于馬"二句），楚、楚、夫（"先君之時"六句），居、居、去（"功成而不居"三句），魯、魚（"公儀休相魯"二句），下、舞（"豐上而殺下"二句），戶、下（"不出戶而知天下"一句）；宇、雨、暑（**氾論**"上棟下宇"三句），處、下（"辭官而隱處"二句），譽、故（"而有大譽"二句），蕪、虛（"田野蕪"二句），下、社（"禹勞天下"二句），菟、豫（"楚王之佩玦"三句）；初、無（**詮言**"稽古太初"二句），素、舍（"平者"四句），居、處（"勁筋者"五句），下、下（"四世而有天下"四句），夏、莒（"楚勝乎諸夏"一句），慮、儲（"聖人無思慮"二句），譽、與（"故聖人不以"四句），去、所（"此四者"四句），處、怒（"凡治身養性"四句），慮、故、怖（"苦心愁慮"四句），所、與（"無去無就"四句），下、所（**兵略**"貪昧饕餮之人"四句），野、浦、扈（"故黃帝戰於涿鹿之野"四句），慮、圖、扶（"以論慮之"三句），寡、圖、儲（"振其孤寡"六句），助、去（"舉事以為人者"四句），助、去（"眾之所助"四句），庫、處（"建

三　《淮南子》韻譜　63

鼓不出庫"二句），雨、罼（"解如風雨"三句），筴、弩、下（"剡撕筴"五句），虛、假、舍、去（"見敵之虛"四句），無、虛（"是以聖人藏形"一句），雨、沮、圍、寡（"止如丘山"八句），序、暑（"是故處於堂上"四句），懼、豫（"居則恐懼"二句），父、下（"下視上如父"二句），魚、竽、壺（"主雖射雲中"六句），雨、鼓、緒（"發如雷霆"六句），車、弩、鼓（"易則用車"七句）；無、竽（**說山**"物莫不因其所有"四句），户、著（"人有少言者"四句），汙、素（"流言雪汙"二句），鼠、齲、徒、與（"掘室而求鼠"四句），車、書（"見飛蓬轉"二句），者、書（"譬猶倮走而追"四句），汙、塗（"此所謂同汙而異塗者"一句），魚、眾（"好漁者"二句），户、下（"三人比肩"四句）；下、諸、蛆（**說林**"月照天下"四句），絮、布（"蒿苗類絮"二句），閒、疽（"治鼠穴而壞里閒"二句），覘、顧（"皮將弗覘"二句），去、下（"中夏用箑"五句），馬、下、虎（"君子之居民上"四句），紵、布、故（"布之新不如紵"四句），枯、烏、圖（"捨茂林"三句），兔、價（"逐鹿者不顧兔"二句），土、下（"城成於土"二句），擢、扶、疏（"木大者跟擢"四句）；慮、户（**人間**"是故知慮者"二句），魯、捕（"陽虎為亂于魯"二句），怒、巴、傅（"孟孫怒"四句），下、與、與（"智伯之強"五句），土、處（"平治水土"二句），下、怒、屠（"牢守而不下"四句），武、庫（"霸主富武"二句），鼓、下（"中行穆伯攻鼓"二句），處、居（"無故有顯名者"二句），父、傅（"因命太子建守"二句），紵、車、馬（"夏日服絺紵"三句），墟、魚（"身死人手"三句），處、虜（"與禽獸處"二句），辜、股（"越王勾踐一決獄"二句），鼠、下（"吾不敢侵犯"四句），睹、怒（"使狐瞋目"三句）；下、苦（**脩務**"於是神農乃使"四句），馬、御（"故其形之為馬"四句），墟、雨（"槎櫛為墟"三句），書、稼、車（"昔者蒼頡作書"六句），苦、暑（"心致憂愁"二句），雨、矩、御、下（"合如雷電"八句），羽、苦（"夫以徵為羽"四句）；疎、虛、餘（**泰族**"遠之則邇"六句），書、辜（"至其衰也"四句），與、罼、處（"朋黨比周"六句），居、呼（"關雎興於鳥"二大句），矩、舞（"員中規"五句），家、户（"蔀其家"二句），舉、與("故觀其所舉"四句)，野、間、鼓、馬、下("周處酆鎬之地"十二句)；雨、怒、暑(**要略**"合同其血氣"四句)、下、伍、怒("明攝權操柄"六句)、土、序("上明三光"四句)、下、野("祥風至"四句)，巨、粗、語("其言有小有巨"四句)。

(4) 侯部

區、驅(**原道**"縱志舒節"四句)，隅、樞("經營四隅"二句)，具、數("小大脩短"四句)，渝、濡("新而不朗"四句)；偶、走(**地形**"或奇或偶"二句)，注、頭、口("東方川谷之所注"四句)；柱、府(**精神**"夫至人倚不拔之柱"四句)；數、主(**主術**"夫推而不可為"四句)，湊、誅("百官脩通"四句)，樞、符("處靜持中"四句)，厚、鬭("繆稱"在家老"二句)；濡、趍(**道應**"爭魚者趍"二句)，侯、府("魯國之法"四句)，垢、主("能受國之垢"二句)，愚、陋("是故聰明睿智"四句)；懦、趨、嘔(**氾論**"今不知道者"三大句)，主、侯("經營萬乘之主"二句)，鉤、侯("孔子辭廩丘"四句)；府、主(**詮言**"聖人不為名尸"四句)，梧、口("王子慶忌死於劍"四句)，走、後("隨時三年"四句)；寇、鬭(**兵略**"是故父子兄弟"二句)，數、揍("發必中詮"四句)，鬭、走("夫實則鬭"二句)；狗、走(**說山**"執彈而招鳥"四句)，珠、鉤("不愛江漢之珠而愛己之鉤"一句)，走、狗、後("以束薪為鬼"六句)；趍、趍(**說林**"趍"二句)；嘔、濡、殊、珠、濡、渝(**泰族**"天地所包"十句)，厚、畫("天致其高"四句)，愚、拘("詩之失愚"二句)，寇、鬭("乃相率而為"二句)；主、數(**要略**"明萬物之主"四句)，耦、喻、具("假像取耦"四句)。

(5) 宵部

搖、勞(**原道**"是故疾而不搖"二句)，窕、嬈、梟("處小而不逼"六句)；高、腦(**俶真**"雲臺之高"二句)；毛、巢(**天文**"羊脫毛"三句)；桃、廟(**時則**"羞以含桃"二句)；搖、佼(**覽冥**"草木不搖"二句)；少、小(**精神**"故所求多者"二句)，勞、耗("而好憎者"二句)；照、兆(**本經**"當此之時"四句)，校、橈("脩挾曲校"二句）；教、摇、勞(**主術**"處無為之事"六句），詔、教("任而弗詔"二句），橈、號("夫七尺之橈"六句），撓、操("行欲方者"四句）；毛、笑(**氾論**"不殺黄口"四句），小、少("物固有大不若小"二句）；少、小(**兵略**"故善戰者"二句）；釣、召(**説山**"故魚不可以無餌釣也"二句），毛、刀、高("斷右臂而爭一毛"四句），笑、叫(**説林**"至樂不笑"二句），摇、撓("使葉落者"二句），熛、燒("一家失熛"二句），殺、高(**人間**"晉先軫舉兵擊之"三句）；勞、饒(**脩務**"夫癠地之民"四句），笑、眺、撓、摇("冶由笑"五句）；小、少(**泰族**"故凡可度者"四句），小、少("夫大生小"二句），孝、盜("法能殺不孝者"四句）；姚、耗(**要略**"挾日月而不姚"二句）。

（6）幽部

巧、鳥(**原道**"重之羿逢蒙子之巧"二句），流、浮("兩木相摩"四句），游、舟("短綆不綆"二句），守、保("是故欲剛者"四句），周、游("夫日回而月周"二句），好、報("大包群生"二句），守、求("約其所守"二句），鳥、獸("射沼濱之高鳥"二句）；茂、道(**俶真**"夫大寒至"二大句），受、授("則有所受之也"二句），授、授、受("所授者"三句），道、游("外内無符"二大句）；收、秋(**天文**"其佐蓐收"二句），留、疇("條風至"四句），卯、茂("指卯"二句），酉、飽("指酉"二句），丑、紐("指醜"二句），九、調("三三如九"二句），卯、酉("太陰在寅"六句）；獸、導(**時則**"山林藪澤"三句）；造、道(**覽冥**"衆雄而無雌"四句），游、求("浮游不知所求"一句）；休、守(**精神**"血氣滔蕩而不休"二句），道、游("此精神之所以"二句）；道、道(**本經**"故道可道"二句），導、導(**主術**"是故心知規"四句），牖、道("不窺牖而知天道"一句），守、好("無為而有守也"二句），道、寶、守("以不知為道"四句），醜、道("采善鉏醜"二句）；道、手(**繆稱**"出林者不得"二句）；周、手、醜(**齊俗**"拙工則不然"六句）；道、受(**道應**"非仁義之道也"二句），巧、道("子巧邪"二句），牖、道("不窺牖以見天道"一句），由、受("許由"二句）；肘、首(**氾論**"枕户櫺而卧者"二句）；道、保(詮言"而忘脩己之道"二句)、醜、道("故不為善"三句)、道、守("民有道所同道"二句)、道、守("有百技"二句);道、守(兵略"君雖無道"二句)、瞯、悠、秋("深哉瞯瞯"四句)、首、爪("夫飛鳥之摯也"二句)、保、寶、道("唯民是保"四句);浮、休(說山"舟在江海"四句)、道、醜("桀有得事"四句);考、寶(說林"白璧有考"二句)、老、牡("柳下惠見飴"四句)、手、舟("夜行者掩目"三句)、酒、缶、好、醜("君子有酒"四句)、好、醜("齱齵在頰則好"二句)、酒、道("愛熊而食之鹽"四句);幽、救(人間"樂書中行偃劫而幽之"二句)、九、保("近塞之人"四句)、道、討("陳為無道"二句)、州、救("及至火之燔孟諸"四句)、獸、鳥("譬猶以大牢"二句)、好、道("此察於小好"二句);牢、休(脩務"南見老聃"二大句);造、巧(泰族"魯般不能造"二句)、老、周("百姓携扶老"四句)、調、道("五行異氣"二句)、首、獸(要略"今畫龍首"二句)。

(7)微部

微、回、飛(原道"甚淖而滒"六句)、推、歸("是故天下之事"四句)、歸、畏("天下歸之"二句)、水、飛("夫萍樹根于水"四句)、水、絺("陸處宜牛馬"四句)、毀、水("夫光可見"四句)、遺、悲("古之人有居巖穴"二句)、悲、開、肥("不以奢為樂"六句)、衣、機("其縱之也"二句);火、水(天文"積陽之熱氣"四句)、火、水("故陽燧見日"二句)、火、水("陽氣為火"二句)、饑、衰("故三歲而一饑"二句)、水、饑("歲早旱晚水"二句)、饑、開("大饑"二句);鬼、水、飛、衰(地形"寢居直夢"八句)、水、火("服八風水"二句)、衰、歸("行稃鸄"四句)、水、罪("毋行水"三句);火、水(覽冥"是猶抱薪"二句);悲、哀(本經"心有憂喪則悲"二句)、歸、遺(主術"是故下者"二句)、微、懷("故心小者"二句)、非、微(繆稱"物多類之"二句)、罪、壞(道應"君誅中牟之罪"二句)、衰、悲("夫物盛而衰"二句);懷、睎(氾論"夫繩之為度也"四句);鬼、罪(兵略"其國之君"四句)、雷、火("擊之若雷"四句)、火、水("是猶以火救火"二句）；毀、累（說山"聖人不先風吹"四句），帷、衣（"先針而後縷"四句），飛、椎（"眾議成林"四句），推、非、微（"推與不推"四句），衣、歸、悲（"莊王誅里史"五句）；飛、饑（說林"蚕與驥致千里"二句），火、水（"瓦以火成"四句），火、水（"槁木有火"四句），尾、幾（"畏首畏尾"二句），火、水（"水中有火"二句），火、水（"若披蓑而救火"四句）；鬼、機（人間"荆人鬼"二句）；衰、罪（泰族"至其衰也"四句），衰、非（"將以救敗扶衰"二句），衰、歸（"周之衰也"二句）；微、機（要略"分別百事之微"二句），依、諱、微、機（"故言道而不明終始"八句）。

（8）脂部

死、牝（地形"高者為牡"四句）；體、死（精神"其動無形"四句），細、齊（"觀禹之志"四句），眯、死、體、體（"覺而若眯"六句）；飢、死（主術"故靈王好細腰"二句），資、尸（"春伐枯槁"二大句）；妻、弟（稱繆"刑于寡妻"二句）；禮、體（齊俗"禮者"二句）；死、齊（道應"趙簡子死"三句），視、梨（"盧敖就而視之"二句）；禮、死（氾論"盤旋揖讓"二句）；指、視（詮言"星列於天而明"四句）；齊、諧（兵略"或將眾而用寡者"四句），弟、死（"上視下如弟"二句），矢、體（"疾如彍弩"四句），指、死（說林"一脾炭煤"四句）；死、齊（人間"邱昭伯不勝而死"二句），指、體（"癰疽發於指"二句），禮、死（"廝徒馬圉"四句）；私、齊（脩務"而公正無私"二句），弟、米（泰族"故舜放弟"二大句）；指、體（要略"所以譬類人事"二句）。

（9）歌部

何、地（原道"而知八紘九野"三句），墮、禍（"夫善遊者溺"四句），移、多（"轉化推移"三句），多、隨（"好憎繁多"二句），虧、化、馳（"能存之此"六句），彼、我（"不在於彼"一句），何、離（"皆知其所喜憎"二句）；麗、過（俶真"夫貴賤之於身也"四句），議、和（"坐而不教"四句），為、蛇、化（"是故至道無為"四句），為、施（"非道之所為也"二句），義、宜、和（"是故聖人"四句），宜、和("外不滑内"四句）；施、化、化(天文"吐氣者施"三句），破、危("申為破"四句）；阿、苛(時則"平而不阿"二句），阿、和、挫("平而不險"六句）；地、化、和(覽冥"又況夫宮天地"四句），和、卧("故通於太和者"二句），螭、蛇("前白螭"二句）；膴、為(精神"夫癩者趨不變"四句），地、義("臨死地"二句），義、為("彼則直為義耳"三句），為、和("心有不樂"六句）；阿、荷、離(本經"喬枝菱阿"四句），和、為("君臣不和"二句），義、偽("立仁義"三句），為、和("洞然無為而天下自和"一句），河、他("不敢暴虎"四句）；犧、罍、羆(主術"推移大犧"三句），宜、過("毋大小脩短"四句），宜、施("無小大脩短"四句），麻、宜("務脩田疇"四句），儀、宜、宜("文武備具"六句），地、危("臨死亡之地"二句）；和、差(繆稱"絲筦金石"六句），我、我("故善否"四句），施、為("凡萬物有所施之"二句）；隨、為(齊俗"故行齊於俗"四句），宜、過("各用之於其所適"四句），貨、多("不足者非無貨也"二句），義、宜("義者"二句），隨、為("故狐梁之歌"二句），義、議("趙舍行義"一句）；地、為(道應"曰翟人之所求"二句），移、膴("日中而移"二句）；宜、多(氾論"衣服器械"四句），化、移("是以政教易化"二句），施、為("貴則觀其所舉"四句）；議、為(詮言"動有章則詞"四句），為、何、和("故通性之情者"六句），宜、為("四世而有天下"四句），移、為("匹夫百畮"二大句），危、刲("故治未固於不亂"二大句）；為、化(兵略"視其所為"二句），池、何("雖涸井而竭池"二句），儀、宜("無法無儀"二句），化、移("因形而與之化"二句）；池、為(說山"因高而為台"四句），羈、犧、河("決鼻而羈"四句），羈、轙、多("遺人馬"三句），宜、麻、波("物之先後"六句）；和、危(說林"水火相憎"二大句），過、差("循繩而斲"二句），宜、施("事有所宜"二句），議、苛("有為則議"二句），河、可、波、可("使人無度河"四句），河、多("湯沐之於河"二句），馳、謂("易道良馬"四句），謂、和("善舉事者"三句），波、差、詭("水雖平"六句），移、膴("從朝視夕"二句）；禍、多(人間"夫積愛成福"四句）；

三 《淮南子》韻譜

陂、池、為(**脩務**"夏瀆而冬陂"四句)、化、為("故其形之為馬"四句)、皮、蛇("若使之銜腐鼠"四句)、地、那("曾撓摩地"二句)；移、馳、靡(**泰族**"日之行也"四句)、弛、毀("夫物未嘗有"二句)、義、為、化、靡("清明條達者"八句)、施、宜("規矩權衡"五句)、差、過("寸而度之"四句)、化、義("德足以教化"二句)、為、何("故知性之情者"四句)、和、何("日引邪欲"三句)、多、加("非知益多也"二句)；和、差(**要略**"樽流遁之觀"四句)、和、地("執中含和"四句)、和、隨("唱而和"二句)、地、河("齊國之地"二句)。

2. 入聲韻

(1) 職部

極、測(**原道**"廓四方"四句)、息、德("跂行喙息"四句)、德、伏、職、國("施之以德"五句)、北、食、力、勒("雁門之北"六句)、側、息("時之反側"二句)、極、測("然而大不可極"二句)、得、牧("中能得之"二句)、得、備("身得"一句)、黑、異("察能分白黑"四句)；得、極(**俶真**"捫不可得也"二句)、德、殖、服("鎮撫而有之"四句)；國、賊(**天文**"司無道之國"二句)、色、匿("辯變其色"二句)、極、德("日冬至"四句)、戒、色(**時則**"死生分"四句)、極、國("東方之極"三句)、極、國("南方之極"三句)、極、國("西方之極"三句)、賊、牧("誅必辜"四句)、得、克、服("殺伐既得"四句)；德、革(**覽冥**"夫道之與德"二句)、國、職("諸北儋耳之國"二句)、德、服、職、代、德("遠者懷其德"六句)；極、息(**精神**"孔乎莫知"二句)、惑、福、息("吾安知夫刺灸"四句)、埴、異、異("夫造化者之攫援物也"六句)、極、服("精神澹然無極"二句)、意、國("故通許由之意"四句)、得、德("性有不欲"六句)；識、得(**本經**"天地之大"四句)、飾、賊(**主術**"若欲飾之"二句)、默、則、極、測、得("天道玄默"六句)、置、亟("雖馳傳騖置"二句)、默、福("儼然玄默"二句)、惑、賊("雖幽野險塗"四句)、富、力("一日而有天下"三句)、翼、福

("惟此文王"四句),食、織("人之情不能無衣食"二句),備、備("物之可備者"二句)、黑、黑、異("瞽師有以言白黑"四句);食、得、德(齊俗"鑿井而飲"六句)、德、墨("行至德"二句)、惑、北("不通於道者"三句)、得、惑("然忽不得"二句)、福、職("故萇弘師曠"三句);食、色(道應"襄子方將食"二句),意、得("大王獨無意邪"三句),得、極("搏之不可得"二句);德、服(氾論"天下不非其服"二句),德、塞("國之所以存者"四句),力、德("求于人則任以人力"二句),得、食("秦穆公出遊"二大句),惑、得("惑於財利之得"一句),得、福("故達道之人"三句),穡、稷("后稷作稼穡"二句);直、域(詮言"故處眾枉之中"四句),得、福、則("不求得"三句),得、福、賊("不求所無"六句),食、得、備("凡治身養性"九句),北、賊("亂則降北"二句);力、賊(兵略"乘民之力"二句),力、德("上下同心"四句),力、北("心誠則支體親力"二句),伏、意、備("審錯規慮"六句),力、革、力("熊羆多力"三句),識、備("舉措動靜"四句),食、息、德("飢者能食之"三句),測、匿、意、備("兵貴謀之不測也"四句),得、直、服("上下有隙"四句);賊、息(說山"膠漆相賊"二句),惑、北、得("不通于學者"四句),福、食("芻狗"四句),直、得("與枉與直"二句),輻、服("擊鍾磬者"四句);德、力、色(說林"謂許由無德"三句),直、異、國("舌之與齒"三大句),測、食("情泄者中易測"二句),測、惑("篤終而以水為測"二句),刻、食、賊("山生金"六句),北、黑("楊子見逵路"二大句);稷、德(人間"故樹黍者不穫稷"二句),福、極、測("故福之為禍"四句),稷、國("臣聞之有裂壤土"二句),國、備("凡襲國者"二句),匿、惑("辭所能則匿"二句),息、塞("夫爵火在縹煙"四句),德、力("且夫為文而不能"二句),德、力("五帝貴德"三句),色、食("行年七十"四句),賊、食("故直意適情"四句);械、備(脩務"於是公輸般"二句),食、惑("則是以一(飽)[餉]之故"五句),力、弋("夫雁順風"四句),力、意("木直中繩"二大句),福、則("以觀禍福"三句),棘、息("跋涉山川"四句);德、國

三 《淮南子》韻譜　71

(泰族"四海之内"四句)，息、德（"姦宄息"三句），國、德（"重莫若國"二句）；塞、意、極（要略"乃以穿通窘滯"四句），福、得（"使人知禍之為福"二句），德、福（"聖人無憂"四句），意、福（"今易之乾坤"二句）。

(2) 錫部

擊、敵（天文"北斗所擊"二句）；刺、擊（繆稱"操銳以刺"二句）；刺、擊（道應"使人雖有勇"二句），刺、擊（"夫不敢刺"二句）；擊、刺（氾論"櫝柔無擊"二句）；責、帝（詮言"大樂無怨"五句），僻、刺、責（"詩之失僻"三句）；臂、易（説山"故末不可以強"四句），璧、適（"得和氏之璧"二句）；錫、益（脩務"夫學亦人之"二句）；辟、責、刺（泰族"詩之失也辟"三句）。

(3) 鐸部

石、澤（原道"潤於草木"四句），露、澤（"上天則為雨露"二句），赫、慕（"炎炎赫赫"二句），啞、喈（"故夫烏之啞啞"二句）；廓、漠（俶真"欲以通性"二句），涸、腳（"嶢山崩"四句）；逆、釋（時則"行春令"二大句），赦、度（"天節已幾"四句）；作、薄（覽冥"毒獸不作"四句）；漠、宅（精神"夫靜漠者"二句），石、客、魄（"是故視珍寶珠玉"二句）；帛、石（本經"著於竹帛"二句），澤、錯（"菱杼紾抱"四句）；魄、宅（主術"天氣為魂"四句），帛、薄（"券契束帛"四句），榭、閣（"高臺層榭"二句），獲、石（"中田之獲"三句）；謝、莫（繆稱"其謝之也"二句），射、措（"虎豹之文來射"二句）；薄、白（齊俗"夫玉璞不猒厚"四句），籍、作（"故先王之法籍"四句），露、白（"其樂大護"二句），度、作（氾論"譬猶師曠"四句），澤、石、壑（"天下雄儁豪英"四句），石、惡（"若玉之與石"四句）；射、措（詮言"故虎豹之彊"二句），格、度（"強勝不若己者"四句）；謝、夜（兵略"若春秋有代謝"二句），步、夜（"恐懼窘步"三句）；射、搏（説山"羿死桃部"四句），昔、昨（"無以歲賢昔日愈昨也"一句），石、壑（"周之簡圭"二句），釋、搏（"琬琰之玉"四句），席、石、藉（"病者寢席"三句），落、暮（"見一葉落"二句）；射、乍（説林"虎豹之文來射"二句），獲、射（"的的者獲"二句），穫、落（"再生者不穫"二句），白、澤（"玉英白"三句），索、石、惡（"救經而引其索"四句），石、薄（"疾雷破石"二句），墼、溥、澤（"寅丘無墼"四句），白、石（"見之明白"二句），射、釋（"鳥不干防者"四句）；夜、伯（**人間**"至其日之夜"三句），縛、席（"百里奚轉鬻"四句）；石、夜（**脩務**"壓沙石"四句）；格、度、射（**泰族**"神之格思"三句），落、若（"茂木豐草"四句）；魄、宅（**要略**"所以使人"四句），籍、度（"而行其法籍"二句）。

(4) 屋部

琢、樸（**原道**"已彫已琢"二句），瀆、穀（"是故禹之決瀆也"四句），角、足（"故牛歧蹄"二句），樸、濁（"其全也"四句）；竇、瀆、谷（**時則**"修城郭"六句），祿、足（"常平民祿"二句）；族、俗、角（**覽冥**"晚世之時"六句）；粟、哭（**本經**"昔者倉頡作書"二句），欲、樸（"澹然無欲而民自樸"一句）；愨、足（**主術**"其民樸重"二句），木、屋、足（"是故十圍之木"五句），穀、木（"丘陵阪險"二句），俗、族、穀（"志欲大者"六句），足、木（"猶以為未足也"三句）；慾、穡（**繆稱**"福生於無為"四句）；足、屋、速（**齊俗**"故愚者有所脩"六句），琢、樸（"已雕已琢"二句）；祿、足（**道應**"將衰楚國之爵"二句），祿、足（"今子將衰楚國之爵"二句），足、辱（"知足不辱"一句），辱、谷（"知其榮"三句），穀、鹿（"是故石上"二句）；木、屋（**氾論**"聖人乃作為之築土構木"二句），觳、犢、角（"羽者為雛觳"四句），角、觸（**兵略**"凡有血氣之蟲"四句），欲、足（"餌之以所欲"二句），束、僕（"極其變而束之"二句），濁、辱（**說山**"以清入濁必困辱"一句），木、谷（"上求材"四句），木、穀、足（"求大三圍之木"四句），角、玉（"故梧桐斷角"二句）；足、木、粟（**說林**"蝮蛇不可為足"四句），木、樸（"蔭不祥之木"二句），辱、足（"故大白若辱"二句）；俗、祿（**人間**"楚國之俗"二句），足、穀、足（"田野不脩"五句），俗、穀（"單豹倍世離俗"四句）；屋、穀（**脩務**"築牆茨屋"二句）。

三 《淮南子》韻譜 73

(5) 藥部

樂、虐(**本經**"是以天覆以德"四句);灼、鑿(**氾論**"故目中有疵"二大句),約、樂("若無道術度量"三句);躍、駮(**脩務**"若魚之躍"二句),躍、駮("夫魚者躍"二句)。

(6) 覺部

宿、宿(**天文**"太陰在四仲"四句);覆、澳(**覽冥**"植社槁"四句);目、戚(**齊俗**"決之於目"二句);篤、復(**道應**"致虛極"四句);目、腹(**詮言**"此皆不快於"二句);畜、鬻(**人間**"此故公家畜也"三句)。

(7) 物部

淳、汩(**原道**"源流泉浡"四句),忽、屈("恍兮忽兮"二句),既、費("富贍天下"二句),悖、轛("疏達而不悖"二句),物、出("吾獨忼慨遺物"二句);物、內(**俶真**"包裹天地"七句),內、位("外不滑內"四句),類、滑("人神易濁"四句);未、昧(**天文**"指未"二句);氣、類(**地形**"皆象其氣"二句);匱、遂(**時則**"遠鄉皆至"四句),出、內("仲春始出"二句),出、內("季春大出"二句),悖、憒("肅而不悖"二句);貴、位(**精神**"堯不以有天下為貴"四句),內、貴、貴、遂("無內之內"四句);物、氣(**本經**"陰陽之陶化萬物"二句),物、類("含氣化物"二句),味、物("夫聲色五味"三句),崇、貴(**主術**"不用巫祝"四句);昧、氣(**繆稱**"芒芒昧昧"三句);愛、貴(**齊俗**"淳均之劑"二句),類、悖、貴("異形殊類"四句);屈、拙(**道應**"大直若屈"二句),術、笏("於是乃去其瞽"二句);氣、物(**氾論**"懼揋其氣也"二句),出、勃("知為出藏財"二大句);槷、貴(**詮言**"雖天下之大"四句);物、屈(**兵略**"物物而不物"二句),懟、隧("大臣怨懟"四句),氣、貴("故虛實之氣"二句),氣、類(**説山**"日月不應"二句),蹪、隧("萬人之蹪"二句),味、氣("嘗一臠肉"四句);味、氣(**説林**"嘗一臠肉"二句),類、隧("懸垂之類"二句);出、內(**人間**"大斗斛以出"二句);物、類(**泰族**"夫天地不包一類"二句），昧、氣（"芒芒昧昧"三句），味、味（"其無味者"二句）；類、氣（**要略**"言天地四時"四句）。

(8) 質部

穴、室（**原道**"木處者巢"四句）；一、日（**天文**"日行一度"四句），穴、室（"蟄蟲首穴"二句），日、節（"天有十二月"四句）；實、節、疾（**時則**"行春令"二大句），至、室（"寒氣總至"三句），室、閉（"謹房室"二句），失、詰（"牛馬畜獸"二句）；鐵、漆、日（**覽冥**"磁石之引鐵"三句），節、穴（"徑蹍都廣"四句），穴、失（"狐狸首穴"二句）；日、節（**精神**"天有四時五行"二句），實、節（"以虛應實"二句）；鐵、日（**本經**"鼓橐吹埵"四句）；失、一（**主術**"守而勿失"二句），閉、節（"中扃外閉"二句），慄、日（"然而戰戰慄慄"二句），質、器（"有愚質者"二句）；利、器（**繆稱**"有義者不可"三句）；失、一（**齊俗**"已淫已失"二句），至、嫉（"親母為其子"二大句）；失、一（**道應**"若滅若失"二句），器、至（"今子陰謀逆德"四句）；結、日（**詮言**"卑體婉辭"四句），一、結（"淑人君子"四句）；血、日（**兵略**"是故至於伏屍"二句），血、肆（"甲不離矢"四句），一、必（"心不專一"四句），挃、至（"夫五指之更彈"四句），必、疾（"所謂人事者"四句），節、節（"通動靜之機"四句）；器、疾（**說山**"譬猶陶人為器也"三句），致、利（"明其火者"四句）；節、一（**說林**"舞者舉節"二句），日、疾（"蓋非橑不能蔽日"二句）；慄、日、垤（**人間**"戰戰慄慄"四句）；穴、室（**脩務**"令民皆知"二句），利、墊（"胡人有知利者"二句），垤、穴（"螾知為垤"二句），室、日、利（"連比以像宮室"四句），致、利（"服習積貫"三句）。

(9) 月部

滯、廢（**原道**"是故能天運地滯"二句），外、滅（"好憎成形"四句），大、外（"托小以包大"二句），滅、折、裂、弊（"故兵強則滅"四句），外、廢（"是故以中制外"二句），裔、蓋（"故雖游於"三句），大、外（"故在於小"二句），制、害

("以形為制者"二句)；發、蘖、垺(**俶真**"繁憤未發"四句)，大、外("深閎廣大"二句)，末、大("夫秋豪之末"二句)，説、際("與其有説也"三句)，外、末("精神以越於外"二句)，達、外("聖人有所于達"二句)，達、滯("通洞條達"四句)，拔、栓、伐("一人養之"四句)；折、絕(**天文**"天柱折"二句)，闕、罰("天阿者"四句)，月、歲("二十九日"二句)，月、殺("至秋三月"四句)；月、歲(**地形**"昭之以日月"四句)；敗、竭、癘(**時則**"則蟲螟為敗"三句)，脱、發("六月失政"六句)，滯、穢、泄("流而不滯"四句)，害、廢("取而無怨"四句)，割、泄("急而不贏"四句)；鉞、曰(**覽冥**"於是武王左操黃鉞"三句)，外、瀨、際("翺翔四海之外"五句)，廢、裂("四極廢"二句)；越、達(**精神**"夫血氣專於"二大句)，泄、越("五藏定寧"二句)，蹶、竭、越("形勞而不休"四句)，外、大("無外之外"二句)；察、別(**本經**"色可察者"二句)，殺、罰、奪("生之與殺也"三句)，外、世("德澤施于方外"二句)；厲、殺(**主術**"是故威厲而不殺"一句)，歲、滅("施及千歲"二句)，廢、弊("是故威厲立"二句)，滅、伐、遏("夫火熱而水滅之"四句)，越、竭("精神勞則越"二句)，達、竭("旁流四達"二句)；裂、絕(**繆稱**"故商鞅立法"二大句)；蓋、瀎、害(**齊俗**"故日月欲明"六句)，枘、別("猶工匠之斷削"二句)，發、歲("夫一儀不可以"二句)，慧、詄("求貨者爭難得"四句)；達、外(**道應**"甯越欲干齊桓公"二大句)，泄、弊、絕("為其謀未及"三句)，外、制("故人主之意"二句)，説、奪("武士可以仁義"二句)，察、缺("其政察察"二句)，割、劌("方而不割"二句)；殺、奪(**氾論**"其德生而不殺"二句)，制、廢("先王之制"二句)，絕、銳("逮至高皇帝"四句)，大、敗("故得王道者"四句)，絕、廢("禮義絕"二句)，折、觖("有加輹軸"四句)；世、滅(**詮言**"澤及後世"三句)，害、廢("邪與正相傷"四句)，熱、烈("大寒地坼"四句)；噬、趹、害(**兵略**"有齒者噬"五句)，世、穢、絕("有聖人勃然而起"七句)，熱、烈("天下敖然若焦熱"二句)，雪、達("若以水滅火"四句)，敗、害("強而不相敗"二句)，暍、揭("因其勞倦怠亂"四句），末、滯（"上窮至高之末"四句），渴、暍（"因其饑渴凍暍"一句）；掇、拔（"見一芥掇之"二句），大、芥（"海水雖大"二句）；蹶、拂、敗（**說林**"游者以足蹶"四句），外、大（"甚霧之朝"二大句），竭、達、熱（"為酒人之利"六句），蓋、敗（"日月欲明"四句），害、敗（"若蚈之足"四句），說、快（"心所說"二句）；敗、廢（**人間**"事者難成"二句），快、殺（"誠愛而欲快之"二句），廢、世、絕（"周室衰"四句），滅、裂（"秦王趙政兼吞"四句），廢、敗（"誕而得賞"四句），廢、敗、害（"夫就人之名"三句），殺、薛（"威王欲殺之"二句），越、發（"發適戍以備越"二句）；勢、外（**脩務**"各有其自然"二句），外、世（"以逍遙仿佯"三句）；滯、泄（**泰族**"邪氣無所滯留"三句），祭、殺（"今夫祭者"二句），滅、勢（"其名不滅"二句），蓋、帶（"視天都若蓋"二句），說、快（"人欲知高下"六句），敗、濊（"所墼不足以為便"四句）；說、末（**要略** "故多為之辭"三句），敗、害（"成之為敗"二句）。

（10）緝部

入、集（**原道**"鬼出電入"二句），急、濕（"各生所急"二句）；入、襲（**精神** "是故憂患不能入也"二句）；及、入、襲（**本經**"下之潤濕"三句）；襲、入（**主術**"風雨不能襲"三句）；入、集（**兵略**"與條出"三句），輅、吸（"若聲之與響"四句），入、集（"使彼知吾所出"二句）；集、入（**說林** "質的張二弓矢集"二句）。

（11）盍部

甲、法（**天文**"審群禁"四句）；甲、法（**時則**"守門閭"四句）。

3. 陽聲韻

（1）蒸部

蒸、應（**原道**"風興雲蒸"二句），勝、淩（"力無不勝"二句）；繩、勝（**主術**"下必行之令"二大句），興、應（"萬物並興"二句）；夢、應（**繆稱**"其寢無夢"三

三 《淮南子》韻譜 77

句)、登、勝("卑而不可以登"二句);乘、朋(**道應**"得驪虞雞斯之乘"三句);勝、應(**兵略**"諸有象者"四句),憎、勝("以積愛擊積憎"二句),應、雄("奇正之相應"二句),應、勝("持五殺以應"二句),繩、凌("故前後正奇"四句);稱、應(**要略**"有主術"四句)。

(2)耕部

形、盈、清(**原道**"源流泉浡"四句),冥、形("幽兮冥兮"二句),靜、性("人生而靜"二句),爭、聖("得在時"四句),生、成("萬物弗得不生"二句),生、鳴、形、成("無形而有形生焉"四句),形、亭、成、生("故音者"八句),清、盈("濁而徐清"二句),寧、平("中之得"二句),情、生("是故有以自得也"二大句),生、營、平("悲喜轉而相生"三句),形、生("察其所以"二句),成、生("形備而性命成"二句),榮、傾("窮而不懾"四句);形、聲(**俶真**"視之不見其形"二句),生、靜、形("四時未分"五句),形、生("夫大塊載我以形"二句),性、營、清、生("外從其風"八句),冥、聲("視於冥冥"二句),寧、形("所立於身"二句),姓、性("以聲華嘔苻"三句),清、靜("水之性真清"四句),靜、性("夫唯易且靜"二句),性、情("擢拔吾性"二句),清、平("人神易濁"四句),靜、性、命("其和愉寧靜"四句);城、刑(**天文**"不周風至"四句),鳴、生("蟬始鳴"二句),生、榮("甲子干庚子"四句),生、成("是故天不發"四句),刑、生("日為德"四句),平、生("巳為平"二句),生、成("或死或生"二句);經、刑(**地形**"東西為緯"四句);鳴、生(**時則**"螻蟈鳴"四句),生、鳴、聲("小暑至"四句),靜、徑、成、鳴、生、榮("薄滋味"八句),冥、聲("氛霧冥冥"二句),平、生、平("準平而不失"六句);聲、形(**覽冥**"此未始異於聲"二句),正、平、生("蒼天補"六句),生、井("不知不死之藥"二大句);形、冥(**精神**"惟像無形"二句),清、寧、生("天靜以清"四句),生、成、形("七月而成"六句),精、省("是故血氣者"二大句),生、形("吾生也"二句),靜、命("恬愉虛靜"二句),形、生("化者復歸"二句),精、清、冥("若此人者"六句），形、性（"聖人食足以接氣"五句），性、情（"直雕琢其性"二句），情、性（"無益於情者"四句）；生、成（**本經**"振困窮"二大句），性、聖（"萬民皆寧其性"二句），名、名（"名可名"二句），正、平（"扶撥以為正"二句），精、平、情（"天愛其精"三句），精、平、情（"天之精"六句）；形、成（**主術**"不勞形而功成"一句）；定、爭（"上煩擾"二句），冥、成、形（"窈窈冥冥"五句），刑、政（"故皋陶瘖"二大句），平、正、命（"衡之於左右"三大句），情、形（"內不知閭里之情"二句），形、輕（"人有其才"四句），聽、爭（"以天下之目視"四句），生、正（"非天墜"四句），扃、成（"外閉中扃"二句），生、耕（"夫民之為生也"二句）；聲、經（**繆稱**"如鴉好聲"二句），成、聽（"管夷吾百里奚"二句），性、命（"性者"四句），政、纓（"甯戚擊牛角"四句），形、聲、誠、精（"目見其形"四句），攖、清（"勿撓勿攖"二句）；形、牲（**齊俗**"夫明鏡便於照形"二大句），情、營（"有以自見也"四句），性、正（"夫縱欲而失性"二句），正、傾（"正之與正"二句），政、平（"智昏不可以為政"二句），情、性（"夫三年之喪"二大句），冥、形（"其轉入玄冥"二句），聽、形（"辯士言可聽也"二句），聖、令（"不得清明玄聖"二句），定、性（"無須臾之間"二句），營、性（"性命飛揚"四句），爭、生（"不足則爭"二句）；爭、爭（**道應**"夫唯不爭"二句），冥、精（"窈兮冥兮"二句），形、聲（"視之不見其形"二句），盈、成（"夫唯不盈"二句），情、冥（"彼皆樂其業"二句）；生、成、成、精（**氾論**"春分而生"四句），生、誠、命（"出百死而給一生"四句）；性、平（**詮言**"節欲之本"六句），聽、靜、正（"毋視毋聽"三句），生、成（"禍之至也"六句），靜、生（"和喜怒"四句），聲、聲、形、形、聲、鳴、聲（"鼓不滅於聲"八句），性、形（"無須臾忘為質者"四句），爭、聽、爭（"三人同舍"八句），聲、聲、聲、名（"徵音非無羽聲也"四句），驚、情（"狗吠而不驚"二句）；清、寧（**兵略**"以濁為清"二句），刑、成（"制刑而無刑"二句），政、令（"告之以政"二句），正、命（"觀其邪正"二句），形、經（"運於無形"二句），形、情（"上知天道"三句），冥、情

三　《淮南子》韻譜　79

（"窈窈冥冥"二句）；形、聲、冥（說山"視之無形"三句），正、平（"水定則清正"二句），冥、精、寧、正（"夫照鏡見眸子"十句），清、傾（"以濁入清必覆傾"一句），城、生（"針成幕"四句）；形、聲（說林"視於無形"三句），平、清、形、正（"水靜則平"五句），聽、形（"雖中節"二句），形、聲（"使景曲者形也"二句），聲、生（"飢馬在廄"四句），成、生（"瓦以火成"四句），幸、井、驚（"毋曰不幸"四句），榮、誠（"管子以小辱"二句），誠、輕（"烏有沸波者"二大句），形、情（"若以鏡視形"二句）；生、成（人間"夫禍之來也"四句），勁、輕（"夫木枯則益勁"二句），生、定（"故禍之所從生者"二句），庭、城（"及至乎下洞庭"二句），城、形（"夫戟者"四句），令、刑、定（"子發為上蔡令"三句）；生、精（脩務"陰陽之所生"二句），盈、精、成、名（"是故田者不不強"八句）；聽、平（泰族"神之聽之"二句），令、誠（"賞善罰暴者"四句），鳴、驚（"雄雞夜鳴"二句），平、寧（"神清志平"二句），性、清（"水之性"二句），清、寧（"將欲以濁為清"二句），聲、爭、性（"耳淫五聲"三句），聲、聽（"故無聲者"二句），刑、政（"愛人則無虐刑矣"二句）；精、形（要略"窮逐終始"四句），盛、政（"以襃先聖"二句），性、靈、精（"理情性"三句）。

（3）陽部

張、明、強、剛、陽、光（原道"約而能張"六句），明、行、翔（"日月以之明"四句），皇、央、方（"泰古二皇"五句），陽、行（"其德優天地"二句），孀、行（"童子不孤"四句），悅、象（"忽兮悅兮"二句），往、景、上（"歷遠彌高"四句），網、像（"故矢不若繳"三句），霜、傷、藏（"秋風下霜"四句），強、當（"故得道者"二句），剛、強（"行柔而剛"二句），剛、強（"是故欲剛者"四句），剛、強、鄉（"積於柔則剛"四句），創、傷（"擊之無創"二句），常、當（"不變其宜"四句），陽、狂（"人大怒破陰"四句），強、明（"筋力勁強"二句），喪、亡（"而心忽然若有所喪"二句），藏、行（"不浸於肌膚"二大句），房、蔣、旁（"上漏下濕"六句），強、翔（"不待財而富"四句）；方、明、堂、光（俶真"是故能戴大員者"四句）、翔、明（"夫疾風敎木"二大句）、黃、章（"斬而為犧尊"六句）、藏、芒（"擢德攓性"四句）、明、狂（"或通於神明"二句）、行、明（"是故性遭命"二句）、筐、行（"采采卷耳"四句）；方、明（**天文**"天道曰圓"四句）、景、景（"明者"六句）、喪、兵、常（"為疾為喪"三句）、鄉、張（"涼風至"四句）、強、昌（"迎者辱"四句）、行、傷、兵、霜（"丙子干甲子"四大句）、殃、霜（"庚子干戊子"四句）、亡、藏（"戊子干庚子"四句）、鄉、鄉（"戊子干壬子"四句）、方、央（"天圓地方"二句）、桑、明、桑、行、明、明（"浴于咸池"八句）、藏、央（"衡長權藏"二句）、行、當、殃（"六月當心"六句）、張、亢、房（"六月建張"四句）、昌、殃、亡、涼、明、兵、彊、常、康（"歲星之所居"十六句）、養、昌、亡（"以保畜養"四句）、亡、殃（"合於歲前"二句）、章、光（"涽灘之歲"二大句）；倉、杏（**時則**"二月官倉"二句）、桑、筐、桑（"戴鵀降于桑"四句）、章、良、明（"命婦官染采"六句）、兵、殃（"動眾興兵"二句）、行、彊（"土潤溽暑"五句）、當、當、殃（"申嚴百刑"五句）、藏、喪（"乃起大眾"五句）、香、良（"水泉必香"二句）、梁、方、強（"開關梁"六句）、藏、梁（"申群禁"四句）、藏、霜、鄉（"二月失政"八句）、霜、狂（"十一月失政"四句）、忘、明、亡、匡（"久而不弊"八句）、陽、行、昌、彊、明（"敎敎陽陽"八句）、行、強、剛、藏（"冬正將行"五句）；悗、光（**覽冥**"手徽忽悗"二句）、鏡、迎、藏、傷（"故聖若鏡"四句）、桑、棠（"朝發榑桑"二句）、明、行（"於是日月精明"二句）、魍、往（"魍魎不知所往"一句）、常、明（"消智能"四句）；行、光（**精神**"日月失其行"二句）、行、殃（"五星失其行"二句）、光、明（"尚猶節其章光"二句）、璜、藏（"夫有夏后氏之璜者"二句）、往、放（"不得已而往"三句）、陽、狂（"人大怒破陰"四句）、防、強（"推其志"二大句）；行、陽（**本經**"安則止"四句）、光、行（"日月淑清"二句）、長、藏（"春生夏長"二句）、煌、章、明（"焜昱錯眩"八句）、行、荒（"聖人節五行"二句）、糧、養、葬（"行者無糧"三句）；量、讓（**主術**"上好取而無量"二句）、彰、行（"智詐萌興"四句）、像、往

三 《淮南子》韻譜 81

("故至精之像"三句),相、兵、("蘧伯玉為相"二句),襄、明("孔子學鼓琴"三句),強、明("智不足以為治"四句),當、傷("故一舉而不當"二句),上、亡("朋黨比周"四句),方、黃("如此而欲照海內"四句),行、塘("威行也"二句),殃、亡("雖滂旱災害之殃"二句),疆、梁("故先王之政"四句),昌、亡、堂、方("堯舜所以昌"五句),亡、傷("國無義"四句);行、景(繆稱"夫察所夜行"二句),行、網、綱、張("士無隱行"四句),行、亡("終身為善"四句),上、強("故聖人不為物先"二大句),行、祥("身有醜夢"四句),廣、上("地以德廣"三句),昌、亡("故情勝欲者昌"二句),張、病("大戟去水"四句);望、境(齊俗"是故鄰國相望"四句),兄、上("故四夷之禮不同"五句),狀、量("樸至大者無形狀"二句),梁、方("或為棺槨"四句),行、償("其禮易行也"二句),兩、衡("夫契輕重不失"三句),商、堂、王("克殷殘商"三句),翔、藏("鳥聞之而高翔"二句),象、章("於是乃為翡翠"一句);強、剛、陽、明、方(道應"吾知道之可以弱"十句),強、剛、陽、明、方("吾知道之可以弱"十句),狀、象("無狀之狀"二句),昌、亡("夫憂所以為昌也"二句),常、明、祥、強("知和曰常"四句),光、明("用其光"二句),行、當("夫爵賞賜予"二大句),剛、強、行("柔之勝剛也"四句),更、行("成刑之徒"三句),祥、王("能受國之不祥"二句),殃、亡("若與之從"四句),行、上("吾何德之行"一句),尚、病("知而不知"四句),象、明("化育萬物而不可"三句),喪、讓("為三年之喪"三句);亡、王(氾論"夫夏商之衰也"四句),柄、黨、行("昔者齊簡公釋其"五句),量、祥、狂("道路死人以溝量"四句),亡、商、亡、王、亡("夫夏之將亡"六句),王、亡("若此則千乘之君"二句),當、行("言而必信"三句),兄、行("昔蒼吾繞"三句),陽、疆("是故聖人者"二句),兵、當("今夫陳卒設兵"二句),陽、象、方、羊("山出梟陽"四句),疆、亡("及至夫疆之弱"四句);迎、攘(詮言"不能使禍不至"四句),迎、將、央("來者弗迎"四句),狂、強("少則倡狂"二句),忘、章("不怨不忘"二句),

唱、讓（"聖人常後而不先"四句）；境、行（**兵略**"故聞敵國之君"四句），強、亡（"眾之所助"四句），方、陽、剛、明、常、方、明（"所謂道者"九句），象、量、藏（"天化育而無形象"四句），兄、塘、當（"猶子之為父"五句），腸、傷、場（"涉血屬腸"四句），強、兵（"地廣人眾"四句），行、旁（"脩鍛短鏦"四句），上、賞（"當戰之時"四句），王、亡（"故千乘之國"二句），狀、象（"無名無狀"二句），行、強（"威儀並行"二句），傷、明（"彼非輕死"二句），兄、亡（"下視上如兄"二句），強、行（"兵猶且強"二句），將、行（"君若不許"四句）；望、光、陽、光（"説山""月望"五句），光、揚（"夫玉潤澤而有光"二句），藏、病（"天二氣則成虹"三句），抗、常、行（"申徒狄負石"六句），枉、往（"與直與枉"二句），兵、當（"得萬人之兵"二句）；行、明（**説林**"足以躄者淺矣"四句），烹、藏（"狡兔得而獵犬烹"二句），行、芳（"芻狗能立"二句），芳、霜、兵、望（"蘭芝以芳"四句），兄、當（"損年則嫌于弟"四句），旁、嘗、傷（"小國不鬪"四句），行、上（"欲觀九州"四句），倉、囊、橫（"未嘗稼穡"四句），芳、明（"石生而堅"四句），陽、霜（"聖人處於陰"四句），牆、祥、殃（"負子而登牆"三句），光、明（"百星之明"二句）；病、病（"人間""眾人皆知利利"三句），傷、殃（"夫再實之木"二句），養、病（"此眾人之所以"二句），當、行（"百言百當"二句），王、亡（"故千乘之國"四句），羹、傷（"糲粢之飯"四句），梁、良（"食芻豢"四句），養、葬（"病者不得養"二句），行、當（"或明禮義推道理"二句）；方、行（**脩務**"説若此其無方也"二句），行、長（"夫地勢"二大句），明、章（"舜二瞳子"四句），將、明（"日就月將"二句），強、強（"是故田者不強"八句），狀、藏（"喜其狀"二句），將、明（"日就月將"二句）；養、長（**泰族**"莫見其所養而物長"一句），喪、亡、明（"其殺物也"二句），行、光、霜（"則日月薄蝕"六句），霜、傷（"正月繁霜"二句），強、明、行（"故弩雖強"四句），康、亡（"及其衰也"四句），方、橫（"輪員輿方"二句），王、亡（"故同氣者帝"四句），王、亡、王、亡（"禹以夏王"四句)、行、湯("調和五味"四句)、兄、羊("故舜放弟"二大句)、橫、强("或從或橫"三句)、王、放("故桀紂不爲王"二句)、享、堂、羹("家老異飯而食"四句)、行、昌("治由文理"二大句);光、行、殃、常、常(**要略**"所以和陰陽之氣"十句)、行、强("所以知戰陣分争"二句)、常、羊、兵("清静以爲常"四句)、喪、方("故治三年之喪"三句)。

(4)東部

洞、動(**原道**"遂兮洞兮"二句)、動、容("感而後動"二句)、公、洞("是故無所私"三句)、總、孔("萬物之總"二句)、縱、用("恬則縱之"二句);動、恐(**俶真**"是故生不足以使之"四句)、動、恐("知者不能動也"二句)、蓬、蒙(**天文**"攝提格之歲"二大句);功、通(**繆稱**"君不與臣争功"二句);容、用(**齊俗**"蹀采齊肆夏之容也"二句);龐、重(**氾論**"古者人醇工龐"二句)、同、從("三代之禮不同"二句);同、通(**詮言**"物以群分"四句)、重、恐、動(**兵略**"錞鋮牢重"四句);動、動(**説山**"故惟不動"二句)、同、從、同、通("行合趨同"四句);聾、聰、聰、通(**説林**"聽有音之音"四句)、塚、隴("或謂塚"二句)、功、龍("聖人者隨時"四句);動、用(**脩務**"四胑不動"二句)、功、容("循理而舉事"四句)、通、江("禹耳參漏"四句)、鍾、頌("鼓琴者期於"四句);重、動(**泰族**"夫濕之至也"四句)、從、用("故因其性"二句)、功、同("故聖主者舉賢"二句)、功、同("文王舉太公望"二大句)、公、容("立私廢公"二句)、聾、通("既瘖且聾"二句)、棟、重("不大其棟"二句)、從、凶("位高而道大者從"二句)。

(5)冬部

降、窮(**原道**"雷聲雨降"二句)、中、窮("是故好事者"二句);農、窮(**時則**"舉力農"二句)、衆、宗("廣大以容衆"二句);宗、窮(**主術**"故得道之宗"二句)、衆、中("執柄持術"四句);中、終(**繆稱**"若失火舟中"二句);窮、中(**道應**"言多數窮"二句);宗、窮、中(**詮言**"隔而不通"三大句)、窮、宮(**説林**"駿馬以抑死"四句),宋、中(**人間**"殺西嘔君"二句),統、中(**要略**"觀至德之統"四句)。

(6)文部

川、侖、門、先(**原道**"經紀山川"八句),根、門("萬物有所生"二句),錞、刃("猶錞之與刃"一句),根、門、存、勤("大渾而為一"八句),純、混("其全也"四句),根、門("百事之根"二句);辰、振(**天文**"指辰"二句);門、純(**地形**"旁有四百四十門"四句);根、本(**覽冥**"拚拔其根"二句);閔、門(**精神**"芒芠漠閔"三句),門、根、存("精神入其門"三句),舜、尊("堯不以有天下為貴"四句);雲、崙(**本經**"伯益作井"二句),遁、淪("故閉四關"三句),雲、崙("魏闕之高"四句),順、恨("父慈子孝"四句);筋、聞(**主術**"聾者可令"二句),憫、舜("年衰志憫"二句);文、刃(**齊俗**"其衣致煖"二句),根、門("既出其根"二句),川、崙("馮夷得道"四句),寸、準("視高下不差尺寸"二句);先、存(**道應**"後其身而身先"二句),門、勤("塞其隊"三句),悶、純("其政悶悶"二句);垠、門(**兵略**"地方而無垠"二句),運、墊("神出而鬼行"四句);員、輪、紃(**説林**"環可以喻員"四句);文、軍(**泰族**"動成獸"四句),分、本、存("凡學者能明"三句);論、分(**要略**"破碎道德之論"二句),門、川("以通九野"四句)。

(7)真部

天、人(**原道**"所謂天者"二大句),天、人("故牛歧蹄"二大句),天、人("循天者"四句),神、人("當此之時"二大句),民、慎("夫能理三苗"四句),人、身("不在於人"一句);天、淵(**俶真**"譬若夢為鳥"二句),神、淵("是故神者"二句);寅、螾(**天文**"指寅"二句),申、呻("指申"二句),人、天("蚑行噲息"四句);天、神(**地形**"乃維上天"四句);真、身、天(**覽冥**"夫全性保真"四句);神、天(**精神**"夫天神者"二句),均、神("理則均"三句),親、天("是故無所甚疏"四句),新、伸("吐故內新"二句),天、民("我受命於天"二句),

三　《淮南子》韻譜　85

人、親、淵("天下至大矣"四句)；身、人(**本經**"内治其身"二句)；人、人(**主術**"是故有諸己"二句)，民、身("所禁於民者"二句)，身、民("故禁勝於身"二句)，人、人("是故有術則制人"二句)，人、民("故古之君人者"二句)，天、民("上告於天"二句)，田、新、親、人("使各處其宅"六句)；民、信(**繆稱**"三苗之民"二句)，親、信("弗躬弗親"二句)，人、人("故兩心不可以"二句)，天、人("功名遂成"四句)，臣、信("驕溢之君"二句)；賢、淵(**齊俗**"故老子曰不上賢者"二句)，人、田("械宜其用"四句)；身、真(**道應**"修之身"二句)，淵、人("魚不可脱於淵"三句)，尹、人("王不知起之不肖"二句)，真、信("其精甚真"二句)；秦、人(**氾論**"蘇秦"二句)，人、恩("牛馬有功"二大句)；人、人(**詮言**"有道者不失"二句)，天、人("皆天也"二句)，天、人("故善用兵者"四句)；天、淵(**兵略**"從此上至天者"二句)；親、慎(**人間**"百姓不親"二句)，人、親("智伯之為人也"二句)，人、仁("聞倫為人"二句)，人、天("知天而不知人"四句)，人、身("外化"四句)；仁、親(**脩務**"文王四乳"四句)；天、人(**泰族**"仰取象於天"三句)，新、親、天("無故無新"三句)，信、仁("故不言而信"二句)，仁、信("施而仁"二句)，仁、信("施而不仁"二句)，人、賢("智伯有五過人之材"二大句)。

(8)元部

轉、反(**原道**"鈞旋轂轉"二句)，殘、淺("斯之而不薄"四句)，然、轉("兩木相摩"四句)，觀、然、焉("由此觀之"三句)，然、然("所謂無治者"四句)，榦、原("是故柔弱者"八句)，攀、歷("先上者高"二句)，難、患("刃犯難"一句)，斷、然("斬之不斷"二句)，全、散("其全也"四句)，遠、還("則精日耗"二句)；炭、變(**俶真**"譬若鍾山之玉"四句)，斷、間("壹比犧尊"二句)，建、滿(**寅為建**"四句)；山、燕(**地形**"泥塗淵"二句)；酸、羶(**時則**"其味酸"二句)，酸、羶("其味酸"二句)，酸、羶("其味酸"二句)，垸、寬("轉而不復"四句)；安、言(**覽冥**"仁君處位"二句)，遠、完("道路遥遠"四句)，肝、豢("食人肉"四句）；見、辯(**精神**"不學而知"四句），便、寒、然("人之所以樂為人主者"四大句）；蹍、然(**本經**"虎豹可尾"三句），觀、患("由此觀之"三句），滿、原("終始虛滿"二句），患、苑("故閉四關"二句），鍛、榦、炭("以銷銅鐵"六句），怨、願("生者不怨"四句）；寬、緩(**主術**"法寬刑緩"一句），掔、縣("鞅鞈鐵鎧"四句），見、難("待目而照見"四句），言、見("故皋陶瘖"二大句），難、亂("而國家多亂"二句），亂、難("而民多昏亂"二句），淺、遠("由此觀之"二大句），官、姦、安、嫚("工無二伎"八句），善、褊("是故得道者"四句），姦、亂("故為惠者"二句），怨、亂("群臣怨"二句），怨、亂("儉則民不怨矣"二句），豢、完("而虎狼熊羆"二句），遠、斷("非寧靜無以致遠"四句），怨、叛("紂殺王子比干"二句），權、權、患("可權者"三句），難、遠("道在易"二句）；安、亂(**繆稱**"心治則百節皆安"二句），班、連("承馬班如"二句），善、怨、善、患("苟鄉善"四句），遷、還("故上左遷"二句），遠、淺("則威之所行"二句），怨、善("積恨而成怨"二句），淺、短("根淺則末短"一句）；遷、散(**齊俗**"是故仁義立"二句），姦、完("故有大路龍旂"二大句），原、泉、便("川谷通原"三句），判、散("剖之判之"二句），觀、原("聖人之法"二句），言、反("故百家之言"二句），攓、返、亂("望我而笑"六句），免、姦("則飾智而詐上"四句），亂、淺、反("於是百姓糜費豪亂"五句），間、患("夫乘奇技"四句）；反、亂(**道應**"若吾德薄之人"二大句），遺、獻("不問其辭而遺之"二句），觀、遠("乃語窮觀"二句），輵、見("約車申轅"三句）；變、源、亂(**氾論**"知法治所由生"四句），權、見("權者"二句），反、變("物動而知其反"二句），善、姦("故聖人因民之"二句），鮮、淺("聞見鮮而識物淺也"一句），戰、反("其所施德者"二句）；短、賤(**詮言**"人莫不貴其所有"二句），援、安("外交而為援"二句），見、怨("不肖不見"二句），前、縣("周公殷臑"二句），亂、辯("軍多令則亂"二句），反、援、遠("直己而待命"五句）；遠、戰(**兵略**"兵之所由來"二句），端、觀("天圓而無端"二句），鞍、卷("車不發

三 《淮南子》韻譜 87

靭"四句)，選、搏、撋、干、權("陳卒正"九句)，戰、散("故勝定而後戰"四句)，亂、變("靜以合躁"四句)，原、觀("是故聖人藏于無原"二句)，悍、遠("故水激則悍"二句)，前、間("蔽之於前"三句)，倦、亂("勞倦息亂"一句)；旦、半(**説山**"雞知將旦"二句)，猨、殘、殫("楚王亡其猨"四句)，貫、穿("矢之發無能貫"二句)，歡、怨("揖讓而進之"二句)，寒、遠("而知天下之寒"二句)；淺、褊(**説林**"足以疊者淺矣"四句)，寒、山("川竭而谷虚"五句)，羶、酸("羊肉不慕螘"二大句)，安、便("榛巢者處林茂"四句)，爨、泉("槁木有火"四句)，原、難("心無政教之原"三句)，餐、寒("病熱而強之餐"二句)，散、然("赤肉懸"四句)，斷、亂("是而行之"四句)，焉、然("非有事焉"二句)；縣、言(**人間**"文侯身行其縣"二句)，燕、反("遂舉兵擊燕"二句)，豢、煖("食芻豢"三句)，言、患("聽螫負關之言"二句)，卵、患("嬰兒過之"二句)，旋、難("今取帝王之道"二大句)；賤、短(**脩務**"且夫聖人者"四句)，斷、幹、戰("夫怯夫操利劍"八句)，戰、電("蓋聞子發之戰"四句)；轉、前(**泰族**"縣燧未轉"二句)，變、見("故國危亡"二句)，善、姦("因其所喜"二句)，言、焉("方所指言"二句)，鮮、淺("則所得者鮮"二句)，前、懸("周公肴臘不收"二句)，遠、變("大足以容衆"四句)，患、亂("將欲以憂夷狄之患"二句)，關、萬、戰("師起容關"五句)，難、便("犯其難則得其便"一句)，怨、畔("商鞅為秦立"二句)，善、歎("非不善也"二句)；言、山、間(**要略**"有氾論"六句)，變、反、壇("所以觀禍福之變"四句)，淺、言("謂之術則博"四句)，患、亂("桓公憂中國之患"二句)，反、亂("新舊相反"四句)。

(9)侵部

陰、瘖(**原道**"人大怒破陰"四句)，音、風("目觀掉羽武象之樂"四句)；闇、禁(**俶真**"行純粹而不糅"四句)，琳、心("而知乃始"二句)；男、喑(**地形**"是故山氣多男"三句)；飲、減(**精神**"饑而餐之"五句)；枕、簪(**道應**"明日復往"五句)；貪、擒(**兵略**"拙者處五死"二句)；深、任(**説林**"短綆不可以汲深"三句），林、風、金（"有山無林"三句）；琴、淫、心（**泰族**"神農之初"四句），音、風（"皆合六律"二句）；心、風（**要略**"原道德之心"二句）。

(10) 談部

敢、劍（**主術**"故不仁而有勇力"二句）；兼、函（**繆稱**"日月為明"二句）；贍、慊（**齊俗**"智伯有三晉"二句）。

（二）通韻

1. 陰入通韻

(1) 之職通韻

載、使、備（**原道**"以地為輿"六句），餌、得（"雖有鉤箴芒距"四句），右、始、德（"無所左而無所右"四句），得、已（"吾與天下"二句），志、異（"豈無形神"二句）；喜、極（**俶真**"一範人之形"二句），時、熙、德、尤、治（"當此之時"十句），載、植（"夫天不定"四句），志、識（"閉九竅"四句），在、息（"心有所至"二句），食、已、哉（"夫聖人量腹而食"五句）；背、右（**天文**"不可迎也"二句），德、事（"五月合午謀刑"四句），亥、閡（"指亥"二句）；翼、齒（**地形**"四足者"二句），海、北、極（"江出岷山"六句）；色、采（**時則**"東宮御女青色"二句），色、采（"東宮御女青色"二句），止、備、災（"有不戒"三句），色、采（"東宮御女青色"二句），戒、使、事（"后妃齋戒"四句），色、采（"南宮御女赤色"二句），色、采（"南宮御女赤色"二句），食、事（"挺重囚"四句），色、采（"中宮御女黃色"二句），采、黑、服（"命婦官染采"六句），色、采（"西宮御女白色"二句），色、采（"西宮御女白色"二句），司、采、麥、時、疑（"乃命有司"六句），色、采（"西宮御女白色"二句），塞、紀（"修邊境"四句），色、采（"北宮御女黑色"二句），色、采（"北宮御女黑色"二句）；在、意（**覽冥**"余在"

二句)、賊、財("城郭不關"四句)，載、息("天不兼覆"四句)，時、德("舉事㐮蒼天"四句)、謀、載、意、事("邪人參與比周"四句)；財、力(**本經**"燎焚天下之財"二句)、德、慈("古者上求薄"四句)、已、國("晚世務廣地侵壤"四句)；德、治(**主術**"削薄其德"三句)、力、恃、有("是故任一人之力者"四句)、職、畎、國("且夫不治官職"五句)、力、怠、德("是故賢者盡其智"六句)、裏、翼("無御相之勞"二句)、意、待、事、司("故有道之主"七句)、時、財、力、植("是故人君者"六句)、來、極("故堯為善"四句)；治、意(**繆稱**"聖人在上"四句)、能、力("用百人之所能"二句)、事、得、異("小人之從事也"五句)、事、力("工無偽事"二句)、否、福("故善否"四句)、己、國("非以為己也"二句)；事、械(**齊俗**"地宜其事"二句)、始、服("夫儒墨不原"三句)、時、服("故當舜之時"二句)、子、異("故賓之容"四句)、事、異("是以人不兼官"四句)、己、得("夫重生者"四句)；有、國(**道應**"寡人所有"二句)、嗇、子("譬白公之嗇也"二句)、喜、色("此人之所喜也"二句)、久、惑("所自來者久矣"三句)、子、國、德("若以相夫子"四句)、志、色("昔孫叔敖三得"四句)、財、力("含珠鱗施"二句)；時、息(**氾論**"當此之時"四句)、志、色("無擅恣之志"二句)、異、使("丹穴大蒙"二大句)、牛、牛、國("鄭賈人弦高"五句)、事、福、時、謀("故萇弘知天道"四句)、事、謀、塞("論世而為之事"四句)、或、己("適情辭餘"四句)、疑、惑("同異嫌疑者"二句)、德、已("恃賴其德"二句)；福、理(**詮言**"不惑禍福"一句)、來、色("方船濟乎江"五句)、德、己("脩足譽之德"二句)、己、治、有、得("知禍福之制"五句)、事、德("有能而無事"二句)、福、德、有("故祭祀思親"三句)、力、己("未有使人"二句)、富、期("天有明"二大句)、德、久("用之者"二句)、有、得("釋其所已有"二句)、德、事、載("誅而無怨"六句)、意、理("不勝不恐"四句)、志、富("雖天下之大"五句)；來、德(**兵略**"兵之來也"二句)、德、治("脩政於境內"三句)、謀、伏、備("智見者"四句)、志、意("在中虛神"四句)、試、敏、噩("事無嘗試"三句)，才、力("若乃人盡其才"二句)，伏、怪、耳("設規慮"六句)；狸、力(**說林**"乳狗之噬虎也"四句)，飴、飴、異("柳下惠見飴"五句)，佩、富("龜紐之璽"四句)，蟹、意、怪("水蠆為蟌"七句)；己、力(**人間**"是故使人高賢"二句)，事、謀、異("凡人之舉事"五句)，謀、國("三國通謀"二句)，之、得("鼓之嗇夫"四句)，得、使("而鼓可得也"二句)，久、稷("季氏之無道"二句)，苴、服("申荼杜苴"二句)，之、德("左擁而右扇之"二句)，祀、職、稷、力("奉四時之祭祀"四句)；翼、誨(**脩務**"為一人聰明"二大句)，在、軾("段干木在"二句)，里、軾("聲施千里"二句)，德、財("段干木光於德"四句)，治、稷("卒勝民治"二句)，食、灰、黑("鶴跱而不食"四句)；福、起(**泰族**"故其起福也"二句)，伏、久("嘔煖覆伏"二句)，治、異、食、誨、力("乃裂地而州之"七句)，時、力("以奪民時"二句)，時、熙、得("百工維時"三句)，財、賊("分別爭財"三句)，極、海("運乎無極"三句)，識、能、備("夫物常見"三句)，治、德("小辯害治"二句)，殆、德("句踐棲於"四句)；備、怪(**要略**"使人通迥周備"三句)，時、力、則、式、始、塞、忌、期、事("所以上因天時"十五句)，事、德("略雜人間之事"二句)，德、事("原人情而不言"四句)，事、福、力、意、備("已知大略"五大句)。

(2) 支錫通韻

恚、積(**原道**"憂悲多恚"二句)；溢、解(**天文**"井水盛"四句)；賣、解(**主術**"是以執政阿主"二大句)；臂、碑(**道應**"慢然下其臂"二句)；跡、知(**氾論**"存亡之跡"二句)，訾、賣("博通而不能訾"二句)，積、此(**說林**"同氣異積也"三句)；解、辟(**泰族**"醜必托善"二句)。

(3) 魚鐸通韻

素、白(**原道**"純粹樸素"二句)，故、詐("偶睉智故"二句)，徒、路("而堅強者"四句)，石、下("利貫金石"二句)，慕、慮("去其誘慕"二句)，虛、宅("是

三 《淮南子》韻譜 91

故貴虛者"二句);壑、澤、固(**俶真**"夫藏舟於壑"三句),石、下("澤潤玉石"二句),弩、射("谿子之弩"二句);間、客(**天文**"閉門間"二句);庫、帛(**時則**"開府庫"二句),虞、柘("乃禁野虞"二句),枯、郭("則草木早枯"三句),布、索("毋燒灰"四句),戶、涸("是月也"六句),作、居("土事無作"二句),赦、固、故("敗物而弗取"六句);暮、舍(**覽冥**"魯陽公與韓搆難"四句),石、餘("過歸雁于碣石"二句),圖、絡("席蘿圖"二句);躩、顧(**精神**"凫浴蝯躩"二句);郭、阻(**本經**"高築城郭"二句);故、詐(**主術**"是以上多故"一句);石、瓠("夫人之所以"二句),墓、間("封比干之墓"二句);故、詐(**繆稱**"故上多故"二句);阻、薄(**齊俗**"高山險阻"二句),路、衢("婦人不辟"二句,下、赤("其樂大武"二句),度、舍(**道應**"正女度"二句),夕、舍("是夕也"二句),妬、惡、處("爵高者"三句),魚、釋("所得者小魚"二句),野、墓、間("昔武王伐紂"四句);顧、宅(**氾論**"乃眷西顧"二句),舍、詐("所謂可行"四句),尺、牙("故蛇舉首尺"四句),車、獲("晉師圍穆公"三句);澤、楚(**兵略**"戍卒陳勝"四句),雨、澤("矢石若雨"二句),舍、斥、處("相地形"六句),故、射(**說山**"世已變矣"三句),夏、夜("陰陽不能"三句),度、豫("巧者善度"二句),舍、釋("割而舍之"四句),炙、夜、布、暮("見彈而求鴞炙"五句),狐、白("天下無粹白狐"三句),固、螫、搏("介蟲之動以固"三句);攫、武(**說林**"虎有子"四句),步、故("蘇秦步"二句);塗、惡(**人間**"以勁材任輕塗"二句),武、伯("故千乘之國"四句),霸、夏("晉之所以霸者"二句),澤、呼("於是陳勝"二句),落、下("若折槁振落"二句);處、澤(**脩務**"僻遠幽閒之處"二句),石、書、射("禹生於石"四句);步、故(**泰族**"駿欲馳"四句),莒、輔、霸("小白奔莒"五句);居、路(**要略**"經山陵之形"六句)。

(4)侯屋通韻

犢、口(**天文**"鼂蟲不食"二句),足、斗("五十日者"四句);珠、玉(**地形**"水圜折者"二句）；主、欲（**精神**"人之所以樂"二句）；斲、鏤（**本經**"木工不斲"二句）；聚、數、欲（**主術**"量民積聚"三句）；數、樹、欲（**繆稱**"欲知天道"三句），曲、走（"今釋正而追曲"四句）；琢、鏤（**齊俗**"車輿極於雕琢"二句）；口、屬（**氾論**"身若不勝衣"四句），主、濁（"中有本主"一句）；數、欲（**詮言**"勝在於數"二句），數、欲（"先在於數"二句）；欲、諛、喻、附（**兵略**"其後驕溢縱欲"六句）；斲、具、鬭（**說林**"大匠不斲"三句），構、哭（"紂醢梅伯"四句）；務、族（**要略**"有脩務"二句）。

(5)宵藥通韻

弱、要（**原道**"而柔弱者"二句）；樂、謠（**本經**"陳之以禮樂"二句），虐、夭（"雷霆毀折"四句）；小、約（**主術**"是故得勢之利者"四句）；苗、暴（**氾論**"舜執干戚"二句）；笑、擢（**脩務**"彼乃始徐行"二句）；樂、朝（**泰族**"百姓謳謳"二句），廟、樂（"因以此聲為"二句）。

(6)幽覺通韻

求、宿（**原道**"至無而供其求"二句）；畜、疇（**主術**"教民養育六畜"四句）；舟、軸（**繆稱**"是故積羽沈舟"二句）；畜、讎（**道應**"善之則吾讎也"二句）；猶、目（**兵略**"擊其猶猶"四句），調、督（"水不與於五味"二句）；鳥、目（**說山**"得鳥者"二句）；酒、肉（**說林**"上有酒者"二句）；就、毒（**脩務**"令民知所避就"三句）；庖、祝（**泰族**"今夫祭者"二大句）。

(7)微物通韻

尾、類（**原道**"則飢虎可尾"二句），物、水（"天下之物"二句）；火、水、類（**覽冥**"旱雲煙火"三句）；衣、內（**齊俗**"晉文公大布之衣"五句），物、非（"夫稟道以通物者"二句）；非、隊（**道應**"荊有佽非"二句）；火、位（**氾論**"洗之以湯沐"四句）；火、遂（**兵略**"若以水滅火"四句），威、氣（"勝在得威"二句），衣、出（"乃爪鬋"三句）；火、類（**說山**"淳於髡之告"二句），鬼、氣（"以束薪為鬼"二句）；窟、水（**說林**"鳥飛返鄉"四句），水、火、類（"嘗抱壺"三句），悴、蕢

("有榮華者"二句)；內、歸(**泰族**"四海之內"二句)；內、歸(**要略**"四海之內"二句)。

(8)脂質通韻

日、二(**天文**"音自倍"三句)；利、遲(**地形**"輕土多利"二句)；齊、潔(**時則**"乃命大酋"四句)，濟、實("九月失政"四句)；一、死(**覽冥**"直偶於人形"四句)，指、叱("故不招指"二句)；一、二(**精神**"處其一"二句)，飢、實("有之不加飽"四句)，矢、彎("故射者非矢不中也"四句)；指、利(**繆稱**"循性而行指"二句)；體、一(**齊俗**"譬若絲竹金石"二大句)；視、至(**道應**"壹女視"二句)；利、死、牝(**兵略**"所謂地利者"三句)，死、節("民不疾疫"四句)；日、禮(**説林**"烏力勝日"二句)，致、履("冠則戴致之"二句)，矢、一("引弓而射"四句)，穴、死、指("孟賁探鼠穴"三句)，遲、致("矢疾不過二里也"四句)；死、疾(**人間**"或貪生而反死"三句)，疾、遲("夫走者"四句)；弟、節(**脩務**"長於窮欄漏室"四句)，膝、胝("蹠達膝"二句)，美、利、至("君子脩美"三句)；利、比(**泰族**"則機樞調利"三句)，指、至("莫不仰上之德"四句)。

(9)歌月通韻

和、末(**原道**"恬愉無矜"四句)，過、逮("先之則大過"二句)，過、逮("無所大過"二句)，和、惙("聖人不以身役物"四句)；義、廢(**俶真**"德溢而為仁義"二句)，偽、外("夫趨舍行偽者"二句)，世、泄、羈、外("夫人之拘于世也"五句)，廢、議("周室衰"二句)，世、為("暴行越智"三句)，怛、何("非直蜂蠆"三句)，我、世("體道者"二句)；禾、歲(**天文**"孟夏之月"四句)，歲、和("單閼之歲"二句)；媧、世(**覽冥**"伏羲女媧"二句)；制、儀(**精神**"故縱體肆欲"二句)，衛、厲、和("然顏淵夭死"五句)；世、何(**本經**"澤及後世"二句)，敗、多、廢("晚世風流俗敗"三句)；地、外、為(**主術**"感動天地"四句)，越、詭("晝日顛越"三句)，施、勢("君臣之施者"二句)，際、和("齊輯之於轡銜之際"二句），竭、化（"是故明主"四句），為、制（"釋己之所得為"二句）；施、外（**繆稱**"見不足忘貧"四句），鐯、馳（"無三寸之鐯"二句），化、外（"同令而民化"二句），宜、賴（"使君子小人"三句），我、謂（"小子無謂我老"二句），化、大（"察一曲者"四句），鉞、義（**齊俗**"昔齊桓公"四句）；褐、化（**道應**"季子治亶父"四句），地、外（"上際於天"四句），奪、錘（"然劉氏奪之"二句）；過、大（**氾論**"言人莫不有過"二句）；禍、害（**詮言**"欲福者"二句），害、禍（"唯不求利者"二句），虧、害（"尸雖能剝狗"二大句）；地、月（**兵略**"靜而法天地"二句），地、戈、拔（"仰不見天"四句），拔、破（"故攻不待衝隆"二句），羅、喙（"飛鳥不動"四句），設、加、奈（"是故為糜鹿者"四句），破、勢（"而弗能破者"二句），竭、危（"軍食孰然後"二大句）；發、儀（**説山**"越人學遠射"四句），地、大（"未有天地"二句）；地、大（**説林**"未有天地"二句），賀、別（"大廈成"二句），化、蛻（"蟬飲而不食"二句）；地、奪（**人間**"沙石之地"二句），泄、敗、何（"我謀而泄"三句），地、末（"攻城者"四句），義、伐（"好行仁義"二句）；河、闕（**脩務**"決江疏河"三句），勢、義（"段干木光於德"二句），伐、義（"舉兵伐之"二句），世、地（"名施後世"二句），厲、隋（"是故田者不強"八句）；為、制（**泰族**"故聖人事窮"二句），衛、危（"璩伯玉以其仁"四句），傑、宜、末、和、隨（"英俊豪傑"七句），鉞、麾（"武王左操黃鉞"二句），禍、越（"晉獻公之伐驪"二大句），大、彼（"故事有利於小"二句）；制、宜（**要略**"權事而立制"二句）。

2. 陰陽通韻

（1）之蒸通韻

等、里（**天文**"日夏至始出"四句）；事、等（**本經**"飾職事"二句）；辭、應（**繆稱**"故通於一伎"四句）；之、勝（**道應**"雖知之"二句），勝、之（"不能自勝"二句），子、肯（"延陵季子"二句）；勝、里（**氾論**"三戰不勝"二句）；勝、能（**詮言**

"故能以眾不勝"二句）；里、勝（**兵略**"輿死扶傷"四句），右、應（"戍卒陳勝"四句），欺、淩（"信而不可欺也"二句）；事、辭、應（**泰族**"夫徹於一事"四句）；崩、事（**要略**"武王立三年"三句）。

（2）支耕通韻

平、智（**詮言**"故稱平焉"二句），智、名（"有智若無智"三句）。

（3）魚陽通韻

舒、仰（**原道**"與剛柔卷舒兮"二句），讓、予（"昔舜耕於歷山"二大句），上、野（"動溶無形之域"四句），境、戶（"馳騁于是非之境"二句），鼓、章（"是猶無耳"二句）；下、上（**俶真**"天氣始下"二句），病、虎（"昔公牛哀"二句），壯、餘（"是故形傷於"四句），上、下（"是故身處江海之上"二句），上、下（"今繒繳機而在上"二句）；羽、陽（**天文**"毛羽者"三句），居、鄉（"太陰所居"二句）；廣、下、景、響（**地形**"建木在都廣"四句）；賞、賦（**時則**"行慶賞"二句）；丙、下（**覽冥**"夫鉗且大丙"二句）；覩、量（**本經**"是故大可覩者"二句）；上、下（**主術**"主精明於上"二句），居、明（"人主之居也"二句），梁、櫨（"大者以為舟航"四句），下、上（"所立於下者"二句），譽、黨（"夫釋職事而聽非譽"二句），量、下（"故法律度量者"二句），相、御（"故伯樂相之"二句）；野、倉（**繆稱**"稼生乎野"二句），譽、謗（"千歲之積譽"二句），廣、下（"地以強廣"三句），傷、枯（"本傷則枝枯"一句）；病、馬（**齊俗**"扁鵲以治病"二句）；亡、故（**道應**"其獨以亡"二句），相、馬（"若彼之所相者"二句），兵、下（"砥礪甲兵"二句），家、故、常（"昔善治國家者"三句），故、常（"是變其故"二句），怒、兵（"怒者"四句），相、家、祥（"宰相"四句），賞、舍（"故有三賞"二句），野、鄉、黨、光（"若我南游乎"四句），下、上（"寡人伐紂"二句）；行、舉（**氾論**"雖有閭里之行"二句）；囊、譽（**詮言**"括囊"二句），無、亡（"求其所無"二句），魚、羹（"俎之先生魚"二句）；上、下、者（**兵略**"放乎九天之上"三句），下、上（"雖誂合刃"二句），父、兄（"故上視下如子"四句）；下、上（**說山**

"夫惟能下之"二句），上、下（"得之同"四句）；望、書（**說林**"明月之光"二句），行、廬（"屠者羹藿"四句），魚、網（"臨河而羨魚"二句）；行、塗（**人間**"使知所為"三句），陽、下（"張武教智伯"二句），舉、賞、明（"或無功而先舉"三句），戶、網（"小人不知"二句），祥、與（"天下有三不祥"二句），鼠、亡（"鳶墮腐鼠"二句），馬、行（**脩務**"今有良馬"二句），賞、語（"是故鍾子期"四句）；賈、長（**泰族**"市賈不豫賈"二句），將、父（"可謂良將"二句），魯、亡（"故臧武仲"二句），亡、除（"君子雖死亡"四句），上、下（"達乎無上"二句）。

（4）侯東通韻

厚、龐（**俶真**"蘆符之厚"二句）；侯、功（**天文**"清明風至"四句）；取、蒙（**繆稱**"是故前有軒冕"四句）；後、容（**詮言**"執後者"二句）。

（5）幽冬通韻

糅、宗（**精神**"審乎無瑕"二句）。

（6）微文通韻

非、貧、勤（**原道**"得以利者"六句）；春、水（**俶真**"冰迎春"一句）；微、論（**覽冥**"玄妙深微"二句）；塊、悶（**精神**"子罕不利寶玉"四句）；遁、威（**道應**"師未合而敵遁"二句）；文、惟（**脩務**"曼頰皓齒"二大句），微、論（"書傳之微者"二句）；存、壞（**泰族**"非法度不存也"三句）；分、機（**要略**"審死生之分"四句）。

（7）脂真通韻

死、潤（**俶真**"風雨不毀折"四句）；次、進（**主術**"奇林佻長"二句）；田、師（**齊俗**"後稷為大田"二句）；人、資（**道應**"不善人"二句）；臣、師（**氾論**"夫顏啄聚"二大句）；矢、電（**兵略**"疾如錐矢"二句）；潤、死（**說林**"山雲蒸"四句），禮、賢（"遇士無禮"二句）；尹、齊（**人間**"莊王知其可以"二句）；體、天（**脩務**"筋骨形體"二句）。

(8)歌元通韻

言、麾(**原道**"口不設言"二句)，歌、散("夫內不開於中"二大句)，我、間("天下之與我"二句)；變、化(**俶真**"志與心變"二句)，過、觀("聖人之所以"四句)；池、建(**天文**"大時者"四句)，為、燦、為("甲子干戊子"三大句)，寒、歌、和("乃收其藏"三句)；難、搗(**覽冥**"魯陽公與韓搆難"四句)，禾、煩("田無立禾"二句)，義、反("殘不義"二句)；前、為、間(**精神**"則望於往世之前"四句)；麾、亂、危(**主術**"譬而軍之持麾者"四句)，羸、遠("夫載重而馬羸"二句)，地、辯("人主不明分數"二句)，安、危("體離車輿之安"四句)，地、患("則得承受於天地"二句)，善、過("夫聖人之于善也"四句)，多、鮮("孔子之通"二大句)，義、鮮("無愚智賢不肖"三句)，義、善("故國之所以存者"四句)；亂、陀(**繆稱**"水濁者魚喰"四句)；危、亂、破(**齊俗**"以治身則危"三句)，變、宜("此皆聖人"二句)，化、免("不化以待化"二句)；言、為(**道應**"故至言去言"二句)，可、安("臣之所言可"二句)，罷、原、為("盡而不罷"三句)；羅、寒(**氾論**"伯余之初作衣也"二大句)，變、化("故聖人法與時變"二句)，危、患("寧其危"二句)，山、河("觸石而出"二大句)；危、亂(**詮言**"故無為而寧者"四句)，簡、地("大樂必易"四句)，化、反("必有不化"二句)；波、為、麾、陁、前(**兵略**"陵之若波"六句)；謌、觀(**說林**"聾者不謌"三句)，過、遠("輪複其所過"二句)，酸、和("百梅足以為"二句)，化、亂(**人間**"百事之變化"二句)，亂、可("翟璜任子"二句)，卷、戲("天下席捲"二句)；山、危、山(**脩務**"放讙兜於崇山"四句)，山、然、為("若夫以火燻井"四句)，善、化(**泰族**"變習易俗"四句)，煩、苛("位高者"四句)，遠、和、化("河以逐蛇"四句)，化、亂("故有道以統之"二大句)，怨、義("分別爭財"四句)，山、河("崇於太山"二句)；間、施、變、反(**要略**"所以箴縷"六句)，變、移("兼稽時勢之變"二句)。

3. 陽入通韻

(1)職蒸通韻

崩、翼(俶真"嶢山崩"四句);惑、徵(天文"執衡而治夏"四句),德、勝、尅("凡用太陰"六句);域、淩、雄(覽冥"夫死生同域"四句);勝、力(主術"夫舉重鼎者"四句);勝、塞("唯造化者"四句),食、蒸("秋畜疏食"二句);直、繩(齊俗"為直者"二句);勝、福(道應"數戰數勝"二句);勝、力、得(詮言"能成霸王者"六句),得、備、承("百姓不怨"四句);異、勝(兵略"巧拙不異"二句);弋、矰(說山"好弋者"二句);食、乘(說林"有以飯死者"二句),簦、異("或為笠"四句),直、繩("非準繩不能"二句);繩、直(脩務"無準繩"二句);勝、力、得(泰族"欲成霸王之業者"五句)。

(2)錫耕通韻

形、迹(原道"其動無形"四句);靜、易(俶真"人莫鑒於流沫"二大句);辟、誠(繆稱"勇士一呼"三句),正、易("身苟正"二句);形、迹(詮言"藏无形"三句)。

(3)鐸陽通韻

明、望、榭(時則"可以居高明"四句);行、度(覽冥"以治日月之行"四句),望、鐸("潦水不泄"四句);博、明(主術"春秋二百四十二年"二大句);陽、庶(繆稱"夷聲揚"二句),王、霸、亡("故粹者王"三句);露、虹(氾論"冬日則不勝"二句),石、更("道猶金石"二句),赦、陽("鄭子陽剛毅"二大句),王、霸("文王兩用呂望"二句);王、霸(兵略"此湯武之所以王"二句),博、廣("德之所施者"二句);步、亡(說林"夕過市則步"二句),養、擇("農夫勞"二句);王、霸(泰族"文王舉太公望"二句),霸、亡("故齊桓公亡汶陽"二句)。

(4)屋東通韻

足、凶(覽冥"能者有餘"四句);足、用(齊俗"然非待古之英俊"二句);封、欲(**詮言**"天下非無廉士也"五句)。

(5)覺冬通韻

覆、眾(**主術**"非寬大無以兼覆"二句)。

(6)物文通韻

氣、順(**俶真**"是故聖人呼吸"二句),物、論("其襲微重妙"四句);術、門(**天文**"德在室"四句);內、長(**地形**"六合之間"四句);舜、物(**精神**"知許由之貴於舜"二句);文、物(**本經**"發動而成于文"二句),損、出("取焉而不損"四句),術、本("用兵有術矣"二句);術、論(**主術**"修先聖之術"二句),費、閔("時有涔旱災害"四句);尊、貴(**繆稱**"故上左遷"二句);本、術(**齊俗**"世之明事者"四句),先、物("故身自耕"二大句);問、內(**氾論**"誅賞制斷"四句),分、物("日夜分"二句);物、輓(**詮言**"聖人之接物"二句);內、隱(**說山**"聖人從外知內"二句);論、類(**脩務**"以此論之"二句)。

(7)質真通韻

七、閏(**天文**"歲有餘"二句);眩、實(**精神**"輕天下"二大句);千、室(**本經**"武王甲卒三千"三句);棄、人(**主術**"猶無可棄者"二句);實、恩(**齊俗**"禮不過實"二句),身、節("王子比干非不知"二句);人、節(**氾論**"委以財貨"四句);人、一(**詮言**"真人者"二句),必、民("威之不能"二句),神、質("失其情者"二句);利、民(**兵略**"勢位至賤"四句),一、鈞(**說山**"蘧伯玉以德化"二大句);堅、質(**說林**"石生而堅"四句),一、人(**脩務**"其存危定傾"二句)。

(8)月元通韻

越、圜(**俶真**"是故自其異者視之"四句),樠、萬("今夫萬物"四句),賤、世("明親疏"四句),大、遠("所以然者"二大句),然、間、芥("若然者"三句),汨、亂("水之性真清"四句);山、山、歲(**天文**"日冬至峻狼之山"五句）；旱、害（**時則**"則其國大旱"三句）；竄、裔（**覽冥**"莫不憚驚伏竄"二句），滅、鞭、環（"馳鶩若滅"三句），然、滅（"隱真人之道"四句），殺、安（"攻城濫殺"二句），削、末、半（"鑿五刑"六句），泄、源（"潦水不泄"四句）；樊、外（**精神**"以游于天地之樊"二句），大、變（"是故死生亦大矣"二句），熱、然（"大澤焚"二句）；見、蔽（**本經**"明可見者"二句）；殺、蘋（**主術**"是故威厲而不殺"三句），鉞、難（"刑罰斧鉞"二句），遠、說（"故循流而下"二大句），大、鮮（"心欲小而志欲大"三句），觀、大（"由此觀之"二句），反、察（"凡此六反者"二句），變、輟（"顏色不變"二句）；罰、諫（**繆稱**"君子見過忘罰"二句），大、遠（"聖人之為治"二大句），難、快（"故使人信己者易"二大句），賤、際（**齊俗**"夫禮者"二大句），外、安（"車軌不結"二句）；善、說（**道應**"惠子為惠王"二大句），安、亂、罰（"夫國家之危安"三句），制、罕（"國人皆知"二句），泉、滅（"忿心張膽"四句），說、然（"復以衡說"二句）；折、卷、間（**氾論**"太剛則折"三句），奪、滿（"此所以三十六世"二句），奪、變（"時屈時伸"二大句），蓋、患（"粗踦贏蓋"四句），言、敗（"故事有可行"四句），遠、大（"以近諭遠"二句），脫、免（"皆知為姦"二句），蔽、患（"而蔽於死亡之患也"一句），見、達（"天下之怪物"四句）；殺、怨（**詮言**"因春而生"四句），奪、怨（"天地無予也"四句），怨、奪（"喜得者必多怨"二句），怨、敗（"鬭而相傷"四句）；絕、亂、害（**兵略**"將以存亡繼絕"三句），偃、世（"自五帝"二句），遷、蔽（"操固而不可遷也"二句）；大、遠（**說山**"乃知其大"二句），然、滅（"故或吹火而然"二句）；全、跋、發（**說林**"以瓦鉒者全"三句），山、外、蔽（"逐獸者"三句），連、制、害、遠（"親莫親於骨肉"四句），電、雪（"冬有雷電"二句），大、遠（"以小見大"二句），越、難（"卧而越之"二句），見、察（"太山之高"四句）；反、察（**人間**"利害之反"三句），善、敗（"其始成"二句），山、越（"江水之始出"二句），大、遠（"故聖人行之於小"四句）；㢮、察（**脩務**"及其粉以玄錫"三句）；廢、免（**泰**

族"守職而不廢"三句），間、大（"萬物在其間者"二句），間、觀、大（"天地之間"四句），越、欵、快（"朱絃漏越"三句）；漫、緩、滯、散（要略"辭雖壇卷連漫"五句）。

4. 陰陽入通韻

（1）之職蒸通韻

治、國、應、有（覽冥"故以智為治者"四句）；事、辭、憎、喜、極（精神"欲生而不事"五句）；識、治、勝（詮言"不可以慧識也"四句）；直、來、應（兵略"夫景不為曲物直"四句）。

（2）鐸魚陽通韻

白、虎、商（天文"其神為太白"三句）；墓、車、京、路（覽冥"掘墳墓"六句）；野、上、澤（本經"堯乃使羿誅鑿齒"三句），黨、墓、社（"易其黨"三句）；象、席、組、錯、象（齊俗"且富人車輿"六句）；楚、當、卻（道應"齊與兵伐楚"三句）；迫、量、詐、慮（兵略"則不可制迫也"四句）；宅、祥、如（人間"吾欲西益宅"三句）。

（3）質脂真通韻

轡、諧、均、一（覽冥"上車攝轡"四句）。

（4）歌月元通韻

然、和、烈（俶真"其道昧昧"三句），地、月、環（"智終天地"三句）；遠、際、碕、波（本經"鑿汙池之深"八句）；毳、旃、化（齊俗"越人見毳"四句）；大、過、遠（說林"海內其所出"四句）；義、辨、際（泰族"制君臣之義"五句），言、義、達、簡（"小辯破言"五句），爨、炊、大（"稱薪而爨"四句），可、吠、見、善（"小人之可也"四句）。

（三）合韻

1. 陰聲合韻

（1）支之合韻

此、已(**原道**"非謂此也"二句)；時、肢(**天文**"天有四時"四句)；旗、雞(**時則**"建赤旗"二句)，旗、雞("建赤旗"二句)；事、伎(**繆稱**"察於一事"二句)；智、倍(**道應**"絕聖棄智"二句)，是、友("今卒睹夫子"二句)；治、此(**氾論**"亂國之治"二句)；智、已(**詮言**"未有使人無智者"二句)；海、徙、駭(**兵略**"扤泰山"四句)；才、枝(**說林**"以天下之大"二句)；治、智、耳(**泰族**"三代之法不亡"四句)；歧、海(**要略**"剖河而道九歧"三句)。

（2）魚之合韻

罟、有(**原道**"因江海以為罟"二句)，鼠、邪、滋("夫釋大道"五句)，華、胎("草木榮華"二句)，華、丘("豈必處京臺章華"二句)；沮、理(**俶真**"是故舉世而譽"四句)，女、骸("醯鬼侯之女"二句)；氾、浦、舍、里(**天文**"日入于虞淵之氾"四句)，午、子("太一在甲子"三句)，牛、虛("十一月建牽牛"二句)；事、寡(**時則**"乃賞死事"二句)，間、事("審門閭"四句)，野、里("東至日出之次"四句)，野、里("南至委火炎風之野"三句)，野、里("石城含窒"五句)，野、里("有凍寒積冰"二句)；倨、旴、牛(**覽冥**"臥倨倨"四句)；下、喜(**精神**"得茯越下"二句)；臺、漁、餘(**本經**"鑽燧取火"六句)，挐、持、鋸("芒繁紛挐"三句)，時、敘、理("取予有節"六句)，里、野("血流千里"二句)；事、下、理、怒、已(**主術**"是故慮無失策"十二句)，駰、焉("駟驪騄駰"二句)，舉、改("夫聖人之于善也"四句)，事、舍("擾老之事"二句)，友、譽("不信于友"二句)；財、如、虛(**繆稱**"禹無廢功"五句)，狐、狸("則必不知狐"二句),狐、狸("非未嘗見狐者"二句),下、己("故舜不降席"二句),辭、邪、辭("子產騰辭"三句),女、理("吾無以與女"二句);財、寡(**齊俗**"有餘者非多財也"二句),祀、土、畝("有虞氏之祀"四句),事、下("世之明事者"四句),里、舍("夫騏驥千里"四句),理、處("雖皋陶為之理"二句);子、予(**道應**"吾非愛道"二句),事、固("失從心志"二句);事、著(**氾論**"末世之事"二句),古、事、舊("苟利於民"四句),慮、治("是以盡日極慮"一句),能、餘("夫存危治亂"四句),己、慮("君好智"二句),詩、下("舜彈五絃之琴"二句);與、有(**詮言**"少取多與"二句);下、子("故雖富有天下"二句),下、志("名利充天下"二句),家、里(**兵略**"以家聽者"二句),子、下("勢為天子"二句),與、耳("陵其與與"二句),喜、怒("不可喜也"二句),暑、雨、晦("大寒甚暑"三句),治、御("國不可從外"二句);里、故(**説山**"去之千里"三句),與、起("我實不與"三句),慮、時("事或不可前規"四句);馬、笥、顧、志(**人間**"秦牛缺徑於山中"六句),喜、與("野人大喜"二句),家、來("若使人所懷於內者"二大句);士、間(**脩務**"布衣之士"二句),女、組、彩("蔡之幼女"四句),下、母、古、户、寡("今使人生於辟陋之國"十句),能、思、書、古、夫、娛("若此而不能"七句),古、耳、下("故有符於中"五句),邪、耳("服劍者"四句);子、下(**泰族**"乃屬以九子"三句),汙、苔("窮谷之汙"二句),夫、士("一縣之高"二句),里、里、下("故湯處亳"三句);子、止、市、婦、苦(**要略**"文王之時"十句)。

(3)之侯合韻

止、走(**齊俗**"夫敗軍之卒"二大句);才、辭、侯(**脩務**"不過一卒之才"三句);耳、口(**泰族**"吠聲清於耳"二句)。

(4)宵之合韻

巢、臺(**本經**"伐桀于南巢"二句);牛、毛(**齊俗**"屠牛吐一朝"二句)。

(5) 幽之合韻

丑、始(**天文**"正月指寅"四句);有、保(**主術**"乘眾人之智"四句),道、治("是故輿馬不調"四句);已、保(**道應**"持而盈之"四句);道、事(**氾論**"故聖人所由"二句);里、阜(**説林**"故跬步不休"四句)。

(6) 魚支合韻

寫、知(**本經**"雷霆之聲"四句);枝、魚(**繆稱**"交拱之木"二句);枝、枯(**説林**"食其食者"四句)。

(7) 支侯合韻

智、府(**俶真**"智者"二句);智、主(**氾論**"勞形竭智"一句),閨、溝("夫醉者"四句)。

(8) 幽支合韻

咆、枝(**覽冥**"虎豹襲穴"二句)。

(9) 魚侯合韻

慮、輿、馬、御、俱(**原道**"是故大丈夫"八句),距、數("雖有鉤箴芒距"四句),狗、馬("是故鞭噬狗"二句),土、走、處("夫萍樹根于水"六句),取、顧("履遺而弗取"二句),與、後("邅回川谷之間"六句),愉、祖("虛無恬愉者"二句);府、初(**俶真**"是故聖人"二句),宇、柱("甘瞑於溷澖之域"四句),者、柱("燔生人"四句),雨、霧(**天文**"天之偏氣"二大句),主、除("日者陽之主也"二句),斗、所("帝張四維"四句),後、五、舉("立春之後"四句);區、紆、諸、隅、餘(**地形**"越之具區"九句);庫、侯、者(**時則**"開府庫"五句),聚、閭("命司徒"四句),後、輔("立無後"三句),辜、邪、聚("審用法"六句),舉、走(**覽冥**"車莫動而自舉"二句),寡、數(**本經**"計人多少眾寡"二句);兔、殊(**主術**"然其使之搏兔"三句),舉、騖("夫騰蛇游霧"四句),馬、稼、數("君德不下流於民"四句),數、舉("是故審毫釐"四句),侯、夫("故桓公三舉"二句);馬、驅(**繆稱**"戎翟之馬"二句),閭、軀、餘("僖負羈以壺飧"三句),馬、取("聖王以治民"四句);楮、斗(**齊俗**"故糟丘生乎"二句),走、雨、濡("若轉化而與世"三句),鏤、組("夫雕琢刻鏤"四句);雨、臾(**道應**"飄風暴雨"二句),與、走("常為蛩蛩駏驉"三句)、頭、圖("冠雖弊"四句)、處、駐("然子處矣"三句);戌、賦、府(**氾論**"發適戌"四句),下、侯("堯無百戶之郭"二大句),侯、下、軀、圖("九合諸侯"四句)、家、侯("内不愸於國家"二句)、盧、走("縣有賊"四句);取、予(**詮言**"人者有受"二句),後、馬("馳者不貪"四句),數、遇、故、遽("倍道棄數"四句)、候、癗("過則自非"四句);下、邪、取(**兵略**"故至於攘天下"五句),聚、虜("毋焚積聚"二句),慮、鬭("因民而慮"二句),數、助("明於星辰日月之運"四句),數、鼓("察行陳解續之數"二句),戌、賦("發閒左之戌"二句),御、鬭("是故善守者"二句),寡、愚、數("德均則衆者"三句),雨、下、圉、偶、緒("卒如雷霆"十句),數、虎、武("所謂天數者"五句),虎、走("合如兕虎"二句),武、取("齊之以武"二句),後、聚、伍("或前或後"三句),下、後、主("是故無天於上"八句),慮、鬭、鶩、懼("則智者為之慮"五句);珠、枯(**說山**"淵生珠"一句),馬、炬、狗、俎("將軍不敢"六句),閒、竿、襦("為儒而踞里閒"四句),狗、雨("若用朱絲"二句),鼠、瘻、鼱("狸頭愈鼠"四句),語、走、所("故使盲者語"三句);軔、助、雨(**說林**"傾者易覆也"四句),走、馬("以兔之走"二句),馬、走("及其為馬"二句),巫、狗("戰兵死之鬼"二句),武、走("見虎一文"四句),鉤、魚("無餌之鉤"二句),珠、牙("明月之珠"四句);愉、矩(**人間**"清凈恬愉"四句),助、諛("内無輔拂之臣"四句),與、取("事或奪之"二句),鼓、具("臣請升城鼓之"二句),戌、後、楚("乃罷陳之戌"四句),侯、輔、楚、構("外約諸侯"四句),楚、予、後、呂、距、走、處、楚("故蔡女蕩舟"十四句),纑、衢("婦人不得剡麻"三句),趄、下、圉("過宮室廊廟"三句),野、主("孫叔敖決期思之水"四句),馬、御、愚(**脩務**"駑馬"四句),鬭、去("喜而合"四句),驅、謨("載馳載驅"二句),拘、疏("龍夭矯"四句);具、御、虖(**泰族**"湯之初作囿也"五句)、故、舉、霧("呼而出故"四句),侯、居("橈滑諸侯"二句),走、下("則瓦解而走"二句);數、羽、鼓(**要略**"夫五音之數"三句)。

(10)宵魚合韻

躁、故(**本經**"閒靜而不躁"二句);教、下(**主術**"巡狩行教"二句);下、小(**繆稱**"兵莫憯於意志"四句);孝、閒(**說山**"曾子立孝"二句);苗、梧(**脩務**"南征三苗"二句)。

(11)魚幽合韻

下、道(**原道**"知大己而小天下"二句),鳥、兔("強弩弋高鳥"二句);囚、寡(**時則**"挺重囚"四句);道、就、去(**覽冥**"天道者"三句);鼓、羞(**精神**"嘗試為之"二句);處、首(**本經**"昔容成氏之時"四句);下、擾(**主術**"儉約以率下"二句);老、苦(**說出**"此母老矣"二句);游、御(**說林**"舟覆乃見善游"二句);徒、濤(**人間**"經丹徒"二句);脩、餘(**脩務**"知者之所短"四句),楚、茅、女、處("蠶食上國"八句);輿、好(**泰族**"故弁冕輅輿"二句);道、祖(**要略**"所以原測"二句)。

(12)幽魚侯合韻

包、晌、濡、扶(**俶真**"六合所包"四句);舉、受、取(**氾論**"故論人之道"六句);簠、俎、豆(**泰族**"陳簠簋"三句)。

(13)宵侯合韻

槁、濡(**俶真**"故罷馬之死也"四句),濡、宛("神經於驪山"四句);誅、交(**主術**"威不足以行誅"二句);厚、教(**泰族**"淳龐敦厚者"二句),兜、苗("何憂謹兜"二句)。

(14)幽侯合韻

茅、牖、樞(**原道**"茨之以生茅"三句);調、趨(**俶真**"耳分八風"三句);數、道(**天文**"故律歷之數"二句);牖、候(**精神**"夫孔竅者"四句);主、寶("故心

三 《淮南子》韻譜 107

者形之主也"二句),流、喉("鹽汗交流"二句);秀、數(**本經**"芝野葵"四句)、道、府("不言之辯"四句),後、守("殺不辜之民"四句),道、務("故事親有道矣"二句);主、道(**主術**"故國有亡主"二句),口、繡("是故貧民糟糠"四句),數、道("是故不用適然之數"二句);柔、後(**繆稱**"老子學商容"四句);誅、守(**齊俗**"其禁誅"三句),袍、侯("楚莊王裾衣博袍"三句),巧、數("得十利劍"四句),具、巧("此巧之具也"二句),巧、數("工與工言巧"二句);務、受、留("伯夷叔齊"三大句);守、戍(**道應**"恐不能守"二句);守、鬭(**氾論**"隆衝以攻"四句),酒、侯("景陽淫酒"三句);取、求(**詮言**"故天下可得"二句);誅、仇(**兵略**"此天之所以誅也"二句);浮、趣(**說山**"百人抗浮"二句),儒、驪、庖("喜武非俠也"六句),獸、蓃("故食草之獸"二句),珠、由("得隋侯之珠"二句);酒、口(**人間**"子反之為人也"二句);道、偶、道(**泰族**"孔子欲行王道"四句),侯、州("故得道則以百里"二句),流、垢("見其造而思"四句)。

(15) 幽侯支合韻

游、渝、闕(**道應**"敖幼而好游"四句)。

(16) 幽宵合韻

糅、交(**原道**"所謂天者"二大句),遊、交("循天者"四句),道、教("曲士不可"二句);夭、壽(**地形**"暑氣多夭"二句);矛、廟(**時則**"鼓琴瑟"四句),稻、廟("是月天子"二句);道、笑(**覽冥**"精神形於內"二大句),郊、阜("鳳凰翔於庭"四句);簫、旄(**本經**"故鐘鼓管簫"二句),廟、寶("毀人之宗廟"二句);寶、鈞、誘(**主術**"虞君好寶"四句),廟、囚("朝成湯之廟"二句),勞、擾("耕之為事也老"二句);陶、堯(**詮言**"聽獄制中者"四句),壽、少("以數雜之壽"四句),笑、道("龜三千歲"二大句);燒、救(**兵略**"章華之臺燒"二句);交、遊(**人間**"知天而不知人"四句);條、巢(**脩務**"乃整兵鳴條"二句),擾、教("及至圄人擾之"二句),草、莦("虎豹有茂草"二句),矯、條("好茂葉四句);少、巧(**要略**"地狭田少"二句)。

(17)之微合韻

喜、悲(**原道**"樂作而喜"二句);理、非(**覽冥**"故耳目之察"四句)。

(18)之脂合韻

起、死(**時則**"則風災數起"三句);私、尤(**覽冥**"百官正而無私"二句);死、止(**精神**"殖華將戰而死"二句);止、體(**主術**"驅之不前"三句),謀、死("政亂則賢者"二句),示、止("明分以示之"二句);禮、治(**齊俗**"故湯入夏"四句);弟、子(**道應**"與人之兄居"四句),死、在("亦以懷其實"三句),死、欺("晏子默然不對者"四句);禮、起(**氾論**"怒其失禮"二句),耻、里、死("大夫種輔翼越王"五句),鮪、體("夫牛蹄之涔"四句),治、此("亂國之治"二句);尸、宰(**詮言**"處尊位者"二句);子、弟(**兵略**"是故上視下如子"四句);眯、理(**說林**"蒙塵而眯"二句);耻、死(**泰族**"行無廉耻"二句),子、弟("王喬赤松"二大句)。

(19)歌之合韻

地、海(**原道**"故植之而塞"二句);卧、喜(**精神**"嚕然得卧"二句);怪、奇(**脩務**"通於物者"二句)。

(20)支微合韻

是、非(**主術**"故治者不貴"二句)。

(21)支脂合韻

枳、濟、死(**原道**"故橘樹之江北"三句),是、死("無非無是"三句);體、枝(**齊俗**"夫竹之性浮"二大句);知、死(**氾論**"然而不能自知"二句);解、視(**人間**"軍罷圍解"二句),葵、戹("宮人得戟"二句)。

(22)支歌合韻

解、地(**原道**"一之解"二句);卑、危(**俶真**"是故貴有以行令"四句),谿、和("登千仞之谿"三句);規、離(**主術**"若欲規之"二句),知、為("智員者無不知也"二句);是、宜(**繆稱**"言無常是"二句);離、兒(**道應**"載營魄抱一"四句);智、多(**詮言**"獨任其智"二句)。

(23)魚微合韻

譽、畏(**氾論**"故賞一人而天下譽之"二句);畏、寡(**兵略**"故民誠從其令"四句)。

(24)脂魚合韻

死、土(**精神**"吾死也"二句),途、師("夫至人倚不拔之柱"四句)。

(25)歌魚合韻

和、家(**俶真**"夫天之所覆"二大句),華、偽("是故神越者"二句);地、雨(**天文**"殺不辜"二句);餘、和(**精神**"聖人食足以接氣"五句);廬、宜(**齊俗**"譬若舟車"二句);鼠、蛇(**氾論**"夫鴟目大"二句);怒、阿(**詮言**"不妄喜怒"一句);瑕、虧(**說林**"若珠之有纇"四句);禍、除(**脩務**"其除禍也"二句)。

(26)魚侯歌合韻

圖、喉、為(**精神**"使之左據天下圖"三句)。

(27)脂侯合韻

禮、主(**本經**"處喪有禮矣"二句)。

(28)歌侯合韻

偽、貨、具(**齊俗**"衰世之俗"六句)。

(29)宵微合韻

表、鬼(**氾論**"怯者夜見立表"二句)。

(30)宵歌合韻

教、化(**原道**"而欲教之"二句);教、議(**俶真**"坐而不教"二句),妙、化("其襲微重妙"四句);效、化、笑(**主術**"楚文王好服獬冠"三大句),槁、蔬("春伐桔槁"二句);河、廟(**氾論**"故魏兩用樓翟"二句)。

(31) 微幽合韻

憂、哀(原道"父無喪子之憂"二句);悲、調(詮言"故始於都者"四句);牢、微(泰族"夫矢之所以"四句)。

(32) 幽脂合韻

老、死(俶真"逸我以老"二句);細、美、醜(地形"沙土人細"三句);兕、冑(兵略"蛟革犀兕"二句);手、指(説山"人不愛偃之手"一句)。

(33) 幽歌合韻

道、和(原道"聖亡乎治人"四句);糅、磑、留(俶真"夫秉皓白"六句),為、求("故能有天下者"四句);道、義(本經"在内而合於道"二句);和、憂(主術"夫榮啟期一彈"二句);為、道(詮言"有智而無為"二句);奇、調、為、移、虧、陂、移(兵略"敵若反静"十四句);羅、鳥(説林"一目之羅"二句);義、道(泰族"故小快害義"二句)。

(34) 歌脂幽合韻

麗、美、好(精神"今高臺層榭"三大句)。

(35) 脂微合韻

美、非(原道"察能分白黑"四句);火、死(俶真"順風縱火"二句);水、死(地形"是謂丹水"二句);懷、私(時則"無不襄懷"二句);指、歸(本經"殊事而同指"二句);畏、死(齊俗"高山險阻"二大句);資、驪(道應"然而垂拱"四句),淮、死("左江而右淮"二句),饑、死("歲饑"二句);死、衰、遲、飢(兵略"當以生擊死"四句),遲、推("虚舉之下"三句),威、飢、歸("外塞其醜"六句),死、罪("見難不畏死"二句);衣、犀(説山"砥利劍者"三句),死、推("故決指而身死"三句);微、矢(説林"羿之所以"二句),死、饑、死、肥、推("人食礜石而死"五句);死、幾(脩務"戰而身死"四句);依、尸(泰族"神之所依者"二句),水、死("食荓飲水"二句),肥、美("故食其口"二句)。

三 《淮南子》韻譜 111

(36)歌微合韻

過、累(**原道**"好憎者"四句)，悲、危、宜、為("是故不以康為樂"八句)；歸、和(**俶真**"虛而往者"二句)；移、歸(**天文**"天傾西北"四句)，和、饑("一時不出"四句)；寄、歸、和(**精神**"生寄也"三句)；危、乖(**主術**"則國家危"二句)，歸、化("陰考以觀其歸"三句)，和、穀("太羹不和"二句)；壞、義(**繆稱**"中世守德"二句)，歸、義("故宏演直仁"二大句)，圍、危("魯酒薄而邯鄲圍"二句)，為、懷("故孝己之禮"三句)；哀、危(**齊俗**"所以為樂者"四句)，哀、和("故強哭者"二句)，彼、彼、非("若夫是於此"三句)；悲、歌(**道應**"望見桓公而悲"二句)，蛇、歸("魚鱉龍蛇"二句)；飛、和(**氾論**"積陰則沉"四句)，威、和("故恩推則儒"四句)，宜、化、多、非("是故聖人以文"五句)，過、累("雖有小過"二句)，過、累("夫動靜得"四句)；水、地(**詮言**"故禹決江河"四句)，歌、悲、麗("故不得已而歌者"四句)；隨、非(**說山**"故亡國之法"二句)，化、罪("蘧伯玉以德化"二句)；宜、譏(**說林**"繡以為裳"二句)；罪、我(**人間**"為之蒙死"二句)，罪、過("予之罪也"二句)，衰、多(**脩務**"世俗廢衰"二句)，微、移、施("且夫精神滑淖"五句)，罪、過("夫以徵為羽"四句)；弛、毀(**泰族**"夫物未嘗有"二句)，衰、虧("惟聖人能盛"二句)；歸、化(**要略**"神祇弗應"四句)。

(37)脂歌合韻

危、遲(**原道**"土處下不爭高"四句)；死、化(**俶真**"夫化生者不死"二句)；體、地(**精神**"而形體者"二句)，死、死、化、化("故生生者未嘗死也"四句)；指、為(**本經**"故周鼎著倕"二句)，和、體("承天地之和"二句)；死、禾(**繆稱**"狐鄉丘而死"二句)；禮、義(**齊俗**"夫禮者"二大句)，宜、齊("各有所宜"二句)；可、死(**道應**"有說則可"二句)，指、可("故周鼎著倕"二句)；禮、離(**詮言**"上下之禮"二句)，尸、佐("不能祝者"四句)，為、體("無為者"二句)；飢、餓(**說山**"寧一月飢"二句)，義、禮("以非義為義"二句），義、體（"國亡者"二句）；死、多（脩務"薺麥夏死"三句）；禮、誼（泰族"民有好色之性"四句），和、嗜（"太羹之和"二句）；危、資（要略"進退左右"二句）。

(38) 歌微脂合韻

差、衰、宜、指（要略"言人情而不言大聖之德"八句）。

2. 入聲合韻

(1) 職錫合韻

異、敵（主術"夫鳥獸之不可"四句）；敵、力（道應"兵陳戰而勝敵者"二句）；策、意（氾論"此四策者"二句）；異、易（脩務"非其説異也"二句）。

(2) 職鐸合韻

翼、腳（覽冥"飛鳥鎩翼"二句）；牧、坏（本經"夷羊在牧"四句）；食、澤（繆稱"繼子得食"二句）；託、得（齊俗"是故身者"二句）；惡、異（脩務"雖所好惡"二句）。

(3) 職屋合韻

極、握（原道"行而不可"二句）；飾、琢、減（本經"木巧之飾"五句）；塞、足（説林"十石而有塞"二句）；得、祿（人間"計功而受賞"四句）。

(4) 職覺合韻

伏、育（原道"羽者嫗伏"二句）；肉、福（説林"無鄉之社"二句）。

(5) 錫鐸合韻

軛、澤（説山"剝牛皮鞹"二大句）。

(6) 錫屋合韻

畫、斸（主術"漆者不畫"二句）。

(7) 錫覺合韻

積、鬻（人間"以冬伐木"二句）。

三　《淮南子》韻譜　113

(8)鐸屋合韻

夕、握(原道"施之無窮"三句);玉、夜(俶真"譬若鍾山之玉"四句);慕、慾(精神"使耳目精明"二句);漠、樸(本經"和順以寂漠"二句);禄、宅(繆稱"有德者"二句);射、斯(齊俗"羿以之射"二句),嚛、阜、詐("鳥窮則嚛"三句);木、墓、穀(兵略"無伐樹木"三句),木、遫、殻、角、格("擊之若雷霆"十句),濁、慕("神清而不可濁也"二句);狢、鹿(説山"撰良馬者"三句);玉、索(説林"予拯溺者金玉"二句),欲、鐸("心所欲"二句);穀、穫(人間"今霜降而樹穀"二句);尺、斛(泰族"大山不可丈尺也"二句),木、度("天之所為"四句)。

(9)覺鐸合韻

鸑、澤(天文"行枵鸑"二句)。

(10)鐸藥合韻

烙、暴(兵略"使夏桀殷紂有害"四句)。

(11)屋藥合韻

俗、虐(覽冥"天下未嘗"二句);欲、樂(精神"性有不欲"四句),欲、樂("不本其所以欲"二句),欲、樂("故儒者非能"四句);獄、樂(主術"周流天下"二句)。

(12)屋覺合韻

祝、僕(詮言"不能祝者"四句);哭、學(説山"夫欲其母之死者"四句),肉、玉("割而舍之"四句)。

(13)職物合韻

服、費(俶真"縶登降之禮"四句);息、既(精神"人之耳目"二句);類、惑(主術"仁者愛其類也"二句);類、惑(氾論"夫物之相類者"二句);惑、勃(説山"為孔子之窮"二大句);勃、惑(人間"知人之性"四句);類、識(脩務"玉石之相類者"二句)。

(14)職質合韻

異、一(**齊俗**"所為者各異"二句)；德、器(**道應**"怒者"四句)；德、節(**氾論**"故人有厚德"二句)；抑、異、一(**說林**"罩者抑之"四句)。

(15)月職合韻

察、得(**原道**"約其所守"二句)；匿、蔽(**主術**"故人主誠正"二大句)；職、末(**齊俗**"虛者非無人也"四句)。

(16)職緝合韻

側、立(**覽冥**"紂為無道"四句)；給、式(**主術**"不智而辯慧懷給"二句)。

(17)盍職合韻

脅、惑(**本經**"是故明於性者"四句)。

(18)物錫合韻

位、避(**原道**"以其托於後位"二大句)。

(19)錫質合韻

益、利(**俶真**"仁非能益也"二句)。

(20)錫月合韻

溢、絕(**覽冥**"故東風至"二句)。

(21)鐸物合韻

漠、沒(**俶真**"是故傷死者"三句)。

(22)鐸質合韻

詐、譎(**說林**"以詐應詐"二句)，戾、繹("臨淄之女"五句)。

(23)月鐸合韻

外、宅(**原道**"師曠之聰"五句)，說、慕("故聽善言便計"四句)；外、宅(**俶真**"營慧然"二句)；露、雪(**天文**"陽氣勝"二句)；涸、竭(**說林**"宮池涔則溢"四句)，熱、液("粟得水"二句)，世、暮("聖人之處亂世"二句)；虢、勢(**人間**"虞之與虢"二句)，霸、滅("夫為君崇德"二句)。

(24)物屋合韻

握、類(**原道**"夫光可見"四句);氣、欲(**俶真**"勇者衰其氣"二句)。

(25)屋質合韻

觸、疾(**氾論**"兩欪相觸"二句);節、足(**詮言**"欲不過節"一句)。

(26)屋月合韻

木、髮(**俶真**"夫疾風教木"二句)。

(27)物質合韻

利、位(**原道**"漠□於勢力"二句);貴、一(**天文**"天神之貴者"四句),室、胃、畢("星正月建營室"四句);內、一(**精神**"心志專於內"二句),利、貴("外此"二大句);律、一(**繆稱**"故歌而不比"四句);物、一(**詮言**"未造而成物"二句);內、惠、隧(**兵略**"治國家"六句),卒、卒、一("故紂之卒"四句),氣、實("不能者"二句);類、一(**說林**"堯舜禹湯"三句);對、室(**人間**"匠人窮于辭"三句),出、至("民被甲括矢"四句),穴、一、出("且塘有萬穴"三句),至、拙("事有所至"二句),節、忽(**脩務**"彼並身而立節"二句);氣、節(**泰族**"以調陰陽之氣"二句),出、一("夫欲治之主"二句)。

(28)質月合韻

器、敗、失(**原道**"故天下神器"四句);日、月(**天文**"積陽之熱氣"四句),節、制("喪紀三踴"二句),月、節("天有四時"四句),敗、實(**時則**"則螽蝗為敗"三句),密、泄("則凍閉不密"二句);日、月(**覽冥**"夫陽燧取火"二句),弊、膝("人羸車弊"二句);際、至(**主術**"七年旱"四句),害、利("夫防民之所害"二句);至、害(**繆稱**"事有所至"二句),蔽、至("是故祿過其功"四句),埒、至("道之有篇章"二句);穴、害(**齊俗**"夫獲狄得茂木"二大句),大、至("故其見不遠者"四句);際、日(**氾論**"故聖人之見存亡之迹"四句),割、切("方正而不割"二句);利、害(**詮言**"故道不可以勸"二句),利、害("不可以得利"二句);害、利(**兵略**"為天下除害"二句);至、札(**說山**"今被甲者"四句）；折、節、失(**説林**"冬冰可折"三句），雪、節（"冬有雷電"四句），器、竭（"食其食者"四句），利、害（"明月之珠"四句）；利、害（**人間**"事或欲以利之"二句），害、利（"或欲害之"二句），敗、致（"事或為之"二句），世、致（"故聖人雖有其志"四句）；失、察、慧（**泰族**"石秤丈量"六句），利、害（"愚者或於小利"二句）。

（29）物月合韻

外、内（**原道**"不以内樂外"二句），廢、泄、昧（"非其所安也"三句）；外、氣、害（**俶真**"有處混冥之中"六句），説、出（"百家異説"二句），外、物（"至精亡於中"二句），外、内（"馳于方外"二句），物、際（"而徙倚於"四句）；戌、滅（**天文**"指戌"二句）；泄、出、達、内（**時則**"陽氣發洩"四句），罰、氣（"戮暴傲悍"二句），闕、出（**覽冥**"畫隨灰"二句），絕、忽（"騁若飛"四句），世、物（"名聲被後世"二句）；外、内（**精神**"是故或求之於外者"二句），内、外（"有守之於内者"二句），内、外（"治其内"二句）；月、物（**本經**"聰明燿於日月"二句），内、外（**主術**"古聖人至精"二句）；内、外（**繆稱**"忠信形於内"二句），物、外（"文者所以接物也"二句）；劇、貴（**齊俗**"則壞土草劇"二句）；外、内（**道應**"此言精神"二句）；内、外、敗（**詮言**"慎守而内"三句），貴、末（"而先王貴之"二句）；歲、墜（**兵略**"武王伐紂"四句），外、内、害（"戰勝於外"三句），内、外（**説山**"是故小不可以"二句），外、穢、隧（"無内無外"四句）；外、掘（**説林**"是故所重者"二句），物、藝、愛（"盲者不觀"四句），出、大（"海内其所出"二句）；外、内（**人間**"常從事於"二句），外、内（"豹養其内而虎食"二句），内、外（"若使人之所懷"二句）；位、害（**脩務**"非以貪禄慕位"二句），説、貴（"世俗之人"二大句）；外、内（**泰族**"故化生於外"二句），内、外（"堯乃妻以二女"四句），出、會（"以不萬一"二句），内、外（"聖人見禍福"二句）；類、掇、類、滯（**要略**"乃始攬物引類"五句），術、勢（"考驗乎老莊"二句）。

(30) 緝物合韻

入、出(**原道**"故從外入者"四句);雜、粹(**説林**"豹裘而雜"二句)。

(31) 盍物合韻

業、術(**原道**"夫峭法刻誅者"四句)。

(32) 緝月合韻

及、逮(**脩務**"夫宋畫吴冶"二大句)。

(33) 盍月合韻

外、業(**俶真**"芒然仿佯"二句);殺、劫(**繆稱**"簡公以濡殺"二句)。

(34) 緝盍合韻

合、接(**兵略**"白刃合"二句),接、合("白刃交接"二句)。

3. 陽聲合韻

(1) 蒸耕合韻

勝、成(**主術**"故積力之所舉"四句),聖、勝("文王智而好問"四句),勝、成("是以積力之所舉"四句);夢、政(**繆稱**"身有醜夢"四句);命、憎、性(**詮言**"原天命"四句);鳴、應(**泰族**"瑟不鳴"二句)。

(2) 蒸陽合韻

繩、萌(**天文**"日冬至"四句),登、昌、升("鼉不登"三句),昌、升("稻菽麥鼉昌"二句),兵、登、昌、升("歲有小兵"五句),登、昌、升("歲打旱"六句),兵、登、昌、升("歲有小兵"五句),行、登、昌、升("歲和"五句),兵、登、升("歲有大兵"六句),兵、登、昌、升("歲小饑"六句);量、衡、稱(**時則**"日夜分"五句);明、冰(**覽冥**"是謂坐馳陸沈"四句),揚、興("是以至德滅"二句);夢、萌、騰(**精神**"是故其寢不夢"四句),牆、冰、萌("牆之立"三大句);方、繩(**本經**"戴圓履方"二句);行、繩(**道應**"故大人之行"二句);徵、萌(**氾論**"故聖人見化"三句);象、應("化則為之象"二句);藏、倡、應(**詮言**

"聖人內藏"四句）；行、稱（**泰族**"夫知者不妄發"五句）。

（3）蒸東合韻

應、動（**原道**"物至而神應"二句）；動、應（**天文**"物類相動"二句）；應、動（**覽冥**"叩宮宮應"二句）；應、動（**精神**"感而應"二句）；應、動、應（**齊俗**"故叩宮而宮應"三句）；騰、龍（**兵略**"鷙鳥麟振"四句）；應、動（**脩務**"非謂其感而不應"二句）；從、應（**泰族**"故寒暑燥濕"四句），應、動（"非法之應也"二句）。

（4）冬蒸合韻

冬、冰（**俶真**"夫水向冬"一句）；降、騰（**時則**"時雨將降"二句），蒸、宗（"大飲蒸"二句）；冬、繩（**覽冥**"殺秋約冬"二句）；眾、繩（**繆稱**"今釋正而追曲"四句）；眾、勝（**兵略**"地廣人眾"四句）；凝、宗（**說山**"愈其凝也"二句）；窮、勝（**泰族**"或食兩而路窮"二句）。

（5）蒸東陽合韻

稱、誦、明（**脩務**"相與危坐"三句）；應、方、容（**要略**"已言俗變"六句）。

（6）陽冬蒸合韻

橫、窮、剛、忘、繩（**氾論**"夫脩而不橫"五句）。

（7）陽耕合韻

光、形（**原道**"其子為光"三句），瑩、芳（"耳聽九韶六瑩"二句），柄、令（"操殺生之柄"二句）；冥、芒（**俶真**"大通混冥"四句）；形、萌（"二者代謝舛馳"二大句），行、生（"儉德以行"二句），明、平（"是故神者"二大句），明、清（"夫鑒明者"四句）；刑、梁（**天文**"斷罰刑"四句）；藏、生（**時則**"蟄蟲不藏"二句），境、徑（"修邊境"四句），成、兵（"瓜瓠不成"二句），牲、享（"賦之犧牲"二句）；明、刑（**覽冥**"主闇晦而不明"四句）；驚、傷（**精神**"大雷毀山"二句），頂、上、井（"子求行年五十有四"六句），釀、生、榮、霜、生（**本經**"以相嘔咐醞釀"五句）；亡、刑（**主術**"無罪者"二句），兵、聲（"且夫不治官職"四句），争、行("故曰勿使可欲"二大句);纊、寧(繆稱"如寢闊曝纊"二句),形、精、藏("視而形之"八句);情、行(齊俗"貌不羨乎情"二句),傾、形、明("故高下之相傾也"三句),明、清、平("故日月欲明"六句),情、養("悲哀抱於情"二句),生、行("崇死以害生"二句),英、青("其樂夏籥九成"二句),行、定、喪("載尸而行"三句);誠、強(道應"楚賢良大夫"二句),星、行、生("此猶光乎日月"三句),城、梁("築長城"二句);常、經、上(氾論"治國有常"四句),行、聽("故不用之法"四句),亡、行、輕("故國之亡也"四句),行、成("有可言"二句),常、平("差以尋常"二句),名、謗("然堯有不慈之名"二句),姓、象("夫見不可布"四句),性、藏("饗大高者"四句),成、藏("嫁未必成也"三句);章、名(詮言"由其道則善無章"二句),強、寧("放于術則強"二句);兵、城(兵略"如此則野無校兵"二句),政、良("廢其君而易其政"二句);争、讓(説山"立憧者"三句);名、謗(説林"湯放其主"二句),明、聽("縶無耳"二大句);名、狀(脩務"察於辭者"二句);藏、行、寧(泰族"山居木棲"四句),性、蕩("聖人之治天下"三句),性、性、養("故無其性"四句);陽、方、行、生(要略"以君凝天地"八句),柄、令("握其權柄"二句)。

(8)蒸陽耕合韻

繩、萌、刑(天文"日夏至"四句);生、興、行(齊俗"及至禮義之生"五句)。

(9)耕東合韻

性、總(原道"恬愉無矜"四句);用、鼎、形(俶真"其形雖有"三句);輕、重(天文"燥故炭輕"二句);訟、贏(時則"審決獄"四句),功、程("工師效功"三句);功、聲(覽冥"然而不彰其功"二句);輕、同(精神"故覩堯之道"四大句);動、靜(本經"怒斯動"二句);成、同(主術"不勞形而功成"二句),争、功("民貧苦而忿争"二句);用、生(繆稱"故道滅而德用"二句);城、攻(道應"使之治城"二句);靜、功(氾論"隨時而動靜"二句),動、驚("荊伅非兩蛟"二句）；用、性（詮言"不貪無用"一句），攻、聽、從（"狄人攻之"四句），訟、爭（"在智則人"二句），同、成（"事所與眾同也"二句）；聽、從（兵略"導之以德"四句）；重、輕（説山"寧一引重"二句）；動、頸（説林"日入湯谷"五句）；佞、用（人間"佞人得志"四句），通、爭（"物之不通者"二句）；奉、性（脩務"今無五聖之天奉"四句），型、容（"明鏡之始下型"二句），縱、勁（"夫鼓舞者"二句）；功、成（泰族"功約易成也"一句），用、性（"省事之本"四句）。

（10）冬耕合韻

聖、眾（俶真"於是博學"二句）；冥、冬、星（天文"其佐玄冥"三句）；蟲、生（地形"凡人民禽獸"二句）；宗、成（覽冥"若乃未始"二句）；榮、窮（主術"夫聖人之智"二大句）；聖、眾（繆稱"以貴為聖乎"二句），盛、眾（道應"爝火甚盛"二句）。

（11）東陽合韻

同、量（原道"強勝不若己者"四句），明、章、公（"掩其聰明"四句），明、功（"夫任耳目"四句），動、像、景、秉、仗（"迫則能應"十句）；龍、煌、動、量（俶真"青蔥苓蘢"五句），陽、同（"含陰吐陽"二句）；鍾、黃（天文"黃鍾者"二句），陽、陽、通（"天地以設"六句）；空、楊（時則"官司空"二句）；兵、功、方（"命將率"七句）；上、動（覽冥"然以掌握之中"四句），當、容（"羣臣準上意"二句）；明、聰、傷、揚（精神"是故五色亂目"八句），壤、踵（"列子行泣報壺子"四句），用、用、讓（"故知其無所用"四句），並、總（本經"明與日月並"二句），明、聰、當、通（"精泄於目"四句），容、上（"朝廷有容矣"二句）；明、聰、障（主術"冕而前旒"六句），長、藏、功、堂、方、傷、公（"春生夏長"十二句），梁、功（"故千人之羣"二句），方、當、倡、明、功（"臣道方者"五句），行、從（"其身正"四句），用、上（"釋之而不用"三句），容、用、上（"守職者"三句），梁、容（繆稱"故若行獨梁"二句），明、聰、公、從（齊俗"以視則明"四句)、當、撞("晉平公出言"二句)、行、功("是以士無遺行"二句);從、傷(道應"不能自勝"二句)、動、行("事者"四句)、明、通、忘("骿肢體"五句)、痛、想("私自苦痛"二句);聰、明、行(氾論"必有獨聞之聰"三句)、望、牆、方、嚮、通("故東面而望"六句)、亡、功("滑王以大齊亡"二句)、功、忘("牛馬有功"二句);功、行(詮言"福之至也"二大句);王、功(兵略"夫為地戰者"二句)、強、工、亡("兵失道而弱"六句)、創、通、當("是故大兵無創"四句)、動、嚮("順道而動"二句)、上、用("故下不親上"二句)、上、奉("加巨斧"二句)、動、行、功("是故扶義而動"四句)、剛、強、張、東、明、創("示之以柔"八句);聾、傷(說山"視日者眩"四句)、王、籠("神龜能見"二句)、銅、行("及其於銅"二句)、鄉、叢、翔(說林"橘柚有鄉"四句)、梁、裳、功("不能耕而欲黍梁"三句);霜、傷、功(人間"同日被霜"四句)、動、往、像(脩務"寂然無聲"六句)、強、通("然其爪牙雖利"四句)、通、明("教順施續"五句)、明、壅、境("砥礪其才"六句);翔、喁、動(泰族"故天之且風"五句)、通、蕩("詩曰"二大句)、公、卿("故舉天下之高"二句)、從、強("今使愚教知"二大句)、通、明("曠然而通"二句)、庸、常("子囊北而全楚"四句);公、功、明(要略"其數直施而正邪"六句)。

(12)陽耕東合韻

芒、星、龍(天文"其佐句芒"四句);容、形、亡(精神"居而無容"六句);種、情、明(氾論"故劍工或劍"六句)、動、杭、鳴(說林"設鼠者機動"三句)、狀、巷、荊("行者思于道"四句)。

(13)陽冬合韻

鄉、中(原道"處窮僻之鄉"四句)、當、中("是故舉錯"二句);降、揚(俶真"天含和"二句)、中、行("身蹈於濁世"二句)、方、旁、行、中(精神"以死生為一化"七句)、中、行("故射者非矢"四句)、降、揚(本經"天含合而未降"二句);明、忠(主術"主上闇而不明"四句);章、隆(繆稱"大而章"二句);隆、英(氾論"夫堯舜湯武"四句)、相、眾("而立為諸侯賢相"二句);當、中(詮言"則妄發而邀當"二句);窮、行(兵略"輪轉而無窮"二句)、眾、忠、強、明、當、望、亡("地廣民眾"八句);充、章(說山"近之則鍾音充"二句)、窮、鄉、上、中("往徙於越"四句)、行、中("貌裘而雜"二大句);宮、商(說林"譬若黃鐘之宮"二句);明、氓、窮、孺、行(脩務"湯夙興夜寐"十句)、行、窮("不恥身之賤"四句)。

(14)冬東合韻

窮、功(原道"故體道者"二句);中、同(俶真"置獫檻中"二句)、降、恐(時則"則秋雨不降"三句);終、宗、通(覽冥"純溫以淪"四句);宗、通(精神"莫若未始出其宗"二句);壅、窮(主術"業貫萬世"二句)、窮、通("人有困窮"二句)、通、眾("天下之物"二句);公、通、忠(齊俗"望君而笑"六句)、功、眾("伯夷、叔齊雖不能"二句)、功、眾(氾論"故小謹者"二句);窮、通、凶(詮言"人有窮"三句)、窮、同、通("榮而不顯"六句)、從、窮、用、沖("故神制則形從"五句)、眾、踵(兵略"況以三軍"二句)、窮、功("振其孤寡"四句)、中、窮、攻("莫見其所中"四句);功、隆(人間"雖有戰勝存亡之功"二句);宋、攻(脩務"臣聞大王"二句)、鍾、宮(泰族"燒高府之粟"四句)。

(15)東冬耕合韻

聾、癰、腫、癭(地形"風氣多聾"六句)。

(16)陽耕東冬合韻

方、星、龍、宮(天文"執繩而制四方"四句)。

(17)東陽冬合韻

胸、亡、中(本經"怨尤充胸"四句);明、忠、功(道應"以苛為察"四句);顙、宮、芳、工(說林"汙準而粉其顙"六句)。

(18)蒸文合韻

運、騰(覽冥"星燿而玄運"二句)。

(19)真蒸合韻

淵、冰(**道應**"如臨深淵"二句)。

　　(20)文耕合韻

存、生(**主術**"國有以存"二句);平、準(**齊俗**"今夫為平者"二句)。

　　(21)真耕合韻

天、情(**原道**"故達於道者"四句),淵、形("草木注根"四句),天、情、信、成、人("故聖人不以人滑天"八句),靜、定、堅、爭("柔弱以靜"四句),形、聲、身("是故視之不見其形"三句),神、性("聖人處之"四句),淵、名("藏金於山"四句),聽、伸("今之所以眭然能視"四句),神、形("是故聖人"四句);聲、神(**俶真**"耳聽白雪清角之聲"二句);均、平(**天文**"陰陽氣均"二句),情、天、螟("人主之情"四句),天、生("故舉事"二句);尹、令(**時則**"命奄尹"二句);神、天、精(**覽冥**"然而專精厲意"四句),蹎、瞑、生("其行蹎蹎"四句),成、形、人(**精神**"剛柔相成"四句),情、人("是故聖人"三句);身、刑(**本經**"天地宇宙"四句),形、真("是故神明"二句),生、盈、人("莫死莫生"三句);仁、信、成、真、誠、聲、形(**主術**"不施而仁"九句),性、伸("豈能拂道理之數"四句),命、慎("譬猶雀之見鸇"四句),誠、親("修身不誠"二句);人、盛(**繆稱**"與其為人"二句),形、人("視之而無形"二句);眩、爭(**齊俗**"是非形"二句),神、平、正("是故凡將舉事"四句),情、人("抱大聖之心"四句),年、硎("庖丁用刀"二句),生、形、身、生、平("是故其耕不強者"十句);身、形(**道應**"雖富貴不以養"二句),年、政("居不至期年"二句),政、賓("治國立政"二句),形、人("余夙興夜寐"五句),人、成("吾行數千里"四句);令、親(**氾論**"愛推則縱"四句),真、形("全性保真"二句),寧、平、親("天下安寧"四句);生、形、人(**詮言**"能反其所生"三句),名、身("故道術不可以"二句),身、性("割痤疽非不痛也"二大句),生、人、平、生("己之所生"六句),嬴、矜、人("有禍則詘"六句),形、親、聲、矜("大道無形"五句）；性、情、均、争(兵略"天之性也"五句)，神、形("在中虛神"四句)，形、精、人、生、驚("權勢必形"八句)，淵、情("建心乎窈冥之野"四句)；成、親(說山"因媒而嫁"四句)，正、人("眾曲不容直"四句)；人、牲(說林"海不受流胔"四句)，成、慎(人間"待而後成"二句)，姓、神("聖王布德施惠"四句)，情、進("今示以知其情"二句)，身、形("車馬所以載身也"二句)，生、形、人("夫不以欲傷生"三句)，成、人(脩務"猶待教而成"二句)，信、情("皋陶馬喙"四句)，情、人、名("窮道本末"六句)，神、旌("動容轉曲"四句)；神、形、聲(泰族"夫鬼神"三句)，形、聲、人、民、刑("聖主在上"九句)，精、新("吸陰陽之和"四句)，聖、仁、賢("舜許由異行"三句)，人、生("巷無聚人"二句)，身、神、形("治身"三句)，身、生、形("田子方段干木"三句)，聲、情、親("今夫雅頌之聲"五句)；真、形、冥、經(要略"有原道"八句)，真、身、情("欲一言而寤"六句)，天、形、清、冥("所以言至精"四句)，生、天("精神者"四句)，民、政("以為其禮"四句)。

(22)陽元合韻

行、難(覽冥"若夫以火能焦木也"二大句)；枅、欒、寒(精神"今高臺層樹"三大句)；枉、亂、藏(主術"姦不能枉"四句)，善、上("則修身者"二句)，辯、往("說談者遊於辯"二句)，觀、方("由此觀之"二句)，遠、行("由近知遠"三句)，行、斷("唯惻隱推而行之"二句)；見、善、方(繆稱"無歧道旁見者"四句)，賤、讓("見賢忘賤"二句)，樞、藏("無一尺之樞"二句)，蘭、芳("男子樹蘭"二句)；觀、行(齊俗"由此觀之"二句)，房、安("廣夏闊屋"三句)，患、葬("禹遭洪水之患"三句)，官、商("是以人不兼官"四句)，山、皇(道應"南望料山"二句)，常、權(氾論"上言者"四句)，鄉、縣(兵略"以鄉聽者"二句)，將、戰("卒不畏將"二句)，將、戰("此言所將"二句)，言、長(說山"鸚鵡能言"二句)，山、上("紫芝生於山"二句)，養、冠(說林"夫所以養"三句)，當、滿("三寸之管"二句)；端、竟、筦(人間"發一端"四句)，觀、明(脩務

"以五聖觀之"二句）；官、忘、遠（**泰族**"蒼頡之初作書也"五句），端、方（"是以緒業"二句）。

（23）真文合韻

神、門（**原道**"以恬養性"三句），淵、雲、存（"澹兮其若深淵"四句），神、先（"其動無形"四句），門、鈞（"終身運枯形"四句）；盡、神、本（**俶真**"精有湫盡"四句），寅、辰（**天文**"斗杓為小歲"三句）；運、伸、垠（**覽冥**"星燿而玄運"四句），神、天、門（"道鬼神"三句），神、根（"大通混冥"四句）；隣、先、根、神（**精神**"與道為際"八句）；文、神（**本經**"堂大足以周旋理文"二句）；身、君（**主術**"民知誅賞之來"四句），臣、君（"則君得所以制臣"二句），進、軍（"庶功日進"二句），君、臣（"是故臣不得其所欲"二句），君、臣（"是故臣盡力死節"二句），臣、君（"是故君不能賞"二句），親、君（"入孝於親"二句）；人、聞（**繆稱**"求諸人"二句），聞、人（"君根本也"二大句），臣、君（"君不求諸臣"二句）；親、親、君（**齊俗**"故公西華之養親也"四句），恩、倫（"然而皆不失"二句），鈞、斤（**道應**"烏獲舉千鈞"二句），臣、輪（"臣不能以教"四句），紛、塵（"挫其銳"四句），尊、人（"美言可以市尊"二句），天、聞、畇（"此其下無地"三句），君、臣（"有道之君"二句）；循、因（**氾論**"常故不可循"二句），溫、仁（"寬而栗"四句），雲、矜（"志厲青雲"二句），賢、分（"故聖人之論賢也"二句），臣、君（"故賞一人"二句）；天、君（**詮言**"霜雪雨露"二大句），尊、賢（"故稱尊焉"二句），先、盡（"雖不能必先哉"二句），矜、刃（**兵略**"伐棘棗以為矜"二句），門、神（"莫知其門"二句）；奮、矜（**說林**"呂望使老者奮"二句）；門、鄰、人、分（**人間**"禍與福同門"四句），淵、存（"今夫齊"四句），尊、人（"美言可以市尊"二句），雲、天（"淩乎浮雲"二句），恩、奔（"子發喟然"四句）；君、臣（**泰族**"可謂惠君"二句）。

（24）文元合韻

遁、紛、散（**原道**"淖溺流遁"三句），見、聞（"招之而不能見"二句）；惛、端

(俶真"狡猾鈍惛"二句),竿、綸("是故以道為竿"二句),分、變("明於死生之分"二句),貧、賤("是故與至人居"三句),原、門("道出一門"二句),返、本("精神以越於外"二句);紃、然(精神"以道為紃"二句),環、倫("終始若環"二句);尊、顯(主術"是故處人以譽尊"二句),短、圓("無小大脩短"四句),榦、本("故枝不得大於榦"二句),泉、雲("禽獸歸之"二句),運、端("環復轉運"二句),觀、員("由此觀之"二句);近、遠(繆稱"動於近"二句),遠、近("德彌粗"四句);原、聞(齊俗"農事廢"二大句);遠、近(道應"是故神之所用"二句);賤、論(詮言"人能貴其所賤"三句);遠、近(説山"物固有"二句),船、綸("上求楫"四句);見、聞(説林"視於無形"四句);冠、門、變(人間"坐而正冠"五句),冠、門、變("今坐而正冠"五句);反、損(泰族"極則反"二句),間、紛("去塵埃之間"二句),見、論("故觀其所舉"四句),言、聞("瘖者不言"二句),運、旋("軸不運"二句),本、權("然商鞅以法亡秦"四句),變、論(要略"形機之勢"四句)。

(25)文真元合韻

塵、輪、門、全(原道"令雨師灑道"八句);員、端、神、循、先(主術"主道員者"五句);君、秦、還(兵略"然懷王北畏"四句);淵、山、存(説林"漁者走淵"三句)。

(26)真元合韻

堅、間(原道"天下之至柔"四句);恩、然、仁(俶真"今夫積惠重厚"六句);旋、天(天文"紫宮執斗"三句);間、神、間、嬗(精神"出入無間"五句),神、轉("生不足以掛志"四句);姦、神(主術"刑罰不足"二句),官、進("則守職者"二句);信、前(繆稱"同言而民信"二句),善、身("故君子見善"二句);免、身(齊俗"立節者見難"二句);鬢、肩(道應"深目而玄鬢"二句),錢、絃("發鉅橋之粟"四句);人、觀(氾論"非聖人"二句);善、仁(詮言"故聖人捃迹"二句),人、全("雖割國之錙錘"三句);還、伸、善(兵略"動作周還"四句);元、潤(說山"故玉在山"一句),山、淵、難("操釣上山"四句);淵、間(說林"日出湯谷"四句),信、誕("尾生之信"二句);人、遠(人間"夫言出於口者"二句)。

(27)耕陽元合韻

聽、嘗、觀(原道"音之數不過五"六句)。

(28)蒸侵合韻

勝、吟(覽冥"西老折勝"二句);心、蒸(本經"是故上下離心"二句);任、勝(主術"夫乘眾人之智"四句);風、菱(說山"欲學歌謳者"四句);感、應、朕(要略"乃以明物類之感"四句)。

(29)侵耕合韻

心、精(精神"且人有戒形"二句);含、領(本經"夫至大"四句)。

(30)侵陽合韻

風、明(俶真"其所守者不定"四句)。

(31)侵冬合韻

南、眾、蟲(原道"九疑之南"四句),音、宗("無音者"二句);宗、減(天文"月者陰之宗也"二句);中、心(主術"神農之治天下也"四句);臨、眾(道應"素服廟臨"二句);今、終(說林"無古無今"二句);心、中(泰族"藏精於內"四句),崇、深("夫觀六藝之廣崇"二句)。

(32)陽談合韻

行、廉(泰族"法能殺不孝者"四句)。

(33)文侵合韻

春、心(精神"日夜無傷"二句),紾、心("千變萬紾"二句);分、侵(本經"各守其分"二句),仞、鍼(道應"豐水之深千仞"三句);分、音(氾論"耳不知清濁"二句);分、心(詮言"天下非無信士也"五句),蕈、樽("席之先蕈樽"二句),貧、心("樂道不忘貧"二句);飲、刃(兵略"渴而求飲"二句),今、聞

("自古及今"二句);深、軫(要略"象太一之容"三句)。

　　(34)侵真合韻

心、神(俶真"夫聖人用心"二句);鱗、陰(天文"介鱗者"三句);人、心(精神"是養形之人也"二句);民、禁(本經"有不行王道者"四句);林、田(主術"草木未落"四句);人、金(氾論"吾不見人"二句);信、擒(人間"雄見而信之"二句)。

　　(35)侵元合韻

陰、然(主術"冬日之陽"四句);禁、怨(氾論"古之善賞者"四句);念、反(人間"哀公默默深念"二句)。

　　(36)談文合韻

感、本(原道"肅然應感"二句);近、犯(氾論"好憎理"四句)。

　　(37)真談合韻

恩、廉、慎(説山"故君子不入獄"五句);

　　(38)元談合韻

難、險(原道"今夫狂者"二句);垣、連、山、遠、險、患(本經"脩為牆垣"八句);噞、亂(主術"夫水濁而魚噞"二句),甘、安("肥醲甘脆"二大句);安、甘(詮言"筐牀衽席"二句);便、敢(兵略"地利形便"二句),卷、犯("柔而不可卷也"三句);劍、楗(説山"夫至巧"二句),噞、亂("水濁而魚噞"二句),廉、泉("曾子立廉"二句);遠、衍(説林"造父之所以"二句);陷、變(人間"與物推移"四句)。

　　(39)侵談合韻

澹、汎(原道"澹兮其若深淵"二句);淫、濫(俶真"聲色不能淫也"二句);金、廉(道應"贖而受金"二句);淹、深(要略"所以為人"二句)。

　　(40)元談陽合韻

酸、甘、方(齊俗"或以為酸"四句)。

4. 混合合韻

（1）陰入合韻

①職魚合韻

福、怒(**詮言**"原天命則不惑"二句)，稷、禹("辟地墾草者"四句)，備、助("好勇則輕敵"二句)；武、革(**兵略**"導之以德"四句)，力、賊、翼、除("今乘萬民之力"四句)。

②職魚之合韻

載、土、國(**脩務**"乘四載"四句)；福、雨、事(**泰族**"禱祠而求福"三句)。

③魚侯鐸合韻

素、垢、夜(**俶真**"若然者"四句)。

④鐸侯合韻

度、數(**俶真**"今夫善射者"二句)，石、帛、數("雖鏤金石"三句)；夜、晝(**繆稱**"日不知夜"二句)；釋、誅(**詮言**"人主好仁"六句)。

⑤魚屋合韻

足、餘(**繆稱**"君子者樂有餘"二句)；餘、足(**兵略**"故能分人之兵"二大句)，牙、角、羽、足、舉、觸("故良將之卒"九句)；鹿、諸(**說山**"馬之似鹿者"四句)。

⑥屋幽合韻

斲、手(**道應**"夫代大匠斲者"二句)。

⑦錫歌合韻

易、移(**原道**"形性不可易"二句)。

⑧微質合韻

悲、失(**原道**"憂悲者"二句)；非、失(**說山**"信有非禮"二大句)；惠、懷(**泰族**"能哲且惠"二句)。

⑨脂物合韻

死、貴(氾論"直而證父"四句)。

⑩微脂物合韻

機、細、類(俶真"夫與蚑蟯"五句)。

(2)陰陽合韻

①之侵合韻

止、禁(精神"故儒者非能"四句)。

②東魚合韻

重、舉(主術"千鈞之重"二句)。

③東幽合韻

重、道(天文"古之為度"二句);調、通(本經"心與神處"四句);守、用(齊俗"故國治可與"二句);勇、守(氾論"視其更難"四句);從、調(説林"得道而聽從"四句);守、勇(人間"不失其守"二句);調、同(泰族"日月照"四句)。

④真微合韻

親、畏(道應"大臣親之"二句);非、民(氾論"夫神農伏羲不施"二句);塵、火(説山"譬猶揚堁"二句)。

⑤脂文合韻

死、刃(繆稱"故宏演直仁"二句)。

⑥微元合韻

迴、難(氾論"使我德能覆之"四句)。

(3)陽入合韻

①職侵合韻

塞、禁(氾論"孔子誅少正卯"二句)。

②真錫合韻

身、適(俶真"夫夏日之不被裘者"二大句)。

　　③覺東合韻
毒、用(主術"天下之物"四句)。

　　④真物合韻
內、天(泰族"故精誠感於內"二句)。

　　⑤質文合韻
利、刃(兵略"人無筋骨之強"四句);涸、巍(說山"譬猶沐浴"二句)。

　　附:多入合韻
　　①屋覺職合韻
穀、菽、麥、木(主術"昏張中"四句)。

　　②覺鐸屋合韻
熟、耨、穫(泰族"離先稻熟"三句)。

　　③藥鐸職合韻
樂、涸、食(主術"魚得水而游焉"三句)。

　　④職鐸錫合韻
黑、赤、易(齊俗"夫素之質白"六句)。

　　⑤鐸職屋合韻
束、迫、惑(兵略"故任天者"四句);夜、息、足(脩務"自魯趨"三句)。

　　⑥錫屋鐸合韻
辟、足、博(泰族"以鑿觀池"六句)。

　　⑦質月物合韻
器、棄、滯、物(俶真"今夫冶工之鑄器"五句);脆、韄、肆、悖、類、愛(本經"柔而不脆"八句)。

　　⑧職覺質合韻

色、燠、一(俶真"夫人之所受"五句)。

⑨覺質鐸合韻

戚、惠、博(泰族"有形者皆生焉"六句)。

⑩質物職合韻

失、既、服(齊俗"故聖王執一"三句);一、異、物(詮言"同出於一"四句)。

⑪月物職合韻

世、物、外、得(俶真"棲遲至於"四句),滯、氣、滑、極("若然者"六句);伏、出、雪(天文"百蟲蟄伏"四句)。

⑫月物鐸合韻

折、味、澤(俶真"風雨不毀折"四句)。

⑬覺錫物合韻

腹、諦、寐(精神"病疵瘕者"五句)。

⑭藥屋月合韻

削、辱、廢(本經"王者法四時"三句)。

⑮鐸屋質合韻

籍、俗、瑟(齊俗"今握一君之法籍"三句)。

⑯鐸職月合韻

虢、克、拔(人間"苟息伐虢"四句)。

⑰緝覺屋合韻

洽、睦、足(本經"政教平"六句)。

⑱質覺月鐸合韻

節、熟、噬、搏(覽冥"風雨時節"四句)。

⑲錫職屋質合韻

歷、色、濁、器(本經"及至建律歷"五句)。

⑳物屋月職合韻

位、玉、歲、貴、富（**繆稱**"天下有至貴"五句）。

㉑物錫職質合韻

骨、臂、異、血、一（**齊俗**"故胡人彈骨"五句）。

㉒質鐸錫屋合韻

棄、索、溢、足（**氾論**"其有弗棄"四句）。

㉓屋質錫覺合韻

欲、失、避、就（**氾論**"事或欲之"四句）。

㉔質屋職物月合韻

至、屬、食、出、絕、決（**天文**"虎嘯而谷風至"六句）。

㉕物月屋覺職合韻

術、際、俗、欲、目、外、掇、域（**俶真**"夫挾依於跂躍之術"十二句）。

㉖覺屋錫緝盍合韻

畜、足、積、急、畜、乏（**主術**"故國無九年之畜"六句）。

㉗鐸緝職錫合韻

度、急、械、適（**氾論**"法度者"四句）。

㉘月質盍職合韻

世、肆、業、職（**俶真**"古者至德之世"四句）。

㉙鐸月緝職合韻

索、掇、拾、異（**說林**"陶人棄索"五句）。

㉚盍職藥月合韻

懾、惑、得、樂、快（**泰族**"犯大難而不懾"五句）。

㉛職錫盍物質合韻

力、積、業、匱、疾（**主術**"取民則不裁其力"六句）。

四 《淮南子》韻讀

第一卷 原道訓

　　夫道者,覆天載地,廓四方,柝八極;高不可際,深不可測;("極、測"職部)包裹天地,稟授無形;源流泉浡,沖而徐盈;混混汩汩,("浡、汩"物部)濁而徐清。("形、盈、清"耕部)故植之而塞于天地,橫之而彌于四海,("地、海"歌之合韻)施之無窮而無所朝夕。舒之幎於六合,卷之不盈於一握。("夕、握"鐸屋合韻)約而能張,幽而能明,弱而能強,柔而能剛。橫四維而含陰陽,紘宇宙而章三光。("張、明、強、剛、陽、光"陽部)甚淖而滒,甚纖而微。山以之高,淵以之[回]①(深),獸以之走,鳥以之飛,("微、回、飛"微部)日月以之明,星歷以之行,麟以之游,鳳以之翔。("明、行、翔"陽部)

　　泰古二皇,得道之柄,立於中央,神與化游,以撫四方。("皇、央、方"陽部)是故能天運地滯,輪轉而無廢。("滯、廢"月部)水流而不止,與萬物終始。("止、始"之部)風興雲蒸,事無不應。("蒸、應"蒸部)雷聲雨降,並應無窮。("降、窮"冬部)鬼出電入,龍興鸞集。("入、集"緝部)鈞旋轂轉,周而復[反]②(匝)("轉、反"元部)。

---

① 據文意校改。
② 據文意改。

已彫已琢,還反於樸,("琢、樸"屋部)無為為之而合于道,無為言之而通乎德。恬愉無矜而得于和,有萬不同而便于性,神託于秋毫之末,("和、末"歌月通韻)而大與宇宙之總,("性、總"耕東合韻)其德優天地而和陰陽,節四時而調五行。("陽、行"陽部)响諭覆育,萬物羣生,潤于草木,浸于金石,禽獸碩大,毫毛潤澤,("石、澤"鐸部)羽翼奮也,角觡生也,獸胎不贕,鳥卵不毈,父無喪子之憂,兄無哭弟之哀。("憂、哀"幽微合韻)童子不孤,婦人不孀,虹蜺不出,賊星不行。("孀、行"陽部)含德之所致也。

夫太上之道,生萬物而不有,成化象而弗宰。("有、宰"之部)跂行喙息,蠉飛蠕動,待而後生,莫之知德,("息、德"職部)待而後死,莫之能怨。得以利者不能譽,用而敗者不能非。收聚畜積而不加富,布施稟授而不益貧。旋縣而不可究,纖微而不可勤。("非、貧、勤"微文通韻)累之而不高,墮之而不下,益之而不眾,損之而不寡,("下、寡"魚部)斯之而不薄,殺之而不殘,鑿之而不深,填之而不淺。("殘、淺"元部)忽兮怳兮,不可為象兮;("怳、象"陽部)怳兮忽兮,用不屈兮。("忽、屈"物部)幽兮冥兮,應無形兮;("冥、形"耕部)遂兮洞兮,不虛動兮。("洞、動"東部)與剛柔卷舒兮,與陰陽俛仰兮。("舒、仰"魚陽通韻)

昔者,馮夷、大丙之御也,乘雲車,入雲蜺,游微霧,("御、車、霧"魚侯合韻)騖怳忽,歷遠彌高以極往,經霜雪而無迹,照日光而無景,扶搖掺抱羊角而上。("往、景、上"陽部)經紀山川,蹈騰崑崙;排閶闔,淪天門。("川、崙、門"文部)末世之御,雖有輕車良馬,("御、馬"魚部)勁策利錣,不能與之爭先。

是故大丈夫恬然無思,澹然無慮,以天為蓋,以地為輿,四時為馬,陰陽為御,乘雲陵霄,與造化者俱。("慮、輿、馬、御、俱"魚侯合韻)縱志舒節,以馳大區。可以步而步,可以驟而驟。("區、驟"侯部)令雨師灑道,使風伯掃塵,電以為鞭策,雷以為車輪。上游于霄雿之野,下出于無垠之門。劉覽徧照,復守以全。("塵、輪、門、全"文元合韻)經營四隅,還反於樞。("隅、樞"侯部)故以天為蓋,則無不覆也;以地為輿,則無不載也;四時為馬,則無不使也;陰陽為御,("輿、馬、御"魚部)則無不備也。("載、使、備"之職通韻)是故疾而不搖,遠而不勞,("搖、勞"宵部)四支不[勤]①(動),聰明不損,("勤、損"文部)而知八紘九野之形埒者,何也?執道要之柄而游於無窮之地。("何、地"歌部)

是故天下之事不可為也,因其自然而推之;萬物之變不可究也,秉其要[趣](歸)之[歸]②(趣)。("推、歸"微部)夫鏡水之與形接也,不設智故,而方圓曲直弗能逃也。是故響不肆應而景不一設,叫呼仿佛,默然自得。

人生而静,天之性也;("静、性"耕部)感而後動,性之[容]③(害)也。("動、容"東部)物至而神應,知之動也。("應、動"蒸東合韻)知與物接,而好憎生焉。好憎成形,而知誘於外,不能反己,而天理滅矣。("外、滅"月部)故達於道者,不以人易天。外與物化,而内不失其情。("天、情"真耕合韻)至無而供其求,時騁而要其宿。("求、宿"幽覺通韻)小大脩短,各有其具。萬物之至,騰踴肴亂而不失其數。("具、數"侯部)是以處上而民弗重,居前而眾弗害。天下歸之,姦邪畏之。("歸、畏"微部)以其無争於萬物也,故莫敢與之争。

---

① 據王念孫、陳昌齊説改。
② 據王念孫説改。
③ 據俞樾説改。

夫臨江而釣，曠日而不能盈羅。雖有鉤箴芒距，微綸芳餌，加之以詹何、娟嬛之數，（"**距、數**"魚侯合韻）猶不能與網罟爭得也。（"**餌、得**"之職通韻）射者扞烏號之弓，彎棊衛之箭，重之羿、逢蒙子之巧，以要飛鳥，（"**巧、鳥**"幽部）猶不能與羅者競多。何則？以所持之小也。張天下以為之籠，因江海以為之罟，又何亡魚失鳥之有乎？（"**罟、有**"魚之合韻）故矢不若繳，繳不若［網，網不若］①無形之像。（"**網、像**"陽部）夫釋大道而任小數，無以異於使蟹捕鼠，蟾蜍捕蚤，不足以禁姦塞邪，亂乃逾滋。（"**鼠、邪、滋**"魚之合韻）

昔者，夏鯀作三仞之城，諸侯背之，海外有狡心。禹知天下之叛也，乃壞城平池，散財物，焚甲兵，施之以德，海外賓伏，四夷納職，合諸侯於塗山，執玉帛者萬國。（"**德、伏、職、國**"職部）故機械之心藏於胸中，則純白不粹，神德不全。在身者不知，何遠之所能懷！是故革堅則兵利，城成則衝生，若以湯沃沸，亂乃逾甚。是故鞭噬狗，策蹶馬，（"**狗、馬**"侯魚合韻）而欲教之，雖伊尹、造父弗能化，（"**教、化**"宵歌合韻）欲寅之心亡於中，則飢虎可尾，何況狗馬之類乎？（"**尾、類**"微物通韻）

故體道者逸而不窮，任數者勞而無功。（"**窮、功**"冬東合韻）夫峭法刻誅者，非霸王之業也；箠策繁用者，非致遠之術也。（"**業、術**"盍物合韻）離朱之明，察箴末於百步之外，而不能見淵中之魚；師曠之聰，合八風之調，而不能聽十里之外。故任一人之能，不足以治三畝之宅也。（"**外、宅**"月鐸合韻）脩道理之數，因天地之自然，則六合不足均也。是故禹之決瀆也，因水以為師；神農之播穀也，（"**瀆、穀**"屋部）因苗以為教。

---

① 據王念孫、陳昌齊説補。

夫萍樹根於水，木樹根於土，鳥排虛而飛，("水、飛"微部)獸蹠實而走，蛟龍水居，虎豹山處，("土、走、處"魚侯合韻)天地之性也。兩木相摩而然，金火相守而流，員者常轉，("然、轉"元部)窾者主浮，("流、浮"幽部)自然之勢也。是故春風至則甘雨降，生育萬物，羽者嫗伏，毛者孕育，("伏、育"職覺合韻)草木榮華，鳥獸卵胎，("華、胎"魚之合韻)莫見其為者，而功既成矣。秋風下霜，到生挫傷；鷹鵰搏鷙，昆蟲蟄藏；("霜、傷、藏"陽部)草木注根，魚鱉湊淵；莫見其為者，滅而無形。("淵、形"真耕合韻)木處榛巢，水居窟穴。禽獸有芄，人民有室。("穴、室"質部)陸處宜牛馬，舟行宜多水，匈奴出穢裘，干越生葛絺。("水、絺"微部)各生所急，以備燥濕；("急、濕"緝部)各因所處，以御寒暑。並得其宜，物便其所。("處、暑、所"魚部)由此觀之，萬物固以自然，聖人又何事焉？("觀、然、焉"元部)

九疑之南，陸事寡而水事眾，於是民人被髮文身以像鱗蟲，("南、眾、蟲"侵冬合韻)短綣不絝以便涉游，短袂攘卷以便刺舟，("游、舟"幽部)因之也。鴈門之北，狄不穀食，賤長貴壯，俗尚氣力，人不弛弓，馬不解勒，("北、食、力、勒"職部)便之也。故禹之裸國，解衣而入，衣帶而出，因之也。今夫徙樹者，失其陰陽之性，則莫不枯槁。故橘樹之江北則化而為枳，鴝鵒不過濟，貉渡汶而死。("枳、濟、死"支脂合韻)形性不可易，勢居不可移也。("易、移"錫歌合韻)

是故達於道者，反於清淨；究於物者，終於無為。以恬養性，以漠處神，則入于天門。("神、門"真文合韻)所謂天者，純粹樸素，質直皓白，("素、白"魚鐸通韻)未始有與雜糅者也。所謂人者，("天、人"真部)偶𥆞智故，曲巧偽詐，("故、詐"魚鐸通韻)所以俛仰於世

(人)而與俗交者也。（"糅、交"幽宵合韻）故牛歧蹏而戴角，馬被髦而全足者，（"角、足"屋部）天也。絡馬之口，穿牛之鼻者，人也。（"天、人"真部）循天者，與道游者也；隨人者，（"天、人"真部）與俗交者也。（"游、交"幽宵合韻）夫井魚不可與語大，拘於隘也；夏蟲不可與語寒，篤於時也。曲士不可與語至道，拘於俗、束於教也。（"道、教"幽宵合韻）故聖人不以人滑天，不以欲亂情，不謀而當，不言而信，不慮而得，不為而成，精通于靈府，與造化者為人。（"天、情、信、成、人"真耕合韻）

夫善游者溺，善騎者墮，各以其所好，反自為禍。（"墮、禍"歌部）是故好事者未嘗不中，爭利者未嘗不窮也。（"中、窮"冬部）昔共工之力，觸不周之山，使地東南傾。與高辛爭為帝，遂潛于淵，宗族殘滅，繼嗣絕祀。越王翳逃山穴，越人熏而出之，遂不得已。（"祀、已"之部）由此觀之，得在時，不在爭；治在道，不在聖。（"爭、聖"耕部）土處下不爭高，故安而不危；水下流不爭先，故疾而不遲。（"危、遲"歌脂合韻）

昔舜耕於歷山，朞年而田者爭處墝埆，以封壤肥饒相讓；釣於河濱，朞年而漁者爭處湍瀨，以曲隈深潭相予。（"讓、予"陽魚通韻）當此之時，口不設言，手不指麾，（"言、麾"元歌通韻）執玄德於心而化馳若神。使舜無其志，雖口辯而戶說之，（"志、之"之部）不能化一人。（"神、人"真部）是故不道之道，莽乎大哉！夫能理三苗，朝羽民，從裸國，納肅慎，（"民、慎"真部）未發號施令而移風易俗者，其唯心行者乎！法度刑罰，何足以致之也？

是故聖人內修其本，而不外飾其末，保其精神，偃其智故，漠然無為而無不為也，澹然無治也而無不治也。所謂無為者，不先物為也；所謂無不為者，因物之所為也。所謂無治者，不易自然也；所謂無不治者,因物之相然也。("**然、然**"元部)萬物有所生而獨知守其根,百事有所出而獨知守其門。("**根、門**"文部)故窮無窮,極無極,照物而不眩,響應而不乏,此之謂天解。

故得道者志弱而事強,心虛而應當。("**強、當**"陽部)所謂志弱者,柔毳安靜,藏於不敢,行於不能,恬然無慮,動不失時,("**能、時**"之部)與萬物回周旋轉,不為先唱,感而應之。是故貴者必以賤為號,而高者必以下為基。託小以包大,在中以制外。("**大、外**"月部)行柔而剛,用弱而強,("**剛、強**"陽部)轉化推移,得一之道,而以少正多。("**移、多**"歌部)所謂其事強者,遭變應卒,排患扞難,力無不勝,敵無不凌,("**勝、凌**"蒸部)應化揆時,莫能害之。("**時、之**"之部)

是故欲剛者,必以柔守之;欲強者,("**剛、強**"陽部)必以弱保之。("**守、保**"幽部)積於柔則剛,積於弱則強。觀其所積,以知禍福之鄉。("**剛、強、鄉**"陽部)強勝不若己者,至於若己者而同。柔勝出於己者,其力不可量。("**同、量**"東陽合韻)故兵強則滅,木強則折,革堅則裂,齒堅於舌而先之弊。("**滅、折、裂、弊**"月部)

是故柔弱者,生之榦也;而堅強者,死之徒也。先唱者,窮之路也;("**徒、路**"魚鐸通韻)後動者,達之原也。("**榦、原**"元部)何以知其然也?凡人中壽七十歲,然而趨舍指湊,日以月悔也,以至於死。故蘧伯玉年五十而有四十九非。何者?先者難為知,而後者易為攻也。先者上高則後者攀之,先者蹢下則後者躡之,("**攀、躡**"元部)先者隤陷則後者以謀,先者敗績則後者違之。("**謀、之**"之部)由此觀之,先者則後者之弓矢質的也。猶鐸之與刃,("**鐸、刃**"文部)刃犯難而鐸無患者,("**難、患**"元部)何也?以其託於後位也。此俗世庸民之所公見也,而賢知者弗能避也。("**位、避**"物錫合韻)

所謂後者，非謂其底滯而不發，凝竭而不流，貴其周於數而合於時也。夫執道理以耦變，先亦制後，後亦制先。是何則？不失其所以制人，人不能制也。時之反側，間不容息。("側、息"職部)先之則大過，後之則不逮。("過、逮"歌月通韻)夫日回而月周，時不與人游，("周、游"幽部)故聖人不貴尺之璧而重寸之陰，時難得而易失也。禹之趨時也，履遺而弗取，冠挂而弗顧，("取、顧"侯魚合韻)非爭其先也，而爭其得時也。是故聖人守清道而抱雌節，因循應變，常後而不先；柔弱以靜，舒安以定，攻大礦堅，莫能與之爭。("靜、定、堅、爭"耕真合韻)

天下之物，莫柔弱於水。("物、水"物微通韻)然而大不可極，深不可測；("極、測"職部)脩極於無窮，遠淪於無崖；息耗減益，通於不訾；("崖、訾"支部)上天則為雨露，下地則為潤澤；("露、澤"鐸部)萬物弗得不生，百事不得不成；("生、成"耕部)大包羣生而無［私］①好(憎)，澤及蚑蟯而不求報；("好、報"幽部)富贍天下而不既，德施百姓而不費；("既、費"物部)行而不可得窮極也，微而不可得把握也；("極、握"職屋合韻)擊之無創，刺之不傷，("創、傷"陽部)斬之不斷，焚之不然；("斷、然"元部)淖溺流遁，錯繆相紛，而不可靡散；("遁、紛、散"文元合韻)利貫金石，強濟天下；("石、下"鐸魚通韻)動溶無形之域，而翱翔忽區之上，邅回川谷之間，而滔騰大荒之野；("上、野"陽魚通韻)有餘不足，任天地取與；稟授萬物，而無所前後。("與、後"魚侯合韻)是故無所私而無所公，靡濫振蕩，與天地鴻洞；("公、洞"東部)無所左而無所右，蟠委錯紾，與萬物［終始］②(始終)，是謂至德。("右、始、德"之職通韻)夫水所以能

---

① 依王引文之説改。
② 據王念孫、陳昌齊説改。

成其至德於天下者,以其淖溺潤滑也。故老聃之言曰:"天下至柔,馳騁於天下之至堅。出於無有,入於無間。("堅、間"真元合韻)吾是以知無為之有益。"

夫無形者,物之大祖也。無音者,聲之大宗也。("音、宗"侵冬合韻)其子為光,其孫為水,皆生於無形乎!("光、形"陽耕合韻)夫光可見而不可握,水可循而不可毀,故有像之類,("握、類"屋物合韻)莫尊於水。("毀、水"微部)出生入死,自無蹠有,自有蹠無,而以衰賤矣。是故清靜者,德之至也;而柔弱者,道之要也;("弱、要"藥宵通韻)虛無恬愉者,萬物之[祖]①(用)也。("愉、祖"侯魚合韻)肅然應感,殷然反本,("感、本"談文合韻)則淪於無形矣。

所謂無形者,一之謂也。所謂一者,無匹合於天下者也。卓然獨立,塊然獨處;上通九天,下貫九野;員不中規,方不中矩;("處、野、矩"魚部)大渾而為一,葉累而無根,懷囊天地,為道關門。穆忞隱閔,純德獨存;布施而不既,用之而不勤。("根、門、存、勤"文部)是故視之不見其形,聽之不聞其聲,循之不得其身。("形、聲、身"耕真合韻)無形而有形生焉,無聲而五音鳴焉,無味而五味形焉,無色而五色成焉。("生、鳴、形、成"耕部)是故有生於無,實出於虛。天下為之圈,則名實同居。("無、虛、居"魚部)

音之數不過五,而五音之變不可勝聽也。味之和不過五,而五味之化不可勝嘗也。色之數不過五,而五色之變不可勝觀也。("聽、嘗、觀"耕陽元合韻)故音者,宮立而五音形矣;味者,甘立而五味亭矣;色者,白立而五色成矣;道者,一立而萬物生矣。("形、亭、成、生"耕部)是故一之理,施四海;("理、海"之部)一之解,際天

---

① 據文意改。

地。("解、地"支歌合韻)其全也,純兮若樸;其散也,混兮若濁。("全、散"元韻,"純、混"文部,"樸、濁"屋部)濁而徐清,沖而徐盈,("清、盈"耕部)澹兮其若深淵,氾兮其若浮雲,若無而有,若亡而存。("淵、雲、存"真文合韻)萬物之總,皆閱一孔;("總、孔"東部)百事之根,皆出一門。("根、門"文部)其動無形,變化若神;其行無迹,("形、迹"耕錫通韻)常後而先。("神、先"真文合韻)

是故至人之治也,掩其聰明,滅其文章,依道廢智,與民同出于公。("明、章、公"陽東合韻)約其所守,寡其所求,("守、求"幽部)去其誘慕,除其嗜欲,損其思慮。("慕、慮"鐸魚通韻)約其所守則察,寡其所求則得。("察、得"月職合韻)夫任耳目以聽視者,勞形而不明;以知慮為治者,苦心而無功。("明、功"陽東合韻)是故聖人一度循軌,不變其宜,不易其常,放準循繩,曲因其當。("常、當"陽部)

夫喜怒者,道之邪也;("怒、邪"魚部)憂悲者,德之失也;("悲、失"微質合韻)好憎者,心之過也;嗜欲者,性之累也。("過、累"歌微合韻)人大怒破陰,大喜墜陽,薄氣發瘖,("陰、瘖"侵部)驚怖為狂;("陽、狂"陽部)憂悲多恚,病乃成積;("恚、積"錫部)好憎繁多,禍乃相隨。("多、隨"歌部)故心不憂樂,德之至也;通而不變,靜之至也;嗜欲不載,虛之至也;無所好憎,平之至也;不與物散,粹之至也。能此五者,則通於神明。通於神明者,得其内者也。

是故以中制外,百事不廢。("外、廢"月部)中能得之,則外能〔牧〕①(收)之。("得、牧"職部)中之得則五藏寧,思慮平,("寧、平"耕部)筋力勁强,耳目聰明;("强、明"陽部)疏達而不悖,堅强而

---

① 據王念孫説改。

不轊;("悖、轊"物部)無所大過,而無所不逮;("過、逮"歌月通韻)處小而不逼,處大而不窕;其魂不躁,其神不嬈,湫漻寂漠,為天下梟。("窕、嬈、梟"宵部)迫則能應,感則能動;物穆無窮,變無形像;優游委縱,如響之與景;登高臨下,無失所秉;履危行險,無忘玄伏。("動、像、景、秉、伏"東陽合韻)能存之此,其德不虧,萬物紛糅,與之轉化,以聽天下,若背風而馳,("虧、化、馳"歌部)是謂至德。至德則樂矣。

古之人有居巖穴而神不遺者,末世有勢為萬乘而日憂悲者。("遺、悲"微部)由此觀之,聖亡乎治人,而在于得道;樂亡乎富貴,而在于德和。("道、和"幽歌合韻)知大己而小天下,則幾於道矣。("下、道"魚幽合韻)

所謂樂者,豈必處京臺章華,游雲夢沙丘,("華、丘"魚之合韻)耳聽九韶六瑩,口味煎熬芬芳,("瑩、芳"耕陽合韻)馳騁夷道,釣射鸙䴋之樂乎?吾所謂樂者,人得其得者也。夫得其得者,不以奢為樂,不以廉為悲,與陰俱閉,與陽俱開。故子夏心戰而臞,得道而肥。("悲、開、肥"微部)聖人不以身役物,不以欲滑和。是故其為懽不忻忻,其為悲不惙惙。("和、惙"歌月通韻)萬方百變,消搖而無所定,吾獨忼慨遺物,而與道同出。("物、出"物部)是故有以自得也,喬木之下,空穴之中,足以適情。無以自得也,雖以天下為家,萬民為臣妾,不足以養生也。("情、生"耕部)能至於無樂者,則無不樂。無不樂則至極樂矣。

夫建鍾鼓,列管弦,席旄茵,傅旄象,耳聽朝歌北鄙靡靡之樂,齊靡曼之色,陳酒行觴,夜以繼日,強弩弋高鳥,走犬逐狡兔,("鳥、兔"幽魚合韻)此其為樂也,炎炎赫赫,怵然若有所誘慕。("赫、慕"鐸部)解車休馬,罷酒徹樂,而心忽然若有所喪,悵然若有所亡也。

("喪、亡"陽部)是何則？不以内樂外，而以外樂内，("外、内"月物合韻)樂作而喜，曲終而悲，("喜、悲"之微合韻)悲喜轉而相生，精神亂營，不得須臾平。("生、營、平"耕部)察其所以不得其形而日以傷生，("形、生"耕部)失其得者也。

是故内不得於中，禀授於外而以自飾也。不浸于肌膚，不浹于骨髓，不留于心志，不滯于五藏。故從外入者，無主於中不止；從中出者，("入、出"緝物合韻)無應於外不行。("藏、行"陽部)故聽善言便計，雖愚者知說之；稱至德高行，雖不肖者知慕之。("說、慕"月鐸合韻)説之者眾而用之者鮮，慕之者多而行之者寡。所以然者何也？不能反諸性也。夫内不開於中而強學問者，不入於耳而不著於心，此何以異於聾者之歌也？效人為之而無以自樂也，聲出於口則越而散矣。("歌、散"歌元通韻)夫心者，五藏之主也，所以制使四支，流行血氣，馳騁于是非之境，而出入于百事之門戶者也。("境、户"陽魚通韻)是故不得於心而有經天下之氣，是猶無耳而欲調鍾鼓，無目而欲喜文章也，("鼓、章"魚陽通韻)亦必不勝其任矣。

故天下神器，不可為也，為者敗之，執者失之。("器、敗、失"質月合韻)夫許由小天下而不以己易堯者，志遺於天下也。所以然者何也？因天下而為天下也。天下之要，不在於彼而在於我，("彼、我"歌部)不在於人而在於我身，("人、身"真部)身得則萬物備矣。("得、備"職部)徹於心術之論，則嗜欲好憎外矣。是故無所喜而無所怒，無所樂而無所苦，("怒、苦"魚部)萬物玄同也。無非無是，化育玄燿，生而如死。("是、死"支脂合韻)夫天下者亦吾有也，吾亦天下之有也。("有、有"之部)天下之與我，豈有間哉？("我、間"歌元通韻)夫有天下者，豈必攝權持勢，操殺生之柄，而以行其號令邪？("柄、令"陽耕合韻)吾所謂有天下者，非謂此也，自得而已。

("**此、已**"支之合韻)自得則天下亦得我矣。吾與天下相得,則常相有已,("**得、已**"職之通韻)又焉有不得容其間者乎?所謂自得者,全其身者也。全其身則與道為一矣。

故雖游於江潯海裔,馳要褭,建翠蓋,("**裔、蓋**"月部)目觀掉羽武象之樂,耳聽滔朗奇麗激抮之音,揚鄭衛之浩樂,結激楚之遺風,("**音、風**"侵部)射沼濱之高鳥,逐苑囿之走獸,("**鳥、獸**"幽部)此齊民之所以淫泆流湎;聖人處之,不足以營其精神,亂其氣志,使心怵然失其情性。("**神、性**"真耕合韻)處窮僻之鄉,側豁谷之間,隱于榛薄之中,("**鄉、中**"陽東合韻)環堵之室,茨之以生茅,蓬戶甕牖,揉桑為樞,("**茅、牖、樞**"幽侯合韻)上漏下溼,潤浸北房,雪霜滾灖,浸潭苽蔣,逍遙于廣澤之中,而仿洋于山峽之旁,("**房、蔣、旁**"陽部)此齊民之所為形植黎累、憂悲而不得志也;聖人處之,不為愁悴怨懟,而不失其所以自樂也。是何也?則內有以通于天機,而不以貴賤貧富勞逸失其志德者也。故夫烏之啞啞,鵲之唶唶,("**啞、唶**"鐸部)豈嘗為寒暑燥溼變其聲哉?

是故夫得道已定而不待萬物之推移也,非以一時之變化而定吾所以自得也。吾所謂得者,性命之情處其所安也。夫性命者,與形俱出其宗。形備而性命成,性命成而好憎生矣。("**成、生**"耕部)故士有一定之論,女有不易不行,規矩不能方圓,鉤繩不能曲直。天地之永,登丘不可為脩,居卑不可為短。是故得道者窮而不懾,達而不榮,處高而不機,持盈而不傾,("**榮、傾**"耕部)新而不朗,久而不渝,入火不焦,入水不濡。("**渝、濡**"侯部)是故不待勢而尊,不待財而富,不待力而強,平虛下流,與化翱翔。("**強、翔**"陽部)若然者,藏金於山,藏珠於淵,不利貨財,不貪勢名。("**淵、名**"真耕合韻)是故不以康為樂,不以慊為悲,不以貴為安,不以賤為危,形神

氣志,各居其宜,以隨天地之所為。("悲、危、宜、為"微歌合韻)

故形者,生之舍也;氣者,生之充也;神者,生之制也。一失位則二者傷矣。是故聖人使(人)各處其位,守其職,而不得相干也。故夫形者非其所安也而處之則廢,氣不當其所充而用之則泄,神非其所宜而行之則昧。("廢、泄、昧"月物合韻)此三者,不可不慎守也。

夫舉天下萬物,蚑蟯貞蟲,蝡動蚑作,皆知其所喜憎利害者,何也?以其性之在焉而不離也。("何、離"歌部)忽去之,則骨肉無倫矣。今人之所以眭然能視,䎽然能聽,形體能抗,而百節可屈伸,("聽、伸"耕真合韻)察能分白黑、視醜美,而知能別同異、("黑、異"職部)明是非者,("美、非"脂微合韻)何也?氣為之充而神為之使也。何以知其然也?凡人之志各有所在而神有所繫者,其行也,足蹪趎埳,頭抵植木而不自知也,招之而不能見也,呼之而不能聞也,("見、聞"元文合韻)耳目非去之也,然而不能應者,何也?神失其守也。故在於小則忘於大,在於中則忘於外,("大、外"月部)在於上則忘於下,在於左則忘於右,無所不充,則無所不在。("右、在"之部)是故貴虛者,以豪末為宅也。("虛、宅"魚鐸通韻)今夫狂者之不能避水火之難而越溝瀆之險者,("難、險"元談合韻)豈無形神氣志哉?然而用之異也。("志、異"之職通韻)失其所守之位而離其外內之舍,是故舉錯不能當,動靜不能中,("當、中"陽冬合韻)終身運枯形於連嶁列埒之門,而蹎蹈于污壑穽陷之中,雖生俱與人鈞,("門、鈞"文真合韻)然而不免為人戮笑者,何也?形神相失也。

故以神為主者,形從而利;以形為制者,神從而害。("制、害"月部)貪饕多欲之人,漠睧於勢利,誘慕於名位,("利、位"質物合韻)冀以過人之智,植于高世,則精神日耗而彌遠,久淫而不還,

（"遠、還"元部）形閉中距，則神無由入矣。是以天下時有盲妄自失之患。此膏燭之類也，火逾然而消逾亟。夫精神氣志者，靜而日充者以壯，躁而日耗者以老。是故聖人將養其神，和弱其氣，平夷其形，（"神、形"真耕合韻）而與道沈浮俛仰，恬（然）則縱之，迫則用之。（"縱、用"東部）其縱之也若委衣，其用之也若發機。（"衣、機"微部）如是，則萬物之化無不遇，而百事之變無不應。

第二卷　俶真訓

有始者，有未始有有始者，有未始有夫未始有有始者。有有者，有無者，有未始有有無者，有未始有夫未始有有無者。

所謂有始者，繁憤未發，萌兆牙蘗，未有形埒（垠堮）①，（"發、蘗、埒"月部）無無蠕蠕，將欲生興而未成物類。

有未始有有始者，天氣始下，地氣始上，（"下、上"魚陽通韻）陰陽錯合，相與優游，競暢于宇宙之間，被德含和，繽紛蘢蓯，欲與物接而未成兆朕。

有未始有夫未始有有始者，天含和而未降，地懷氣而未揚，（"降、揚"冬陽合韻）虛無寂寞，蕭條霄霏，無有仿佛，氣遂而大通冥冥者也。

有有者，言萬物摻落，根莖枝葉，青葱苓蘢，蘤䓿炫煌，蠉飛蠕動，蚑行噲息，可切循把握而有數量。（"蘢、煌、動、量"東陽合韻）

有無者，視之不見其形，聽之不聞其聲，（"形、聲"耕部）捫之不可得也，望之不可極也，（"得、極"職部）儲與扈冶，浩浩瀚瀚，不可

---

① 據王念孫說刪。

隱儀揆度而通光耀者。

有未始有有無者,包裹天地,陶冶萬物,大通混冥,深閎廣大,不可為外,("大、外"月部)析豪剖芒,("冥、芒"耕陽合韻)不可為內,("物、內"物部)無環堵之宇而生有無之根。

有未始有夫未始有有無者,天地未剖,陰陽未判,四時未分,萬物未生,汪然平靜,寂然清澄,莫見其形,("生、靜、形"耕部)若光耀之間於無有,退而自失也,曰:"予能有無,而未能無無也。及其為無無,至妙何從及此哉?"

夫大塊載我以形,勞我以生,("形、生"耕部)逸我以老,休我以死。("老、死"幽脂合韻)善我生者,乃所以善吾死也。夫藏舟於壑,藏山於澤,人謂之固矣。("壑、澤、固"鐸魚通韻)雖然,夜半有力者負而趨,寐者不知,猶有所遁。若藏天下於天下,則無所遁其形矣。物豈可謂無大揚攉乎?一範人之形而猶喜。若人者,千變萬化而未始有極也。("喜、極"之職通韻)弊而復新,其為樂也,可勝計邪?譬若疢為鳥而飛於天,疢為魚而沒於淵,("天、淵"真部)方其疢也,不知其疢也,覺而後知其疢也。今將有大覺,然後知今此之為大疢也。始吾未生之時,焉知生之樂也?今吾未死,又焉知死之不樂也?

昔公牛哀轉病也,七日化為虎。("病、虎"陽魚通韻)其兄掩户而入覘之,則虎搏而殺之。是故文章成獸,爪牙移易,志與心變,神與形化。("變、化"元歌通韻)方其為虎也,不知其嘗為人也;方其為人,不知其且為虎也。二者代謝舛馳,各樂其成形。狡猾鈍悟,是非無端,("悟、端"文元合韻)孰知其所萌?("形、萌"耕陽合韻)夫水嚮冬則凝而為冰,("冬、冰"冬蒸合韻)冰迎春則泮而為水。("春、水"文微通韻)冰水移易于前後,若周員而趨,孰暇知其所苦樂乎？

是故形傷于寒暑燥濕之虐者，形苑而神壯；神傷乎喜怒思慮之患者，神盡而形有餘。（"**壯、餘**"**陽魚通韻**）故罷馬之死也，剝之若槁；狡狗之死也，割之猶濡。（"**槁、濡**"**宵侯合韻**）是故傷死者其鬼嬈，時既者其神漠，是皆不得形神俱沒也。（"**漠、沒**"**鐸物合韻**）

夫聖人用心，杖性依神，（"**心、神**"**侵真合韻**）相扶而得終始。是故其寐不夢，其覺不憂。

古之人，有處混冥之中，神氣不蕩於外，萬物恬漠以愉静，（"**中、静**"**冬耕合韻**）攙搶衡杓之氣，莫不彌靡，而不能為害。（"**外、氣、害**"**月物合韻**）當此之時，萬民猖狂，不知東西，含哺而游，鼓腹而熙，交被天和，食于地德，不以曲故是非相尤，茫茫沈沈，是謂大治。（"**時、熙、德、尤、治**"**之職通韻**）於是在上位者，左右而使之，毋淫其性；鎮撫而有之，（"**使、有**"**之部**）毋遷其德。是故仁義不布而萬物蕃殖，賞罰不施而天下賓服。（"**德、殖、服**"**職部**）其道可以大美興，而難以算計舉也。是故日計之不足，而歲計之有餘。（"**舉、餘**"**魚部**）

夫魚相忘於江湖，人相忘於道術。

古之真人，立於天地之本，中至優游，抱德煬和，而萬物雜累焉，孰肯解構人間之事，以物煩其性命乎！

夫道有經紀條貫，得一之道，連千枝萬葉。是故貴有以行令，賤有以忘卑，貧有以樂業，困有以處危。（"**卑、危**"**支歌合韻**）夫大寒至，霜雪降，然後知松柏之茂也。據難履危，利害陳于前，然後知聖人之不失道也。（"**茂、道**"**幽部**）是故能戴大員者履大方，鏡太清者視大明，立太平者處大堂，能游冥冥者與日月同光。（"**方、明、堂、光**"**陽部**）是故以道為竿，以德為綸，（"**竿、綸**"**元文合韻**）禮樂為

鉤,仁義為餌,投之於江,浮之於海,萬物紛紛,孰非其有?("**餌、海、有**"之部)

夫挾依於跂躍之術,提挈人間之際,撢挍挺挏世之風俗,以摸蘇牽連物之微妙,猶得肆其志,充其欲,何況懷瓌瑋之道,忘肝膽,遺耳目,獨浮游無方之外,不與物相弊撌,中徙倚無形之域,而和以天地者乎?("**術、際、俗、欲、目、外、撌、域**"物月屋覺職合韻)

若然者,偃其聰明而抱其太素,以利害為塵垢,以死生為晝夜。("**素、垢、夜**"魚侯鐸合韻)是故目觀玉輅琬象之狀,耳聽白雪清角之聲,不能以亂其神。("**聲、神**"耕真合韻)登千仞之谿,臨蝯眩之岸,不足以滑其和。("**谿、和**"支歌合韻)譬若鍾山之玉,炊以爐炭,三日三夜,("**玉、夜**"屋鐸合韻)而色澤不變。("**炭、變**"元部)則至德,天地之精也。

是故生不足以使之,利何足以動之?死不足以禁之,害何足以恐之?("**動、恐**"東部)明於死生之分,達於利害之變,("**分、變**"文元合韻)雖以天下之大,易骭之一毛,無所槩於志也。

夫貴賤之於身也,猶條風之時麗也;毀譽之於己,猶蚉蝱之一過也。("**麗、過**"歌部)夫秉皓白而不黑,行純粹而不糅,處玄冥而不闇,休於天鈞而不硋,孟門終隆之山不能禁(唯體道能不敗),("**闇、禁**"侵部)湍瀨旋淵呂梁之深不能留也,("**糅、硋、留**"幽歌合韻)太行石澗飛狐句望之險不能難也。是故身處江海之上,而神游魏闕之下,("**上、下**"陽魚通韻)非得一原,孰能至於此哉?

是故與至人居,使家忘貧,使王公簡其貴富而樂卑賤,("**貧、賤**"文元合韻)勇者衰其氣,貪者消其欲。("**氣、欲**"物屋合韻)坐而不教,立而不議,("**教、議**"宵歌合韻)虛而往者實而歸,故不言而能飲人以和。("**歸、和**"微歌合韻)是故至道無為,一龍一蛇,盈縮卷舒,與時變化,("為、蛇、化"歌部)外從其風,內守其性,耳目不燿,思慮不營。其所居神者,臺簡以游太清,引楯萬物,羣美萌生。("性、營、清、生"耕部)是故事其神者神去之,休其神者神居之。("去、居"魚部)

道出一原,通九門,("原、門"元文合韻)散六衢,設於無垓坫之宇,寂漠以虛無。("衢、宇、無"魚部)非有為於物也,物以有為於己也。是故舉事而順于道者,非道之所為也,道之所施也。("為、施"歌部)

夫天之所覆,地之所載,六合所包,陰陽所呴,雨露所濡,道德所扶,("包、呴、濡、扶"幽侯魚合韻)此皆生一父母而閱一和也。是故槐榆與橘柚合而為兄弟,有苗與三危通為一家。("和、家"歌魚合韻)夫目視鴻鵠之飛,耳聽琴瑟之聲,而心在鴈門之間。一身之中,神之分離剖判;六合之內,一舉而千萬里。是故自其異者視之,肝膽胡越;自其同者視之,萬物一圈也。("越、圈"月元通韻)百家異說,各有所出。("說、出"月物合韻)若夫墨楊申商之於治道,猶蓋之(無)一橑,而輪之(無)一輻;有之可以備數,無之未有害於用也。己自以為獨擅之,不通之于天地之情也。

今夫冶工之鑄器,金踊躍于爐中,必有波溢而播棄者,其中地而凝滯,亦有以象於物者矣。("器、棄、滯、物"質月物合韻)其形雖有所小用哉,然未可以保於周室之九鼎也,有況比於規形者乎?("用、鼎、形"東耕合韻)其與道相去亦遠矣。

今夫萬物之疏躍枝舉,百事之莖葉條桱,皆本於一根,而條循千萬也。("桱、萬"月元通韻)若此,則有所受之矣,而非所授者。("受、授"幽部)所授者,無授也,而無不受也。("授、授、受"幽部)無不受也者,譬若周雲之蘢蓯,遼巢彭[薄](萍)而為雨,沈溺萬物而不與為溼焉。今夫善射者有儀表之度，如工匠有規矩之數，（"**度、數**"鐸侯合韻）此皆所得以至於妙。然而羿仲不能為逢蒙，造父不能為伯樂者，是皆諭於一曲而不通于萬方之際也。

今以涅染緇，則黑於涅；以藍染青，則青於藍。涅非緇也，青非藍也，茲雖遇其母而無能復化已。是何則？以諭其轉而益薄也。何況夫未始有涅藍造化之者乎？其為化也，雖鏤金石，書竹帛，何足以舉其數？（"**石、帛、數**"鐸侯合韻）由此觀之，物莫不生於有也，小大優游矣。

夫秋豪之末，淪於無間而復歸於大矣。（"**末、大**"月部）蘆符之厚，通於無墊而復反於敦龐。（"**厚、龐**"侯東通韻）若夫無秋毫之微，蘆符之厚，四達無境，通于無圻，而莫之要御夭遏者，其襲微重妙，挺挏萬物，揣丸變化，（"**妙、化**"宵歌合韻）天地之間何足以論之？（"**物、論**"物文通韻）夫疾風教木，而不能拔毛髮；（"**木、髮**"屋月合韻）雲臺之高，墮者折脊碎腦，（"**高、腦**"宵部）而蟁蝱適足以翱翔。夫與蚑蟯同乘天機，天受形於一圈，飛輕微細者，猶足以脫其命，又況未有類也？（"**機、細、類**"微脂物合韻）由此觀之，無形而生有形亦明矣。（"**翔、明**"陽部）

是故聖人託其神於靈府，而歸於萬物之初。（"**府、初**"侯魚合韻）視於冥冥，聽於無聲，（"**冥、聲**"耕部）冥冥之中獨見曉焉，寂漠之中獨有照焉。（"**曉、照**"宵部）其用之也以不用，其不用也而後能用之；其知也乃不知，其不知也而後能知之也。夫天不定，日月無所載；地不定，草木無所植；（"**載、植**"之職通韻）所立於身者不寧，是非無所形，（"**寧、形**"耕部）是故有真人，然後有真知。其所持者不明，庸詎知吾所謂知之非不知歟？（"**知、知**"支部）

今夫積惠重厚，累愛襲恩，以聲華嘔符嫗掩萬民百姓，使之訴訢然,人樂其性者,("姓、性"耕部)仁也。("恩、然、仁"真元合韻)舉大功,立顯名,體君臣,正上下,明親疏,等貴賤,存危國,繼絶世,("賤、世"元月通韻)決挐治煩,興毀宗,立無後者,義也。閉九竅,藏心志,棄聰明,反無識,("志、識"之職通韻)芒然仿佯于塵埃之外,而消摇于無事之業,("外、業"月盍合韻)含陰吐陽,而萬物和同者,("陽、同"陽東合韻)德也。是故道散而為德,德溢而為仁義,仁義立而道德廢矣。("義、廢"歌月通韻)

百圍之木,斬而為犠尊,鏤之以剞劂,雜之以青黄,華藻鎛鮮,龍蛇虎豹,曲成文章。("黄、章"陽部)然其斷在溝中,壹比犠尊、溝中之斷,則醜美有間矣。("斷、間"元部)然而失木性鈞也。是故神越者其言華,德蕩者其行偽。("華、偽"魚歌合韻)至精亡於中而言行觀於外,此不免以身役物矣。("外、物"月物合韻)夫趨舍行偽者,為精求于外也。("偽、外"歌月通韻)精有湫盡,而行無窮極,則滑心濁神,而惑亂其本矣。("盡、神、本"真文合韻)其所守者不定,而外淫於世俗之風;所斷差跌者,而内以濁其清明。("風、明"侵陽合韻)是故躊躇以終,而不得須臾恬澹矣。

是故聖人内修道術,而不外飾仁義,不知耳目之宜,而游于精神之和。("義、宜、和"歌部)若然者,下揆三泉,上尋九天,横廓六合,揲貫萬物,此聖人之游也。若夫真人,則動溶于至虚,而游于滅亡之野,騎蜚廉而從敦圄,("虚、野、圄"魚部)馳於方外,休乎宇内,("外、内"月物合韻)燭十日,而使風雨,臣雷公,役夸父,妾宓妃,妻織女,("雨、父、女"魚部)天地之間,何足以留其志?是故虚無者,道之舍;平易者,道之素。("舍、素"魚部)

夫人之事其神而嬈其精,營慧然而有求於外,此皆失其神明而離其宅也。("外、宅"月鐸合韻)是故凍者假兼衣于春,而喝者望冷風于秋。夫有病於内者，必有色於外矣。夫梣木色青翳，而蠃瘉蝸睆，此皆治目之藥也。人無故求此物者，必有蔽其明者。

聖人之所以駭天下者，真人未嘗過焉；賢人之所以矯世俗者，聖人未嘗觀焉。（"**過、觀**"**歌元通韻**）夫牛蹏之涔，無尺之鯉；塊阜之山，無丈之材。（"**鯉、材**"**之部**）所以然者何也？皆其營宇狹小而不能容巨大也。又況乎以無裹之者邪！此其為山淵之勢亦遠矣。（"**大、遠**"**月元通韻**）

夫人之拘於世也，必形繫而神泄，故不免於虛。使我可係羈者，必其有命在於外也。（"**世、泄、羈、外**"**月歌通韻**）

至德之世，甘瞑于溷澗之域，而徙倚于汗漫之宇，提挈天地而委萬物，以鴻蒙為景柱，（"**宇、柱**"**魚侯合韻**）而浮揚乎無畛崖之際。（"**物、際**"**物月合韻**）是故聖人呼吸陰陽之氣，而羣生莫不顒顒然仰其德以和順。（"**氣、順**"**物文通韻**）當此之時，莫之領理決離，隱密而自成，渾渾蒼蒼，純樸未散，旁薄為一，而萬物大優。是故雖有羿之知而無所用之。

及世之衰也，至伏羲氏，其道昧昧芒芒然，吟德懷和，被施頗烈，（"**然、和、烈**"**元歌月通韻**）而知乃始昧昧琳琳，皆欲離其童蒙之心，（"**琳、心**"**侵部**）而覺視於天地之間，是故其德煩而不能一。乃至神農、黃帝，剖判大宗，竅領天地，襲九窾，重九䎍，提挈陰陽，嫥捖剛柔，枝解葉貫，萬物百族，使各有經紀條貫。於此萬民睢睢盱盱然，莫不竦身而載聽視，是故治而不能和下。棲遲至于昆吾、夏后之世，嗜欲連於物，聰明誘於外，而性命失其得。（"**世、物、外、得**"**月物職合韻**）

施及周室（之衰），澆淳散樸，雜道以偽，儉德以行，而巧故萌生。（"**行、生**"**陽耕合韻**）周室衰而王道廢，儒墨乃始列道而議，

("**廢、議**"月歌通韻)分徒而訟。於是博學以疑聖,華誣以脅眾,("**聖、眾**"耕冬合韻)弦歌鼓舞,緣飾詩書,以買名譽於天下。("**舞、書、下**"魚部)繁登降之禮,飾綴冕之服,聚眾不足以極其變,積財不足以贍其費。("**服、費**"職物合韻)於是萬民乃始慲觟離跂,各欲行其知偽,以求鑿枘於世而錯擇名利。是故百姓曼衍於淫荒之陂,而失其大宗之本。夫世之所以喪性命、有衰漸以然,所由來者久矣。

　是故聖人之學也,欲以反性於初,而游心於虛也。("**初、虛**"魚部)達人之學也,欲以通性於遼廓,而覺於寂漠也。("**廓、漠**"鐸部)若夫俗世之學也則不然,擢德攓性,內愁五藏,外勞耳目,乃始招蟯振繾物之毫芒,("**藏、芒**"陽部)搖消掉捎仁義禮樂,暴行越智於天下,以招號名聲於世。此我所羞而不為也。("**世、為**"月歌通韻)

　是故與其有天下也,不若有說也;與其有說也,不若尚羊物之終(也)始,而條達有無之際[也]。("**說、際**"月部)是故舉世而譽之不加勸,舉世而非之不加沮,定于死生之境,而通于榮辱之理。("**沮、理**"魚之合韻)雖有炎火洪水彌靡於天下,神無虧缺於胷臆之中矣。若然者,視天下之間,猶飛羽浮芥也,("**然、間、芥**"元月通韻)孰肯分分然以物為事也?

　水之性真清,而土汨之;人性安靜,("**清、靜**"耕部)而嗜欲亂之。("**汨、亂**"月元通韻)夫人之所受於天者,耳目之於聲色也,口鼻之於芳臭也,肌膚之於寒燠[也],其情一也。("**色、燠、一**"職覺質合韻)或通於神明,或不免於癡狂者,("**明、狂**"陽部)何也?其所為制者異也。是故神者,智之淵也,("**神、淵**"真部)(淵)[神]清則智明也。智者,心之府也,("**智、府**"支侯合韻)智公則心平矣。("**明、平**"陽耕合韻)人莫鑑於流沫而鑑於止水者,以其靜也。莫窺形於生鐵而窺於明鏡者,以視其易也。("**靜、易**"耕錫通韻)夫唯易且静,形物之性也。("**静、性**"耕部)由此觀之,用也必假之於弗用也。是故虛室生白,吉祥止也。

夫鑑明者,塵垢弗能薶;神清者,("**明、清**"陽耕合韻)嗜欲弗能亂。精神以越於外而事復返之,是失之於本而求之於末也。("**返、末**"元月通韻)外内無符而欲與物接,弊其玄光而求知之于耳目,是釋其炤炤而道其冥冥也,是之謂失道。心有所至而神喟然在之,反之於虛則消鑠滅息,("**在、息**"之職通韻)此聖人之游也。("**道、游**"幽部)

故古之治天下也,必達乎性命之情。其舉錯未必同也,其合於道一也。夫夏日之不被裘者,非愛之也,燠有餘於身也。冬日之不用翣者,非簡之也,清有餘於適也。("**身、適**"真錫合韻)夫聖人量腹而食,度形而衣,節於己而已,貪污之心,奚由生哉!("**食、已、哉**"職之通韻)故能有天下者,必無以天下為也;能有名譽者,("**下、譽**"魚部)必無以趨行求者也。("**為、求**"歌幽合韻)聖人有所于達,達則嗜欲之心外矣。("**達、外**"月部)孔墨之弟子,皆以仁義之術教導於世,然而不免於僞。身猶不能行也,又況所教乎!是何則?其道外也。夫以末求返于本,許由不能行也,又況齊民乎!("**本、民**"文真合韻)誠達于性命之情,而仁義固附矣,趨捨何足以滑心!

若夫神無所掩,心無所載,通洞條達,恬漠無事,無所凝滯,("**達、滯**"月部)虛寂以待,("**載、事、待**"之部)勢利不能誘也,辯者不能說也,聲色不能淫也,美者不能濫也,("**淫、濫**"侵談合韻)知者不能動也,勇者不能恐也,("**動、恐**"東部)此真人之道也。若然者,陶冶萬物,與造化者為人,天地之間,宇宙之内,莫能夭遏。

夫化生者不死,而化物者不化。("**死、化**"脂歌合韻)神經於驪山、太行而不能難,入於四海、九江而不能濡,處小隘而不塞,橫扃天地之間而不窕。("濡、窕"侯宵合韻)不通此者,雖目數千羊之羣,耳分八風之調,足蹀陽阿之舞,而手會綠水之趨,("調、趨"幽侯合韻)智終天地,明照日月,辯解連環,("地、月、環"歌月元通韻)澤潤玉石,猶無益於治天下也。("石、下"鐸魚通韻)

　　靜漠恬澹,所以養性也;和愉虛無,所以養德也。外不滑內,則性得其宜;性不動和,("宜、和"歌部)則德安其位。("內、位"物部)養生以經世,抱德以終年,可謂能體道矣。若然者,血脈無鬱滯,五藏無蔚氣,禍福弗能撓滑,非譽弗能塵垢,故能致其極。("滯、氣、滑、極"月物職合韻)非有其世,孰能濟焉?有其人,不遇其時,身猶不能脫,又況無道乎?

　　且人之情,耳目應感動,心志知憂樂,手足之攢疾蟲、辟寒暑,所以與物接也。蜂蠆螫指而神不能憺,蚉䗈噆膚而知不能平。夫憂患之來攖人心也,非直蜂蠆之螫毒而蚉䗈之慘怛也,而欲靜漠虛無,奈之何哉!("怛、何"月歌通韻)夫目察秋毫之末,耳不聞雷霆之聲;耳調玉石之聲,目不見太山之高,何則?小有所志而大有所忘也。今萬物之來擢拔吾性,攓取吾情,("性、情"耕部)有若泉源,雖欲勿稟,其可得邪!今夫樹木者,灌以潔水,疇以肥壤,一人養之,十人拔之,則必無餘櫱,有況與一國同伐之哉!("拔、櫱、伐"月部)雖欲久生,豈可得乎!今盆水在庭,清之終日,未能見眉睫;濁之不過一撓,而不能察方員。人神易濁而難清,猶盆水之類也,況一世而撓滑之,("類、滑"物部)曷得須臾平乎!("清、平"耕部)

　　古者至德之世,賈便其肆,農樂其業,大夫安其職,而處士脩其道。("世、肆、業、職"月質盍職合韻)當此之時,風雨不毀折,草木

四 《淮南子》韻讀 159

不夭[死]①，九鼎重(味)，珠玉潤(澤)②，("**死、潤**"脂真合韻)洛出丹書，河出綠圖。("**書、圖**"魚部)故許由、方回、善卷、披衣得達其道。何則？世之主有欲利天下之心，是以人得自樂其間。四子之才，非能盡善，蓋今之世也，然莫能與之同光者，遇唐、虞之時。

逮至夏桀、殷紂，燔生人，辜諫者，為炮烙，鑄金柱，("**者、柱**"魚侯合韻)剖賢人之心，析才士之脛，醢鬼侯之女，菹梅伯之骸。("**女、骸**"魚之合韻)當此之時，嶢山崩，三川涸，飛鳥鎩翼，("**崩、翼**"蒸職通韻)走獸擠腳。("**涸、腳**"鐸部)當此之間，豈獨無聖人哉？然而不能通其道者，不遇其世。夫鳥飛千仞之上，獸走叢薄之中，禍猶及之，又況編户齊民乎？由此觀之，體道者不專在於我，亦有繫於世矣。("**我、世**"歌月通韻)

夫歷陽之都，一夕反而為湖，("**都、湖**"魚部)勇力聖知與罷怯不肖者同命。巫山之上，順風縱火，膏夏紫芝與蕭艾俱死。("**火、死**"微脂合韻)故河魚不得明目，穄稼不得育時，其所生者然也。故世治則愚者不得獨亂，世亂則智者不能獨治。身蹈于濁世之中，而責道之不行也，("**中、行**"冬陽合韻)是猶兩絆騏驥，而求其致千里也。置猨檻中，則與豚同，("**中、同**"冬東合韻)非不巧捷也，無所肆其能也。("**治、里、能**"之部)舜之耕陶也，不能利其里；南面王，則德施乎四海。("**里、海**"之部)仁非能益也，處便而勢利也。("**益、利**"錫質合韻)

古之聖人，其和愉寧静，性也；其志得道行，命也。("**静、性、命**"耕部)是故性遭命而後能行，命得性而後能明。("**行、明**"陽部)

---

① 據王念孫說補。
② 據文例刪。

烏號之弓,谿子之弩,不能無弦而射。("**弩、射**"**魚鐸通韻**)越舲蜀艇,不能無水而浮。今矰繳機而在上,罜罜張而在下,("**上、下**"**陽魚通韻**)雖欲翱翔,其勢焉得?故《詩》云:"采采卷耳,不盈傾筐。嗟我懷人,寘彼周行。("**筐、行**"**陽部**)"以言慕遠世也。

第三卷 天文訓

天墜未形,馮馮翼翼,洞洞灟灟,故曰太昭。道始於虛霩,虛霩生宇宙,宇宙生氣。氣有涯垠,清陽者薄靡而為天,重濁者凝滯而為地。清妙之合專易,重濁之凝竭難,故天先成而地後定。天地之襲精為陰陽,陰陽之專精為四時,四時之散精為萬物。積陽之熱氣生火,火氣之精者為日;積陰之寒氣者為水,("**火、水**"**微部**)水氣之精者為月。("**日、月**"**質月合韻**)日月之淫為精者為星辰。天受日月星辰,地受水潦塵埃。昔者共工與顓頊爭為帝,怒而觸不周之山,天柱折,地維絕,("**折、絕**"**月部**)天傾西北,故日月星辰移焉;地不滿東南,故水潦塵埃歸焉。("**移、歸**"**歌微合韻**)

天道曰圓,地道曰方。方者主幽,圓者主明。("**方、明**"**陽部**)明者,吐氣者也,是故火曰外景。幽者,含氣者也,是故水曰內景。("**景、景**"**陽部**)吐氣者施,含氣者化,是故陽施陰化。("**施、化、化**"**歌部**)天之偏氣,怒者為風;天地之含氣,和者為雨。陰陽相薄,感而為雷,激而為霆,亂而為霧。("**雨、霧**"**魚侯合韻**)陽氣勝則散而為雨露,陰氣勝則凝而為霜雪。("**露、雪**"**鐸月合韻**)

毛羽者,飛行之類也,故屬於陽。("**羽、陽**"**魚陽通韻**)介鱗者,蟄伏之類也,故屬於陰。("**鱗、陰**"**真侵合韻**)日者陽之主也,是故春夏則羣獸除,("**主、除**"**侯魚合韻**)日至而麋鹿解。月者陰之宗也,是以月虛而魚腦減,("宗、減"冬侵合韻)月死而蠃蛖膲。火上蕁,水下流,故鳥飛而高,魚動而下,物類相動,本標相應。("動、應"東蒸合韻)故陽燧見日則燃而為火;方諸見月則津而為水。("火、水"微部)虎嘯而谷風至,龍舉而景雲屬,麒麟鬭而日月食,鯨魚死而彗星出,蠶珥絲而商弦絕,賁星墜而勃海決。("至、屬、食、出、絕、決"質屋職物月合韻)

人主之情,上通于天,故誅暴則多飄風,枉法令則多蟲螟,("情、天、螟"耕真合韻)殺不辜則國赤地,令不收則多淫雨。("地、雨"歌魚合韻)

四時者,天之吏也;日月者,天之使也;星辰者,天之期也;虹蜺彗星者,天之忌也。("吏、使、期、忌"之部)

天有九野,九千九百九十九隅,去地五億萬里。("野、隅、里"魚侯之合韻)五星、八風、二十八宿、五官、六府、紫宮、太微、軒轅、咸池、四守、天阿。

何謂九野？中央曰鈞天,其星角、亢、氐。東方曰蒼天,其星房、心、尾。東北曰變天,其星箕、斗、牽牛,北方曰玄天,其星須女、虛、危、營室。西北方曰幽天,其星東壁、奎、婁。西方曰皓天,其星胃、昴、畢。西南方曰朱天,其星觜巂、參、東井。南方曰炎天,其星輿鬼、柳、七星。東南方曰陽天,其星張、翼、軫。

何謂五星？東方木也,其帝太皥,其佐句芒,執規而治春,其神為歲星,其獸蒼龍,("芒、星、龍"陽耕東合韻)其音角,其日甲乙。南方火也,其帝炎帝,其佐朱明,執衡而治夏,其神為熒惑,其獸朱鳥,其音徵,("惑、徵"職蒸通韻)其日丙丁。中央土也,其帝黃帝,其佐后土,執繩而制四方,其神為鎮星,其獸黃龍,其音宮,("方、星、龍、宮"陽耕東冬合韻)其日戊己。西方金也,其帝少昊,其佐蓐收，執矩而治秋，（"**收**、**秋**"幽部）其神為太白，其獸白虎，其音商，（"**白**、**虎**、**商**"鐸魚陽通韻）其日庚辛。北方水也，其帝顓頊，其佐玄冥，執權而治冬，其神為辰星，（"**冥**、**冬**、**星**"耕冬合韻）其獸玄武，其音羽，（"**武**、**羽**"魚部）其日壬癸。

太陰在四仲，則歲星行三宿；太陰在四鉤，則歲星行二宿。（"**宿**、**宿**"覺部）二八十六，三四十二，故十二歲而行二十八宿。日行十二分度之一，歲行三十度十六分度之七，十二歲而周。熒惑常以十月入太微，受制而出行列宿，司無道之國，為亂為賊，（"**國**、**賊**"職部）為疾為喪，為饑為兵，出入無常，（"**喪**、**兵**、**常**"陽部）辯變其色，時見時匿。（"**色**、**匿**"職部）鎮星以甲寅元始建斗，歲鎮行一宿，當居而弗居，其國亡土；（"**居**、**土**"魚部）未當居而居之，其國益地，歲熟。日行二十八分度之一，歲行十三度百一十二分度之五，二十八歲而周。太白元始，以正月甲寅，與熒惑晨出東方，二百四十日而入，入百二十日而夕出西方。二百四十日而入，入三十五日而復出東方。出以辰戌，入以丑未。當出而不出，未當入而入，天下偃兵；當入而不入，當出而不出，天下興兵。辰星正四時，常以二月春分效奎、婁，以五月夏至效東井、輿鬼，以八月秋分效角、亢，以十一月冬至效斗、牽牛。出以辰戌，入以丑未，出二旬而入，晨候之東方，夕候之西方。一時不出，其時不和；四時不出，天下大饑。（"**和**、**饑**"歌微合韻）

何謂八風？距日冬至四十五日條風至，條風至四十五日明庶風至，明庶風至四十五日清明風至，清明風至四十五日景風至，景風至四十五日涼風至，涼風至四十五日閶闔風至，閶闔風至四十五日不周風至，不周風至四十五日廣莫風至。條風至則出輕繫，去稽留。明庶風至則正封疆，脩田疇。（"**留**、**疇**"幽部）清明風至則出幣帛,使諸侯。景風至則爵有位,賞有功。("**侯、功**"侯東通韻)涼風至則報地德,祀四(郊)[鄉]①。閶闔風至則收縣垂,琴瑟不張。("**鄉、張**"陽部)不周風至則脩宮室,繕邊城。廣莫風至則閉關梁,決罰刑。("**城、刑**"耕部)

何謂五官?東方為田,南方為司馬,西方為理,北方為司空,中央為都。

何謂六府?子午、丑未、寅申、卯酉、辰戌、巳亥是也。

太微者,太一之庭也。紫宮者,太一之居也。軒轅者,帝妃之舍也。("**居、舍**"魚部)咸池者,水魚之囿也。天阿者,群神之闕也。四宮者,所以為司賞罰。("**闕、罰**"月部)太微者主朱鳥。紫宮執斗而左旋,日行一度,以周於天。("**旋、天**"元真合韻)日冬至峻狼之山,日移一度,月行百八十二度八分度之五,而夏至牛首之山,反覆三百六十五度四分度之一而成一歲。("**山、山、歲**"元月通韻)

天一元始,正月建寅,日月俱入營室五度。天一以始建七十六歲,日月復以正月入營室五度,無餘分,名曰一紀。凡二十紀,一千五百二十歲大終,日月星辰復始甲寅元。日行一度,而歲有奇四分度之一,故四歲而積千四百六十一日而復合故舍,八十歲而復故日。("**一、日**"質部)

子午、卯酉為二繩,丑寅、辰巳、未申、戌亥為四鉤。東北為報德之維也,西南為背陽之維,東南為常羊之維,西北為號通之維。日冬至則斗北中繩,陰氣極,陽氣萌,("**繩、萌**"蒸陽合韻)故曰冬至為德。("**極、德**"職部)日夏至則斗南中繩,陽氣極,陰氣萌,故曰夏至為刑。("**繩、萌、刑**"蒸陽耕合韻)陰氣極則北至北極,下至黃泉,

---

① 據王念孫說改。

故不可以鑿地穿井。萬物閉藏，蟄蟲首穴，故曰德在室。("穴、室"質部)陽氣極則南至南極，上至朱天，故不可以夷丘上屋。萬物蕃息，五穀兆長，故曰德在野。日冬至則水從之，日夏至則火從之。故五月火正而水漏，十一月水正而陰勝。陽氣為火，陰氣為水。("火、水"微部)水勝，故夏至濕；火勝，故冬至燥。燥故炭輕，濕故炭重。("輕、重"耕東合韻)日冬至，井水盛，盆水溢，羊脱毛，麋角解，("溢、解"錫支通韻)鵲始巢。("毛、巢"宵部)八尺之脩，日中而景丈三尺。日夏至而流黃澤，石精出，蟬始鳴，半夏生，("鳴、生"耕部)蝦蟆不食駒犢，鷙鳥不搏黃口。("犢、口"屋侯通韻)八尺之景，脩徑尺五寸。景脩則陰氣勝，景短則陽氣勝。陰氣勝則為水，陽氣勝則為旱。陰陽刑德有七舍。何謂七舍？室、堂、庭、門、巷、術、野。("舍、野"魚部)十二月德居室三十日，先日至十五日，後日至十五日而徙，所居各三十日。德在室則刑在野，德在堂則刑在術，德在庭則刑在巷，陰陽相德則刑德合門。("術、門"物文通韻)八月、二月，陰陽氣均，日夜分平，故曰刑德合門。("均、門"真文合韻)德南則生，刑南則殺。故曰二月會而萬物生，八月會而草木死。

兩維之間，九十一度十六分度之五，而升日行一度，十五日為一節，以生二十四時之變。斗指子則冬至，音比黃鍾；加十五日指癸則小寒，音比應鍾；加十五日指丑則大寒，音比無射；加十五日指報德之維，則越陰在地，故曰距日冬至四十六日而立春，陽氣凍解，音比南呂；加十五日指寅則雨水，音比夷則；加十五日指甲則雷驚蟄，音比林鍾；加十五日指卯中繩，故曰春分則雷行，音比蕤賓；加十五日指乙則清明風至，音比仲呂；加十五日指辰則穀雨，音比姑洗；加十五日指常羊之維，則春分盡，故曰有四十六日而立夏，大風濟，音比夾鍾。加十五日指巳則小滿，音比太蔟；加十五日指丙則芒種，音比大呂；加十五日指午則陽氣極，故曰有四十六日而夏至，音比黃鍾；加十五日指丁則小暑，音比大呂；加十五日指未則大暑，音比太蔟；加十五日指背陽之維，則夏分盡，故曰有四十六日而立秋，涼風至，音比夾鍾；加十五日指申則處暑，音比姑洗；加十五日指庚則白露降，音比仲呂；加十五日指酉中繩，故曰秋分雷戒，蟄蟲北鄉，音比蕤賓；加十五日指辛則寒露，音比林鍾；加十五日指戌則霜降，音比夷則；加十五日指號通之維，則秋分盡，故曰有四十六日而立冬，草木畢死，音比南呂；加十五日指亥則小雪，音比無射；加十五日指壬則大雪，音比應鍾；加十五日指子。故曰陽生於子，陰生於午。陽生於子，故十一月日冬至，鵲始加巢，人氣鍾首。陰生於午，故五月為小刑，薺麥亭歷枯，("午、枯"魚部)冬生草木必死。

斗杓為小歲，正月建寅，月從左行十二辰；("寅、辰"真文合韻)咸池為太歲，二月建卯，月從右行四仲，終而復始。太歲，迎者辱，背者強，左者衰，右者昌。("強、昌"陽部)小歲，東南則生，西北則殺，不可迎也而可背也，不可左也而可右也，("背、右"之部)其此之謂也。大時者，咸池也；小時者，月建也。("池、建"歌元通韻)

天維建元，常以寅始起，右徙一歲而移，十二歲而大周天，終而復始。("起、始"之部)淮南元年冬，太一在丙子，冬至甲午，立春丙子。("子、子"之部)二陰一陽成氣二，二陽一陰成氣三。合氣而為音，合陰而為陽，合陽而為律，故曰五音六律。音自倍而為日，律自倍而為辰，故日十而辰十二。("日、二"質脂通韻)月日行十三度七十六分度之二十六，二十九日九百四十分日之四百九十九而為月，而以十二月為歲。("月、歲"月部)歲有餘十日九百四十分日之八百二十七，故十九歲而七閏。("七、閏"質真通韻)

日冬至子午，夏至卯酉，冬至加三日，則夏至之日也。歲遷六日,終而復始。壬午冬至,甲子受制,木用事,火煙青。七十二日丙子受制,火用事,火煙赤。七十二日戊子受制,土用事,火煙黃。七十二日庚子受制,金用事,火煙白。七十二日壬子受制,水用事,火煙黑。七十二日而歲終,庚子受制。歲遷六日,以數推之,七十歲而復至甲子。甲子受制則行柔惠,挺羣禁,開闔扇,通障塞,毋伐木。丙子受制則舉賢良,賞有功,立封侯,出貨財。戊子受制則養老鰥寡,行秠鬻,施恩澤。("鬻、澤"覺鐸合韻)庚子受制則繕牆垣,脩城郭,審羣禁,飾兵甲,儆百官,誅不法。("甲、法"盍部)壬子受制則閉門閭,大搜客,("閭、客"魚鐸通韻)斷罰刑,殺當罪,息關梁,("刑、梁"耕陽合韻)禁外徙。

甲子氣燥濁,丙子氣燥陽,戊子氣濕濁,庚子氣燥寒,壬子氣清寒。丙子干甲子,蟄蟲早出,故雷早行。戊子干甲子,胎夭卵毈,鳥蟲多傷。庚子干甲子,有兵。壬子干甲子,春有霜。("行、傷、兵、霜"陽部)戊子干丙子,霆。庚子干丙子,夷。壬子干丙子,雹。甲子干丙子,地動。庚子干戊子,五穀有殃。壬子干戊子,夏寒雨霜。("殃、霜"陽部)甲子干戊子,介蟲不為。丙子干戊子,大旱,苽封熯。壬子干庚子,大剛,魚不為。("為、熯、為"歌元通韻)甲子干庚子,草木再死再生。丙子干庚子,草木復榮。("生、榮"耕部)戊子干庚子,歲或存或亡。甲子干壬子,冬乃不藏。("亡、藏"陽部)丙子干壬子,星墜。戊子干壬子,蟄蟲冬出其鄉。庚子干壬子,冬雷其鄉。("鄉、鄉"陽部)

季春三月,豐隆乃出,以將其雨。至秋三月,地氣不藏,乃收其殺,("月、殺"月部)百蟲蟄伏,靜居閉户,青女乃出,以降霜雪。("伏、出、雪"職物月合韻)行十二時之氣,以至于仲春二月之夕,乃收其藏而閉其寒,女夷鼓歌,以司天和,("寒、歌、和"元歌通韻)以長百穀禽鳥草木。孟夏之月,以熟穀禾,雄鳩長鳴,為帝候歲。("**禾、歲**"歌月通韻)是故天不發其陰,則萬物不生;地不發其陽,則萬物不成。("**生、成**"耕部)天圓地方,道在中央。("**方、央**"陽部)日為德,月為刑。月歸而萬物死,日至而萬物生。("**刑、生**"耕部)遠山則山氣藏,遠水則水蟲蟄,遠木則木葉槁。日五日不見,失其位也,聖人不與也。

日出于暘谷,浴于咸池,拂于扶桑,是謂晨明。登于扶桑,爰始將行,是謂朏明。至于曲阿,是謂旦明。("**桑、明、桑、行、明、明**"陽部)至于曾泉,是謂蚤食。至于桑野,是謂晏食。至于衡陽,是謂隅中。至于昆吾,是謂正中。至于鳥次,是謂小還。至于悲谷,是謂餔時。至于女紀,是謂大還。至于淵虞,是謂高舂。至于連石,是謂下舂。至于悲泉,爰止其女,爰息其馬,是謂縣車。("**女、馬、車**"魚部)至于虞淵,是謂黃昏。至于蒙谷,是謂定昏。("**淵、昏、昏**"真文合韻)日入于虞淵之汜,曙于蒙谷之浦,行九州七舍,有五億萬七千三百九里,("**汜、浦、舍、里**"之魚合韻)禹以為朝晝昏夜。

夏日至則陰乘陽,是以萬物就而死。冬日至則陽乘陰,是以萬物仰而生。晝者陽之分,夜者陰之分。是以陽氣勝則日脩而夜短,陰氣勝則日短而夜脩。

帝張四維,運之以斗,月徙一辰,復反其所。("**斗、所**"侯魚合韻)正月指寅,十二月指丑,一歲而匝,終而復始。("**丑、始**"幽之合韻)指寅,則萬物螾,("**寅、螾**"真部)律受太蔟。太蔟者,蔟而未出也。指卯,卯則茂茂然,("**卯、茂**"幽部)律受夾鍾。夾鍾者,種始莢也。指辰,辰則振之也,("**辰、振**"文部)律受姑洗。姑洗者,陳去而新來也。指巳,巳則生已定也,律受仲呂。仲呂者,中充大也。指午,午者忤也,("**午、忤**"魚部)律受蕤賓。蕤賓者,安而服也。指未,未,昧也,("未、昧"物部)律受林鍾。林鍾者,引而止也。指申,申者呻之也,("申、呻"真部)律受夷則。夷則者,易其則也,德以去矣。指酉,酉者飽也,("酉、飽"幽部)律受南呂。南呂者,任包大也。指戌,戌者滅也,("戌、滅"物月合韻)律受無射。無射者,入無厭也。指亥,亥者閡也,("亥、閡"之部)律受應鍾。應鍾者,應其鍾也。指子,子者茲也,("子、茲"之部)律受黃鍾。黃鍾者,鍾已黃矣。指丑,丑者紐也,("丑、紐"幽部)律受大呂。大呂者,旅旅而去也。("呂、去"魚部)其加卯、酉,則陰陽分,日夜平矣。故曰規生矩殺,衡長權藏,繩居中央,("藏、央"陽部)為四時根。

道曰規,始於一,一而不生,故分而為陰陽,陰陽合和而萬物生。故曰一生二,二生三,三生萬物。天地三月而為一時,故祭祀三飯以為禮,喪紀三踊以為節,兵重三罕以為制。("節、制"質月合韻)以三參物,三三如九,故黃鍾之律九寸而宮音調。("九、調"幽部)因而九之,九九八十一,故黃鍾之數立焉。黃者,土德之色;鍾者,氣之所種也。日冬至德氣為土,土色黃,故曰黃鍾。律之數六,分為雌雄,故曰十二鍾,以副十二月。十二各以三成,故置一而十一三之,為積分十七萬七千一百四十七,黃鍾大數立焉。凡十二律,黃鍾為宮,太蔟為商,姑洗為角,林鍾為徵,南呂為羽。物以三成,音以五立。三與五如八,故卵生者八竅。律之初生也,寫鳳之音,故音以八生。黃鍾為宮,宮者,音之君也。故黃鍾位子,其數八十一,主十一月,下生林鍾。林鍾之數五十四,主六月,上生太蔟。太蔟之數七十二,主正月,下生南呂。南呂之數四十八,主八月,上生姑洗。姑洗之數六十四,主三月,下生應鍾。應鍾之數四十二,主十月,上生蕤賓。蕤賓之數五十七,主五月,上生大呂。大呂之數七十六,主十二月,下生夷則。夷則之數五十一,主七月,上生夾鍾。夾鍾之數六十八,主二月,下生無射。無射之數四十五,主九月,上生仲呂。仲呂之數六十,主四月,極不生。徵生宮,宮生商,商生羽,羽生角,角生姑洗,姑洗生應鍾,比于正音,故為和。應鍾生蕤賓,不比正音,故為繆。日冬至,音比林鍾,浸以濁。日夏至,音比黃鍾,浸以清。以十二律應二十四時之變。甲子,仲呂之徵也;丙子,夾鍾之羽也;戊子,黃鍾之宮也;庚子,無射之商也;壬子,夷則之角也。

古之為度量輕重,生乎天道。(**"重、道"東幽合韻**)黃鍾之律脩九寸,物以三生,三九二十七,故幅廣二尺七寸。音以八相生,故人脩八尺,尋自倍,故八尺而為尋。有形則有聲,音之數五,以五乘八,五八四十,故四丈而為匹。匹者,中人之度也。一匹而為制。秋分蔈定,蔈定而禾熟。律之數十二,故十二蔈而當一粟,十二粟而當一寸。律以當辰,音以當日。日之數十,故十寸而為尺,十尺而為丈。其以為量,十二粟而當一分,十二分而當一銖,十二銖而當半兩。衡有左右,因倍之,故二十四銖為一兩。天有四時,以成一歲,因而四之,四四十六,故十六兩而為一斤。三月而為一時,三十日為一月,故三十斤為一鈞。四時而為一歲,故四鈞為一石。其以為音也,一律而生五音,十二律而為六十音,因而六之,六六三十六,故三百六十音以當一歲之日。故律歷之數,天地之道也。(**"數、道"侯幽合韻**)下生者倍,以三除之;上生者四,以三除之。

太陰元始建于甲寅,一終而建甲戌,二終而建甲午,三終而復得甲寅之元,歲徙一辰。立春之後,得其辰而遷其所順,前三後五,百事可舉。(**"後、五、舉"侯魚合韻**)太陰所建,蟄蟲首穴而處,鵲巢鄉而為户。(**"處、户"魚部**)太陰在寅,朱鳥在卯,句陳在子,玄武在戌,白虎在酉,(**"卯、酉"幽部**)蒼龍在辰。寅為建,卯為除,辰為滿,

("建、滿"元部)巳為平,主生;("平、生"耕部)午為定,未為執,主陷;申為破,主衡;酉為危,("破、危"歌部)主杓;戌為成,主少德;亥為收,主大德;子為開,主太歲;丑為閉,主。

太陰在寅,歲名曰攝提格,其雄為歲星,舍斗、牽牛,以十一月與之晨出東方,東井、輿鬼為對。太陰在卯,歲名曰單閼,歲星舍須女、虛、危,以十二月與之晨出東方,柳、七星、張為對。太陰在辰,歲名曰執徐,歲星舍營室、東壁,以正月與之晨出東方,翼、軫為對。太陰在巳,歲名曰大荒落,歲星舍奎、婁,以二月與之晨出東方,角、亢為對。太陰在午,歲名曰敦牂,歲星舍胃、昴、畢,以三月與之晨出東方,氐、房、心為對。太陰在未,歲名曰協洽,歲星舍觜嶲、參,以四月與之晨出東方,尾、箕為對。太陰在申,歲名曰涒灘,歲星舍東井、輿鬼,以五月與之晨出東方,斗、牽牛為對。太陰在酉,歲名曰作鄂,歲星舍柳、七星、張,以六月與之晨出東方,須女、虛、危為對。太陰在戌,歲名曰閹茂,歲星舍翼、軫,以七月與之晨出東方,營室、東壁為對。太陰在亥,歲名曰大淵獻,歲星舍角、亢,以八月與之晨出東方,奎、婁為對。太陰在子,歲名曰困敦,歲星舍氐、房、心,以九月與之晨出東方,胃、昴、畢為對。太陰在丑,歲名曰赤奮若,歲星舍尾、箕,以十月與之晨出東方,觜嶲、參為對。

太陰在甲子,刑德合東方宮,常徙所不勝,合四歲而離,離十六歲而復合。所以離者,刑不得入中宮,而徙於木。太陰所居,日[為]德,辰為刑。德,綱日自倍因,柔日徙所不勝。刑,水辰之木,木辰之水,金火立其處。凡徙諸神,朱鳥在太陰前一,鉤陳在後三,玄武在前五,白虎在後六,虛星乘鉤陳而天地襲矣。

凡日,甲剛乙柔,丙剛丁柔,以至於癸。木生於亥,壯於卯,死於未,三辰皆木也。火生於寅,壯於午,死於戌,三辰皆火也。土生於午,壯於戌,死於寅,三辰皆土也。金生於巳,壯於酉,死於丑,三辰皆金也。水生於申,壯於子,死於辰,三辰皆水也。故五勝生一,壯五,終九,五九四十五,故神四十五日而一徙;以三應五,故八徙而歲終。凡用太陰,左前刑,右背德,擊鉤陳之衝辰,以戰必勝,以攻必尅。(**"德、勝、尅"職蒸通韻**)欲知天道,以日為主,六月當心,左周而行,分而為十二月,與日相當,天地重襲,後必無殃。(**"行、當、殃"陽部**)

星,正月建營室,二月建奎、婁,三月建胃,四月建畢,(**"室、胃、畢"質物合韻**)五月建東井,六月建張,七月建翼,八月建亢,九月建房,(**"張、亢、房"陽部**)十月建尾,十一月建牽牛,十二月建虛。(**"牛、虛"之魚合韻**)

星分度:角十二,亢九,氐十五,房五,心五,尾十八,箕十一四分一,斗二十六,牽牛八,須女十二,虛十,危十七,營室十六,東壁九,奎十六,婁十二,胃十四,昴十一,畢十六,觜嶲二,參九,東井三十三,輿鬼四,柳十五,星七,張、翼各十八,軫十七,凡二十八宿也。

星部地名:角、亢,鄭;氐、房、心,宋;尾、箕,燕;斗、牽牛,越;須女,吳;虛、危,齊;營室、東壁,衛;奎、婁,魯;胃、昴、畢,魏;觜嶲、參,趙;東井、輿鬼,秦;柳、七星、張,周;翼、軫,楚。

歲星之所居,五穀豐昌,其對為衝,歲乃有殃。當居而不居,越而之他處,主死國亡。太陰治春則欲行柔惠溫涼,太陰治夏則欲布施宣明,太陰治秋則欲脩備繕兵,太陰治冬則欲猛毅剛彊。三歲而改節,六歲而易常,故三歲而一饑,六歲而一衰,(**"饑、衰"微部**)十二歲而一康。(**"昌、殃、亡、涼、明、兵、彊、常、康"陽部**)

甲齊,乙東夷,丙楚,丁南夷,戊魏,己韓,庚秦,辛西夷,壬衛,癸越,子周,丑翟,寅楚,卯鄭,辰晉,巳衛,午秦,未宋,申齊,酉魯,戌趙，亥燕。

甲乙寅卯，木也；丙丁巳午，火也；戊己四季，土也；庚辛申酉，金也；壬癸亥子，水也。水生木，木生火，火生土，土生金，金生水。子生母曰義，母生子曰保，子母相得曰專，母勝子曰制，子勝母曰困。以勝擊殺，勝而無報；以專從事，專而有功；以義行理，名立而不墮。以保畜養，萬物蕃昌。以困舉事，破滅死亡。（"**養、昌、亡**"**陽部**）

北斗之神有雌雄，十一月始建於子，月從一辰，雄左行，雌右行，五月合午謀刑，十一月合子謀德。太陰所居辰為厭日，厭日不可以舉百事。（"**德、事**"**職之通韻**）堪輿徐行，雄以音知雌，故為奇辰。數從甲子始，子母相求，所合之處為合。十日十二辰，周六十日，凡八合。合於歲前則死亡，合於歲後則無殃。（"**亡、殃**"**陽部**）

甲戌，燕也；乙酉，齊也；丙午，越也；丁巳，楚也；庚申，秦也；辛卯，戎也；壬子，代也；癸亥，胡也；戊戌，己亥，韓也；己酉，己卯，魏也；戊午，戊子，八合天下也。

太陰、小歲、星、日、辰，五神皆合，其日有雲氣風雨，國君當之。天神之貴者，莫貴於青龍，或曰天一，或曰太陰。（"**貴、一**"**物質合韻**）太陰所居，不可背而可鄉。（"**居、鄉**"**魚陽通韻**）北斗所擊，不可與敵。（"**擊、敵**"**錫部**）天地以設，分而為陰陽，陽生於陰，陰生於陽，陰陽相錯，四維乃通，（"**陽、陽、通**"**陽東合韻**）或死或生，萬物乃成。（"**生、成**"**耕部**）蚑行喙息，莫貴於人。孔竅肢體，皆通於天。（"**人、天**"**真部**）天有九重，人亦有九竅。天有四時，以制十二月；人亦有四肢，（"**時、肢**"**之支合韻**）以使十二節。（"**月、節**"**月質合韻**）天有十二月，以制三百六十；人亦有十二肢，以使三百六十節。（"**日、節**"**質部**）故舉事而不順天者，逆其生者也。（"**天、生**"**真耕**

合韻）

以日冬至數來歲正月朔日，五十日者，民食足；不滿五十日，日減一斗；（"足、斗"屋侯通韻）有餘日，日益一升。有其歲司也。

```
                            奎婁胃昴畢觜參
                            觿井鬼柳星張翼軫
                                               巳  午   未
                                               丁  丙   未
                                               火  火   火
                                  申           老  壯   生
              辰  卯   寅   水  生
          水   木  火       庚
          木   火       辛   金  壯
   角亢氐房心尾箕  老  壯   生   戌  火  老  土  壯
                                                    土  壯
                            丑   子   亥
                            金   水   木
                            老   壯   生
                           斗牽須虛危室壁
                           牛女
```

攝提格之歲，歲早水晚旱，稻疾，蠶不登，菽、麥昌，民食四升，（"登、昌、升"蒸陽合韻）寅。在甲曰閼蓬。

單閼之歲，歲和，（"歲、和"月歌通韻）稻、菽、麥、蠶昌，民食五升，（"昌、升"陽蒸合韻）卯。在乙曰旃蒙。（"蓬、蒙"東部）

執徐之歲，歲早旱晚水，小饑，（"水、饑"微部）蠶閉，麥熟，民食三升，辰。在丙曰柔兆。

大荒落之歲，歲有小兵，蠶小登，麥昌，菽疾，民食二升，（"兵、登、昌、升"陽蒸合韻）巳。在丁曰強圉。

敦牂之歲，歲大旱，蠶登，稻疾，菽、麥昌，禾不為，民食二升，

("登、昌、升"蒸陽合韻)午。在戊曰著雝。

協洽之歲，歲有小兵，蠶登，稻昌，菽、麥不為，民食三升，("兵、登、昌、升"陽蒸合韻)未。在己曰屠維。

涒灘之歲，歲和，小雨行，蠶登，菽、麥昌，民食三升，("行、登、昌、升"陽蒸合韻)申。在庚曰上章。

作鄂之歲，歲有大兵，民疾，蠶不登，菽、麥不為，禾蟲，民食五升，("兵、登、升"陽蒸合韻)酉。在辛曰重光。("章、光"陽部)

掩茂之歲，歲小饑，有兵，蠶不登，麥不為，菽昌，民食七升，("兵、登、昌、升"陽蒸合韻)戌。在壬曰玄默。

大淵獻之歲，歲有大兵，大饑，蠶開，("饑、開"微部)菽、麥不為，禾蟲，民食三升。

困敦之歲，歲大霧起，大水出，蠶、稻、菽、麥昌，民食三斗，子。在癸曰昭陽。

赤奮若之歲，歲有小兵，早水，蠶不出，稻疾，菽不為，麥昌，民食一升。

正朝夕，先樹一表東方，操一表卻去前表十步，以參望，日始出北廉，日直入。又樹一表於東方，因西方之表以參望，日方入北廉，則定東方。兩表之中，與西方之表，則東西之正也。日冬至，日出東南維，入西南維。至春、秋分，日出東中，入西中。夏至，出東北維，入西北維。至則正南。

欲知東西、南北廣袤之數者，立四表，以為方一里岠。先春分若秋分十餘日，從岠北表參望日始出及旦，以候相應，相應則此與日直也。輒以南表參望之，以入前表數為法，除舉廣，除立表袤，以知從此東西之數也。假使視日出，入前表中一寸，是寸得一里也。一里積萬八千寸，得從此東萬八千里。視日方入，入前表半寸，則半寸得一里。半寸而除一里，積寸得三萬六千里，除則從此西里數也。并之，東西里數也，則極徑也。未春分而直，已秋分而不直，此處南也。未秋分而直，已春分而不直，此處北也。分、至而直，此處南北中也。從中處欲知中南也，未秋分而不直，此處南北中也。從中處欲知南北極遠近，從西南表參望日，日夏至始出與北表參，則是東與東北表等也。正東萬八千里，則從中北亦萬八千里也。（**"等、里"蒸之通韻**）倍之，南北之里數也。其不從中之數也，以出入前表之數益損之。表入一寸，寸減日近一里；表出一寸，寸益遠一里。

欲知天之高，樹表高一丈，正南北相去千里，同日度其陰，北表二尺，南表尺九寸，是南千里陰短寸，南二萬里則無景，是直日下也。陰二尺而得高一丈者，南一而高五也。（**"下、五"魚部**）則置從此南至日下里數，因而五之，為十萬里，則天高也。若使景與表等，則高與遠等也。

第四卷　地形訓

地形之所載，六合之間，四極之内，昭之以日月，經之以星辰，紀之以四時，要之以太歲。（**"載、時"之部；"内、辰"物文通韻；"月、歲"月部**）天地之間，九州八極。土有九山，山有九塞，澤有九藪，風有八等，水有六品。

何謂九州？東南神州曰農土，正南次州曰沃土，西南戎州曰滔土，正西弇州曰并土，正中冀州曰中土，西北台州曰肥土，正北濟州曰成土，東北薄州曰隱土，正東陽州曰申土。

何謂九山？會稽、泰山、王屋、首山、太華、岐山、太行、羊腸、孟門。

何謂九塞？曰大汾、澠阨、荊阮、方城、殽阪、井陘、令疵、句注、居庸。

何謂九藪？曰越之具區，楚之雲夢，秦之陽紆，晉之大陸，鄭之圃田，宋之孟諸，齊之海隅，趙之鉅鹿，燕之昭余。（"**區、紆、諸、隅、余**"侯魚合韻）

何謂八風？東北曰炎風，東方曰條風，東南曰景風，南方曰巨風，西南曰涼風，西方曰飂風，西北曰麗風，北方曰寒風。

何謂六水？曰河水、赤水、遼水、黑水、江水、淮水。

闔四海之内，東西二萬八千里，南北二萬六千里。水道八千里，通谷其，名川六百，陸徑三千里。禹乃使太章步自東極，至于西極，二億三萬三千五百里七十五步。使豎亥步自北極，至于南極，二億三萬三千五百里七十五步。

凡鴻水淵藪，自三百仞以上，二億三萬三千五百五十里。有九淵。禹乃以息土填洪水，以為名山。掘崑崙虛以下地，中有增城九重，其高萬一千里百一十四步二尺六寸。上有木禾，其脩五尋，珠樹、玉樹、璇樹、不死樹在其西，沙棠、琅玕在其東，絳樹在其南，碧樹、瑤樹在其北。旁有四百四十門，門間四里，里間九純，（"**門、純**"文部）純丈五尺。旁有九井玉橫，維其西北之隅，北門開以納不周之風。傾宮、旋室、縣圃、涼風、樊桐，在崑崙閶闔之中，是其疏圃。疏圃之池，浸之黃水，黃水三周復其原，是謂丹水，飲之不死。（"**水、死**"微脂合韻）

河水出崑崙東北陬，貫渤海，入禹所導積石山。赤水出其東南陬，西南注南海丹澤之東。赤水之東，弱水出自窮石，至于合黎，餘波入于流沙，絕流沙，南至南海。洋水出其西北陬，入于南海羽民之南。凡四水者,帝之神泉,以和百藥,以潤萬物。

崑崙之丘,或上倍之,("丘、之"之部)是謂涼風之山,登之而不死。或上倍之,是謂懸圃,登之乃靈,能使風雨。("圃、雨"魚部)或上倍之,乃維上天,登之乃神,("天、神"真部)是謂太帝之居。

扶木在陽州,日之所曊。建木在都廣,眾帝所自上下。日中無景,呼而無響,("廣、下、景、響"陽魚通韻)蓋天地之中也。若木在建木西,末有十日,其華照下地。("西、地"脂歌合韻)

九州之大,純方千里。九州之外,乃有八殥,亦方千里。自東北方曰大澤,曰無通;東方曰大渚,曰少海;東南方曰具區,曰元澤;南方曰大夢,曰浩澤;西南方曰渚資,曰丹澤;西方曰九區,曰泉澤;西北方曰大夏,曰海澤;北方曰大冥,曰寒澤。凡八殥八澤之雲,是雨九州。

八殥之外,而有八紘,亦方千里。自東北方曰和丘,曰荒土;東方曰棘林,曰桑野;東南方曰大窮,曰眾女;南方曰都廣,曰反戶;西南方曰焦僥,曰炎土;西方曰金丘,曰沃野;西北方曰一目,曰沙所;北方曰積冰,曰委羽。凡八紘之氣,是出寒暑,以合八正,必以風雨。("土、野、女、戶、土、野、所、羽、暑、雨"魚部)

八紘之外,乃有八極。自東北方曰方土之山,曰蒼門;東方曰東極之山,曰開明之門;東南方曰波母之山,曰陽門;南方曰南極之山,曰暑門;西南方曰編駒之山,曰白門;西方曰西極之山,曰閶闔之門;西北方曰不周之山,曰幽都之門;北方曰北極之山,曰寒門。凡八極之雲,是雨天下;八門之風,是節寒暑。八紘八殥八澤之雲,以雨九州而和中土。("下、暑、土"魚部)

東方之美者,有醫毋閭之珣玗琪焉;東南方之美者,有會稽之竹箭焉;南方之美者,有梁山之犀象焉;西南方之美者,有華山之金石焉;西方之美者,有霍山之珠玉焉;西北方之美者,有崑崙之球琳琅玕焉;北方之美者,有幽都之筋角焉;東北方之美者,有斥山之文皮焉;中央之美者,有岱岳以生五穀桑麻,魚鹽出焉。

凡地形,東西為緯,南北為經;山為積德,川為積刑;("經、刑"耕部)高者為生,下者為死;丘陵為牡,谿谷為牝;("死、牡"脂部)水圓折者有珠,方折者有玉;("珠、玉"侯屋通韻)清水有黃金,龍淵有玉英。

土地各以其類生,是故山氣多男,澤氣多女,障氣多喑,("男、喑"侵部)風氣多聾,林氣多癃,木氣多傴,岸下氣多腫,石氣多力,險阻氣多癭,("聾、癃、腫、癭"冬東耕合韻)暑氣多夭,寒氣多壽,("夭、壽"宵幽合韻)谷氣多痹,丘氣多狂,衍氣多仁,陵氣多貪,輕土多利,重土多遲,("利、遲"質脂通韻)清水音小,濁水音大,湍水人輕,遲水人重,中土多聖人。皆象其氣,皆應其類。("氣、類"物部)

故南方有不死之草,北方有不釋之冰,東方有君子之國,西方有形殘之尸。寢居直夢,人死為鬼;磁石上飛,雲母來水;土龍致雨,燕雁代飛;蚧蟹珠龜,與月盛衰。("鬼、水、飛、衰"微部)

是故堅土人剛,弱土人肥,壚土人大,沙土人細,息土人美,("肥、細、美"微脂合韻)耗土人醜。食水者善游能寒,食土者無心而慧,食木者多力而𭟙,食草者善走而愚,食葉者有絲而蛾,食肉者勇敢而捍,食氣者神明而壽,食穀者知慧而夭,不食者不死而神。

凡人民禽獸萬物貞蟲,各有以生。("蟲、生"冬耕合韻)或奇或偶,或飛或走,("偶、走"侯部)莫知其情。唯知通道者能原本之。

天一地二人三,三三而九,九九八十一,一主日,日數十,日主人,人故十月而生。八九七十二,二主偶,偶以承奇,奇主辰,辰主月,月主馬,馬故十二月而生。七九六十三,三主斗,斗主犬,犬故三月而生。六九五十四,四主時,時主彘,彘故四月而生。五九四十五,五主音,音主猨,猨故五月而生。四九三十六,六主律,律主麋鹿,麋鹿故六月而生。三九二十七,七主星,星主虎,虎故七月而生。二九十八,八主風,風主蟲,蟲故八月而化。

鳥魚皆生於陰,陰屬於陽,故鳥魚皆卵生。魚游於水,鳥飛於雲,故立冬燕雀入海化為蛤。萬物之生而各異類。蠶食而不飲,蟬飲而不食,蜉蝣不飲不食。介鱗者夏食而冬蟄,齕吞者八竅而卵生,嚼咽者九竅而胎生;四足者無羽翼,戴角者無上齒,("**翼、齒**"職之通韻)無角者膏而無前,有角者脂而無後;晝生者類父,夜生者似母;至陰生牝,至陽生牡;("**母、牡**"之幽合韻)夫熊羆蟄藏,飛鳥時移。是故白水宜玉,黑水宜砥,青水宜碧,赤水宜丹,黃水宜金,清水宜龜,汾水濛濁而宜麻,濟水通和而宜麥,河水中濁而宜菽,雒水輕利而宜禾,渭水多力而宜黍,漢水重安而宜竹,江水肥仁而宜稻,平土之人慧而宜五穀。

東方川谷之所注,日月之所出,其人兌形小頭,隆鼻大口,("**注、頭、口**"侯部)鳶肩企行,竅通於目,筋氣屬焉,蒼色主肝,長大早知而不壽,其地宜麥,多虎豹。南方陽氣之所積,暑濕居之,其人脩形兌上,大口決眦,竅通於耳,血脉屬焉,赤色主心,早壯而夭,其地宜稻,多兕象。西方高土,川谷出焉,日月入焉,其人面末僂,脩頸卬行,竅通於鼻,皮革屬焉,白色主肺,勇敢不仁,其地宜黍,多旄犀。北方幽晦不明,天之所閉也,寒冰之所積也,蟄蟲之所伏也,其人翕形短頸,大肩下尻,竅通於陰,骨幹屬焉,黑色主腎,其人蠢愚,禽獸而壽,其地宜菽,多犬馬。中央四達,風氣之所通,雨露之所會也,其人大面短頤,美鬚惡肥,竅通於口,膚肉屬焉,黃色主胃,慧聖而好治，其地宜禾，多牛羊及六畜。

木勝土，土勝水，水勝火，火勝金，金勝木。故禾春生秋死，菽夏生冬死，麥秋生夏死，薺冬生中夏死。木壯水老火生金囚土死，火壯木老土生水囚金死，土壯火老金生木囚水死，金壯土老水生火囚木死，水壯金老木生土囚火死。音有五聲，宮其主也。色有五章，黃其主也。味有五變，甘其主也。位有五材，土其主也。是故鍊土生木，鍊木生火，鍊火生雲，鍊雲生水，鍊水反土。鍊甘生酸，鍊酸生辛，鍊辛生苦，鍊苦生鹹，鍊鹹反甘。變宮生徵，變徵生商，變商生羽，變羽生角，變角生宮。是故以水和土，以土和火，以火化金，以金治木，木復反土，五行相治，所以成器用。

凡海外三十六國，自西北至西南方，有脩股民、天民、肅慎民、白民、沃民、女子民、丈夫民、奇股民、一臂民、三身民。自西南至東南方，有結胷民、羽民、謹頭國民、裸國民、三苗民、交股民、不死民、穿胷民、反舌民、豕喙民、鑿齒民、三頭民、脩臂民。自東南至東北方，有大人國、君子國、黑齒民、玄股民、毛民、勞民。自東北至西北方，有跂踵民、句嬰民、深目民、無腸民、柔利民、一目民、無繼民。

雒棠、武人在西北陬，硠魚在其南，有神二人，連臂為帝候夜，在其西南方。三株樹在其東北方，有玉樹在赤水之上。崑崙、華丘在其東南方，爰有遺玉、青馬、視肉、楊桃、甘樝、甘華，百果所生。和丘在其東北陬，三桑無枝在其西，夸父、耽耳在其北方。夸父棄其策，是為鄧林。昆吾丘在南方，軒轅丘在西方，巫咸在其北方，立登保之山。暘谷、榑桑在東方。有娀在不周之北，長女簡翟，少女建疵。西王母在流沙之瀕。樂民、拏閭在崑崙弱水之洲。三危在樂民西。宵明、燭光在河洲，所照方千里。龍門在河淵。湍池在崑崙。玄耀、不周、申池在海隅。孟諸在沛。少室、太室在冀州。燭龍在鴈門北，蔽于委羽之山，不見日，其神人面龍身而無足。后稷壠在建木西，其人死復蘇，其半魚，在其間。流黃沃民在其北，方三百里。狗國在其東。雷澤有神，龍身人頭，鼓其腹而熙。

江出岷山，東流絕漢入海，左還北流，至于開母之北，右還東流，至于東極。("**海、北、極**"**之職通韻**)河出積石。睢出荆山。淮出桐柏山。睢出羽山。清漳出揭戾。濁漳出發包。濟出王屋。時、泗、沂出臺、台、術。洛出獵山。汶出弗其，流合於濟。("**其、濟**"**之脂合韻**)漢出嶓冢。涇出薄落之山。渭出鳥鼠同穴。伊出上魏。雒出熊耳。浚出華竅。維出覆舟。汾出燕京。衽出潰熊。淄出目飴。丹水出高褚。股出嶕山。鎬出鮮于。涼出茅盧、石梁。汝出猛山。淇出大號。晉出龍山結絡。合出封羊。遼出砥石。釜出景。岐出石橋。呼池出魯平。泥塗淵出樠山，維濕北流出於燕。("**山、燕**"**元部**)

諸稽攝提，條風之所生也；通視，明庶風之所生也；赤奮若，清明風之所生也；共工，景風之所生也；諸比，涼風之所生也；皋稽，閶闔風之所生也；隅強，不周風之所生也；窮奇，廣莫風之所生也。

窲生海人，海人生若菌，若菌生聖人，聖人生庶人。凡窲者生於庶人。

羽嘉生飛龍，飛龍生鳳凰，鳳凰生鸞鳥，鸞鳥生庶鳥。凡羽者生於庶鳥。

毛犢生應龍，應龍生建馬，建馬生麒麟，麒麟生庶獸，凡毛者生於庶獸。

介鱗生蛟龍，蛟龍生鯤鯁，鯤鯁生建邪，建邪生庶魚。凡鱗者生於庶魚。

介潭生先龍，先龍生玄黿，玄黿生靈龜，靈龜生庶龜。凡介者生於庶龜。

煖濕生容，煖濕生於毛風，毛風生於濕玄，濕玄生羽風，羽風生煥介，煥介生鱗薄，鱗薄生煖介。

五類雜種興乎外，肖形而蕃。

日馮生陽閼，陽閼生喬如，喬如生幹木，幹木生庶木，凡根拔木者生於庶木。

根拔生程若，程若生玄玉，玄玉生醴泉，醴泉生皇辜，皇辜生庶草，凡根荄草者生於庶草。

海閭生屈龍，屈龍生容華，容華生蔈，蔈生萍藻，萍藻生浮草，凡浮生不根荄者生於萍藻。

正土之氣也御乎埃天，埃天五百歲生缺，缺五百歲生黃埃，黃埃五百歲生黃澒，黃澒五百歲生黃金，黃金千歲生黃龍，黃龍入藏生黃泉，黃泉之埃上為黃雲，陰陽相薄為雷，激揚為電，上者就下，流水就通，而合于黃海。

偏土之氣御乎清天，清天八百歲生青曾，青曾八百歲生青澒，青澒八百歲生青金，青金八百歲生青龍，青龍入藏生青泉，青泉之埃上為青雲，陰陽相薄為雷，激揚為電，上者就下，流水就通，而合于青海。

壯土之氣御于赤天，赤天七百歲生赤丹，赤丹七百歲生赤澒，赤澒七百歲生赤金，赤金千歲生赤龍，赤龍入藏生赤泉，赤泉之埃上為赤雲，陰陽相薄為雷，激揚為電，上者就下，流水就通，而合于赤海。

弱土之氣御于白天，白天九百歲生白礜，白礜九百歲生白澒，白澒九百歲生白金，白金千歲生白龍，白龍入藏生白泉，白泉之埃上為白雲，陰陽相薄為雷，激揚為電，上者就下，流水就通，而合于白海。

牝土之氣御于玄天，玄天六百歲生玄砥，玄砥六百歲生玄頒，玄頒六百歲生玄金，玄金千歲生玄龍，玄龍入藏生玄泉。玄泉之埃上為玄雲，陰陽相薄為雷，激揚為電，上者就下，流水就通，而合于玄海。

第五卷　時則訓

孟春之月，招搖指寅，昏參中，旦尾中。其位東方，其日甲乙，盛德在木，其蟲鱗，其音角，律中太蔟，其數八，其味酸，其臭羶，（"酸、羶"元部）其祀戶，祭先脾。東風解凍，蟄蟲始振蘇，魚上負冰，獺祭魚，候雁北。天子衣青衣，乘蒼龍，服青玉，建青旗，食麥與羊，服八風水，爨萁燧火，（"水、火"微部）東宮御女青色，衣青采，（"色、采"職之通韻）鼓琴瑟，其兵矛，其畜羊，朝于青陽左个，以出春令，布德施惠，行慶賞，省徭賦。（"賞、賦"陽魚通韻）

立春之日，天子親率三公九卿大夫，以迎歲于東郊。修除祠位，幣禱鬼神，犧牲用牡。禁伐木，毋覆巢、殺胎夭，毋麛毋卵，毋聚眾、置城郭，掩骼薶骴。

孟春行夏令，則風雨不時，草木早落，國乃有恐；行秋令，則其民大疫，飄風暴雨總至，藜莠蓬蒿並興；行冬令，則水潦為敗，雨霜大雹，首稼不入。

正月官司空，其樹楊。（"空、楊"東陽合韻）

仲春之月，招搖指卯，昏弧中，旦建星中。其位東方，其日甲乙，其蟲鱗，其音角，律中夾鍾，其數八，其味酸，其臭羶，（"酸、羶"元部）其祀戶，祭先脾。始雨水，桃李始華，蒼庚鳴，鷹化為鳩。天子衣青衣,乘蒼龍,服蒼玉,建青旗,食麥與羊,服八風水,爨其燧火,("**水、火**"**微部**)東宮御女青色,衣青采,("**色、采**"**職之通韻**)鼓琴瑟,其兵矛,其畜羊,朝于青陽太廟。("**矛、廟**"**幽宵合韻**)

命有司,省囹圄,去桎梏,毋笞掠,止獄訟,養幼小,存孤獨,以通句萌。擇元日,令民社。是月也,日夜分,雷始發聲,蟄蟲咸動穌。先雷三日,振鐸以令於兆民曰:雷且發聲,有不戒其容止者,生子不備,必有凶災。("**止、備、災**"**之職通韻**)令官市,同度量,鈞衡石,角斗稱,端權槩。毋竭川澤,毋漉陂池,毋焚山林,毋作大事,以妨農功。祭不用犧牲,用圭璧,更皮幣。

仲春行秋令,則其國大水,寒氣總至,寇戎來征;行冬令,則陽氣不勝,麥乃不熟,民多相殘。行夏令,則其國大旱,煖氣早來,蟲螟為害。("**旱、害**"**元月通韻**)

二月官倉,其樹杏。("**倉、杏**"**陽部**)

季春之月,招搖指辰,昏七星中,旦牽牛中。其位東方,其日甲乙,其蟲鱗,其音角,律中姑洗,其數八,其味酸,其臭羶,("**酸、羶**"**元部**)其祀戶,祭先脾。桐始華,田鼠化為鴽,虹始見,萍始生。天子衣青衣,乘蒼龍,服蒼玉,建青旗,食麥與羊,服八風水,爨其燧火,("**水、火**"**微部**)東宮御女青色,衣青采,("**色、采**"**職之通韻**)鼓琴瑟,其兵矛,其畜羊,朝于青陽右个。

舟牧覆舟,五覆五反,乃言具于天子。天子烏始乘舟,薦鮪於寢廟,乃為麥祈實。

是月也,生氣方盛,陽氣發泄,句者畢出,萌者盡達,不可以内。("**泄、出、達、内**"**月物合韻**)天子命有司,發囷倉,助貧窮,振乏絶,開府庫,出幣帛,使諸侯,聘名士,禮賢者。("**庫、侯、者**"**魚侯合韻**)命司空,時雨將降,下水上騰,("**降、騰**"**冬蒸合韻**)循行國邑,周視原野,修利隄防,導通溝瀆,達路除道,從國始,至境止。(**"始、止"之部**)田獵罼弋置罘羅罝、餧毒之藥,毋出九門。乃禁野虞,毋伐桑柘。(**"虞、柘"魚鐸通韻**)鳴鳩奮其羽,戴鵀降于桑。具撲曲筥筐,后妃齊戒,東鄉親桑,(**"桑、筐、桑"陽部**)省婦使,勸蠶事。(**"戒、使、事"職之通韻**)命五庫,令百工審金鐵、皮革、筋角、箭榦、脂膠、丹漆,無有不良。擇下旬吉日,大合樂,致歡欣。乃合纍牛騰馬游牝于牧。令國儺,九門磔禳,以畢春氣。

行是月令,甘雨至三旬。

季春行冬令,則寒氣時發,草木皆肅,國有大恐;行夏令,則民多疾疫,時雨不降,山陵不登;行秋令,則天多沈陰,淫雨早降,兵革並起。

三月官鄉,其樹李。

孟夏之月,招搖指巳,昏翼中,旦婺女中。其位南方,其日丙丁,盛德在火。其蟲羽,其音徵,律中仲呂,其數七,其味苦,其臭焦,其祀竈,祭先肺。螻蟈鳴,丘螾出,王瓜生,(**"鳴、生"耕部**)苦菜秀。天子衣赤衣,乘赤騮,服赤玉,建赤旗,食菽與雞,(**"旗、雞"之支合韻**)服八風水,爨柘燧火,(**"水、火"微部**)南宮御女赤色,衣赤采,(**"色、采"職之通韻**)吹竽笙,其兵戟,其畜雞,朝于明堂左个,以出夏令。

立夏之日,天子親率三公九卿大夫,以迎歲於南郊。還,乃賞賜,封諸侯,脩禮樂,饗左右。命太尉,贊傑俊,選賢良,舉孝悌,行爵出祿,佐天長養,繼修增高,無有隳壞,毋興土功,毋伐大樹。令野虞,行田原,勸農事,驅獸畜,勿令害穀。天子以彘嘗麥,先薦寢廟。聚畜百藥,靡草死,麥秋至,決小罪,斷薄刑。

孟夏行秋令,則苦雨數來,五穀不滋,(**"來、滋"之部**)四鄰入

保;行冬令,則草木早枯,後乃大水,敗壞城郭;("**枯、郭**"魚鐸通韻)
行春令,則蟲蝗為敗,暴雨來格,秀草不實。("**敗、實**"月質合韻)

四月官田,其樹桃。

仲夏之月,招搖指午,昏亢中,旦危中。其位南方,其日丙丁,其蟲羽,其音徵,律中蕤賓。其數七,其味苦,其臭焦,其祀竈,祭先肺。小暑至,螳蜋生,鵙始鳴,反舌無聲。("**生、鳴、聲**"耕部)天子衣赤衣,乘赤駵,服赤玉,載赤旗,食菽與雞,("**旗、雞**"之支合韻)服八風水,爨柘燧火,("**水、火**"微部)南宮御女赤色,衣赤采,("**色、采**"職之通韻)吹竽笙,其兵戟,其畜雞,朝于明堂太廟。

命樂師,修鞀鼙琴瑟管簫,調竽篪,飾鍾磬,執干戚戈羽。命有司,為民祈祀山川百原,大雩帝,用盛樂。天子以雛嘗黍,羞以含桃,先薦寢廟。("**桃、廟**"宵部)禁民無刈藍以染,毋燒灰,毋暴布,門閭無閉,關市無索。("**布、索**"魚鐸通韻)挺重囚,益其食,存鰥寡,("**囚、寡**"幽魚合韻)振死事。("**食、事**"職之通韻)游牝別其羣,執騰駒,班馬政。日長至,陰陽爭,死生分,君子齋戒,慎身無躁,節聲色,("**戒、色**"職部)薄滋味,百官靜,事無徑,以定晏陰之所成。鹿角解,蟬始鳴,半夏生,木堇榮。("**静、徑、成、鳴、生、榮**"耕部)禁民無發火,可以居高明,遠眺望,登丘陵,處臺榭。("**明、望、榭**"陽鐸通韻)

仲夏行冬令,則雹霰傷穀,道路不通,暴兵來至;行春令,則五穀不熟,百螣時起,其國乃饑;行秋令,則草木零落,果實蚤成,民殃於疫。

五月官相,其樹榆。

季夏之月,招搖指未,昏心中,旦奎中。其位中央,其日戊己,盛德在土。其蟲蠃,其音宮,律中百鍾,其數五,其味甘,其臭香,其祀中霤,祭先心。涼風始至,蟋蟀居奧,鷹乃學習,腐草化為蚈。天子衣苑黃,乘黃騮,服黃玉,建黃旗,食稷與牛,(**"旗、牛"之部**)服八風水,爨柘燧火,(**"水、火"微部**)中宮御女黃色,衣黃采,(**"色、采"職之通韻**)其兵劍,其畜牛,朝于中宮。

乃命漁人,伐蛟取鼉,登龜取黿。令澤人入材葦。命四監大夫,(令)[合]百縣之秩芻,以養犧牲,以共皇天上帝、名山大川、四方之神、宗廟社稷,為民祈福行惠。令弔死問疾,存視長老,行稃鬻,厚席蓐,以送萬物歸也。命婦官染采,黼黻文章,青黃白黑,莫不質良,以給宗廟之服,(**"采、黑、服"之職通韻**)必宣以明。(**"章、良、明"陽部**)是月也,樹木方盛,勿敢斬伐;不可以合諸侯、起土功;動眾興兵,必有天殃。(**"兵、殃"陽部**)土潤溽暑,大雨時行,利以殺草,糞田疇,以肥土疆。(**"行、疆"陽部**)

季夏行春令,則穀實解落,[國]多風欬,民乃遷徙;行秋令,則丘隰水潦,稼穡不熟,乃多女災;行冬令,則風寒不時,鷹隼蚤摯,四鄙入保。

六月官少內,其樹梓。

孟秋之月,招搖指申,昏斗中,旦畢中。其位西方,其日庚辛,盛德在金,其蟲毛,其音商,律中夷則,其數九,其味辛,其臭腥,其祀門,祭先肝。涼風至,白露降,寒蟬鳴,鷹乃祭鳥,用始行戮。天子衣白衣,乘白駱,服白玉,建白旗,食麻與犬,服八風水,爨柘燧火,(**"水、火"微部**)西宮御女白色,衣白采,(**"色、采"職之通韻**)撞白鍾,其兵戈,其畜狗,朝于總章左个,以出秋令。求不孝不悌,戮暴傲悍而罰之,以助損氣。(**"罰、氣"月物合韻**)

立秋之日,天子親率三公九卿大夫,以迎歲于西郊。還,乃賞軍率武人於朝。(**"郊、朝"宵部**)命將率,選卒屬兵,簡練桀俊,專任有功,以征不義,詰誅暴慢,順彼四方。("兵、功、方"陽東合韻)命有司,修法制,繕囹圄,禁姦塞邪,("圄、邪"魚部)審決獄,平詞訟。天地始肅,不可以贏。("訟、贏"東耕合韻)是月農始升穀,天子嘗新,先薦寢廟。命百官,始收斂,完隄坊,謹障塞,以備水潦,修城郭,繕宮室,毋以封侯、立大官、行重幣、出大使。

行是月令,涼風至三旬。

孟秋行冬令,則陰氣大勝,介蟲敗穀,戎兵乃來;行春令,則其國乃旱,陽氣復還,五穀無實;行夏令,則冬多火災,寒暑不節,民多瘧疾。("實、節、疾"質部)

七月官庫,其樹楝。

仲秋之月,招搖指酉,昏牽牛中,旦觜雟中。其位西方,其日庚辛,其蟲毛,其音商,律中南呂,其數九,其味辛,其臭腥,其祀門,祭先肝。涼風至,候鴈來,玄鳥歸,群鳥翔。天子衣白衣,乘白駱,服白玉,建白旗,食麻與犬,服八風水,爨柘燧火,("水、火"微部)西宮御女白色,衣白采,("色、采"職之通韻)撞白鍾,其兵戈,其畜犬,朝于總章太廟。

命有司,申嚴百刑,斬殺必當,無或枉橈,決獄不當,反受其殃。("當、當、殃"陽部)是月也,養長老,授几杖,行稃鬻飲食。乃命宰祝,行犧牲,案芻豢,視肥膄全粹,察物色,課比類,量小大,視少長,莫不中度。天子乃儺,以御秋氣。以犬嘗麻,先薦寢廟。是月可以築城郭,建都邑,穿竇窖,修囷倉。乃命有司,趣民收斂畜采,多積聚,勸種宿麥,若或失時,行罪無疑。("司、采、麥、時、疑"之職通韻)是月也,雷乃始收,蟄蟲培戶,殺氣浸盛,陽氣日衰,水始涸。("戶、涸"魚鐸通韻)日夜分,一度量,平權衡,正鈞石,角斗稱,("量、衡、稱"陽蒸合韻)理關市,來商旅,入貨財,以便民事。("市、

財、事"之部）四方來集，遠鄉皆至，財物不匱，上無乏用，百事乃遂。（**"匱、遂"物部**）

仲秋行春令，則秋雨不降，草木生榮，國有大恐；（**"降、恐"冬東合韻**）行夏令，則其國乃旱，蟄蟲不藏，五穀皆復生；（**"藏、生"陽耕合韻**）行冬令，則風災數起，收雷先行，草木蚤死。（**"起、死"之脂合韻**）

八月官尉，其樹柘。

季秋之月，招搖指戌，昏虛中，旦柳中，其位西方，其日庚辛，其蟲毛，其音商，律中無射，其數九，其味辛，其臭腥，其祀門，祭先肝。候鴈來，賓雀入大水為蛤，菊有黃華，豺乃祭獸戮禽。天子衣白衣，乘白駱，服白玉，建白旗，食麻與犬，服八風水，爨柘燧火，（**"水、火"微部**）西宮御女白色，衣白采，（**"色、采"職之通韻**）撞白鍾，其兵戈，其畜犬，朝于總章右个。

命有司，申嚴號令，百官貴賤，無不務入，以會天地之藏，無有宜出。乃命冢宰，農事備收，舉五穀之要，藏帝籍之收於神倉。是月也，霜始降，百工休，乃命有司曰：寒氣總至，民力不堪，其皆入室。（**"至、室"質部**）上丁，入學習吹，大饗帝，嘗犧牲，合諸侯，制百縣，為來歲受朔日，與諸侯所稅于民，輕重之法，貢職之數，以遠近土地所宜為度。乃教於田獵，以習五戎。命太僕及七騶咸駕，戴莚，授車以級，皆正設於屏外。司徒搢扑，北嚮以誓之。天子乃厲服廣飾，執弓操矢以獵。命主祠，祭禽四方。是月草木黃落，乃伐薪為炭。蟄蟲咸俛，乃趨獄刑，無留有罪。收祿秩之不當、供養之不宜者。通路除道，從境始，至國而后已。是月天子乃以犬嘗〔稻〕①（麻），先薦寢廟。（**"稻、廟"幽宵合韻**）

---

① 據陶鴻慶、馬宗霍說改。

季秋行夏令，則其國大水，冬藏殃敗，民多鼽窒；行冬令，則國多盜賊，邊境不寧，土地分裂；行春令，則煖風來至，民氣解惰，師旅並興。

九月官候，其樹槐。

孟冬之月，招搖指亥，昏危中，旦七星中。其位北方，其日壬癸，盛德在水，其蟲介，其音羽，律中應鍾，其數六，其味鹹，其臭腐，其祀井，祭先腎。水始冰，地始凍，雉入大水為蜃，虹藏不見。天子衣黑衣，乘玄驪，服玄玉，建玄旗，食黍與彘，服八風水，爨松燧火，("水、火"微部)北宫御女黑色，衣黑采，("色、采"職之通韻)擊磬石，其兵鎩，其畜彘，朝于玄堂左个，以出冬令。

命有司，修羣禁，禁外徙，閉門閭，大搜客，斷罰刑，殺當罪，阿上亂法者誅。立冬之日，天子親率三公九卿大夫，以迎歲于北郊。還，乃賞死事，存孤寡。("事、寡"之魚合韻)是月，命太祝，禱祀神位，占龜策，審卦兆，以察吉凶。於是天子始裘。命百官，謹蓋藏。命司徒，行積聚，修城郭，警門閭，("聚、閭"侯魚合韻)修楗閉，慎管籥，固封壐，修邊境，完要塞，絕蹊徑，飾喪紀，("境、徑"陽耕合韻"塞、紀"職之通韻)審棺槨衣衾之薄厚，營丘壠之小大高庳，使貴賤卑尊，各有等級。是月也，工師効功，陳祭器，案度程，("功、程"東耕合韻)堅致為上。工事苦慢，作為淫巧，必行其罪。是月也，大飲蒸，天子祈來年於天宗。("蒸、宗"蒸冬合韻)大禱，祭于公社，畢饗先祖。("社、祖"魚部)勞農夫以休息之。命將率講武，肄射御，("武、御"魚部)角力勁。乃命水虞漁師，收水泉池澤之賦，毋或侵牟。

孟冬行春令，則凍閉不密，地氣發泄，("密、泄"質月合韻)民多流亡；行夏令，則多暴風，方冬不寒，蟄蟲復出；行秋令，則雪霜不時，小兵時起，（"時、起"之部）土地侵削。

十月官司馬，其樹檀。

仲冬之月，招摇指子，昏壁中，旦軫中。其位北方，其日壬癸，其蟲介，其音羽，律中黄鍾，其數六，其味鹹，其臭腐，其祀井，祭先腎。冰益壯，地始坼，鶡鴠不鳴，虎始交。天子衣黑衣，乘鐵驪，服玄玉，建玄旗，食黍與彘，服八風水，爨松燧火，（"水、火"微部）北宫御女黑色，衣黑采，（"色、采"職之通韻）擊磬石，其兵鍛，其畜彘，朝于玄堂太廟。

命有司曰：土事無作，無發室居，（"作、居"鐸魚通韻）及起大衆，是謂發天地之藏，諸蟄則死，民必疾疫，有隨以喪。（"藏、喪"陽部）急捕盜賊，誅淫泆詐偽之人，命曰暢月。命奄尹，申宫令，（"尹、令"真耕合韻）審門閭，謹房室，必重閉，（"室、閉"質部）省婦事。（"閭、事"魚之合韻）乃命大酋，秫稻必齊，麴糱必時，湛熺必潔，（"齊、潔"脂質通韻）水泉必香，陶器必良，（"香、良"陽部）火齊必得，無有差忒。（"得、忒"職部）天子乃命有司，祀四海、大川、名澤。是月也，農有不收藏積聚，牛馬畜獸有放失者，取之不詰。（"失、詰"質部）山林藪澤，有能取疏食、田獵禽獸者，野虞教導之。（"獸、導"幽部）其有相侵奪，罪之不赦。是月也，日短至，陰陽爭，君子齋戒，處必掩，身欲静，去聲色，禁嗜欲，寧身體，安形性。是月也，荔挺出，芸始生，丘蚓結，麋角解，水泉動，則伐樹木，取竹箭，罷官之無事、器之無用者，塗闕庭門閭，築囹圄，（"閭、圄"魚部）所以助天地之閉。

仲冬行夏令，則其國乃旱，氛霧冥冥，雷乃發聲；（"冥、聲"耕部）行秋令，則其時雨水，瓜瓠不成，國有大兵；（"成、兵"耕陽合韻）行春令，則蟲螟為敗，水泉咸竭，民多疾癘。（"敗、竭、癘"月部）

十一月官都尉,其樹棗。

季冬之月,招搖指丑,昏婁中,旦氐中。其位北方,其日壬癸,其蟲介,其音羽,律中大呂。其數六,其味鹹,其臭腐,其祀井,祭先腎。鴈北鄉,鵲加巢,雉雊,雞呼卵。天子衣黑衣,乘鐵驪,服玄玉,建玄旗。食麥與彘,服八風水,爨松燧火,(**"水、火"微部**)北宮御女黑色,衣黑采,(**"色、采"職之通韻**)擊磬石,其兵鍛,其畜彘,朝于玄堂右个。

命有司大儺,旁磔,出土牛。命漁師始漁。天子親往射漁,先薦寢廟。令民出五種,令農計耦耕事,修耒耜,(**"事、耜"之部**)具田器。命樂師大合吹而罷。乃命四監收秩薪,以供寢廟及百祀之薪燎。是月也,日窮于次,月窮于紀,星周于天,歲將更始,令靜農民,無有所使。(**"紀、始、使"之部**)天子乃與公卿大夫飾國典,論時令,以待嗣歲之宜。乃命太史,次諸侯之列,賦之犧牲,以供皇天上帝社稷之芻享。(**"牲、享"耕陽合韻**)乃命同姓之國,供寢廟之芻豢;卿士大夫至于庶民,供山林名川之祀。

季冬行秋令,則白露早降,介蟲為妖,四鄙入保;行春令,則胎夭傷,國多痼疾,命之曰逆;行夏令,則水潦敗國,時雪不降,冰凍消釋。(**"逆、釋"鐸部**)

十二月官獄,其樹櫟。

五位:

東方之極,自碣石山過朝鮮,貫大人之國,(**"極、國"職部**)東至日出之次,榑木之地,青土樹木之野,太皞、句芒之所司者,萬二千里。(**"野、里"魚之合韻**)其令曰:挺羣禁,開閉闔,通窮窒,達障塞,行優游,棄怨惡,解役罪,免憂患,休罰刑,開關梁,宣出財,和外怨,撫四方,行柔惠,止剛強。(**"梁、方、強"陽部**)

南方之極，自北戶孫之外，貫顓頊之國，（"極、國"職部）南至委火炎風之野，赤帝、祝融之所司者，萬二千里。（"野、里"魚之合韻）其令曰：爵有德，賞有功，惠賢良，救飢渴，舉力農，振貧窮，（"農、窮"冬部）惠孤寡，憂罷疾，出大祿，行大賞，起毀宗，立無後，封建侯，立賢輔。（"後、侯、輔"侯魚合韻）

中央之極，自崑崙東絕兩恒山，日月之所道，江漢之所出，眾民之野，五穀之所宜，龍門、河、濟相貫，以息壤堙洪水之州，東至於碣石，黃帝、后土之所司者，萬二千里。其令曰：平而不阿，明而不苛，（"阿、苛"歌部）包裹覆露，無不囊懷，溥氾無私，（"懷、私"微脂合韻）正靜以和，行稃鬻，養老哀，弔死問疾，以送萬物之歸。（"哀、歸"微部）

西方之極，自崑崙絕流沙、沈羽，西至三危之國，（"極、國"職部）石城金室，飲氣之民，不死之野，少皞、蓐收之所司者，萬二千里。（"野、里"魚之合韻）其令曰：審用法，誅必辜，備盜賊，禁姦邪，飾群牧，（"賊、牧"職部）謹著聚，（"辜、邪、聚"魚侯合韻）修城郭，補決竇，塞蹊徑，遏溝瀆，止流水，雝谿谷，（"竇、瀆、谷"屋部）守門閭，陳兵甲，選百官，誅不法。（"甲、法"盍部）

北方之極，自九澤窮夏晦之極，北至令正之谷，有凍寒積冰、雪雹霜霰、漂潤羣水之野，顓頊、玄冥之所司者，萬二千里。（"野、里"魚之合韻）其令曰：申羣禁，固閉藏，脩障塞，繕關梁，（"藏、梁"陽部）禁外徙，斷罰刑，殺當罪，閉關閭，大搜客，止交游，禁夜樂，蚤閉晏開，以索姦人，已德，執之必固。天節已幾，刑殺無赦，雖有盛尊之親，斷以法度。（"赦、度"鐸部）毋行水，毋發藏，毋釋罪。（"水、罪"微部）

六合：孟春與孟秋為合，仲春與仲秋為合，季春與季秋為合，孟夏與孟冬為合,仲夏與仲冬為合,季夏與季冬為合。

孟春始羸,孟秋始縮;仲春始出,仲秋始內;("出、內"物部)季春大出,季秋大內;("出、內"物部)孟夏始緩,孟冬始急;仲夏至脩,仲冬至短;季夏德畢,季冬刑畢。

故正月失政,七月涼風不至;二月失政,八月雷不藏;三月失政,九月不下霜;四月失政,十月不凍;五月失政,十一月蟄蟲冬出其鄉;("藏、霜、鄉"陽部)六月失政,十二月草木不脫;七月失政,正月大寒不解;八月失政,二月雷不發;("脫、發"月部)九月失政,三月春風不濟;十月失政,四月草木不實;("濟、實"脂質通韻)十一月失政,五月下雹霜;十二月失政,六月五穀疾狂。("霜、狂"陽部)

春行夏令泄,行秋令水,行冬令肅;夏行春令風,行秋令蕪,行冬令格;秋行夏令華,行春令榮,行冬令耗;冬行春令泄,行夏令旱,行秋令霧。

制度:

陰陽大制有六度,天為繩,地為準,春為規,夏為衡,秋為矩,冬為權。繩者,所以繩萬物也;準者,所以準萬物也;規者,所以員萬物也;衡者,所以平萬物也;矩者,所以方萬物也;權者,所以權萬物也。

繩之為度也,直而不爭,修而不窮,久而不弊,遠而不忘;與天合德,與神合明;所欲則得,所惡則亡;自古及今,不可移匡。("忘、明、亡、匡"陽部)厥德孔密,廣大以容眾,是故上帝以為物宗。("眾、宗"冬部)

準之為度也,平而不險,均而不阿;廣大以容,寬裕以和;柔而不剛,銳而不挫;("阿、和、挫"歌部)流而不滯,易而不穢;發通而有紀,周密而不泄。("滯、穢、泄"月部)準平而不失,萬物皆平;民無

險謀,怨惡不生;是故上帝以為物平。("平、生、平"耕部)

規之為度也,轉而不復,員而不垸;優而不縱,廣大以寬;("垸、寬"元部)感動有理,發通有紀;優優簡簡,百怨不起;規度不失,生氣乃理。("理、紀、起、理"之部)

衡之為度也,緩而不後,平而不怨,施而不德,弔而不責;常平民祿,以繼不足;("祿、足"屋部)教教陽陽,唯德是行;養長化育,萬物蕃昌;以成五穀,以實封疆;其政不失,天地乃明。("陽、行、昌、疆、明"陽部)

矩之為度也,肅而不悖,剛而不憒;("悖、憒"物部)取而無怨,內而無害;威厲而不懾,令行而不廢;("害、廢"月部)殺伐既得,仇敵乃克;矩正不失,百誅乃服。("得、克、服"職部)

權之為度也,急而不嬴,殺而不割;充滿以實,周密而不泄。("割、泄"月部)敗物而弗取,罪殺而不赦;誠信以必,堅愨以固;糞除苛慝,不可以曲故。("赦、固、故"鐸魚通韻)冬正將行,必弱以強,必柔以剛,權正而不失,萬物乃藏。("行、強、剛、藏"陽部)

明堂之制,靜而法準,動而法繩,春治以規,秋治以矩,冬治以權,夏治以衡,是故燥溼寒暑以節至,甘雨膏露以時降。

第六卷 覽冥訓

昔者,師曠奏白雪之音,而神物為之下降,風雨暴至,平公癃病,晉國赤地;庶女叫天,雷電下擊,景公臺隕,支體傷折,海水大出。夫瞽師、庶女,位賤尚菜,權輕飛羽,("女、羽"魚部)然而專精厲意,委務積神,上通九天,激勵至精。("神、天、精"真耕合韻)由此觀之,上天之誅也,雖在壙虛幽閒,遼遠隱匿,重襲石室,界障險阻，其無所逃之亦明矣。

武王伐紂，渡于孟津，陽侯之波，逆流而擊，疾風晦冥，人馬不相見。於是武王左操黃鉞，右秉白旄，瞋目而撝之曰：（"鉞、曰"月部）"余[在]①（任），天下誰敢害吾意者！"（"在、意"之職通韻）於是風濟而波罷。魯陽公與韓搆難，戰酣日暮，援戈而撝之，（"難、撝"元歌通韻）日為之反三舍。（"暮、舍"鐸魚通韻）夫全性保真，不虧其身，遭急迫難，精通于天。（"真、身、天"真部）若乃未始出其宗者，何為而不成！（"宗、成"冬耕合韻）夫死生同域，不可脅凌；勇武一人，為三軍雄。（"域、凌、雄"職蒸通韻）彼直求名耳，而能自要者尚猶若此，又況夫宮天地，懷萬物，而友造化，含至和，（"地、化、和"歌部）直偶于人形，觀九鑽一，知之所不知，而心未嘗死者乎？（"一、死"質脂通韻）

昔雍門子以哭見於孟嘗君，已而陳辭通意，撫心發聲，孟嘗君為之增欷歍唈，流涕狼戾不可止。精神形於內，而外諭哀於人心，此不傳之道。使俗人不得其君形者而效其容，必為人笑。（"道、笑"幽宵合韻）故蒲且子之連鳥於百仞之上，而詹何之鶩魚於大淵之中，（"上、中"陽冬合韻）此皆得清淨之道、太浩之和也。

夫物類之相應，玄妙深微，知不能論，（"微、論"微文通韻）辯不能解。故東風至而酒湛溢，蠶呴絲而商弦絶，（"溢、絶"錫月合韻）或感之也。畫隨灰而月運闕，鯨魚死而彗星出，（"闕、出"月物合韻）或動之也。故聖人在位，懷道而不言，澤及萬民。君臣乖心，則背譎見於天，神氣相應徵矣。故山雲草莽，水雲魚鱗，旱雲煙火，涔雲波水，各像其形類，（"火、水、類"微物通韻）所以感之。夫陽燧取

---

① 據王念孫說改。

火於日，方諸取露於月，("日、月"質月合韻)天地之間，巧歷不能舉其數，手徵忽怳，不能覽其光。("怳、光"陽部)然以掌握之中，引類於太極之上，而水火可立致者，陰陽同氣相動也。("上、動"陽東合韻)此傅說之所以騎辰尾也。

故至陰飂飂，至陽赫赫，兩者交接成和而萬物生焉。眾雄而無雌，又何化之所能造乎？所謂不言之辯、不道之道也。("造、道"幽部)故召遠者使無為焉，親近者使無事焉，惟夜行者為能有之。("事、有"之部)故卻走馬以糞，而車軌不接於遠方之外。是謂坐馳陸沈，晝冥宵明，以冬鑠膠，以夏造冰。("明、冰"陽蒸合韻)

夫道者，無私就也，無私去也，("道、就、去"幽魚合韻)能者有餘，拙者不足，順之者利，逆之者凶。("足、凶"屋東通韻)譬如隋侯之珠，和氏之璧，得之者富，失之者貧。得失之度，深微窈冥，難以知論，不可以辯說也。

何以知其然？今夫地黃主屬骨，而甘草主生肉之藥也。以其屬骨，責其生肉；以其生肉，論其屬骨；是猶王孫綽之欲倍偏估之藥，而欲以生殊死之人，亦可謂失論矣。若夫以火能焦木也，因使銷金，則道行矣。若以磁石之能連鐵也，而求其引瓦，則難矣。("行、難"陽元合韻)物固不可以輕重論也。夫燧之取火（於日），磁石之引鐵，蟹之敗漆，葵之鄉日，("鐵、漆、日"質部)雖有明智，弗能然也。故耳目之察，不足以分物理；心意之論，不足以定是非。("理、非"之微合韻)故以智為治者，難以持國；唯通于太和而持自然之應者，為能有之。("治、國、應、有"之職蒸通韻)故嶢山崩而薄落之水涸，區冶生而淳鈞之劍成；紂為無道，左強在側；太公並世，故武王之功立。("側、立"職緝合韻)由是觀之，利害之路，禍福之門，不可求而得也。

夫道之與德,若韋之與革,("**德、革**"職部)遠之則邇,近之則遠,不得其道,若觀鯈魚。故聖若鏡,不將不迎,應而不藏,故萬化而無傷。("**鏡、迎、藏、傷**"陽部)其得之,乃失之;其失之,非乃得之也。

今失調弦者,叩宮宮應,彈角角動,("**應、動**"蒸東合韻)此同聲相和者也。夫有改調一弦,其於五音無所比,鼓之而二十五弦皆應,此未始異於聲,而音之君已形也。("**聲、形**"耕部)故通於太和者,惛若純醉而甘臥,("**和、臥**"歌部)以游其中,而不知其所由至也。純溫以淪,鈍悶以終,若未始出其宗,是謂大通。("**終、宗、通**"冬東合韻)

今夫赤螭、青虬之游冀州也,天清地定,毒獸不作,飛鳥不駭,入榛薄,("**作、薄**"鐸部)食薦梅,("**駭、梅**"之部)嚼昧含甘,步不出頃畝之區,而蛇鱣輕之,以為不能與之爭於江海之中。若乃至於玄雲之素朝,陰陽交爭,降扶風,雜凍雨,扶搖而登之,威動天地,聲震海內,(蛇)[蚖]鱣著泥百仞之中,熊羆匍匐丘山礐巖,虎豹襲穴而不敢咆,猨狖顛蹶而失木枝,("**咆、枝**"幽支合韻)又況直蛇鱣之類乎?鳳凰之翔至德也,雷霆不作,風雨不興,川谷不澹,草木不搖,而燕雀佼之,("**搖、佼**"宵部)以為不能與之爭於宇宙之間。還至其曾逝萬仞之上,翱翔四海之外,過崑崙之疏圃,飲砥柱之湍瀨,邅回蒙汜之渚,("**圃、渚**"魚部)尚佯冀州之際,("**外、瀨、際**"月部)徑躡都廣,入日抑節,羽翼弱水,暮宿風穴。("**節、穴**"質部)當此之時,鴻鵠鶬鶴,莫不憚驚伏竄,注喙江裔,("**竄、裔**"元月通韻)又況直燕雀之類乎?此明於小動之跡,而不知大節之所由者也。

昔者,王良、造父之御也,上車攝轡,馬為整齊而斂諧,投足調均,勞逸若一,("**轡、諧、均、一**"質脂真通韻)心怡氣和,體便輕畢,安勞樂進,馳騖若滅,左右若鞭,周旋若環,(**"滅、鞭、環"月元通韻**)世皆以為巧,然未見其貴者也。

若夫鉗且、大丙之御,除轡銜,去鞭棄策,車莫動而自舉,馬莫使而自走也。(**"舉、走"魚侯合韻**)日行月動,星燿而玄運;(電)〔神〕奔而鬼騰,(**"動、騰"東蒸合韻**)進退屈伸,不見朕垠。(**"運、伸、垠"真文合韻**)故不招指,不咄叱,(**"指、叱"脂質通韻**)過歸雁於磏石,軼鶤雞於姑餘,(**"石、餘"鐸魚通韻**)騁若飛,鶩若絕,縱矢躡風,追猋歸忽,(**"絕、忽"月物合韻**)朝發榑桑,日入落棠,(**"桑、棠"陽部**)此假弗用而能以成其用者也,非慮思之察、手爪之巧也;嗜欲形於胷中,而精神踰於六馬,此以弗御御之者也。(**"馬、者"魚部**)

昔者,黃帝治天下,而力牧、太山稽輔之,(**"下、輔"魚部**)以治日月之行,律(治)陰陽之氣,節四時之度,(**"行、度"陽鐸通韻**)正律歷之數,別男女,異雌雄,明上下,等貴賤,使強不掩弱,眾不暴寡,(**"女、下、寡"魚部**)人民保命而不夭,歲時熟而不凶,百官正而無私,上下調而無尤,(**"私、尤"脂之合韻**)法令明而不闇,輔佐公而不阿,田者不侵畔,漁者不爭隈,道不拾遺,市不豫賈,城郭不關,邑無盜賊,鄙旅之人,相讓以財,(**"賊、財"職之通韻**)狗彘吐菽粟於路而無忿爭之心。於是日月精明,星辰不失其行,(**"明、行"陽部**)風雨時節,五穀登熟,虎狼不妄噬,鷙鳥不妄搏,(**"節、熟、噬、搏"質覺月鐸合韻**)鳳凰翔於庭,麒麟游於郊,青龍進駕,飛黃伏皁。(**"郊、皁"宵幽合韻**)諸北、儋耳之國,莫不獻其貢職。(**"國、職"職部**)然猶未及宓戲氏之道也。

往古之時,四極廢,九州裂,(**"廢、裂"月部**)天不兼覆,地不周載,火爁炎而不滅,水浩洋而不息,(**"載、息"之職通韻**)猛獸食顓民,鷙鳥攫老弱。於是女媧煉五色石以補蒼天,斷鼇足以立四極,殺黑龍以濟冀州，積蘆灰以止淫水。蒼天補，四極正，淫水涸，冀州平，狡蟲死，顓民生。("正、平、生"耕部)背方州，抱圓天，和春陽夏，殺秋約冬，枕方寢繩。("冬、繩"冬蒸合韻)陰陽之所壅沈不通者，竅理之；逆氣戾物傷民厚積者，絕止之。("理、止"之部)當此之時，卧倨倨，興[旰旰]（眄眄）①，一自以為馬，一自以為牛，("倨、旰、牛"魚之合韻)其行蹎蹎，其視瞑瞑，侗然皆得其和，莫知所由生，("蹎、瞑、生"真耕合韻)浮游不知所求，("游、求"幽部)魍魎不知所往。("魍、往"陽部)當此之時，禽獸蝮蛇，無不匿其爪牙，藏其螫毒，無有攫噬之心。考其功烈，上際九天，下契黃壚，名聲被後世，光輝重萬物，("世、物"月物合韻)乘雷車，服（駕）應龍，驂青虯，援絕瑞，席蘿圖，黃雲絡，("圖、絡"魚鐸通韻)前白螭，後奔蛇，("螭、蛇"歌部)浮游消搖，道鬼神，登九天，朝帝於靈門，("神、天、門"真文合韻)宓穆休于太祖之下。然而不彰其功，不揚其聲，("功、聲"東耕合韻)隱真人之道，以從天地之固然。何則？道德上通而智故消滅也。("然、滅"元月通韻)

逮至夏桀之時，主闇晦而不明，道瀾漫而不修，棄捐五帝之恩刑，("明、刑"陽耕合韻)推蹶三王之法籍。是以至德滅而不揚，帝道掩而不興，("揚、興"陽蒸合韻)舉事戾蒼天，發號逆四時，春秋縮其和，天地除其德，("時、德"之職通韻)仁君處位而不安，大夫隱道而不言，("安、言"元部)羣臣準上意而懷當，疏骨肉而自容，("當、容"陽東合韻)邪人參耦比周而陰謀，居君臣父子之間而競載，驕主而像其意，亂人以成其事。("謀、載、意、事"之職通韻)是故君臣乖而不親，骨肉疏而不附；植社槁而垓裂，容臺振而掩覆；犬羣嗥而入

---

① 依王念孫校改。

淵,豕銜蓐而席澳;("覆、澳"覺部)美人挈首墨面而不容,曼聲吞炭內閉而不歌;喪不盡其哀,獵不聽其樂;西老折勝,黃神嘯吟;("勝、吟"蒸侵合韻)飛鳥鍛翼,走獸廢腳;("翼、腳"職鐸合韻)山無峻幹,澤無洼水;狐狸首穴,馬牛放失;("穴、失"質部)田無立禾,路無莎薠;("禾、薠"歌元通韻)金積折廉,璧襲無理;磬龜無腹,蓍策日施。

晚世之時,七國異族,諸侯制法,各殊習俗,從橫間之,舉兵而相角,("族、俗、角"屋部)攻城濫殺,覆高危安,("殺、安"月元通韻)掘墳墓,揚人骸,大衝車,高重京,除戰道,便死路,("墓、車、京、路"鐸魚陽通韻)犯嚴敵,殘不義,百往一反,("義、反"歌元通韻)名聲苟盛也。是故質壯輕足者為甲卒千里之外,家老羸弱悽愴於內,廝徒馬圉軵車奉饟,道路遼遠,霜雪亟集,短褐不完,("遠、完"元部)人羸車弊,泥塗至膝,("弊、膝"月質合韻)相攜於道,奮首於路,身枕格而死。所謂兼國有地者,伏尸數十萬,破車以千百數,傷弓弩矛戟矢石之創者扶舉於路,故世至於枕人頭,食人肉,菹人肝,飲人血,甘之於芻豢。("肝、豢"元部)

故自三代以後者,天下未嘗得安其情性而樂其習俗,保其脩命(天)而不夭於人虐也。("俗、虐"屋藥合韻)所以然者何也?諸侯力征,天下合而為一家。

逮至當今之時,天子在上位,持以道德,輔以仁義,近者獻其智,遠者懷其德,拱揖指麾而四海賓服,春秋冬夏皆獻其貢職,天下混而為一,子孫相代,此五帝之所以迎天德也。("德、服、職、代、德"職部)

夫聖人者,不能生時,時至而弗失也。輔佐有能,黜讒佞之端,息巧辯之說,除刻削之法,去煩苛之事,屏流言之迹,塞朋黨之門,消知能,修太常,墮枝體,絀聰明,("常、明"陽部)大通混冥,解意釋神,漠然若無魂魄,使萬物各復歸其根,("神、根"真文合韻)則是所脩伏犧氏之迹而反五帝之道也。

夫鉗且、大丙,不施轡銜而以善御聞於天下;("丙、下"陽魚通韻)伏羲、女媧,不設法度而以至德遺於後世。("媧、世"歌月通韻)何則?至虛無純一而不喋喋苛事也。《周書》曰:"掩雉不得,更順其風。"今若夫申、韓、商鞅之為治也,挬拔其根,蕪棄其本,("根、本"文部)而不窮究其所由生。何以至此也?鑿五刑,為刻削,乃背道德之本,而爭於錐刀之末,斬艾百姓,殫盡太半,("削、末、半"月元通韻)而忻忻然常自以為治,是猶抱薪而救火,鑿竇而出水。("火、水"微部)夫井植生梓而不容甕,溝植生條而不容舟,不過三月必死。所以然者何也?皆狂生而無其本者也。河九折注於海而流不絕者,崑崙之輸也。潦水不泄,瀇瀁極望,旬月不雨則涸而枯澤,("望、澤"陽鐸通韻)受瀷而無源者。("泄、源"月元通韻)譬若羿請不死之藥於西王母,恒娥竊以奔月。悵然有喪,無以續之。何則?不知不死之藥所由生也。是故乞火不若取燧,寄汲不若鑿井。("生、井"耕部)

第七卷 精神訓

古未有天地之時,惟像無形,窈窈冥冥,("形、冥"耕部)芒芠漠閔,澒濛鴻洞,莫知其門。("閔、門"文部)有二神混生,經天營地,孔乎莫知其所終極,滔乎莫知其所止息。("極、息"職部)於是乃別為陰陽,離為八極;剛柔相成,萬物乃形;煩氣為蟲,精氣為人。("成、形、人"耕真合韻)

是故精神,天之有也;而骨骸者,地之有也。("骸、有"之部)精神入其門，而骨骸反其根，我尚何存？（"門、根、存"文部）是故聖人法天順情，不拘於俗，不誘於人，（"情、人"耕真合韻）以天為父，以地為母，陰陽為綱，四時為紀。（"母、紀"之部）天靜以清，地定以寧，萬物失之者死，法之者生。（"清、寧、生"耕部）夫靜漠者，神明之宅也；（"漠、宅"鐸部）虛無者，道之所居也。（"無、居"魚部）是故或求之於外者，失之於內；（"外、內"月物合韻）有守之於內者，失之於外。（"內、外"物月合韻）譬猶本與末也，從本引之，千枝萬葉，莫得不隨也。

夫精神者，所受於天也；（"神、天"真部）而形體者，所稟於地也。（"體、地"脂歌合韻）故曰一生二，二生三，三生萬物。萬物背陰而抱陽，沖氣以為和。故曰一月而膏，二月而胅，三月而胎，四月而肌，五月而筋，六月而骨，七月而成，八月而動，九月而躁，十月而生。形體以成，五藏乃形。（"生、成、形"耕部）是故肺主目，腎主鼻，膽主口，肝主耳。外為表而內為裏，開閉張歙，各有經紀。（"裏、紀"之部）

故頭之圓也象天，足之方也象地。天有四時、五行、九解、三百六十六日，人亦有四支、五藏、九竅、三百六十六節。（"日、節"質部）天有風雨寒暑，人亦有取與喜怒。（"暑、怒"魚部）故膽為雲，肺為氣，肝為風，腎為雨，脾為雷，以與天地相參也，而心為之主。是故耳目者，日月也；血氣者，風雨也。日中有踆烏，而月中有蟾蜍。（"烏、蜍"魚部）日月失其行，薄蝕無光；（"行、光"陽部）風雨非其時，毀折生災；（"時、災"之部）五星失其行，州國受殃。（"行、殃"陽部）夫天地之道，至紘以大，尚猶節其章光，愛其神明，（"光、明"陽部）人之耳目曷能久熏勞而不息乎？精神何能久馳騁而不既乎？（"息、既"職物合韻）

是故血氣者，人之華也；而五藏者，人之精也。夫血氣能專于五藏而不外越，則胷腹充而嗜慾省矣。（"精、省"耕部）胷腹充而嗜慾省，則耳目清、聽視達矣。（"越、達"月部）耳目清、聽視達，謂之明。五藏能屬於心而無乖，則敎志勝而行不僻矣。敎志勝而行不僻，則精神盛而氣不散矣。精神盛而氣不散則理，理則均，均則通，通則神，（"均、神"真部）神則以視無不見，以聽無不聞也，以為無不成也。是故憂患不能入也，而邪氣不能襲。（"入、襲"緝部）故事有求之於四海之外而不能遇，或守之於形骸之內而不見也。故所求多者所得少，所見大者所知小。（"少、小"宵部）

夫孔竅者，精神之戶牖也；而氣志者，五藏之使候也。（"牖、候"幽侯合韻）耳目淫於聲色之樂，則五藏搖動而不定矣。五藏搖動而不定，則血氣滔蕩而不休矣。血氣滔蕩而不休，則精神馳騁於外而不守矣。（"休、守"幽部）精神馳騁於外而不守，則禍福之至，雖如丘山，無由識之矣。使耳目精明玄達而無誘慕，氣志虛靜恬愉而省嗜慾，（"慕、慾"鐸屋合韻）五藏定寧充盈而不泄，精神內守形骸而不外越，（"泄、越"月部）則望於往世之前，而視於來事之後，猶未足為也，豈直禍福之間哉！（"前、為、間"歌元通韻）故曰："其出彌遠者，其知彌少。"以言夫精神之不可使外淫也。

是故五色亂目，使目不明；五聲譁耳，使耳不聰；五味亂口，使口爽傷；趣舍滑心，使行飛揚。（"明、聰、傷、揚"陽東合韻）此四者，天下之所養性也，然皆人累也。故曰嗜慾者，使人之氣越；而好憎者，使人之心勞。弗疾去，則志氣日耗。（"勞、耗"宵部）夫人之所以不能終其壽命而中道夭於刑戮者，何也？以其生生之厚。夫惟能無以生為者，則所以脩得生也。

夫天地運而相通,萬物總而為一。能知一,則無一之不知也;不能知一,則無一之能知也。("**知、知**"支部)譬吾處於天下也,亦為一物矣。不識天下之以我備其物與?且惟無我而物無不備者乎?然則我亦物也,物亦物也。物之與物也,又何以相物也?雖然,其生我也,將以何益?其殺我也,將以何損?夫造化者既以我為坏矣,將無所違之矣。("**坏、之**"之部)吾安知夫刺灸而欲生者之非惑也,又安知夫絞經而求死者之非福也?或者生乃徭役也,而死乃休息也?("**惑、福、息**"職部)天下茫茫,孰知。其生我也,不彊求已;其殺我也,不彊求止。("**已、止**"之部)欲生而不事,憎死而不辭,賤之而弗憎,貴之而弗喜,隨其天資而安之不極。("**事、辭、憎、喜、極**"之蒸職通韻)吾生也,有七尺之形;("**生、形**"耕部)吾死也,有一棺之土。("**死、土**"脂魚合韻)吾生之比於有形之類,猶吾死之淪於無形之中也。然則吾生也物不以益衆,吾死也土不以加厚,吾又安知所喜憎利害其間者乎?夫造化者之攉援物也,譬猶陶人之埏埴也,其取之地而已為盆盎也,與其未離於地也無以異,其已成器而破碎漫瀾而復歸其故也,與其為盆盎亦無以異矣。("**埴、異、異**"職部)夫臨江之鄉,居人汲水以浸其園,江水弗憎也;苦洿之家,決洿而注之江,洿水弗樂也。是故其在江也,無以異其浸園也;其在洿也,亦無以異其在江也。是故聖人因時以安其位,當世而樂其業。

夫悲樂者,德之邪也;而喜怒者,道之過也;好憎者,心之暴也。故曰:"其生也天行,其死也物化,靜則與陰俱閉,動則與陽俱開。"精神澹然無極,不與物散而天下自服。("**極、服**"職部)故心者形之主也,而神者心之寶也。("**主、寶**"侯幽合韻)形勞而不休則蹶,精用而不已則竭。是故聖人貴而尊之,不敢越也。("**蹶、竭、越**"月部)夫有夏后氏之璜者,匣匱而藏之,("璜、藏"陽部)寶之至也。夫精神之可寶也,非直夏后氏之璜也。是故聖人以無應有,必究其理;("有、理"之部)以虛受實,必窮其節;("實、節"質部)恬愉虛靜,以終其命。("靜、命"耕部)是故無所甚疏,而無所甚親,抱德煬和,以順于天。("親、天"真部)與道為際,與德為鄰;不為福始,不為禍先。魂魄處其宅,而精神守其根,死生無變於己,故曰至神,("鄰、先、根、神"真文合韻)

所謂真人者,性合于道也。故有而若無,實而若虛;("無、虛"魚部)處其一,不知其二;("一、二"質脂通韻)治其內,不識其外;("內、外"物月合韻)明白太素,無為復樸,體本抱神,以游于天地之樊,芒然仿佯於塵垢之外,("樊、外"元月通韻)而消搖于無事之業,浩浩蕩蕩乎,機械知巧弗載於心。是故死生亦大矣,而不為變;("大、變"月元通韻)雖天地覆育,亦不與之抮抱矣。審乎無瑕而不與物糅,見事之亂而能守其宗。("糅、宗"幽冬通韻)若然者,正肝膽,遺耳目,心志專于內,通達耦于一。("內、一"物質合韻)居不知所為,行不知所之,渾然而往,逯然而來;形若槁木,心若死灰,忘其五藏,損其形骸;("之、來、灰、骸"之部)不學而知,不視而見,不為而成,不治而辯;("見、辯"元部)感而應,迫而動,("應、動"蒸東合韻)不得已而往,如光之燿,如景之放;("往、放"陽部)以道為紃,有待而然。("紃、然"文元合韻)抱其太清之本而無所容與,而物無能營,廓惝而虛,清靖而無思慮,("與、虛、慮"魚部)大澤焚而不能熱,河漢涸而不能寒也,("熱、寒"月元通韻)大雷毀山而不能驚也,大風晦日而不能傷也。("驚、傷"耕陽合韻)是故視珍寶珠玉猶[礫石]①(石

---

① 據王引之説改。

礫)也,視至尊窮寵猶行客也,視毛嬙西施猶[倛魄]①(顑醜)也。("**石、客、魄**"鐸部)以死生為一化,以萬物為一方,同精於太清之本,而游於忽區之旁,有精而不使,有神而不行,契大渾之樸而立至清之中。("**方、旁、行、中**"陽冬合韻)是故其寢不夢,其智不萌,其魄不抑,其魂不騰,("**夢、萌、騰**"蒸陽合韻)反復終始,不知其端緒。甘瞑于太宵之宅,而覺視于昭昭之宇;休息于無委曲之隅,而游敖于無形埒之野。("**緒、宇、野**"魚部)居而無容,處而無所;其動無形,其靜無體;存而若亡,("**容、形、亡**"東耕陽合韻)生而若死;("**體、死**"脂部)出入無間,役使鬼神,淪於不測,入於無間,以不同形相嬗也。("**間、神、間、嬗**"元真合韻)終始若環,莫得其倫,("**環、倫**"元文合韻)此精神之所以能登假于道也,是故真人之所游。("**道、游**"幽部)

若吹呴呼吸,吐故內新,熊經鳥伸,("**新、伸**"真部)鳧浴蝯躣,鴟視虎顧,("**躣、顧**"鐸魚通韻)是養形之人也,不以滑心。("**人、心**"真侵合韻)使神滔蕩而不失其充,日夜無傷而與物為春,則是合而生時于心也。("**春、心**"文侵合韻)且人有戒形而無損於心,有綴宅而無耗精。("**心、精**"侵耕合韻)夫癲者趨不變,狂者形不虧,神將有所遠徙,孰暇知其所為?("**虧、為**"歌部)故形有摩而神未嘗化者,以不化應化,千變萬拚而未始有極。化者復歸於無形也,不化者與天地俱生也。("**形、生**"耕部)夫木之死也,青青去之也。夫使木生者豈木也?猶充形者之非形也。故生生者未嘗死也,其所生則死矣;化物者未嘗化也,其所化則化矣。("**死、死、化、化**"脂歌合韻)

---

① 據王引之説改。

輕天下則神無累矣,細萬物則心不惑矣,齊死生則志不懾矣,同變化則明不眩矣。眾人以為虛言,吾將舉類而實之。("**眩、實**"**真質通韻**)

人之所以樂為人主者,以其窮耳目之欲,("**主、欲**"**侯屋通韻**)而適躬體之便也。今高臺層榭,人之所麗也,而堯樸桷不斲,素題不枅;珍怪奇異,人之所美也,而堯糲粢之飯,藜藿之羹;文繡狐白,人之所好也,("**麗、美、好**"**歌脂幽合韻**)而堯布衣揜形,鹿裘御寒。("**枅、羹、寒**"**元陽合韻**)養性之具不加厚,而增之以任重之憂,故舉天下而傳之于舜,若解重負然。("**便、寒、然**"**元部**)非直辭讓,誠無以為也。此輕天下之具也。

禹南省,方濟于江,黃龍負舟。舟中之人,五色無主。禹乃熙笑而稱曰:"我受命於天,竭力而勞萬民。("**天、民**"**真部**)生,寄也;死,歸也!何足以滑和!"("**寄、歸、和**"**歌微合韻**)視龍猶蝘蜓,顏色不變。龍乃弭耳掉尾而逃。禹之視物亦細矣。

鄭之神巫相壺子林,見其徵,告列子。列子行泣報壺子,壺子持以天壤,名實不入,機發於踵。("**壤、踵**"**陽東合韻**)壺子之視死生亦齊矣。

子求行年五十有四而病傴僂,脊管高於頂,腸下迫頤,兩髀在上,燭營指天,匍匐自闚於井曰:("**頂、上、井**"**陽耕合韻**)"偉哉造化者!其以我為此拘拘邪?"此其視變化亦同矣。

故覩堯之道,乃知天下之輕也;觀禹之志,乃知天下之細也;原壺子之論,乃知死生之齊也;("**細、齊**"**脂部**)見子求之行,乃知變化之同也。("**輕、同**"**耕東合韻**)

夫至人倚不拔之柱,行不關之途,稟不竭之府,("**柱、府**"**侯部**)學不死之師,("**途、師**"**魚脂合韻**)無往而不遂,無至而不通。生不足以挂志,死不足以幽神,屈伸俛仰,抱命而婉轉,("**神、轉**"真元合韻)禍福利害,千變萬紾,孰足以患心?("**紾、心**"文侵合韻)若此人者,抱素守精,蟬蛻蛇解,游於太清,輕舉獨往,忽然入冥,("**精、清、冥**"耕部)鳳凰不能與之儷,而況斥鷃乎!勢位爵祿,何足以槩志也!

晏子與崔杼盟,臨死地而不易其義。("**地、義**"歌部)殖、華將戰而死,莒君厚賂而止之,("**死、止**"脂之合韻)不改其行。故晏子可迫以仁,不可劫以兵;殖、華可止以義,而不可縣以利。君子義死,而不可以富貴留也;義為,而不可以死亡恐也。彼則直為義耳,而尚猶不拘於物,又況無為者矣。("**義、為**"歌部)

堯不以有天下為貴,故授舜;公子札不以有國為尊,("**舜、尊**"文部)故讓位;("**貴、位**"物部)子罕不以玉為富,故不受寶;務光不以生害義,故自投於淵。由此觀之,至貴不待爵,至富不待財。天下至大矣,而以與佗人;身至親矣,而棄之淵。("**人、親、淵**"真部)外此,其餘無足利矣。此之謂無累之人。無累之人,不以天下為貴矣。("**利、貴**"質物合韻)

上觀至人之論,深原道德之意,以下考世俗之行,乃足羞也。故通許由之意,金縢、豹韜廢矣;延陵季子不受吳國,("**意、國**"職部)而訟閒田者慙矣;子罕不利寶玉,而爭券契者媿矣;務光不污於世,而貪利偷生者悶矣。("**媿、悶**"微文通韻)故不觀大義者,不知生之不足貪也;不聞大言者,不知天下之不足利也。

今夫窮鄙之社也,叩盆拊瓴,相和而歌,自以為樂矣。嘗試為之擊建鼓,撞巨鍾,乃始仍仍然知其盆瓴之足羞也。("**鼓、羞**"魚幽合韻)藏《詩》、《書》,脩文學,而不知至論之旨,則拊盆叩瓴之徒也。夫以天下為者,學之建鼓也。("**書、徒、鼓**"魚部)

尊勢厚利，人之所貪也，使之左據天下圖，而右手刎其喉，愚夫不為。（"圖、喉、為"魚侯歌合韻）由此觀之，生尊于天下也。聖人食足以接氣，衣足以蓋形，適情不求餘，無天下不虧其性，（"形、性"耕部）有天下不羨其和。（"餘、和"魚歌合韻）有天下無天下，一實也。今贛人敖倉，予人河水，飢而餐之，渴而飲之，其入腹者不過簞食瓢漿，則身飽而敖倉不為之減也，（"飲、減"侵部）腹滿而河水不為之竭也。有之不加飽，無之不為之飢，與守其篅笾，有其井，一實也。（"飢、實"脂質通韻）

人大怒破陰，大喜墜陽，大憂內崩，大怖生狂，（"陽、狂"陽部）除穢去累，莫若未始出其宗，乃為大通。（"宗、通"冬東合韻）清目而不以視，靜耳而不以聽，鉗口而不以言，委心而不以慮，棄聰明而反太素，休精神而棄知故，（"慮、素、故"魚部）覺而若[眯]①（昧），以生而若死，終則反本未生之時，而與化為一體。死之與生，一體也。（"眯、死、體、體"脂部）

今夫繇者，揭钁臿，負籠土，鹽汗交流，喘息薄喉。（"土、喉"魚侯合韻）當此之時，得茠越下，則脫然而喜矣。（"下、喜"魚之合韻）巖穴之間，非直越下之休也。病疵瘕者，捧心抑腹，膝上叩頭，踡跼而諦，通夕不寐。（"腹、諦、寐"覺錫物合韻）當此之時，噲然得卧，則親戚兄弟歡然而喜。（"卧、喜"歌之合韻）夫脩夜之寧，非直一噲之樂也。

故知宇宙之大，則不可劫以死生；知養生之和，則不可縣以天下；知未生之樂，則不可畏以死；知許由之貴于舜，則不貪物。（"舜、物"文物通韻）牆之立，不若其偃也，又況不為牆乎？冰之凝，

---

① 據王引之校改。

不若其釋也，又況不為冰乎？自無蹠有，自有蹠無，終始無端，莫知其所萌。（"牆、冰、萌"陽蒸合韻）非通于外內，孰能無好憎？無外之外，至大也；（"外、大"月部）無內之內，至貴也。能知大貴，何往而不遂？（"內、貴、貴、遂"物部）

衰世湊學，不知原心反本，直雕琢其性，矯拂其情，（"性、情"耕部）以與世交。故目雖欲之，禁之以度；心雖樂之，節之以禮。趨翔周旋，詘節卑拜；肉凝而不食，酒澄而不飲；外束其形，內總其德；鉗陰陽之和，而迫性命之情，故終身為悲人。達至道者則不然，理情性，治心術，養以和，持以適；樂道而忘賤，安德而忘貧。性有不欲，無欲而不得；心有不樂，（"欲、樂"屋藥合韻）無樂而弗為。無益於情者，不以累德；（"得、德"職部）不便於性者，（"情、性"耕部）不以滑和。（"為、和"歌部）故縱體肆意而度制，可以為天下儀。（"制、儀"月歌通韻）

今夫儒者，不本其所以欲而禁其所欲，不原其所以樂而閉其所樂，（"欲、樂"屋藥合韻）是猶決江河之源而障之以手也。夫牧民者，猶畜禽獸也，不塞其圂垣，使有野心，系絆其足，以禁其動，而欲脩生壽終，豈可得乎？夫顏回、季路、子夏、冉伯牛，孔子之通學也。然顏淵夭死，季路菹於衛，子夏失明，冉伯牛為厲。此皆迫性拂情而不得其和也。（"衛、厲、和"月歌通韻）故子夏見曾子，一臞一肥，曾子問其故，曰："出見富貴之樂而欲之，入見先王之道又說之，兩者心戰，故臞；先王之道勝，故肥。"推其志，非能貪富貴之位，不便侈靡之樂，直宜迫性閉欲，以義自防也。雖情心鬱殪，形性屈竭，猶不得已自強也。（"防、強"陽部）故莫能終其天年。若夫至人，量腹而食，度形而衣，容身而游，適情而行，餘天下而不貪，委萬物而不利，處大廓之宇，游無極之野，（"宇、野"魚部）登太皇，馮太一，玩天地于掌握之中,夫豈為貧富肥臞哉?

　　故儒者非能使人弗欲也,欲而能止之;非能使人勿樂也,("**欲、樂**"屋藥合韻)樂而能禁之。("**止、禁**"之侵合韻)夫使天下畏刑而不敢盜,豈若能使無有盜心哉?越人得髯蛇,以為上肴,中國得而棄之無用。故知其無所用,貪者能辭之;不知其無所用,廉者不能讓也。("**用、用、讓**"東陽合韻)

　　夫人主之所以殘亡其國家,捐棄其社稷,身死於人手,為天下笑,未嘗非為非欲也。夫仇由貪大鍾之賂而亡其國,虞君利垂棘之璧而擒其身,獻公豔驪姬之美而亂四世,桓公甘易牙之和而不以時葬,胡王淫女樂之娛而亡上地。使此五君者,適情辭餘,以己為度,不隨物而動,豈有此大患哉?故射者非矢不中也,學射者不治矢也;御者非轡不行,("**中、行**"東陽合韻)學御者不為轡也。("**矢、轡**"脂質通韻)知冬日之箑,夏日之裘,無用於己,則萬物之變為塵埃矣。故以湯止沸,沸乃不止,誠知其本,則去火而已矣。("**裘、己、埃、止、已**"之部)

第八卷　本經訓

　　太清之治也,和順以寂漠,質真而素樸,("**漠、樸**"鐸屋合韻)閒靜而不躁,推移而無故;("**躁、故**"宵魚合韻)在內而合乎道,出外而調于義,("**道、義**"幽歌合韻)發動而成于文,行快而便于物;("**文、物**"文物通韻)其言略而循理,其行倪而順情,其心愉而不偽,其事素而不飾。是以不擇時日,不占卦兆,不謀所始,不議所終;安則止,("**始、止**"之部)激則行;通體于天地,同精于陰陽,("**終、行、陽**"冬陽合韻)一和于四時,明照于日月,與造化者相雌雄。是以天覆以德,地載以樂,四時不失其敘,風雨不降其虐,("**樂、虐**"**藥部**)日月淑清而揚光,五星循軌而不失其行。("**光、行**"**陽部**)當此之時,玄元至碭而運照,鳳麟至,蓍龜兆,("**照、兆**"**宵部**)甘露下,竹實滿,流黃出而朱草生,機械詐偽莫藏于心。

逮至衰世,鐫山石,鍥金玉,摘蚌屬,消銅鐵,而萬物不滋;刳胎殺夭,麒麟不游,覆巢毀卵,鳳凰不翔;鑽燧取火,構木為臺,焚林而田,竭澤而漁,人械不足,畜藏有餘;("**臺、漁、餘**"**之魚合韻**)而萬物不繁兆萌牙卵胎而不成者,處之太半矣。積壤而丘處,糞田而種穀,掘地而井飲,疏川而為利,築城而為固,拘獸以為畜,則陰陽繆戾,四時失敘,("**處、固、敘**"**魚部**)雷霆毀折,雹霰降虐,氛霧霜雪不霽,而萬物燋夭。("**虐、夭**"**藥宵通韻**)菑榛穢,聚埒畝,芟野菼,長苗秀,草木之句萌、銜華、戴實而死者,不可勝數。("**秀、數**"**幽侯合韻**)

乃至夏屋宮駕,縣聯房植,橑檐榱題,雕琢刻鏤,喬枝菱阿,芙蓉芰荷,五采爭勝,流漫陸離,("**阿、荷、離**"**歌部**)脩揳曲校,夭矯曾橈,("**校、橈**"**宵部**)芒繁紛挐,以相交持,公輸、王爾無所錯其剞劂削鋸,("**挐、持、鋸**"**魚之合韻**)然猶未能贍人主之欲也。是以松柏箘露夏槁,江河三川,絕而不流,夷羊在牧,飛蛩滿野,天旱地坼,("**牧、坼**"**職鐸合韻**)鳳凰不下,("**野、下**"**魚部**)句爪、居牙、戴角、出距之獸,於是鷙矣。民之專室蓬廬,無所歸宿,凍餓飢寒,死者相枕席也。

及至分山川谿谷,使有壤界;計人多少眾寡,使有分數;("**寡、數**"**魚侯合韻**)築城掘池,設機械險阻以為備;飾職事,制服等,("**事、等**"**之蒸通韻**)異貴賤,差賢不肖,經誹譽,行賞罰,則兵革興而分爭生。民之滅抑夭隱,虐殺不辜而刑誅無罪,於是生矣。

天地之合和，陰陽之陶化萬物，皆乘一氣者也。（"物、氣"物部）是故上下離心，氣乃上蒸；（"心、蒸"侵蒸合韻）君臣不和，五穀不爲。（"和、爲"歌部）距日冬至四十六日，天含和而未降，地懷氣而未揚，（"降、揚"冬陽合韻）陰陽儲與，呼吸浸潭，包裹風俗，馴酌萬殊，旁薄眾宜，以相嘔咐醞釀，而成育群生。是故春肅秋榮，冬雷夏霜，皆賊氣之所生。（"釀、生、榮、霜、生"陽耕合韻）由此觀之，天地宇宙，一人之身也；六合之内，一人之[刑]①（制）也。（"身、刑"真耕合韻）是故明於性者，天地不能脅也；審於符者，怪物不能惑也。（"脅、惑"盍職合韻）

故聖人者，由近知遠，而萬殊爲一。古之人，同氣于天地，與一世而優游。當此之時，無慶[賞]（賀）之利、刑罰之威，禮義廉恥不設，毁譽仁鄙不立，而萬民莫相侵欺暴虐，猶在于混冥之中。逮至衰世，人眾財寡，事力勞而養不足，於是忿爭生，是以貴仁。仁鄙不齊，比周朋黨，設詐諝，懷機械巧故之心，而性失矣，是以貴義。陰陽之情，莫不有血氣之感，男女群居雜處而無別，是以貴禮。性命之情，淫而相脅，以不得已，則不和，是以貴樂。

是故仁義禮樂者，可以救敗而非通治之至也。夫仁者，所以救爭也；義者，所以救失也；禮者，所以救淫也；樂者，所以救憂也。神明定於天下而心反其初，心反其初而民性善，民性善而天地陰陽從而包之，則財足而人贍矣，貪鄙忿爭不得生焉。由此觀之，則仁義不用矣。道德定於天下而民純樸，則目不營於色，耳不淫於聲，坐俳而歌謠，被髮而浮游。雖有毛嬙、西施之色，不知悦也；掉羽、武象[之樂]，不知樂也。淫泆無別，不得生焉。由此觀之，禮樂不

---

① 據王念孫説改。

用也。

是故德衰然後仁生,行沮然後義立,和失然後聲調,禮淫然後容飾。是故知神明,然後知道德之不足為也;知道德,然後知仁義之不足行也;知仁義,然後知禮樂之不足脩也。今背其本而求其末,釋其要而索之于詳,未可與言至也。

天地之大,可以矩表識也;星月之行,可以歷推得也;("識、得"職部)雷霆之聲,可以鼓鍾寫也;風雨之變,可以音律知也。("寫、知"魚支合韻)是故大可覩者,可得而量也;("覩、量"魚陽通韻)明可見者,可得而蔽也;("見、蔽"元月通韻)聲可聞者,可得而調也;色可察者,可得而別也。("察、別"月部)夫至大,天地弗能含也;至微,神明弗能領也。("含、領"侵耕合韻)及至建律歷,別五色,異清濁,味甘苦,則樸散而為器矣。("歷、色、濁、器"錫職屋質合韻)立仁義,脩禮樂,則德遷而為偽矣。("義、偽"歌部)及偽之生也,飾智以驚愚,設詐以巧上。天下有能持之者、有能治之者也。("持、治"之部)昔者蒼頡作書而天雨粟,鬼夜哭;("粟、哭"屋部)伯益作井而龍登玄雲,神棲崑崙;("雲、崙"文部)能愈多而德愈薄矣。故周鼎著倕使齕其指,以明大巧之不可為也。("指、為"脂歌合韻)

故至人之治也,心與神處,形與性調,靜而體德,動而理通,("調、通"幽東合韻)隨自然之性而緣不得已之化,洞然無為而天下自和,("為、和"歌部)澹然無欲而民自樸,("欲、樸"屋部)無機祥而民不夭,不忿爭而養足,兼苞海內,澤及後世,不知為之者誰何?("世、何"月歌通韻)是故生無號,死無諡,實不聚而名不立。施者不德,受者不讓,德交歸焉而莫之充忍也。故德之所總,道弗能害也;智之所不知,辯弗能解也。("知、解"支部)不言之辯,不道之道,若或通焉,謂之天府。("道、府"幽侯合韻)取焉而不損,酌焉而不竭,莫知其所由出,("損、出"文物通韻)是謂瑶光。瑶光者,資糧萬物者也。振困窮,補不足,則名生;興利除害,伐亂禁暴,則功成。("生、成"耕部)世無災害,雖神無所施其德;上下和輯,雖賢無所立其功。昔容成氏之時,道路鴈行列處,託嬰兒於巢上,置餘糧於畮首,("處、首"魚幽合韻)虎豹可尾,虺蛇可蹍,而不知其所由然。("蹍、然"元部)

逮至堯之時,十日並出,焦禾稼,殺草木,而民無所食。猰貐、鑿齒、九嬰、大風、封豨、脩蛇,皆為民害。堯乃使羿誅鑿齒於疇華之野,殺九嬰於凶水之上,繳大風於青丘之澤,("野、上、澤"魚陽鐸通韻)上射十日而下殺猰貐,斷脩蛇於洞庭,擒封豨於桑林。萬民皆喜,置堯以為天子。於是天下廣狹、險易、遠近,始有道里。("喜、子、里"之部)舜之時,共工振滔洪水,以薄空桑,龍門未開,呂梁未發,江淮通流,四海溟涬,民皆上丘陵,赴樹木。舜乃使禹疏三江五湖,闢伊闕,導㕟澗,平通溝陸,流注東海。鴻水漏,九州乾,萬民皆寧其性。是以稱堯舜以為聖。("性、聖"耕部)

晚世之時,帝有桀紂,為璇室、瑶臺、象廊、玉牀。紂為肉圃、酒池,燎焚天下之財,罷苦萬民之力,("財、力"之職通韻)刳諫者,剔孕婦,攘天下,("者、下"魚部)虐百姓。於是湯乃以革車三百乘,伐桀于南巢,放之夏臺。("巢、臺"宵之合韻)武王甲卒三千,破紂牧野,殺之于宣室。("千、室"真質通韻)天下寧定,百姓和集,是以稱湯武之賢。("定、賢"耕真合韻)由此觀之,有賢聖之名者,必遭亂世之患也。("觀、患"元部)

今至人生亂世之中,含德懷道,拘無窮之智,鉗口寢説,遂不言而死者,眾矣。然天下莫知貴其不言也。故道可道,非常道;("道、道"幽部)名可名,非常名。("名、名"耕部)著於竹帛,鏤於金石,

("**帛、石**"鐸部)可傳於人者,其粗也。五帝三王,殊事而同指,異路而同歸。("**指、歸**"脂微合韻)晚世學者,不知道之所一體,德之所總要,取成之跡,相與危坐而説之,鼓歌而舞之,故博學多聞而不免於惑。《詩》云:"不敢暴虎,不敢馮河,人知其一,莫知其他。"("**河、他**"歌部)此之謂也。

帝者體太一,王者法陰陽,霸者則四時,君者用六律。秉太一者,牢籠天地,彈壓山川,含吐陰陽,伸曳四時,紀綱八極,經緯六合,覆露照導,普汜無私,蠉飛蠕動,莫不仰德而生。陰陽者,承天地之和,形萬殊之體,("**和、體**"歌脂合韻)含氣化物,以成埒類,("**物、類**"物部)贏縮卷舒,淪於不測,終始虛滿,轉於無原。("**滿、原**"元部)四時者,春生夏長,秋收冬藏,("**長、藏**"陽部)取予有節,出入有時,開闔張歙,不失其敘,喜怒剛柔,不離其理。("**時、叙、理**"之魚合韻)六律者,生之與殺也,賞之與罰也,予之與奪也,("**殺、罰、奪**"月部)非此無道也。故謹於權衡準繩,審乎輕重,足以治其境内矣。

是故體太一者,明於天地之情,通於道德之倫,聰明燿於日月,精神通於萬物,("**月、物**"月物合韻)動静調於陰陽,喜怒和于四時,德澤施于方外,名聲傳于後世。("**外、世**"月部)法陰陽者,德與天地參,明與日月並,精與鬼神總,("**並、總**"陽東合韻)戴圓履方,抱表懷繩,("**方、繩**"陽蒸合韻)内能治身,外能得人,("**身、人**"真部)發號施令,天下莫不從風。則四時者,柔而不脆,剛而不鞼,寬而不肆,肅而不悖,優柔委從,以養群類,其德含愚而容不肖,無所私愛。("**脆、鞼、肆、悖、類、愛**"月物質合韻)用六律者,伐亂禁暴,進賢而廢不肖,("**暴、肖**"藥宵通韻)扶撥以爲正,壞險以爲平,("**正、平**"耕部)矯枉以爲直,明於禁舍開閉之道,乘時因勢以服役人心也。帝者體陰陽則侵,王者法四時則削,霸者節六律則辱,君者失準繩則廢。("削、辱、廢"藥屋月合韻)故小而行大則滔窕而不親,大而行小則陿隘而不容,貴賤不失其體而天下治矣。

天愛其精,地愛其平,人愛其情。("精、平、情"耕部)天之精,日月星辰雷電風雨也;地之平,水火金木土也;人之情,("精、平、情"耕部)思慮聰明喜怒也。("雨、土、怒"魚部)故閉四關,止五遁,則與道淪。("遁、淪"文部)是故神明藏於無形,精神反於至真,("形、真"耕真合韻)則目明而不以視,耳聰而不以聽,口當而不以言,心條達而不以思慮,委而弗為,和而弗矜,真性命之情,而智故不得雜焉。精泄於目則其視明,在於耳則其聽聰,留於口則其言當,集於心則其慮通。("明、聰、當、通"陽東合韻)故閉四關則身無患,百節莫苑。("患、苑"元部)莫死莫生,莫虛莫盈,是謂真人。("生、盈、人"耕真合韻)

凡亂之所由生者,皆在流遁。流遁之所生者五:大構駕,興宮室,延樓棧道,雞棲井榦,標林欑櫨,以相支持,木巧之飾,盤紆刻儼,嬴鏤雕琢,詭文回波,淌游瀷淢,("飾、琢、淢"職屋合韻)菱杼絻抱,芒繁亂澤,巧偽紛挐,以相摧錯,("澤、錯"鐸部)此遁於木也。鑿汙池之深,肆畛崖之遠,來谿谷之流,飾曲岸之際,積牒旋石,以純脩碕,抑減怒瀨,以揚激波,("遠、際、碕、波"元月歌通韻)曲拂邅回,以像潤浯,益樹蓮菱,以食鱉魚,鴻鵠鸀鴋,稻粱饒餘,龍舟鷁首,浮吹以娛,("浯、魚、餘、娛"魚部)此遁於水也。高築城郭,設樹險阻,("郭、阻"鐸魚通韻)崇臺榭之隆,侈苑囿之大,以窮要妙之望,魏闕之高,上際青雲,大廈曾加,擬於崑崙,("雲、崙"文部)脩為牆垣,甬道相連,殘高增下,積土為山,接徑歷遠,直道夷險,終日馳騖,而無蹪蹈之患,("垣、連、山、遠、險、患"元談合韻)此遁於土也。

大鍾鼎,美重器,華蟲疏鏤,以相繆紾,寢兕伏虎,蟠龍連組,("**虎、組**"魚部)焜昱錯眩,照燿煇煌,偃寋蓼糾,曲成文章,雕琢之飾,鍛錫文鐃,乍晦乍明,("**煌、章、明**"陽部)抑微滅瑕,霜文沈居,若簟蘧蒢,纏錦經冗,以數而疏,("**瑕、居、蒢、疏**"魚部)此遁於金也。煎熬焚炙,調齊和之適,以窮荊吳甘酸之變,焚林而獵,燒燎大木,鼓橐吹埵,以銷銅鐵,靡流堅鍛,無獸足日,("**鐵、日**"質部)山無峻榦,林無柘梓,燎木以為炭,("**鍛、榦、炭**"元部)燔草而為灰,野莽白素,不得其時,上掩天光,下珍地財,("**灰、時、財**"之部)此遁於火也。此五者,一足以亡天下矣。("**五、下**"魚部)

是故古者明堂之制,下之潤溼弗能及,上之霧露弗能入,四方之風弗能襲;("**及、入、襲**"緝部)土事不文,木工不斲,金器不鏤;("**斲、鏤**"屋侯通韻)衣無隅差之削,冠無觚蠃之理;堂大足以周旋、理文,靜潔足以饗上帝、禮鬼神,("**文、神**"文真合韻)以示民知儉節。夫聲色五味,遠國珍怪,瓌異奇物,("**味、物**"物部)足以變易心志,("**怪、志**"之部)搖蕩精神,感動血氣者,不可勝計也。夫天地之生財也,本不過五,聖人節五行,則治不荒。("**行、荒**"陽部)

凡人之性,心和欲得則樂,樂斯動,動斯蹈,蹈斯蕩,蕩斯歌,歌斯舞,歌舞節則禽獸跳矣。人之性,心有憂喪則悲,悲則哀,("**悲、哀**"微部)哀斯憤,憤斯怒,怒斯動,動則手足不靜矣。("**動、靜**"東耕合韻)人之性,有侵犯則怒,怒則血充,血充則氣激,氣激則發怒,發怒則有所釋憾矣。故鍾鼓管簫,干鏚羽旄,("**簫、旄**"宵幽合韻)所以飾喜也。衰絰苴杖,哭踊有節,所以飾哀也。兵革羽旄,金鼓斧鉞,所以飾怒也。必有其質,乃為之文。

古者聖人在上,政教平,仁愛洽,上下同心,君臣輯睦,衣食有餘,家給人足,("**洽、睦、足**"緝、覺屋合韻)父慈子孝,兄良弟順,生者不怨,死者不恨,("順、恨"文部)天下和洽,人得其願。("怨、願"元部)夫人相樂,無所發貺,故聖人為之作樂以和節之。末世之政,田漁重稅,關市急征,澤梁畢禁,網罟無所布,耒耜無所設,民力竭於徭役,財用殫於會賦,居者無食,行者無糧,老者不養,死者不葬,("糧、養、葬"陽部)贅妻鬻子,以給上求,猶弗能贍,愚夫惷婦皆有流連之心,悽愴之志,乃(使)始為之撞大鍾,擊鳴鼓,吹竽笙,彈琴瑟,失樂之本矣。

古者上求薄而民用給,君施其德,臣盡其忠,父行其慈,("德、慈"職之通韻)子竭其孝,各致其愛,而無憾恨其間。夫三年之喪,非強而致之,聽樂不樂,食旨不甘,思慕之心未能絕也。晚世風流俗敗,嗜慾多,禮義廢,("敗、多、廢"月歌通韻)君臣相欺,父子相疑,("欺、疑"之部)怨尤充胷,思心盡亡,被衰戴絰,戲笑其中,("胷、亡、中"東陽冬合韻)雖致之三年,失喪之本也。("年、本"真文合韻)

古者天子一畿,諸侯一同,各守其分,不得相侵。("分、侵"文侵合韻)有不行王道者,暴虐萬民,爭地侵壤,亂政犯禁,("民、禁"真侵合韻)召之不至,令之不行,禁之不止,誨之不變,乃舉兵而伐之,戮其君,易其黨,封其墓,類其社,("黨、墓、社"陽鐸魚通韻)卜其子孫以代之。晚世務廣地侵壤,并兼無已,舉不義之兵,("壤、兵"陽部)伐無罪之國,("已、國"之職通韻)殺不辜之民,絕先聖之後,大國出攻,小國城守,("後、守"侯幽合韻)驅人之牛馬,僇人之子女,("馬、女"魚部)毀人之宗廟,遷人之重寶,("廟、寶"宵幽合韻)血流千里,暴骸滿野,("里、野"之魚合韻)以贍貪主之欲,非兵之所為生也。

故兵者,所以討暴,非所以為暴也。樂者,所以致和,非所以為淫也。喪者，所以盡哀，非所以為偽也。故事親有道矣，而愛為務；（"**道、務**"幽侯合韻）朝廷有容矣，而敬為上；（"**容、上**"東陽合韻）處喪有禮矣，而哀為主；（"**禮、主**"脂侯合韻）用兵有術矣，而義為本。（"**術、本**"物文通韻）本立而道行，本傷而道廢。

第九卷　主術訓

人主之術，處無為之事，而行不言之教，清静而不動，一度而不搖，因循而任下，責成而不勞。（"**教、搖、勞**"宵部）是故心知規而師傅諭導，口能言而行人稱辭，足能行而相者先導，（"**導、導**"幽部）耳能聽而執正進[謀]①（諫）。（"**辭、謀**"之部）是故慮無失策，謀無過事，言為文章，行為儀表於天下，進退應時，動静循理，不為醜美好憎，不為賞罰喜怒，名各自名，類各自類，事猶自然，莫出於己。（"**事、下、理、怒、己**"之魚合韻）

故古之王者，冕而前旒，所以蔽明也；鉱纊塞耳，所以掩聰；天子外屏，所以自障。（"**明、聰、障**"陽東合韻）故所理者遠，則所在者邇；所治者大，則所守者小。夫目妄視則淫，耳妄聽則惑，口妄言則亂。夫三關者，不可不慎守也。若欲規之，乃是離之；（"**規、離**"支歌合韻）若欲飾之，乃是賊之。（"**飾、賊**"職部）

天氣為魂，地氣為魄。反之玄房，各處其宅。（"**魄、宅**"鐸部）守而勿失，上通太一，（"**失、一**"質部）太一之精，通於天道。天道玄默，無容無則。大不可極，深不可測。尚與人化，知不能得。（"**默、則、極、測、得**"職部）

---

① 據高注或本改。

昔者，神農之治天下也，神不馳於胷中，智不出於四域，懷其仁成之心。（"**中、心**"冬侵合韻）甘雨時降，五穀蕃植，春生夏長，秋收冬藏。月省時考，歲終獻功，以時嘗穀，祀于明堂。明堂之制，有蓋而無四方，風雨不能襲，寒暑不能傷，遷延而入之，（"**襲、入**"緝部）養民以公。（"**長、藏、功、堂、方、傷、公**"陽東合韻）其民樸重端慤，不忿爭而財足，（"**慤、足**"屋部）不勞形而功成，（"**形、成**"耕部）因天地之資而與之和同。（"**成、同**"耕東合韻）是故威厲而不殺，（"**厲、殺**"月部）刑錯而不用，法省而不煩，（"**殺、煩**"月元通韻）故其化如神，其地南至交阯，北至幽都，東至暘谷，西至三危，莫不聽從。當此之時，法寬刑緩，（"**寬、緩**"元部）囹圄空虛，（"**圄、虛**"魚部）而天下一俗，莫懷姦心。

末世之政則不然。上好取而無量，下貪狠而無讓。（"**量、讓**"陽部）民貧苦而忿爭，事力勞而無功。（"**爭、功**"耕東合韻）智詐萌興，盜賊滋彰；上下相怨，號令不行。（"**彰、行**"陽部）執政有司不務反道，矯拂其本而事脩其末，削薄其德，曾累其刑，而欲以為治，（"**德、治**"職之通韻）無以異於執彈而來鳥，捭挩而狎犬也，亂乃逾甚。

夫水濁則魚噞，政苛則民亂。（"**噞、亂**"談元合韻）故夫養虎豹犀象者，為之圈檻，供其嗜欲，適其飢飽，違其怒恚，然而不能終其天年者，刑有所劫也。是以上多故則下多詐，（"**故、詐**"魚鐸通韻）上多事則下多態，（"**事、態**"之部）上煩擾則下不定，上多求則下交爭。（"**定、爭**"耕部）不直之於本，而事之於末，譬猶揚堁而弭塵、（"**本、塵**"文真合韻）抱薪以救火也。（"**末、火**"月微合韻）

故聖人事省而易治，求寡而易贍，不施而仁，不言而信，不求而得，不為而成，塊然保真，抱德推誠，天下從之，如響之應聲，景之像形，（"**仁、信、成、真、誠、聲、形**"真耕合韻）其所修者本也。刑罰不

足以移風,殺戮不足以禁姦,唯神化為貴,至精為神。("**姦**、**神**"元真合韻)

夫疾呼不過聞百步,志之所在,踰于千里。("**在**、**里**"之部)冬日之陽,夏日之陰,萬物歸之,而莫使之然。("**陰**、**然**"侵元合韻)故至精之像,弗招而自來,不麾而自往,("**像**、**往**"陽部)窈窈冥冥,不知為之者誰,而功自成。智者弗能誦,辯者弗能形。("**冥**、**成**、**形**"耕部)

昔孫叔敖恬臥,而郢人無所害其鋒;市南宜遼弄丸,而兩家之難無所關其辭;鞞鞈鐵鎧,瞋目扼腕,其於以御兵刃,縣矣。("**腕**、**縣**"元部)券契束帛,刑罰斧鉞,其於以解難,("**鉞**、**難**"月元通韻)薄矣。("**帛**、**薄**"鐸部)待目而照見,待言而使令,其於為治,難矣。("**見**、**難**"元部)蘧伯玉為相,子貢往觀之,曰:"何以治國?"曰:"以弗治治之。"簡子欲伐衛,使史黯往觀焉,還報曰:"蘧伯玉為相,未可以加兵。"("**相**、**兵**"陽部)固塞險阻,何足以致之?故皋陶瘖而為大理,天下無虐刑,有貴于言者也。師曠瞽而為太宰,("**理**、**宰**"之部)晉無亂政,("**刑**、**政**"耕部)有貴于見者也。("**言**、**見**"元部)故不言之令,不視之見,此伏犧、神農之所以為師也。

故民之化也,不從其所言而從其所行。故齊莊公好勇,不使鬥爭,而國家多難,其漸至于崔杼之亂。("**難**、**亂**"元部)傾襄好色,不使風議,而民多昏亂,其積至昭奇之難。("**亂**、**難**"元部)

故至精之所動,若春氣之生、秋氣之殺也,雖馳傳騖置,不若此其巫。("**置**、**巫**"職部)故君人者,其猶射者乎?於此毫末,於彼尋常矣。故慎所以感之也。夫榮啟期一彈,而孔子三日樂,感于和;鄒忌一徽,而威王終夕悲,感于憂。("**和**、**憂**"歌幽合韻)動諸琴瑟,形諸音聲,而能使人為之哀樂,縣法設賞而不能移風易俗者,其誠心弗施也。甯戚商歌車下,桓公喟然而寤矣,("下、寤"魚部)至精入人深矣。

故曰樂,聽其音則知其俗,見其俗則知其化。孔子學鼓琴於師襄,而諭文王之志,見微以知明矣。("襄、明"陽部)延陵季子聽魯樂,而知殷夏之風,論近以識遠也。作之上古,施及千歲,而文不滅,("歲、滅"月部)況於並世化民乎?

湯之時,七年旱,以身禱於桑林之際,而四海之雲湊,千里之雨至。("際、至"月質合韻)抱質效誠,感動天地,神諭方外,令行禁止,豈足為哉?("地、外、為"歌月通韻)

古聖王至精形於內,而好憎忘於外,("內、外"物月合韻)出言以副情,發號以明旨,陳之以禮樂,風之以歌謠,業貫萬世而不壅,橫扃四方而不窮,("壅、窮"東冬合韻)禽獸昆蟲,與之陶化,又況於執法施令乎?

故太上神化,其次使不得為非,其次賞賢而罰暴。

衡之於左右,無私輕重,故可以為平。繩之於內外,無私曲直,故可以為正。人主之於用法,無私好憎,故可以為命。("平、正、命"耕部)夫權輕重不差黍首,扶撥枉橈不失針鋒,直施矯邪不私辟險,姦不能枉,讒不能亂,德無所立,怨無所藏,("枉、亂、藏"陽元合韻)是任術而釋人心者也,故為治者不與焉。

夫舟浮於水,車轉於陸,此勢之自然也。木擊折轊,水戾破舟,不怨木石而罪巧拙者,知故不載焉。

是故道有智則惑,德有心則險,心有目則眩。兵莫憯於志而莫邪為下,寇莫大於陰陽而枹鼓為小。今夫權衡規矩,一定而不易,不為秦楚變節,不為胡越改容,常一而不邪,方行而不流,一日刑之,萬世傳之,而以無為為之。故國有亡主,而世無廢道;("主、道"

侯幽合韻）人有困窮，而理無不通。（"窮、通"冬東合韻）由此觀之，無爲者，道之宗。故得道之宗，應物無窮；（"宗、窮"冬部）任人之才，難以至治。（"才、治"之部）

湯武，聖主也，而不能與越人乘幹舟而浮於江湖；伊尹，賢相也，而不能與胡人騎騵馬而服駒騄；孔墨博通，而不能與山居者入榛薄險阻也。（"湖、騄、阻"魚部）由此觀之，則人知之於物也淺矣。而欲以徧照海内，存萬方，不因道之數，而專己之能，則其窮不[遠]①（達）矣。（"淺、遠"元部）故智不足以治天下也。桀之力，別觡伸鉤，索鐵歙金，推移大犧，水殺黿鼉，陸捕熊羆。（"犧、鼉、羆"歌部）然湯革車三百乘，困之鳴條，擒之焦門。由此觀之，勇力不足以持天下矣。智不足以爲治，勇不足以爲强，則人材不足任，明也。（"强、明"陽部）而君人者不下廟堂之上，而知四海之外者，因物以識物，因人以知人也。

故積力之所舉，則無不勝也；衆智之所爲，則無不成也。（"勝、成"蒸耕合韻）埳井之無黿鼉，隘也；園中之無脩木，小也。夫舉重鼎者，力少而不能勝也，及至其移徙之，不待其多力者。（"勝、力"蒸職通韻）故千人之羣無絶梁，萬人之聚無廢功。（"梁、功"陽東合韻）

夫華騮、緑耳，一日而至千里，（"耳、里"之部）然其使之搏兔，不如豺狼，伎能殊也。（"兔、殊"魚侯合韻）鴟夜撮蚤蚊，察分秋毫，晝日顛越，不能見丘山，形性詭也。（"越、詭"月歌通韻）夫螣蛇游霧而動，應龍乘雲而舉，猨得木而捷，魚得水而鶩。（"舉、鶩"魚侯合韻）故古之爲車也，漆者不畫，鑿者不斲。（"畫、斲"錫屋合韻）工

---

① 據王念孫説改。

無二伎,士不兼官,各守其職,不得相姦。人得其宜,物得其安,是以器械不苦,而職事不嫚。("官、姦、安、嫚"元部)

夫責少者易償,職寡者易守,任輕者易權。上操約省之分,下效易為之功,是以君臣彌久而不相猒。("權、猒"元談合韻)

君人之道,其猶零星之尸也,儼然玄默,而吉祥受福。("默、福"職部)是故得道者不為醜飾,不為偽善,一人被之而不褒,萬人蒙之而不褊。("善、褊"元部)是故重為惠若重為暴,則治道通矣。

為惠者尚布施也,無功而厚賞,無勢而高爵,則守職者懈於官,而游居者亟於進矣。("官、進"元真合韻)為暴者妄誅也,無罪者而死亡,行直而被刑,("亡、刑"陽耕合韻)則修身者不勸善,而為邪者輕犯上矣。("善、上"元陽合韻)故為惠者生姦,而為暴者生亂,("姦、亂"元部)姦亂之俗,亡國之風。

是故明主之治,國有誅者而主無怒焉,朝有賞者而君無與焉。("怒、與"魚部)誅者不怨君,罪之所當也。賞者不德上,功之所致也。民知誅賞之來,皆在於身也,故務功修業,不受贛於君。("身、君"真文合韻)是故朝廷蕪而無迹,田野辟而無草,故太上下知有之。

今夫橋直植立而不動,俛仰取制焉;人主靜漠而不躁,百官得修焉。譬而軍之持麾者,妄指則亂矣。慧不足以大寧,智不足以安危。("麾、亂、危"歌元通韻)與其譽堯而毀桀也,不如掩聰明而反修其道也。清靜無為則天與之時,廉儉守節則地生之財,處愚稱德則聖人為之謀。("時、財、謀"之部)是故下者萬物歸之,虛者天下遺之。("歸、遺"微部)

夫人主之聽治也,清明而不暗,虛心而弱志。("治、志"之部)是故羣臣輻湊並進,無愚智賢不肖,莫不盡其能。於是乃始陳其禮,建以為基。("能、基"之部)是乘眾勢以為車,御眾智以為馬,雖幽野險塗,("車、馬、塗"魚部)則無由惑矣。人主深居隱處以避燥溼,閨門重襲以避姦賊,("惑、賊"職部)內不知閭里之情,外不知山澤之形;("情、形"耕部)帷幕之外,目不能見十里之前,耳不能聞百步之外,天下之物無不通者,其灌輸之者大而斟酌之者眾也。("通、眾"東冬合韻)是故不出戶而知天下,("戶、下"魚部)不窺牖而知天道。("牖、道"幽部)乘眾人之智,則天下之不足有也;專用其心,則獨身不能保也。("有、保"之幽合韻)

是故人主覆之以德,不行其智,而因萬人之所利。夫舉踵天下而得所利,故百姓載之上,弗重也;錯之前,弗害也。舉之而弗高也,推之而弗猒也。

主道員者,運轉而無端,("員、端"元部)化育如神,虛無因循,常後而不先也。("神、循、先"真文合韻)臣道(員者運轉而無)方者,論是而處當,為事先倡,守職分明,以立成功。("方、當、倡、明、功"陽東合韻)是故君臣異道則治,同道則亂。各得其宜,處其當,則上下有以相使也。夫人主之聽治也,虛心而弱意,清明而不闇,是故羣臣輻湊並進,無愚智賢不肖莫不盡其能者,則君得所以制臣,臣得所以事君,("臣、君"真文合韻)治國之道明矣。

文王智而好問,故聖;武王勇而好問,故勝。("聖、勝"耕蒸合韻)夫乘眾人之智,則無不任矣;用眾人之力,則無不勝也。("任、勝"侵蒸合韻)千鈞之重,烏獲不能舉也;("重、舉"東魚合韻)眾人相一,則百人有餘力矣。("一、力"質職合韻)是故任一人之力者,則烏獲不足恃;乘眾人之制者,則天下不足有也。("力、恃、有"職之通韻)

禹決江疏河,以為天下興利,而不能使水西流。稷辟土墾草,以為百姓力農,然不能使禾冬生。豈其人事不至哉?其勢不可也。夫推而不可為之勢,而不脩道理之數,雖神聖人不能以成其功,而況當世之主乎!("**數、主**"侯部)

夫載重而馬羸,雖造父不能以致遠;("**羸、遠**"歌元通韻)車輕馬良,雖中工可使追速。("**良、速**"陽屋合韻)是故聖人舉事也,豈能拂道理之數,詭自然之性,以曲為直,以屈為伸哉?("**性、伸**"耕真合韻)未嘗不因其資而用之也。

是以積力之所舉,無不勝也;而眾智之所為,無不成也。("**勝、成**"蒸耕合韻)聾者可令嚌筋,而不可使有聞也;("**筋、聞**"文部)瘖者可使守圉,而不可使[通語]①(言)也。("**圉、語**"魚部)形有所不周而能有所不容也。是故有一形者處一位,有一能者服一事。力勝其任,則舉之者不重也;能稱其事,則為之者不難也。毋大小脩短,各得其宜,則天下一齊,無以相過也。("**宜、過**"歌部)聖人兼而用之,故無棄才。

人主貴正而尚忠,忠正在上位,執正營事,則讒佞姦邪無由進矣。譬猶方員之不相蓋,而曲直之不相入。夫鳥獸之不可同羣者,其類異也;虎鹿之不同游者,力不敵也。("**異、敵**"職錫合韻)是故聖人得志而在上位,讒佞姦邪而欲犯主者,譬猶雀之見鸇而鼠之遇狸也,亦必無餘命矣。是故人主之一舉也,不可不慎。("**命、慎**"耕真合韻)所任者得其人,則國家治,上下和,羣臣親,百姓附。所任非其人,則國家危,上下乖,("**危、乖**"歌微合韻)羣臣怨,百姓亂。("**怨、亂**"元部)故一舉而不當,終身傷。("**當、傷**"陽部)

得失之道,權要在主。是故繩正於上,木直於下,非有事焉,所

---

① 據王念孫說改。

緣以修者然也。故人主誠正,則直士任事,而姦人伏匿矣;人主不正,則邪人得志,("事、志"之部)忠者隱蔽矣。("匿、蔽"職月合韻)夫人之所以莫抓玉石,而抓瓜瓠者,("石、瓠"鐸魚通韻)何也?無得於玉石,弗犯也。使人主執正持平,如從繩準高下,則羣臣以邪來者,猶以卵投石,以火投水。故靈王好細腰而民有殺食自飢也,越王好勇而民皆處危爭死也。("飢、死"脂部)由此觀之,權勢之柄,其以移風易俗矣。堯為匹夫,不能仁化一里;桀在上位,令行禁止。("里、止"之部)由此觀之,賢不足以為治,而勢可以易俗,明矣。《書》曰:"一人有慶,萬民賴之。"此之謂也。

天下多眩於名聲,而寡察其實,是故處人以譽尊,而游者以辯顯。("尊、顯"文元合韻)察其所尊顯,無他故焉,人主不明分數利害之地,而賢眾口之辯也。("地、辯"歌元通韻)

治國則不然。言事者必究於法,而為行者必治於官。上操其名,以責其實;臣守其業,以效其功。言不得過其實,行不得踰其法,羣臣輻湊,莫敢專君。事不在法律中,而可以便國佐治,必參五行之,陰考以觀其歸,並用周聽以察其化,("歸、化"微歌合韻)不偏一曲,不黨一事,是以中立而徧運照海內,羣臣公正,莫敢為邪,百官述職,務致其公迹也。主精明於上,官勸力於下,("上、下"陽魚通韻)姦邪滅迹,庶功日進,是以勇者盡於軍。("進、軍"真文合韻)

亂國則不然。有眾咸譽者無功而賞,守職者無罪而誅。主上闇而不明,羣臣黨而不忠,說談者游於辯,脩行者競於往。("明、忠、往"陽冬合韻)主上出令,則非之以與;法令所禁,則犯之以邪。("與、邪"魚部)為智者務為巧詐,為勇者務於鬥爭。大臣專權,下吏持勢,朋黨比周,以弄其上。國雖若存,古之人曰亡矣。("上、亡"陽部)且夫不治官職,而被甲兵,不隨南畝,而有賢聖之聲者,

("兵、聲"陽耕合韻)非所以都於國也。("職、畝、國"職之通韻)騏驥、騄駬,天下之疾馬也,("駬、馬"之魚合韻)驅之不前,引之不止,雖愚者不加體焉。("止、體"之脂合韻)今治亂之機,轍迹可見也,而世主莫之能察,此治道之所以塞。

權勢者,人主之車輿;爵禄者,人臣之轡銜也。是故人主處權勢之要,而持爵禄之柄,審緩急之度,而適取予之節,是以天下盡力而不倦。夫臣主之相與也,非有父子之厚、骨肉之親也,而竭力殊死,不辭其軀者,何也?勢有使之然也。

昔者豫讓,中行文子之臣。智伯伐中行氏,并吞其地,豫讓背其主而臣智伯。智伯與趙襄子戰於晉陽之下,身死為戮,國分為三。豫讓欲報趙襄子,漆身為厲,吞炭變音,擿齒易貌。夫以一人之心而事兩主,或背而去,或欲身徇之,豈其趨捨厚薄之勢異哉?人之恩澤使之然也。

紂兼天下,朝諸侯,人迹所及,舟楫所通,莫不賓服。然而武王甲卒三千人,擒之於牧野。豈周民死節而殷民背叛哉?其主之德義厚而號令行也。("叛、行"元陽合韻)

夫疾風而波興,木茂而鳥集,相生之氣也。是故臣不得其所欲於君者,君亦不能得其所求於臣。("君、臣"文真合韻)君臣之施者,相報之勢也。("施、勢"歌月通韻)是故臣盡力死節以與君,君計功垂爵以與臣。("君、臣"文真合韻)是故君不能賞無功之臣,臣亦不能死無德之君。("臣、君"真文合韻)君德不下流於民而欲用之,如鞭蹏馬矣。是猶不待雨而求熟稼,必不可之數也。("馬、稼、數"魚侯合韻)

君人之道,處靜以修身,儉約以率下。靜則下不擾矣,("下、擾"魚幽合韻)儉則民不怨矣。下擾則政亂,("怨、亂"元部)民怨則

德薄。政亂則賢者不為謀,德薄則勇者不為死。("**謀、死**"之脂合韻)

是故人主好鷙鳥猛獸,珍怪奇物,狡躁康荒,不愛民力,馳騁田獵,出入不時,如此則百官務亂,事勤財匱,萬民愁苦,生業不脩矣。人主好高臺深池,雕琢刻鏤,黼黻文章,絺綌綺繡,寶玩珠玉,則賦斂無度,而萬民力竭矣。

堯之有天下也,非貪萬民之富而安人主之位也,以為百姓力征,強凌弱,眾暴寡。於是堯乃身服節儉之行,而明相愛之仁,以和輯之。是故茅茨不翦,采椽不斲,大路不畫,越席不緣,太羹不和,粢食不毇,("**和、毇**"歌微合韻)巡狩行教,勤勞天下,("**教、下**"宵魚合韻)周流五嶽,豈其奉養不足樂哉?("**嶽、樂**"屋藥合韻)舉天下而以為社稷,非有利焉。年衰志憫,舉天下而傳之舜,("**憫、舜**"文部)猶却行而脫蹝也。

衰世則不然。一日而有天下之富,處人主之勢,則竭百姓之力,("**富、力**"職部)以奉耳目之欲,志專在于宮室臺榭,陂池苑囿,猛獸熊羆,玩好珍怪。("**囿、怪**"之部)是故貧民糟糠不接於口,而虎狼熊羆獣馲豢;百姓短褐不完,("**豢、完**"元部)而宮室衣錦繡。("**口、繡**"侯幽合韻)人主急茲無用之功,百姓黎民顛頓於天下,是故使天下不安其性。

人主之居也,如日月之明也,("**居、明**"魚陽通韻)天下之所同側目而視,側耳而聽,延頸舉踵而望也。是故非澹漠無以明德,非寧靜無以致遠,非寬大無以兼覆,非慈厚無以懷眾,("**覆、眾**"覺冬通韻)非平正無以制斷。("**遠、斷**"元部)

是故賢主之用人也,猶巧工之制木也,大者以為舟航柱梁,小者以為楫楔,修者以為櫩榱,短者以為朱儒枅櫨。("**梁、櫨**"陽魚通韻)無小大脩短,各得其所宜;規矩方圓,("短、圓"元文合韻)各有所施。("宜、施"歌部)天下之物,莫凶於雞毒,然而良醫橐而藏之,有所用也。("毒、用"覺東合韻)是故林莽之材,猶無可棄者,而況人乎!("棄、人"質真通韻)今夫朝廷之所不舉,鄉曲之所不譽,("舉、譽"魚部)非其人不肖也,其所以官之者非其職也。鹿之上山,獐不能跂也,及其下,牧豎能追之,才有所脩短也。是故有大略者,不可責以捷巧;有小智者,不可任以大功。人有其才,物有其形,有任一而太重,或任百而尚輕。("形、輕"耕部)是故審毫釐之計者,必遺天下之大數;不失小物之選者,或於大事之舉。譬猶狸之不可使搏牛,虎之不可使搏鼠也。("數、舉、鼠"侯魚合韻)今人之才,或欲平九州,并方外,存危國,繼絕世,("外、世"月部)志在直道正邪,決煩理挐,("邪、挐"魚部)而乃責之以閨閤之禮、奧窔之間,或佞巧小具,諂進愉說,隨鄉曲之俗卑,下眾人之耳目,而乃任之以天下之權、治亂之機,是猶以斧劗毛,以刀抵木也,皆失其宜也。

人主者,以天下之目視,以天下之耳聽,以天下之智慮,以天下之力爭,("聽、爭"耕部)是故號令能下究而臣情得上聞。百官修通,群臣輻湊,喜不以賞賜,怒不以罪誅。("湊、誅"侯部)是故威厲立而不廢,聰明先而不弊,("廢、弊"月部)法令察而不苛,耳目達而不闇,善否之情,日陳於前而無所逆。是故賢者盡其智,而不肖者竭其力;德澤兼覆而不偏,群臣勸務而不怠;近者安其性,遠者懷其德。("力、怠、德"職之通韻)

所以然者何也?得用人之道,而不任己之才者也。故假輿馬者,足不勞而致千里;乘舟檝者,不能游而絕江海。("里、海"之部)夫人主之情,莫不欲總海內之智,盡眾人之力,然而群臣志達效忠者,希不困其身。使言之而是,雖在褐夫芻蕘,猶不可棄也;使言之而非也,雖在卿相人君,揄策于廟堂之上,未必可用。是非之所在,不可以貴賤尊卑論也。是明主之聽於羣臣,其計乃可用,不羞其位;其言可行,不責其辯。闇主則不然。所愛習親近者,雖邪枉不正,不能見也;疏遠卑賤者,雖竭力盡忠,不能知也。有言者窮之以辭,有諫者誅之以罪。如此而欲照海内、存萬方,是猶塞耳而聽清濁,掩目而視青黃也,(**"方、黃"陽部**)其離聰明則亦遠矣。

法者,天下之度量而人主之準繩也。縣法者,法不法也;設賞者,賞當賞也。法定之後,中程者賞,缺繩者誅;尊貴者不輕其罰,而卑賤者不重其刑;犯法者雖賢必誅,中度者雖不肖必無罪。是故公道通而私道塞矣。

古之置有司也,所以禁民,使不得自恣也;其立君也,所以剬有司,使無專行也;法籍禮義者,所以禁君,使無擅斷也。人莫得自恣則道勝,道勝而理達矣,故反於無為。無為者,非謂其凝滯而不動也,以其言莫從己出也。

夫寸生於棃,棃生於日,日生於形,形生於景,此度之本也。樂生於音,音生於律,律生於風,此聲之宗也。法生於義,義生於眾適,眾適合於人心,此治之要也。故通於本者不亂於末,覩於要者不惑於詳。

法者,非天墮,非地生,發於人間,而反以自正。(**"生、正"耕部**)是故有諸己不非諸人,無諸己不求諸人,(**"人、人"真部**)所立於下者,不廢於上;(**"下、上"魚陽通韻**)所禁於民者,不行於身。(**"民、身"真部**)所謂亡國,非無君也,無法也。變法者,非無法也,有法者而不用,與無法等。是故人主之立法,先自為檢式儀表,故令行於天下。孔子曰:"其身正,不令而行;其身不正,(**"正、正"耕**

部)雖令不從。"("**行、從**"陽東合韻)故禁勝於身,則令行於民矣。
("**身、民**"真部)

聖主之治也,其猶造父之御,齊輯之于轡銜之際,而急緩之于脣吻之和,("**際、和**"月歌通韻)正度于胷臆之中,而執節于掌握之間,内得於心中,外合於馬志,是故能進退履繩,而旋曲中規,取道致遠,而氣力有餘,誠得其術也。是故權勢者,人主之車輿也;大臣者,人主之駟馬也。("**輿、馬**"魚部)體離車輿之安,而手失駟馬之心,而能不危者,("**安、危**"元歌通韻)古今未有也。是故輿馬不調,王良不足以取道;君臣不和,唐虞不能以為治。("**道、治**"幽之合韻)執術而御之,則管晏之智盡矣;明分以示之,則躁蹻之姦止矣。("**示、止**"脂之合韻)

夫據榦而窺井底,雖達視猶不能見其睛;借明於鑑以照之,則寸之分可得而察也。是故明主之耳目不勞,精神不竭,物至而觀其象,事來而應其化,("**竭、化**"月歌通韻)近者不亂,遠者治也。是故不用適然之數,而行必然之道,("**數、道**"侯幽合韻)故萬舉而無遺策矣。

今夫御者,馬體調于車,御心和于馬,("**御、車、馬**"魚部)則歷險致遠,進退周游,莫不如志。雖有騏驥、騄駬之良,臧獲御之,則馬反自恣,而人弗能制矣。

故治者不貴其自是,而貴其不得為非也。("**是、非**"支微合韻)故曰:勿使可欲,毋曰弗求;勿使可奪,毋曰不爭。如此,則人材釋而公道行矣。("**爭、行**"耕陽合韻)美者正於度,而不足者逮於用,故海内可一也。

夫釋職事而聽非譽,棄公勞而用朋黨,("**譽、黨**"魚陽通韻)則奇材佻長而干次,守官者雍遏而不進。("**次、進**"脂真通韻)如此,則民俗亂於國而功臣爭於朝。

故法律度量者，人主之所以執下。（"**量、下**"陽魚通韻）釋之而不用，是猶無轡銜而馳也，羣臣百姓反弄其上。（"**用、上**"東陽合韻）是故有術則制人，無術則制於人。（"**人、人**"真部）吞舟之魚，蕩而失水，則制於螻蟻，離其居也。猨貁失木，而擒於狐狸，非其處也。（"**居、處**"魚部）君人者釋所守而與臣下爭，則有司以無為持位，守職者以從君取容，是以人臣藏智而弗用，反以事轉任其上矣。（"**容、用、上**"東陽合韻）

夫貴富者之於勞也，達事者之於察也，驕恣者之於恭也，勢不及君。君人者不任能，而好自為之，（"**能、之**"之部）則智日困而自負其責也。數窮於下則不能伸理，行墮於國則不能專制，智不足以為治，（"**理、治**"之部）威不足以行誅，則無以與天下交也。（"**誅、交**"侯宵合韻）

喜怒形於心，（者）[耆]欲見於外，則守職者離正而阿上，有司枉法而從風，賞不當功，誅不應罪，上下離心，而君臣相怨矣。是以執政阿主而有過則無以責之。有罪而不誅，則百官煩亂，智弗能解也。（"**責、解**"錫支通韻）毀譽萌生，而明不能照也。不正本而反自修，則人主逾勞，人臣逾逸。是猶代庖宰剝牲，而為大匠斵也。與馬競走，筋絕而弗能及；上車執轡，則馬死于衡下。故伯樂相之，王良御之，（"**相、御**"陽魚通韻）明主乘之。無御相之勞而致千里者，乘於人資以為羽翼也。（"**里、翼**"之職通韻）

是故君人者，無為而有守也，有為而無好也。（"**守、好**"幽部）有為則讒生，有好則諛起。昔者齊桓公好味，而易牙烹其首子而餌之；（"**起、餌**"之部）虞君好寶，而晉獻以璧馬釣之；胡王好音，而秦穆公以女樂誘之。（"**寶、釣、誘**"幽宵合韻）是皆以利見制於人也。

故善建者不拔。

夫火熱而水滅之,金剛而火銷之,木強而斧伐之,水流而土遏之,("**滅、伐、遏**"月部)唯造化者,物莫能勝也。故中欲不出謂之扃,外邪不入謂之塞。("**勝、塞**"蒸職通韻)中扃外閉,何事之不節!("**閉、節**"質部)外閉中扃,何事之不成!("**扃、成**"耕部)弗用而後能用之,弗為而後能為之。精神勞則越,耳目淫則竭。("**越、竭**"月部)故有道之主,滅想去意,清虛以待,不伐之言,不奪之事,循名責實,使自司,("**意、待、事、司**"職之通韻)任而弗詔,責而弗教,("**詔、教**"宵部)以不知為道,以奈何為寶。如此,則百官之事,各有所守矣。("**道、寶、守**"幽部)

攝權勢之柄,其於化民易矣。衛君役子路,權重也;景、桓公臣管、晏,位尊也。怯服勇而愚制智,其所託勢者勝也。故枝不得大於榦,末不得強於本,("**榦、本**"元文合韻)則輕重小大有以相制也。若五指之屬於臂,搏援攫捷,莫不如志,言以小屬於大也。

是故得勢之利者,所持甚小,其存甚大,所守甚約,("**小、約**"宵藥通韻)所制甚廣。是故十圍之木,持千鈞之屋;五寸之鍵,制開闔。豈其材之巨小足哉?("**木、屋、足**"屋部)所居要也。孔丘、墨翟,修先聖之術,通六藝之論,("**術、論**"物文通韻)口道其言,身行其志,慕義從風,而為之服役者不過數十人。使居天子之位,則天下偏為儒墨矣。楚莊王傷文無畏之死於宋也,奮袂而起,衣冠相連於道,遂成軍宋城之下,權柄重也。楚文王好服獬冠,楚國效之。趙武靈王貝帶鵔鸃而朝,趙國化之。使在匹夫、布衣,雖冠獬冠,帶貝帶鵔鸃而朝,則不免為人笑也。("**效、化、笑**"宵歌合韻)

夫民之好善樂正,不待禁誅而自中法度者,萬無一也。下必行之令,從之者利,逆之者凶,日陰未移,而海內莫不被繩矣。故握劍鋒,以離北宫子、司馬蒯蕡不使應敵;操其觚,招其末,則庸人能以制勝。("繩、勝"蒸部)今使烏獲、藉蕃從後牽牛尾,尾絶而不從者,逆也。若指之桑條以貫其鼻,則五尺童子牽而周四海者,順也。夫七尺之橈,而制船之左右者,以水為資。天子發號,("橈、號"宵部)令行禁止,("右、止"之部)以衆為勢也。

夫防民之所害,開民之所利,("害、利"月質合韻)威行也,若發城決塘。("行、塘"陽部)故循流而下易以至,背風而馳易以遠。桓公立政,去食肉之獸、食粟之鳥、係置之網,三舉而百姓説。("遠、説"元月通韻)紂殺王子比干而骨肉怨,斮朝涉者之脛而萬民叛,("怨、叛"元部)再舉而天下失矣。故義者,非能徧利天下之民也,利一人而天下從風;暴者,非盡害海内之衆也,害一人而天下離叛。故桓公三舉而九合諸侯,紂再舉而不得為匹夫。("侯、夫"侯魚合韻)故舉錯不可不審。

人主租斂於民也,必先計歲收,量民積聚,知饒饉有餘不足之數,然後取車輿衣食供養其欲。("聚、數、欲"侯屋通韻)高臺層榭,接屋連閣,("榭、閣"鐸部)非不麗也,然民無掘穴狹廬所以託身者,明主弗樂也。肥醲甘脆,非不美也,然民有糟糠菽粟不接於口者,則明主弗甘也。匡牀蒻席,非不寧也,然民有處邊城、犯危難、澤死暴骸者,明主弗安也。("甘、安"談元合韻)故古之君人者,其慘怛於民也,("人、民"真部)國有飢者,食不重味;民有寒者,而冬不被裘。歲登民豐,乃始縣鍾鼓,陳干戚,君臣上下,("鼓、下"魚部)同心而樂之,國無哀人。

故古之為金石管絃者,所以宣樂也;兵革斧鉞者,所以飾怒也;觴酌俎豆酬酢之禮,所以效善也;衰絰菅屨,辟踊哭泣,所以諭哀也。此皆有充於内而成像於外。

及至亂主，取民則不裁其力，求於下則不量其積，男女不得事耕織之業，以供上之求，力勤財匱，君臣相疾也。（"力、積、業、匱、疾"職錫盍物質合韻）故民至於焦脣沸肝，有今無儲，而乃始撞大鍾，擊鳴鼓，吹竽笙，彈琴瑟，是猶貫甲冑而入宗廟，被羅紈而從軍旅，（"儲、鼓、旅"魚部）失樂之所由生也。

夫民之為生也，一人跖耒而耕，（"生、耕"耕部）不過十畝；中田之獲，卒歲之收，不過畝四石。（"獲、石"鐸部）妻子老弱，仰而食之。時有涔旱災害之患，無以給上之徵賦車馬兵革之費。由此觀之，則人之生閔矣。（"費、閔"物文通韻）夫天地之大，計三年耕而餘一年之食，率九年而有三年之畜，十八年而有六年之積，二十七年而有九年之儲，雖涔旱災害之殃，民莫困窮流亡也。（"殃、亡"陽部）故國無九年之畜，謂之不足；無六年之積，謂之閔急；無三年之畜，謂之窮乏。（"畜、足、積、急、畜、乏"覺屋錫緝盍合韻）故有仁君明主，其取下有節，自養有度，則得承受於天地，而不離飢寒之患矣。（"地、患"歌元通韻）若得貪主暴君，撓於其下，侵漁其民，以適無窮之欲，則百姓無以被天和而履地德矣。

食者，民之本也；民者，國之本也；國者，君之本也。是故人君者，上因天時，下盡地財，中用人力。是以羣生遂長，五穀蕃植。（"時、財、力、植"之職通韻）教民養育六畜，以時種樹，務脩田疇，（"畜、疇"覺幽通韻）滋植桑麻，肥墝高下，各因其宜。（"麻、宜"歌部）丘陵阪險不生五穀者，以樹竹木。（"穀、木"屋部）春伐枯槁，夏取果蓏，（"槁、蓏"宵歌合韻）秋畜疏食，冬伐薪蒸，（"食、蒸"職蒸通韻）以為民資。是故生無乏用，死無轉尸。（"資、尸"脂部）

故先王之法，畋不掩羣，不取麛夭，不涸澤而漁，不焚林而獵。豺未祭獸，罝罦不得布於野；獺未祭魚，網罟不得入於水；鷹隼未挚,羅網不得張於谿谷;草木未落,斤斧不得入山林;昆蟲未蟄,不得以火燒田。("林、田"侵真合韻)孕育不得殺,殼卵不得探,魚不長尺不得取,麑不期年不得食。是故草木之發若蒸氣,禽獸歸之若流原,飛鳥歸之若煙雲,("泉、雲"元文合韻)有所以致之也。("氣、致"物質合韻)

故先王之政,四海之雲至而脩封疆,蝦蟇鳴、燕降而達路除道,陰降百泉則脩橋梁,("疆、梁"陽部)昏張中則務種穀,大火中則種黍菽,虛中則種宿麥,昴中則收斂畜積伐薪木。("穀、菽、麥、木"屋覺職合韻)上告于天,下布之民,("天、民"真部)先王之所以應時脩備、富國利民、實曠來遠者,其道備矣。非能目見而足行之也,欲利之也。欲利之也不忘於心,則官自備矣。心之於九竅四支也,不能一事焉,然而動靜聽視皆以為主者,不忘于欲利之也。故堯為善而眾善至矣,桀為非而眾非來矣。善積則功成,非積則禍極。("來、極"之職通韻)

凡人之論,心欲小而志欲大,智欲員而行欲方,能欲多而事欲鮮。("大、鮮"月元通韻)所謂心欲小者,慮患未生,備禍未發,戒過慎微,不敢縱其欲也。志欲大者,兼包萬國,一齊殊俗,并覆百姓,若合一族,是非輻湊而為之轂。("俗、族、轂"屋部)智欲員者,環復轉運,終始無端,("運、端"文元合韻)旁流四達,淵泉而不竭,("達、竭"月部)萬物並興,莫不嚮應也。("興、應"蒸部)行欲方者,直立而不撓,素白而不污,窮不易操,("撓、操"宵部)通不肆志。能欲多者,文武備具,動靜中儀,舉動廢置,曲得其宜,無所擊戾,無不畢宜也。("儀、宜、宜"歌部)事欲鮮者,執柄持術,得要以應眾,執約以治廣,處靜持中,("衆、中"冬部)運於璇樞,以一合萬,若合符者也。("樞、符"侯部)

故心小者禁於微也，志大者無不懷也，（"微、懷"微部）智員者無不知也，行方者有不為也，（"知、為"支歌合韻）能多者無不治也，事鮮者約所持也。（"治、持"之部）

古者天子聽朝，公卿正諫，博士誦詩，瞽箴師誦，庶人傳語，史書其過，宰徹其膳。猶以為未足也，故堯置敢諫之鼓，舜立誹謗之木，（"足、木"屋部）湯有司直之人，武王立戒慎之鞀，過若毫釐而既已備之也。夫聖人之於善也，無小而不舉；其於過也，（"善、過"元歌通韻）無微而不改。（"舉、改"魚之合韻）堯舜禹湯文武王，皆坦然天下而南面焉。當此之時，鼛鼓而食，奏雍而徹，已飯而祭竈行，不用巫祝，鬼神弗敢祟，山川弗敢禍，可謂至貴矣。（"祟、貴"物部）然而戰戰慄慄，日慎一日。（"慄、日"質部）由此觀之，則聖人之心小矣。《詩》云："惟此文王，小心翼翼，昭事上帝，聿懷多福。"（"翼、福"職部）其斯之謂歟？

武王伐紂，發鉅橋之粟，散鹿臺之錢，封比干之墓，表商容之閭，（"墓、閭"鐸魚通韻）朝成湯之廟，解箕子之囚，（"廟、囚"宵幽合韻）使各處其宅，田其田，無故無新，唯賢是親，用非其有，使非其人，（"田、新、親、人"真部）晏然若故有之。由此觀之，則聖人之志大也。（"觀、大"元月通韻）

文王周觀得失，徧覽是非，堯舜所以昌、桀紂所以亡者，皆著於明堂，於是略智博聞，以應無方。（"昌、亡、堂、方"陽部）由此觀之，則聖人之智員矣。（"觀、員"元文合韻）

成康繼文武之業，守明堂之制，觀存亡之迹，見成敗之變，非道不言，非義不行，言不苟出，行不苟為，擇善而後從事焉。由此觀之，則聖人之行方矣。（"觀、方"元陽合韻）

孔子之通，智過於萇弘，勇服於孟賁，足躡郊菟，力招城關，能亦多矣。然而勇力不聞，伎巧不知，專行孝道，以成素王，事亦鮮矣。（"**多、鮮**"歌元通韻）春秋二百四十二年，亡國五十二，弒君三十六，采善鉏醜，以成王道，（"**醜、道**"幽部）論亦博矣。然而圍於匡，顏色不變，絃歌不輟，（"**變、輟**"元月通韻）臨死亡之地，犯患難之危，（"**地、危**"歌部）據義行理，而志不攝，分亦明矣。（"**博、明**"鐸陽通韻）然為魯司寇，聽獄必為斷，作為《春秋》，不道鬼神，不敢專己。夫聖人之智固已多矣，其所守者有約，故舉而必榮；愚人之智固已少矣，其所事者多，故動而必窮矣。（"**榮、窮**"耕冬合韻）吳起、張儀，智不若孔、墨，而爭萬乘之君，此其所以車裂支解也。

夫以正教化者易而必成，以邪巧世者難而必敗。凡將設行立趣於天下，捨其易成者，而從事難而必敗者，愚惑之所致也。

凡此六反者，不可不察也。（"**反、察**"元月通韻）

徧知萬物而不知人道，不可謂智；徧愛羣生而不愛人類，不可謂仁。仁者愛其類也，智者不可惑也。（"**類、惑**"物職合韻）仁者雖在斷割之中，其所不忍之色可見也。智者雖遇煩難之事，其不闇之效可見也。內恕反情，心之所欲，其不加諸人，由近知遠，由己知人，此仁智之所合而行也。（"**遠、行**"元陽合韻）小有教而大有存也，小有誅而大有寧也，唯惻隱推而行之，此智者之所獨斷也。（"**行、斷**"陽元合韻）故仁智錯，有時合。合者為正，錯者為權，其義一也。府吏守法，君子制義，法而無義，亦府吏也，不足以為政。

耕之為事也勞，織之為事也擾，（"**勞、擾**"宵幽合韻）擾勞之事，而民不舍者，（"**事、舍**"之魚合韻）知其可以衣食也。人之情不能無衣食，衣食之道必始於耕織，（"**食、織**"職部）萬民之所容見也。物之若耕織者始初甚勞終必利也眾，愚人之所見者寡；事可權者多，愚之所權者少，此愚者之所以多患也。物之可備者，智者盡備之；

("備、備"職部)可權者,盡權之,此智者所以寡患也。("權、權、患"元部)

故智者先忤而後合,愚者始於樂而終於哀。今日何為而榮乎,旦日何為而義乎?此易言也。今日何為而義,旦日何為而榮?此難知也。問瞽師曰:"白素何如?"曰:"縞然。"曰:"黑何若?"曰:"黮然。"援白黑而示之,則不處焉。人之視白黑以目,言白黑以口。瞽師有以言白黑,無以知白黑。故言白黑與人同,其別白黑與人異。("黑、黑、異"職部)入孝於親,出忠於君,("親、君"真文合韻)無愚智賢不肖,皆知其為義也。使陳忠孝行而知所出者鮮矣。("義、鮮"歌元通韻)凡人思慮,莫不先以為可而後行之,其是或非,此愚知之所以異。

凡人之性,莫貴於仁,莫急於智。仁以為質,知以行之。兩者為本,而加之以勇力、辯慧、捷疾、劬錄、巧敏、遲利、聰明、審察,盡眾益也。身材未脩,伎藝曲備,而無仁智以為表幹,而加之以眾美,則益其損。故不仁而有勇力果敢,則狂而操利劍;("敢、劍"談部)不智而辯慧懷給,則棄驥而不式。("給、式"緝職合韻)雖有材能,其施之不當,其處之不宜,適足以輔偽飾非。伎藝之眾,不如其寡也。故有野心者,不可借便勢;有愚質者,不可與利器。("質、器"質部)

魚得水而游焉則樂,塘決水涸,則為螻蟻所食。("樂、涸、食"藥鐸職合韻)有掌脩其隄防,補其缺漏,則魚得而利之。國有以存,人有以生。("存、生"文耕合韻)國之所以存者,仁義是也;人之所以生者,行善是也。("義、善"歌元通韻)國無義,雖大必亡;人無善志,雖勇必傷。("亡、傷"陽部)治國,上使不得與焉。孝於父母,弟於兄嫂,信於朋友,("母、友"之部)不得上令而可得為也。釋己之所得為,而責于其所不得制,("**為**、**制**"歌月通韻)悖矣!士處卑隱,欲上達,必先反諸己。上達有道,名譽不起而不能上達矣。取譽有道,不信於友,不能得譽。("**友**、**譽**"之魚合韻)信於友有道,事親不說,不信於友。說親有道,修身不誠,不能事親矣。("**誠**、**親**"耕真合韻)誠身有道,心不專一,不能專誠。道在易而求之難,驗在近而求之遠,("**難**、**遠**"元部)故弗得也。

第十卷 繆稱訓

道至高無上,至深無下,平乎準,直乎繩,員乎規,方乎矩,包裹宇宙而無表裏,洞同覆載而無所礙。("**裏**、**礙**"之部)是故體道者,不哀不樂,不喜不怒,其坐無慮,("**怒**、**慮**"魚部)其寢無癡,物來而名,事而來應。("**癡**、**應**"蒸部)

主者,國之心。心治則百節皆安,心擾則百節皆亂。("**安**、**亂**"元部)故其心治者,支體相遺也;其國治者,君臣相忘也。黃帝曰:"芒芒昧昧,從天之道,與元同氣。"("**昧**、**氣**"物部)故至德者言同略,事同指。上下一心,無歧道旁見者,遏障之於邪,開道之於善,而民鄉方矣。("**見**、**善**、**方**"元陽合韻)故《易》曰:"同人于野,利涉大川。"

道者,物之所導也;德者,性之所扶也;仁者,積恩之見證也;義者,比於人心而合於眾適者也。故道滅而德用,德衰而仁義生。("**用**、**生**"東耕合韻)故尚世體道而不德,中世守德而弗壞也,末世繩繩乎唯恐失仁義。("**壞**、**義**"微歌合韻)君子非仁義無以生,失仁義則失其所以生。小人非嗜欲無以活,失嗜欲則失其所以活。故君子懼失義,小人懼失利。觀其所懼,知各殊矣。《易》曰:"即鹿無虞,惟入于林中。君子幾不如舍,("虞、舍"魚部)往吝。"

其施厚者其報美,其怨大者其禍深。薄施而厚望、畜怨而無患者,古今未之有也。是故聖人察其所以往,則知其所以來者。聖人之道,猶中衢而致尊邪?過者斟酌,多少不同,各得其所宜。是故得一人,所以得百人也。人以其所願於上以與其下交,誰弗載?以其所欲於下以事其上,誰弗喜?("載、喜"之部)《詩》云:"媚茲一人,應侯慎德。"慎德大矣,一人小矣。能善小斯能善大矣。

君子見過忘罰,故能諫;("罰、諫"月元通韻)見賢忘賤,故能讓;("賤、讓"元陽合韻)見不足忘貧,故能施。情繫於中,行形於外。("施、外"歌月通韻)凡行戴情,雖過無怨;不戴其情,雖忠來惡。后稷廣利天下,猶不自矜;禹無廢功,無蔽財,自視猶觖如也。滿如陷,實如虛,("財、如、虛"之魚合韻)盡之者也。

凡人各賢其所說而説其所快。世莫不舉賢,或以治,或以亂,非自遁,求同乎己者也。己未必得賢,而求與己同者,而欲得賢,亦不幾矣。使堯度舜則可,使桀度堯,是猶以升量石也。今謂狐狸,則必不知狐,又不知狸。("狐、狸"魚之合韻)非未嘗見狐者,必未嘗見狸也。("狐、狸"魚之合韻)狐狸非異同類也,而謂狐狸,則不知狐、狸。是故謂不肖者賢,則必不知賢;謂賢者不肖,則必不知不肖者矣。

聖人在上,則民樂其治;在下,則民慕其意;("治、意"之職通韻)小人在上位,如寢關曝纊,不得須臾寧。("纊、寧"陽耕合韻)故《易》曰:"乘馬班如,泣血漣如。("班、漣"元部)"言小人處非其位,不可長也。

物莫無所不用,天雄烏喙,藥之凶毒也,良醫以活人。侏儒瞽師,人之困慰者也,人主以備樂。是故聖人制其剟材,無所不用矣。

勇士一呼，三軍皆辟，其出之也誠。（"辟、誠"錫耕通韻）故倡而不和，意而不戴，中心必有不合者也。故舜不降席而王天下者，求諸己也。（"下、己"魚之合韻）故上多故，則民多詐矣。（"故、詐"魚鐸通韻）身曲而景直者，未之聞也。説之所不至者，容貌至焉；容貌之所不至者，感忽至焉。感乎心，明乎智，發而成形，精之至也，可以形勢接，而不可以照誋。戎翟之馬，皆可以馳驅，（"馬、驅"魚侯合韻）或近或遠，唯造父能盡其力；三苗之民，皆可使忠信，（"民、信"真部）或賢或不肖，唯唐虞能齊其美，必有不傳者。中行繆伯手搏虎，而不能生也，蓋力優而克不能及也。

用百人之所能，則得百人之力；（"能、力"之職通韻）舉千人之所愛，則得千人之心。辟若伐樹而引其本，千枝萬葉則莫得弗從也。慈父之愛子，非為報也，不可内解於心；聖王之養民，非求用也，性不能已；若火之自熱，冰之自寒，夫有何脩焉？及恃其力、賴其功者，若失火舟中。故君子見始斯知終矣。（"中、終"冬部）媒妁譽人，而莫之德也；取庸而强飯之，莫之愛也。雖親父慈母，不加於此，有以為，則恩不接矣。故送往者，非所以迎來也；施死者，非專為生也。誠出於己，則所動者遠矣。錦繡登廟，貴文也；圭璋在前，尚質也。文不勝質，之謂君子。故終年為車，無三寸之鎋，不可以驅馳；（"鎋、馳"月歌通韻）匠人斵户，（"車、户"魚部）無一尺之楗，不可以閉藏。（"楗、藏"元陽合韻）故君子行期乎其所結。

心之精者，可以神化而不可以導人；目之精者，可以消澤而不可以昭誋。在混冥之中，不可諭於人。故舜不降席而天下治，桀不下陛而天下亂，蓋情甚乎叫呼也。無諸己，求諸人，古今未之聞也。（"人、聞"真文合韻）同言而民信，信在言前也。（"信、前"真元合韻）同令而民化，誠在令外也。（"化、外"歌月通韻）聖人在上，民遷而化,情以先之也。動於上不應於下者,情與令殊也。故《易》曰:"亢龍有悔。"三月嬰兒,未知利害也,而慈母之愛諭焉者,情也。故言之用者,昭昭乎小哉!不言之用者,曠曠乎大哉!

身君子之言,信也。中君子之意,忠也。忠信形於內,感動應於外,("內、外"物月合韻)故禹執干戚舞於兩階之間,而三苗服。鷹翔川,魚鱉沉,飛鳥揚,必遠害也。子之死父也,臣之死君也,世有行之者矣,非出死以要名也。恩心之藏於中而不能違其難矣。故人之甘甘,非正為蹠也,而蹠焉往。君子之惨怛,非正為形也,諭乎人心,非從外入,自中出者也。義尊乎君,仁親乎父,故君之於臣也,能死生之,不能使為苟(簡)易。父之於子也,能發起之,不能使無憂尋。故義勝君,仁勝父,則君尊而臣忠,父慈而子孝。

聖人在上,化育如神。太上曰:"我其性與?"其次曰:"微彼其如此乎?"故《詩》曰:"執轡如組。"《易》曰:"含章可貞。"動於近,成文於遠。("近、遠"文元合韻)夫察所夜行,周公慙乎景,("行、景"陽部)故君子慎其獨也。釋近斯遠,塞也。聞善易,以正身難。夫子見禾之三變也,滔滔然曰:"狐鄉丘而死,我其首禾乎?"("死、禾"脂歌合韻)故君子見善,則痛其身焉。("善、身"元真合韻)身苟正,懷遠易矣。("正、易"耕錫通韻)故《詩》曰:"弗躬弗親,庶民弗信。"("親、信"真部)小人之從事也曰苟得,君子曰苟義,所求者同,所期者異乎!("事、得、異"之職通韻)擊舟水中,魚沉而鳥揚,同聞而殊事,其情一也。僖負羈以壺飧表其閭,趙宣孟以束脯免其軀,禮不隆而德有餘,("閭、軀、餘"魚侯合韻)仁心之感恩接而憯怛生,故其入人深。俱之叫呼也,在家老則為恩厚,其在債人則生爭鬪。("厚、鬪"侯部)故曰:"兵莫憯於意志,莫邪為下;寇莫大於陰陽,枹鼓為小。"("下、小"魚宵合韻)

聖人為善，非以求名而名從之，名不與利期而利歸之。故人之憂喜，非為蹠，蹠焉往生也。故至至不容。故若眯而撫，若跌而據。（"撫、據"魚部）聖人之為治，漠然不見賢焉，終而後知其可大也。若日之行，騏驥不能與之爭遠。（"大、遠"月元通韻）今夫夜有求，與瞽師併，東方開，斯照矣。動而有益，則損隨之。故《易》曰："剝之不可遂盡也，故受之以復。"

積薄為厚，積卑為高，故君子日孳孳以成輝，小人日快快以至辱。其消息也，離朱弗能見也。文王聞善如不及，宿不善如不祥，非為日不足也，其憂尋推之也。故《詩》曰："周雖舊邦，其命維新。"

懷情抱質，天弗能殺，地弗能薶也，聲揚天地之間，配日月之光，甘樂之者也。苟鄉善，雖過無怨；苟不鄉善，雖忠來患。（"善、怨、善、患"元部）故怨人不如自怨，求諸人不如求諸己，得也。聲自召也，貌自示也，名自命也，文自官也，無非己者。操銳以刺，操刃以擊，（"刺、擊"錫部）何怨乎人！故箘子，文錦也，雖醜登廟；子產，練染也，美而不尊。虛而能滿，淡而有味，被褐懷玉者。故兩心不可以得一人，一心可以得百人。（"人、人"真部）男子樹蘭，美而不芳。（"蘭、芳"元陽合韻）繼子得食，肥而不澤，（"食、澤"職鐸合韻）情不相與往來也。

生，所假也；死，所歸也。故弘演直仁而立死，王子閭張掖而受刃，（"死、刃"脂文合韻）不以所託害所歸也。故世治則以義衛身，世亂則以身衛義。（"歸、義"微歌合韻）死之日，行之終也，故君子慎一用之。（"終、用"冬東合韻）無勇者，非先懾也，難至而失其守也；貪婪者，非先欲也，見利而忘其害也。虞公見垂棘之璧，而不知虢禍之及己也。故至至之人，不可遏奪也。

人之欲榮也，以為己也，於彼何益。聖人之行義也，其憂尋出乎中也,於己何以利。故帝王者多矣,而三王獨稱;貧賤者多矣,而伯夷獨舉。以貴為聖乎,則(聖)[貴]者眾矣;(**"聖、眾"耕冬合韻**)以賤為仁乎,則賤者多矣,何聖仁之寡也。獨專之意樂哉!忽乎日滔滔以自新,忘老之及己也,始乎叔季,歸乎伯孟,必此積也。不身遁,斯亦不遁人,故若行獨梁,不為無人不兢其容。(**"梁、容"陽東合韻**)故使人信己者易,而蒙衣自信者難。情先動,動無不得;無不得則無莙,發莙而後快。(**"難、快"元月通韻**)故唐虞之舉錯也,非以偕情也,快己而天下治;桀紂非正賊之也,快己而百事廢,喜憎議而治亂分矣。

聖人之行,無所合,無所離,譬若鼓,無所與調,無所不比。絲筦金石,小大脩短有敘,異聲而和。君臣上下,(**"叙、下"魚部**)官職有差,(**"和、差"歌部**)殊事而調。夫織者日以進,耕者日以却,事相反,成功一也。申喜聞乞人之歌而悲,出而視之,其母也。艾陵之戰也,夫差曰:"夷聲陽,句吳其庶乎?(**"陽、庶"陽鐸通韻**)"同是聲而取信焉異,有諸情也。故心哀而歌不樂,心樂而哭不哀。夫子曰:"絃則是也,其聲非也。"

文者,所以接物也,情繫於中而欲發外者也。(**"物、外"物月合韻**)以文滅情則失情,以情滅文則失文。文情理通,則鳳麟極矣,言至德之懷遠也。輪子陽謂其子曰:"良工漸乎矩鑿之中。"矩鑿之中,固無物而不周,聖王以治民,造父以治馬,醫駱以治病,同材而各自取焉。(**"馬、取"魚侯合韻**)上意而民載,誠中者也。未言而信,弗召而至,或先之也,怓於不己知者,不自知也。矜怛生於不足,華誕生於矜。誠中之人,樂而不怓,如鵲好聲,熊之好經,(**"聲、經"耕部**)夫有誰為矜?

春女思,秋士悲,而知物化矣。號而哭,嘰而哀,知聲動矣。容貌顔色,詘伸倨佝,知情僞矣。故聖人栗栗乎其内,而至乎至極矣。功名遂成,天也;循理受順,人也。("**天、人**"**真部**)太公望、周公旦,天非爲武王造之也;崇侯、惡來,天非爲紂生之也。("**來、之**"**部**)有其世,有其人也。教本乎君子,小人被其澤;利本乎小人,君子享其功。昔東户季子之世,道路不拾遺,耒耜餘糧宿諸畮首,使君子小人各得其宜也。故一人有慶,兆民賴之。("**宜、賴**"**歌月通韻**)

凡高者貴其左,故下之於上曰左之,臣辭也;下者貴其右,故上之於下曰右之,君讓也。故上左遷,則失其所尊矣;臣右還,則失其所貴矣。("**遷、還**"**元部**,"**尊、貴**"**文物通韻**)小快害道,斯頊害儀。子産騰辭,獄繁而無邪,失諸情者,則塞於辭矣。("**辭、邪、辭**"**之魚合韻**)成國之道,工無僞事,農無遺力,("**事、力**"**之職通韻**)士無隱行,官無失法,譬若設網者,引其綱而萬目[張]①(開)矣。("**行、網、綱、張**"**陽部**)舜禹不再受命,堯舜傳大焉,先形乎小也。刑於寡妻,至于兄弟,("**妻、弟**"**脂部**)禪於家國,而天下從風。故戎兵以大知小,人以小知大。君子之道,近而不可以至,卑而不可以登,無載焉而不勝。("**登、勝**"**蒸部**)大而章,遠而隆。("**章、隆**"**陽冬合韻**)知此之道,不可求於人,斯得諸己也。釋己而求諸人,去之遠矣。

君子者樂有餘而名不足,小人樂不足而名有餘。("**足、餘**"**屋魚合韻**)觀於有餘不足之相去,昭然遠矣。含而弗吐,在情而不萌者,未之聞也。君子思義而不慮利,小人貪利而不顧義。子曰:"鈞之哭也。"曰:"子予奈何兮乘我何?"其哀則同,其所以哀則異。故哀樂之襲人情也深矣。鑿地漂池,非止以勞苦民也,各從其蹠,而亂生焉。其載情一也,施人則異矣。故唐虞日孳孳以致於王,桀紂

---

① 據校釋改。

日怏怏以致於死，不知後世之議己也。凡人情，説其所苦即樂，失其所樂則哀。故知生之樂，必知死之哀。有義者不可欺以利，有勇者不可劫以懼，如飢渴者不可欺以虛器也。（"**利、器**"**質部**）人多欲虧義，多憂害智，多懼害勇。嫚生乎小人，蠻夷皆能之；善生乎君子，誘然與日月爭光，天下弗能過奪。故治國樂其所以存，亡國亦樂其所以亡也。

金錫不消釋則不流刑，上憂尋不誠則不法民。憂尋不在民，則是絕民之繫也。君反本而民繫固矣。至德小節備，大節舉。齊桓舉而不密，晉文密而不舉。（"**固、舉、舉**"**魚部**）晉文得之乎閨內，失之乎境外；齊桓失之乎閨內，而得之乎本朝。

水下流而廣大，君下臣而聰明。君不與臣爭功，而治道通矣。（"**功、通**"**東部**）管夷吾、百里奚經而成之，齊桓、秦穆受而聽之。（"**成、聽**"**耕部**）照惑者以東為西，惑也，見日而寤矣。衛武侯謂其臣曰："小子無謂我老而嬴我，有過必謁之。"（"**我、謁**"**歌月通韻**）是武侯如弗嬴之必得嬴，故老而弗舍，通乎存亡之論者也。（"**舍、者**"**魚部**）人無能作也，有能為也；有能為也，而無能成也。人之為，天成之。終身為善，非天不行；終身為不善，非天不亡。（"**行、亡**"**陽部**）故善否，我也；禍福，（"**否、福**"**之職通韻**）非我也。（"**我、我**"**歌部**）故君子順其在己者而已矣。

性者，所受於天也；命者，（"**性、命**"**耕部**）所遭於時也。有其材不遇其世，天也。太公何力，比干何罪，循性而行指，或害或利。（"**指、利**"**脂質通韻**）求之有道，得之在命，故君子能為善，而不能必其得福；不忍為非，而未能必免其禍。

君，根本也；臣，枝葉也。根本不美，枝葉茂者，未之聞也。有道之世，以人與國；無道之世，以國與人。（"**聞、人**"**文真合韻**）堯王天下而憂不解,授舜而憂釋。憂而守之,而樂與賢,終不私其利矣。凡萬物有所施之,無小不可為;("施、為"歌部)無所用之,碧瑜糞土也。人之情,於害之中爭取小焉,於利之中爭取大焉。故同味而嗜厚膊者,必其甘之者也。同師而超羣者,必其樂之者也。弗甘弗樂而能為表者,未之聞也。君子時則進,得之以義,何幸之有;不時則退,讓之以義,何不幸之有!故伯夷餓死首山之下,猶不自悔,棄其所賤,得其所貴也。

福之萌也緜緜,禍之生也分分。福禍之始萌微,故民嫚之,唯聖人見其始而知其終。故《傳》曰:"魯酒薄而邯鄲圍,羊羹不斟而宋國危。("圍、危"微歌合韻)"明主之賞罰,非以為己也,以為國也。("己、國"之職通韻)適於己而無功於國者,不施賞焉;逆於己便於國者,不加罰焉。故楚莊謂共雍曰:"有德者受吾爵禄,有功者受吾田宅,("禄、宅"屋鐸合韻)是二者,女無一焉,吾無以與女。"可謂不踰於理乎!("女、理"魚之合韻)其謝之也,猶未之莫與。("謝、莫"鐸部)

周政至,殷政善,夏政行。行政善,善未必至也。至至之人,不慕乎行,不慙乎善,合德履道,而上下相樂也,不知其所由然。有國者多矣,而齊桓、晉文獨名;泰山之上有七十壇焉,而三王獨道。君不求諸臣,臣不假之君,("臣、君"真文合韻)脩近彌遠,而後世稱其大,不越鄰而成章,而莫能至焉。故孝己之禮可為也,而莫能奪之名也,必不得其所懷也。("為、懷"歌微合韻)義載乎宜之謂君子,宜遺乎義之謂小人。通智得而不勞,其次勞而不病,其下病而不勞。古人味而弗貪也,今人貪而弗味。歌之脩其音也,音之不足於其美者也。金石絲竹,助而奏之,猶未足以至於極矣。人能尊道行義,喜怒取予,欲如草之從風。召公以桑蠶耕種之時弛獄出拘,使百姓皆得反業脩職；文王辭千里之地，而請去炮烙之刑。故聖人之舉事也，進退不失時，（"事、時"之部）若夏就絺綌、上車授綏之謂也。

老子學商容，見舌而知守柔矣；列子學壺子，觀景柱而知持後矣。（"柔、後"幽侯合韻）故聖人不為物先，而常制之，其類若積薪樵，後者在上。人以義愛，以黨羣，以羣強。（"上、強"陽部）是故德之所施者博，則威之所行者遠；義之所加者淺，（"遠、淺"元部）則武之所制者小。（矣）[吳]鐸以聲自毀，膏燭以明自鑠，虎豹之文來射，猨狖之捷來措，（"射、措"鐸部）故子路以勇死，萇弘以智困。能以智知，而未能以智不知也。故行險者不得履繩，出林者不得直道，夜行瞑目而前其手，（"道、手"幽部）事有所至，而明有所害。（"至、害"質月合韻）人能貫冥冥入於昭昭，可與言至矣。鵲巢知風之所起，獺穴知水之高下，暉日知晏，陰諧知雨。（"下、雨"魚部）為是謂人智不如鳥獸則不然，故通於一伎，察於一辭，可與曲說，未可與廣應也。（"辭、應"之蒸通韻）甯戚擊牛角而歌，桓公舉以大政；雍門子以哭見孟嘗君，涕流沾纓。（"政、纓"耕部）歌哭，眾人之所能為也，一發聲，入人耳，感人心，情之至者也。故唐虞之法可效也，其諭人心不可及也。簡公以濡殺，子陽以猛劫，（"殺、劫"月盍合韻）皆不得其道者也。故歌而不比於律者，其清濁一也。（"律、一"物質合韻）繩之外與繩之内，皆失直者也。紂為象箸而箕子嘰，魯以偶人葬而孔子嘆，見所始則知所終。故水出於山，入於海；稼生乎野，而藏乎倉；（"野、倉"魚陽通韻）聖人見其所生，則知其所歸矣。

水濁者魚噞，令苛者民亂，城峭者必崩，岸崝者必陀。（"亂、陀"元歌通韻）故商鞅立法而支解，吳起刻削而車裂。治國譬若張瑟,大絃絙,則小絃絕矣。(**"裂、絕"月部**)故急轡數策者,非千里之御也。有聲之聲,不過百里;無聲之聲,施於四海。(**"里、海"之部**)是故祿過其功者損,名過其實者蔽。情行合而名副之,禍福不虛至矣。(**"蔽、至"月質合韻**)身有醜夢,不勝正行;國有妖祥,(**"行、祥"陽部**)不勝善政。(**"夢、政"蒸耕合韻**)是故前有軒冕之賞,不可以無功取也;後有斧鉞之禁,不可以無罪蒙也。(**"取、蒙"侯東通韻**)素脩正者,弗離道也。君子不謂小善不足為也而舍之,小善積而為大善;不謂小不善為無傷也而為之,小不善積而為大不善。是故積羽沉舟,羣輕折軸。(**"舟、軸"幽覺通韻**)故君子禁於微。壹快不足以成善,積快而為德;壹恨不足以成非,積恨而成怨。故三代之善,(**"怨、善"元部**)千歲之積譽也;桀紂之謗,(**"譽、謗"魚陽通韻**)千歲之積毀也。

天有四時,人有四用。何謂四用?視而形之,莫明於目;聽而精之,莫聰於耳;重而閉之,莫固於口;含而藏之,莫深於心。(**"形、精、藏"耕陽合韻**)目見其形,耳聽其聲,口言其誠,而心致之精,(**"形、聲、誠、精"耕部**)則萬物之化咸有極矣。

地以德廣,君以德尊,上也;(**"廣、上"陽部**)地以義廣,君以義尊,次也;地以強廣,君以強尊,下也。(**"廣、下"陽魚通韻**)故粹者王,駮者霸,無一焉者亡。(**"王、霸、亡"陽鐸通韻**)昔二(鳳凰)[皇鳳]至於庭,三代至乎門,周室至乎澤。德彌麤,所至彌遠;德彌精,所至彌近。(**"遠、近"元文合韻**)君子誠仁,施亦仁,不施亦仁;小人誠不仁,施亦不仁,不施亦不仁。善之由我,與其由人,若仁德之盛者也。(**"人、盛"真耕合韻**)故情勝欲者昌,欲勝情者亡。(**"昌、亡"陽部**)

欲知天道察其數,欲知地道物其樹,欲知人道從其欲。(**"數、樹、欲"侯屋通韻)勿驚勿駭,萬物將自理;("駭、理"之部)勿撓勿攖,萬物將自清。("攖、清"耕部)察一曲者,不可與言化;審一時者,不可與言大。("化、大"歌月通韻)日不知夜,月不知晝,("夜、晝"鐸侯合韻)日月為明而弗能兼也,唯天地能函之。("兼、函"談部)能包天地,曰唯無形者也。驕溢之君無忠臣,口慧之人無必信;("臣、信"真部)交拱之木無把之枝,尋常之溝無吞舟之魚。("枝、魚"支魚合韻)根淺則末短,("淺、短"元部)本傷則枝枯。("傷、枯"陽魚通韻)福生於無為,患生於多慾,害生於弗備,穢生於弗耨。("慾、耨"屋部)聖人為善若恐不及,備禍若恐不免。蒙塵而欲毋眯,涉水而欲毋濡,不可得也。是故知己者不怨人,知命者不怨天,福由己發,禍由己生。("人、天、生"真耕合韻)聖人不求譽,不辟誹,正身直行,眾邪自息。今釋正而追曲,倍是而從眾,是與俗儷走,("曲、走"屋侯通韻)而內行無繩。("眾、繩"冬蒸合韻)故聖人反己而弗由也。

道之有篇章形埒者,非至者也。("埒、至"月質合韻)嘗之而無味,視之而無形,不可傳於人。("形、人"耕真合韻)大戟去水,亭歷愈張,用之不節,乃反為病。("張、病"陽部)物多類之而非,唯聖人知其微。("非、微"微部)善御者不忘其馬,善射者不忘其弩,善為人上者不忘其下,("馬、弩、下"魚部)誠能愛而利之,天下可從也。弗愛弗利,親子叛父。天下有至貴而非勢位也,有至富而非金玉也,有至壽而非千歲也,原心反性則貴矣,適情知足則富矣,("位、玉、歲、貴、富"物屋月職合韻)明死生之分則壽矣。

言無常是,行無常宜者,("是、宜"支歌合韻)小人也;察於一事,通於一伎者,("事、伎"之支合韻)中人也;兼覆蓋而并有之,度伎能而裁使之者,("有、使"之部)聖人也。

第十一卷 齊俗訓

　　率性而行謂之道,得其天性謂之德。性失然後貴仁,道失然後貴義。是故仁義立而道德遷矣,禮樂飾則純樸散矣,("遷、散"元部)是非形則百姓眩矣,珠玉尊則天下爭矣。("眩、爭"真耕合韻)凡此四者,衰世之造也,末世之用也。

　　夫禮者,所以別尊卑,異貴賤;義者,("禮、義"脂歌合韻)所以合君臣、父子、兄弟、夫妻、朋友之際也。("賤、際"元月通韻)今世之為禮者,恭敬而忮;為義者,布施而德;君臣以相非,骨肉以生怨,則失禮義之本也,故搆而多責。夫水積則生相食之魚,土積則生自穴之獸,禮義飾則生偽匿之本。夫吹灰而欲無眯,涉水而欲無濡,不可得也。

　　古者,民童蒙不知東西,貌不羨乎情,而言不溢乎行,("情、行"耕陽合韻)其衣致煖而無文,其兵戈銖而無刃,("文、刃"文部)其歌樂而無轉,其哭哀而無聲。鑿井而飲,耕田而食,無所施其美,亦不求得,親戚不相毀譽,朋友不相怨德。("食、得、德"職部)及至禮義之生,貨財之貴,而詐偽萌興,非譽相紛,怨德並行。("生、興、行"耕蒸陽合韻)於是乃有曾參、孝己之美,而生盜跖、莊蹻之邪。故有大路龍旂,羽蓋垂緌,結駟連騎,則必有穿窬、拊楗、抽箕、踰備之姦;有詭文繁繡,弱緆羅紈,必有菅屩跐䟔、短褐不完者。("姦、完"元部)故高下之相傾也,短脩之相形也,亦明矣。("傾、形、明"耕陽合韻)

　　夫蝦䗫為鶉,水䗪為蟌蕊,皆生非其類,唯聖人知其化。夫胡人見黂,不知其可以為布也;越人見毳,不知其可以為旃也。故不

通於物者,難與言化。("靐、旙、化"月元歌通韻)

昔太公望、周公旦受封而相見,太公望問周公曰:"何以治魯?"周公曰:"尊尊親親。"太公曰:"魯從此弱矣。"周公問太公曰:"何以治齊?"太公曰:"舉賢而上功。"周公曰:"後世必有劫殺之君。"其後齊日以大,至於霸,二十四世而田氏代之。魯日以削,至三十二世而亡。故《易》曰:"履霜,堅冰至。"聖人之見終始微言。故糟丘生乎象櫡,炮烙生乎熱斗。("櫡、斗"魚侯合韻)

子路撜溺而受牛謝,孔子曰:"魯國必好救人於患。"子贛贖人而不受金於府,孔子曰:"魯國不復贖人矣。"子路受而勸德,子贛讓而止善。孔子之明,以小知大,以近知遠,通於論者也。由此觀之,廉有所在而不可公行也。("觀、行"元陽合韻)

故行齊於俗,可隨也;事周於能,易為也。("隨、為"歌部)矜偽以惑世,伉行以違眾,聖人不以為民俗。

廣夏閱屋,連閨通房,人之所安也,("房、安"陽元合韻)鳥入之而憂;高山險阻,深林叢薄,("阻、薄"魚鐸通韻)虎豹之所樂也,人入之而畏;川谷通原,積水重泉,黿鼉之所便也,("原、泉、便"元部)人入之而死;("畏、死"微脂合韻)咸池、承雲、九韶、六英,人之所樂也,鳥獸聞之而驚;("英、驚"陽耕合韻)深谿峭岸,峻木尋枝,猨狖之所樂也,人上之而慄。形殊性詭,所以為樂者,乃所以為哀;所以為安者,乃所以為危也。("哀、危"微歌合韻)

乃至天地之所覆載,日月之所照誋,("載、誋"之部)使各便其性,安其居,處其宜,為其能。故愚者有所脩,智者有所不足,柱不可以摘齒,筐不可以持屋,馬不可以服重,牛不可以追速,("足、屋、速"屋部)鉛不可以為刀,銅不可以為弩,鐵不可以為舟,木不可以為釜,("弩、釜"魚部)各用之於其所適,施之於其所宜,即萬物一齊,而無由相過。("**宜、過**"歌部)夫明鏡便於照形,其於以函食,不如簞;犧牛粹毛宜於廟牲,("**形、牲**"耕部)其於以致雨,不若黑蜧。由此觀之,物無貴賤,因其所貴而貴之,物無不貴也;因其所賤而賤之,物無不賤也。

夫玉璞不厭厚,角觿不厭薄,漆不厭黑,粉不厭白,("**薄、白**"鐸部)此四者相反也,所急則均,其用一也。今之裘與簑孰急?見雨則裘不用,升堂則簑不御,此代為常者也。譬若舟、車、楯、肆、窮廬,故有所宜也。("**廬、宜**"魚歌合韻)故老子曰"不上賢"者,言不致魚於水,鳥沉於淵。("**賢、淵**"真部)

故堯之治天下也,舜為司徒,契為司馬,("**下、徒、馬**"魚部)禹為司空,后稷為大田(師),奚仲為工[師]①。("**田、師**"真脂通韻)其導萬民也,水處者漁,山處者木,谷處者牧,陸處者農。地宜其事,事宜其械,("**事、械**"之職通韻)械宜其用,用宜其人。澤皋纖網,陵阪耕田,("**人、田**"真部)得以所有易所無,以所工易所拙。是故離叛者寡,而聽從者眾。譬若播棊丸於地,員者走澤,方者處高,各從其所安,夫有何上下焉?若風之過簫,忽然感之,各以清濁應矣。夫猨狖得茂木,不舍而穴;狟狢得埵防,弗去而緣,物莫避其所利而就其所害。("**穴、害**"質月合韻)

是故鄰國相望,雞狗之音相聞,而足迹不接諸侯之境,("**望、境**"陽部)車軌不結千里之外者,皆各得其所安。("**外、安**"月元通韻)故亂國若盛,治國若虛,亡國若不足,存國若有餘。("**虛、餘**"魚部)虛者非無人也,皆守其職也;盛者非多人也,皆徼於末也;("**職、末**"職月合韻)有餘者非多財也,欲節[而]事寡也;("**財、寡**"之魚合

---

① 據王念孫說改。

韻)不足者非無貨也,民躁而費多也。("貨、多"歌部)故先王之法籍,非所作也,("籍、作"鐸部)其所因也;其禁誅,非所為也,其所守也。("誅、守"侯幽合韻)

凡以物治物者不以物以睦,治睦者不以睦以人,治人者不以人以君,治君者不於君以欲,治欲者不於欲以性,治性者不於性以德,治德者不以德以道。原人之性,蕪濊而不得清明者,物或堁之也。羌氏僰翟,嬰兒生皆同聲,及其長也,雖重象狄騠,不能通其言,教俗殊也。今令三月嬰兒生而徙國,則不能知其故俗。由此觀之,衣服禮俗者,非人之性也,所受於外也。夫竹之性浮,殘以為牒,束而投之水則沉,失其體也。金之性沉,託之於舟上則浮,勢有所枝也。("體、枝"脂支合韻)夫素之質白,染之以涅則黑;縑之性黃,染之以丹則赤;人之性無邪,久湛於俗則易。("黑、赤、易"職鐸錫合韻)易而忘本,合於若性。故日月欲明,浮雲蓋之;河水欲清,沙石濊之;人性欲平,("明、清、平"陽耕合韻)嗜欲害之。("蓋、濊、害"月部)惟聖人能遺物而反己。夫乘舟而惑者,不知東西,見斗極則寤矣。夫性,亦人之斗極矣。有以自見也,則不失物之情;無以自見,則動而惑營。("情、營"耕部)譬若隴西之遊,愈躁愈沉。孔子謂顏回曰:"吾服汝也忘,而汝服於我也亦忘,雖然,汝雖忘乎,吾猶有不忘者存。"孔子知其本也。

夫縱欲而失性,動未嘗正也。("性、正"耕部)以治身則危,以治國則亂,以入軍則破。("危、亂、破"歌元通韻)是故不聞道者,無以反性。故古之聖王,能得諸己,故令行禁止,名傳後世,德施四海。("己、止、海"之部)是故凡將舉事,必先平意清神。神清意平,物乃可正。("神、平、正"真耕合韻)若璽之抑埴,正與之正,傾與之傾。("正、傾"耕部)故堯之舉舜也,決之於目;桓公之取甯戚也,

("**目、咸**"**覺部**)斷之於耳而已矣。為是釋術數而任耳目,其亂必甚矣。夫耳目之可以斷也,反情性也。聽失於誹譽,而目淫於采色,而欲得事正,則難矣。

夫載哀者聞歌聲而泣,載樂者見哭者而笑。哀可樂者,笑可哀者,載使然也。是故貴虛。故水擊則波興,氣亂則智昏。智昏不可以為政,波水不可以為平。("**政、平**"**耕部**)故聖王執一而勿失,萬物之情既矣,四夷九州服矣。("**失、既、服**"**質物職合韻**)夫一者至貴,無適於天下。聖人託於無適,故民命繫矣。("**適、繫**"**錫部**)

為仁者必以哀樂論之,為義者必以取予明之。目所見不過十里,而欲遍照海內之民,哀樂弗能給也。無天下之委財,而欲遍贍萬民,利不能足也。且喜怒哀樂,有感而自然者也。故哭之發於口,涕之出於目,此皆憤於中而形於外者也。譬若水之下流,煙之上尋也,夫有孰推之者?故強哭者雖病不哀,強親者雖笑不和,("**哀、和**"**微歌合韻**)情發於中而聲應於外。故鱉負羈之壺餐,愈於晉獻公之垂棘;趙宣孟之束脯,賢於智伯之大鐘。故禮豐不足以效愛,而誠心可以懷遠。

故公西華之養親也,若與朋友處;曾參之養親也,若事嚴主烈君。("**親、親、君**"**真文合韻**)其於養一也。故胡人彈骨,越人契臂,中國歃血也,所由各異,其於信一也。("**骨、臂、異、血、一**"**物錫職質合韻**)三苗髽首,羌人括領,中國冠笄,越人劗髮,其於服一也。帝顓頊之法,婦人不辟男子於路者,拂之於四達之衢;("**路、衢**"**鐸魚通韻**)今之國都,男女切踦,肩摩於道,其於俗一也。故四夷之禮不同,皆尊其主而愛其親,敬其兄;獫狁之俗相反,皆慈其子而嚴其上。("**兄、上**"**陽部**)夫鳥飛成行,獸處成羣,有孰教之?

故魯國服儒者之禮,行孔子之術,地削名卑,不能親近來遠。

趙王勾踐，劗髮文身，無皮弁搢笏之服，拘罷拒折之容，然而勝夫差於五湖，南面而霸天下，泗上十二諸侯皆率九夷以朝。胡貉匈奴之國縱體拖髮，箕倨反言而國不亡者，未必無禮也。楚莊王裾衣博袍，令行乎天下，遂霸諸侯。（"袍、侯"幽侯合韻）晉文君大布之衣，牂羊之裘，韋以帶劍，威立于海內，（"衣、內"微物通韻）豈必鄒魯之禮之謂禮乎？

是故入其國者從其俗，入其家者避其諱，不犯禁而入，不忤逆而進，雖之夷狄徒倮之國，結軌乎遠方之外，而無所困矣。

禮者，實之文也；仁者，恩之效也。故禮因人情而為之節文，而仁發併以見容。禮不過實，仁不溢恩也，（"實、恩"質真通韻）治世之道也。夫三年之喪，是強人所不及也，而以偽輔情也。三月之服，是絕哀而迫切之性也。（"情、性"耕部）夫儒墨不原人情之終始，而務以行相反之制，五縗之服。（"始、服"之職通韻）悲哀抱於情，葬薶稱於養，（"情、養"耕陽合韻）不強人之所不能為，不絕人之所能已。度量不失於適，誹譽無所由生。

古者，非不知繁升降槃還之禮也，蹀采齊、肆夏之容也，以為曠日煩民而無所用，（"容、用"東部）故制禮足以佐實喻意而已矣。古者非不能陳鐘鼓、盛筦簫、揚干戚、奮羽旄，以為費財亂政，制樂足以合歡宣意而已，喜不羨於音。非不能竭國糜民，虛府殫財，含珠鱗施，綸組節束，追送死也；以為窮民絕業而無益於槁骨腐肉也，故葬薶足以收斂蓋藏而已。昔舜葬蒼梧，市不變其肆；禹葬會稽之山，農不易其畝。明乎死生之分，通乎侈儉之適者也。

亂國則不然。言與行相悖，情與貌相反，禮飾以煩，樂優以淫，崇死以害生，久喪以招行，（"生、行"耕陽合韻）是以風俗濁於世而誹譽萌於朝，是故聖人廢而不用也。

義者,循理而行宜也;("**義、宜**"歌部)禮者,體情制文者也。義者,宜也;("**義、宜**"歌部)禮者,體也。("**禮、體**"脂部)昔有扈氏爲義而亡,知義而不知宜也;魯治禮而削,知禮而不知體也。有虞氏之祀,其社用土,祀中霤,葬成畝,("**祀、土、畝**"魚之合韻)其樂咸池、承雲、九韶,其服尚黃。夏后氏[之禮],其社用松,祀户,葬牆置翣,其樂夏籥九成、六佾、六列、六英,其服尚青。("**英、青**"陽耕合韻)殷人之禮,其社用石,祀門,葬樹松,其樂大護、晨露,其服尚白。("**露、白**"鐸部)周人之禮,其社用栗,祀竈,葬樹柏,其樂大武、三象、棘下,其服尚赤。("**下、赤**"魚鐸通韻)禮樂相詭,服制相反,("**詭、反**"歌元通韻)然而皆不失親疏之恩、上下之倫。("**恩、倫**"真文合韻)今握一君之法籍,以非傳代之俗,譬由膠柱而調瑟也。("**籍、俗、瑟**"鐸屋質合韻)

故明主制禮義而爲衣,分節行而爲帶。衣足以覆形,從典墳,虛循撓,便身體,適行步,不務於奇麗之容,隅眥之削;帶足以結紐收衽,束牢連固,不亟於爲文句疏短之鞻。故制禮義行至德,而不拘於儒墨。("**德、墨**"職部)

所謂明者,非謂其見彼也,自見而已;所謂聰者,非謂聞彼也,自聞而已;所謂達者,非謂知彼也,自知而已。是故身者,道之所託,身得則道得矣。("**託、得**"鐸職合韻)道之得也,以視則明,以聽則聰,以言則公,以行則從。("**明、聰、公、從**"陽東合韻)

故聖人財制物也,猶工匠之斲削鑿枘也,宰庖之切割分別也,("**枘、別**"月部)曲得其宜而不折傷。拙工則不然,大則塞而不入,小則窕而不周,動於心,枝於手,而愈醜。("**周、手、醜**"幽部)

夫聖人之斲削物也,剖之判之,離之散之,("**判、散**"元部)已淫已失,復揆以一。("**失、一**"質部)既出其根,復歸其門,("**根、門**"文部)已雕已琢,還反於樸。("琢、樸"屋部)合而為道德,離而為儀表,其轉入玄冥,其散應無形。("冥、形"耕部)禮義節行,又何以窮至治之本哉?

世之明事者,多離道德之本,曰禮義足以治天下,("事、下"之魚合韻)此未可與言術也。("本、術"文物通韻)所謂禮義者,五帝三王之法籍風俗,一世之迹也。譬若芻狗土龍之始成,文以青黃,絹以綺繡,纏以朱絲,尸祝袀袨,大夫端冕,以送迎之。及其已用之後,則壤土草劓而已,夫有孰貴之?("劓、貴"月物合韻)

故當舜之時,有苗不服。("時、服"之職通韻)於是舜脩政偃兵,執干戚而舞之。禹之時,天下大雨。禹令民聚土積薪,擇丘陵而處之。("舞、雨、處"魚部)武王伐紂,載尸而行,海內未定,故不為三年之喪。("行、定、喪"陽耕合韻)禹遭洪水之患,陂塘之事,故朝死而暮葬。("患、葬"元陽合韻)此皆聖人之所以應時耦變,見形而施宜者也。("變、宜"元歌通韻)

今之脩干戚而笑钁插,知三年而非一日,是從牛非馬,以徵笑羽也。以此應化,無以異於彈一絃而會棘下。("馬、羽、下"魚部)夫以一世之變,欲以耦化應時,譬猶冬被葛而夏被裘。("時、裘"之部)夫一儀不可以百發,一衣不可以出歲。("發、歲"月部)儀必應乎高下,衣必適乎寒暑。("下、暑"魚部)

是故世異即事變,時移則俗易。故聖人論世而立法,隨時而舉事。尚古之王,封於泰山,禪於梁父,七十餘聖,法度不同,非務相反也,時世異也。是故不法其以成之法,而法其所以為法。所以為法者,與化推移者也。夫能與化推移為人者,至貴在焉爾。

故狐梁之歌可隨也,其所以歌者不可為也;("隨、為"歌部)聖人之法可觀也,其所以作法不可原也;("觀、原"元部)辯士言可聽也,其所以言不可形也;("聽、形"耕部)淳均之劍不可愛也,而歐冶之巧可貴也。("愛、貴"物部)今夫王喬、赤誦子,吹嘔呼吸,吐故內新,遺形去智,抱素反真,以遊玄眇,上通雲天。今欲學其道,不得其養氣處神,而放其一吐一吸,時詘時伸,("新、真、天、神、伸"真部)其不能乘雲升假亦明矣。五帝三王輕天下,細萬物,齊死生,同變化,抱大聖之心,以鏡萬物之情,上與神明為友,下與造化為人。("情、人"真耕合韻)今欲學其道,不得其清明玄聖,而守其法籍憲令,("聖、令"真部)不能為治亦明矣。故曰:得十利劍,不若得歐冶之巧;得百走馬,不若得伯樂之數。("巧、數"幽侯合韻)

樸至大者無形狀,道至眇者無度量。("狀、量"陽部)故天之員也不得規,地之方也不得矩。往古來今謂之宙,四方上下謂之宇,道在其間而莫知其所。("矩、宇、所"魚部)故其見不遠者,不可與語大;其智不閎者,不可與論至。("大、至"月質合韻)

昔者,馮夷得道,以潛大川;鉗且得道,以處崑崙。("川、崙"文部)扁鵲以治病,造父以御馬,("病、馬"陽魚通韻)羿以之射,倕以之斲。("射、斲"鐸屋合韻)所為者各異,而所道者一也。("異、一"職質合韻)夫稟道以通物者,無以相非也。("物、非"物微通韻)譬若同陂而溉田,其受水鈞也。("田、鈞"真部)今屠牛而烹其肉,或以為酸,或以為甘,煎熬燎炙,齊味萬方,("酸、甘、方"元談陽合韻)其本一牛之體。伐楩柟豫樟而剖梨之,或為棺槨,或為柱梁,披斷撥檖,所用萬方,("梁、方"陽部)然一木之樸也。故百家之言,指奏相反,("言、反"元部)其合道一體也。譬若絲竹金石之會樂同也,其曲家異而不失於體。伯樂、韓風、秦牙、管青,所相各異,其知馬一也。("體、一"脂質通韻)故三皇五帝,法籍殊方,其得民心鈞也。故湯入夏而用其法,武王入殷而行其禮,桀紂之所以亡,而湯武之

所以為治。（"禮、治"脂之合韻）

故剞劂銷鋸陳，非良工不能以制木；爐橐埵坊設，非巧冶不能以治金。屠牛吐一朝解九牛，而刀可以剃毛；（"牛、毛"之宵合韻）庖丁用刀十九年，而刀如新剖硎。（"年、硎"真耕合韻）何則？游乎眾虛之間。若夫規矩鉤繩者，此巧之具也，而非所以巧也。（"具、巧"侯幽合韻）故瑟無絃，雖師文不能以成曲，徒絃，則不能悲。故絃，悲之具也，而非所以為悲也。若夫工匠之為連鑲、運開、陰閉、眩錯，入於冥冥之眇，神調之極，游乎心手眾虛之間，而莫與物為際者，父不能以教子。瞽師之放意相物，寫神愈舞，而形乎絃者，兄不能以喻弟。今夫為平者，準也；（"平、準"耕文合韻）為直者，繩也。（"直、繩"職蒸通韻）若夫不在於繩準之中，可以為平直者，此不共之術也。故叩宮而宮應，彈角而角動，此同音之相應也。（"應、動、應"蒸東合韻）其於五音無所比，而二十五絃皆應，此不傳之道也。故蕭條者，形之君；而寂漠者，音之主也。

天下是非無所定，世各是其所是，而非其所非。所謂是與非各異，皆自是而非人。由此觀之，事有合於己者，而未始有是也；有忤於心者，而未始有非也。故求是者，非求道理也，求合於己者也。去非者，非批邪施也，去忤於心者也。忤於我，未必不合於人也；合於我，未必不非於俗也。至是之是無非，至非之非無是，此真是非也。若夫是於此而非於彼，非於此而是於彼者，此之謂一是一非也。（"彼、彼、非"歌微合韻）此一是非，隅曲也；夫一是非，宇宙也。今吾欲擇是而居之，擇非而去之，（"居、去"魚部）不知世之所謂是非者，不知孰是孰非？

《老子》曰："治大國若烹小鮮。"為寬裕者曰勿數撓，為刻削者曰致其醎酸而已矣。晉平公出言而不當，師曠舉琴而撞之，（"當、撞"陽東合韻）跌衽宮壁。左右欲塗之，平公曰："舍之！以此為寡人失。"孔子聞之曰："平公非不痛其體也，欲來諫者也。"韓子聞之曰："羣臣失禮而弗誅，是縱過也，有以也夫，平公之不霸也。"

故賓有見人於密子者，賓出，密子曰："子之賓，獨有三過。望我而笑，是擽也；談語而不稱師，是返也；交淺而言深，是亂也。"（"擽、返、亂"元部）賓曰："望君而笑，是公也；談語而不稱師，是通也；交淺而言深，是忠也。"（"公、通、忠"東冬合韻）故賓之容一體也，或以為君子，或以為小人，所自視之異也。（"子、異"之職通韻）故趣舍合，即言忠而益親；身疏，即謀當而見疑。親母為其子治扢秃，而血流至耳，見者以為其愛之至也。使在於繼母，（"耳、母"之部）則過者以為嫉也。（"至、嫉"質部）事之情一也，所從觀者異也。從城上視牛如羊，視羊如豕，所居高也。闚面於盤水則員，於杯則隨。面形不變其故，有所員、有所隨者，所自闚之異也。今吾雖欲正身而待物，庸遽知世之所自窺我者乎？若轉化而與世競走，譬猶逃雨也，無之而不濡。（"走、雨、濡"侯魚合韻）常欲在於虛，則有不能為虛矣。若夫不為虛而自虛者，此所慕而不能致也。

故通於道者，如車軸，不運於己，而與轂至千里，（"己、里"之部）轉無窮之原也；不通於道者，若迷惑，告以東西南北，（"惑、北"職部）所居眇眇，一曲而辟，然忽不得，復迷惑也。（"得、惑"職部）故終身隸於人，辟若倪之見風也，無須臾之間定矣。故聖人體道反性，（"定、性"耕部）不化以待化，則幾於免矣。（"化、免"歌元通韻）

治世之體易守也，其事易為也，其禮易行也，其責易償也。（"行、償"陽部）是以人不兼官，官不兼事，士農工商，（"官、商"元陽合韻）鄉別州異。（"事、異"之職通韻）是故農與農言力，士與士言行，工與工言巧，商與商言數。（"巧、數"幽侯合韻）是以士無遺行，農無廢功,("行、功"陽東合韻)工無苦事,商無折貨,各安其性,不得相干。故伊尹之興土功也,脩脛者使之跖[鏵][1](钁),强脊者使之負土,眇者使之准,傴者使之塗,("鏵、土、塗"魚部)各有所宜,而人性齊矣。("宜、齊"歌脂合韻)胡人便於馬,越人便於舟,異形殊類,易事而悖,失處而賤,得勢而貴。("類、悖、貴"物部)聖人總而用之,其數一也。

夫先知遠見,達視千里,人才之隆也,而治世不以責於民;博聞强志,口辯辭給,人智之美也,而明主不以求於下;敖世輕物,不汙於俗,士之伉行也,而治世不以為民化;神機陰閉,剞劂無迹,人巧之妙也,而治世不以為民業。故萇弘、師曠先知禍福,言無遺策,而不可與衆同職也;("福、職"職部)公孫龍折辯抗辭,別同異,離堅白,不可以衆同道也;北人無擇非舜而自投清泠之淵,不可以為世儀;魯般、墨子以木為鳶而飛之,三日不集,而不可使為工也。故高不可及者,不可以為人量;行不可逮者,不可以為國俗。

夫契輕重不失銖兩,聖人弗用,而縣之乎銓衡;("兩、衡"陽部)視高下不差尺寸,明主弗任,而求之乎浣準,("寸、準"文部)何則？人才不可專用,而度量可世傳也。故國治可與愚守也,而軍制可與權用也。("守、用"幽東合韻)夫待騕褭、飛兔而駕之,則世莫乘車;待西施、毛嬙而為配,則終身不家矣。("車、家"魚部)然非待古之英俊而人自足者,因所有而並用之。("足、用"屋東通韻)夫騏驥千里,一日而通;駑馬十舍,("里、舍"之魚合韻)旬亦至之。由是觀之,人材不足專恃,而道術可公行也。

亂世之法,高為量而罪不及,重為任而罰不勝,危為禁而誅不

---

[1] 據王念孫説改。

敢。民困於三責，則飾智而詐上，犯邪而干免。故雖峭法嚴刑，不能禁其姦。（"**免、姦**"元部）何者？力不足也。故諺曰："鳥窮則噣，獸窮則觢，人窮則詐。"（"**噣、觢、詐**"屋鐸合韻）此之謂也。

道德之論，譬猶日月也。江南河北不能易其指，馳騖千里不能易其處。趨舍禮俗，猶室宅之居也，東家謂之西家，西家謂之東家，（"**居、家、家**"魚部）雖皋陶為之理，不能定其處。（"**理、處**"之魚合韻）故趨舍同，誹譽在俗；意行鈞，窮達在時。湯武之累行積善，可及也；其遭桀紂之世，天授也。今有湯武之意，而無桀紂之時，而欲成霸王之業，亦不幾矣。

昔武王執戈秉鉞以伐紂勝殷，搢笏杖殳以臨朝。武王既沒，殷民叛之。周公踐東宮，履乘石，攝天子之位，負扆而朝諸侯，放蔡叔，誅管叔，克殷殘商，祀文王于明堂，七年而致政成王。（"**商、堂、王**"陽部）夫武王先武而後文，非意變也，以應時也；周公放兄誅弟，非不仁也，以匡亂也。故事周於世則功成，務合於時則名立。

昔齊桓公合諸侯以乘車，退誅於國以斧鉞；晉文公合諸侯以革車，退行於國以禮義。（"**鉞、義**"月歌通韻）桓公前柔而後剛，文公前剛而後柔。然而令行乎天下、權制諸侯鈞者，審於勢之變也。

顏闔，魯君欲相之而不肯，使人以幣先焉。鑿培而遁之，（"**肯、先、遁**"蒸文合韻）為天下顯武。使遇商鞅、申不害，刑及三族，又況身乎？世多稱古之人而高其行，並世有與同者而弗知貴也，非才下也，時弗宜也。故六騏驥、駟駛騠，以濟江河，不若竂木便者，處勢然也。是故立功之人，簡於行而謹於時。

今世俗之人，以功成為賢，以勝患為智，以遭難為愚，以死節為戇，吾以為各致其所極而已。王子比干非不知箕子被髮佯狂以免其身也，然而樂直行盡忠以死節，（"**身、節**"真質通韻）故不為也；伯夷、叔齊非不能受禄任官以致其功也,然而樂離世伉行以絕眾,("**功、衆**"東冬合韻)故不務也;許由、善卷非不能撫天下、寧海內以德民也,然而羞以物滑和,故弗受也;豫讓、要離非不知樂家室安妻子以偷生也,然而樂推誠行必以死主,故不留也。("**務、受、留**"侯幽合韻)今從箕子視比干,則愚矣;從比干視箕子,則卑矣;從管晏視伯夷,則戇矣;從伯夷視管晏,則貪矣。趨舍相非,嗜欲相反,而各樂其務,將誰使正之? 曾子曰:"擊舟水中,鳥聞之而高翔,魚聞之而淵藏。"("**翔、藏**"陽部)故所趨各異,而皆得所便。故惠子從車百乘以過孟諸,莊子見之,弃其餘魚。("**諸、魚**"魚部)䍃胡飲水數斗而不足,鱣鮪入口若露而死,智伯有三晉而欲不瞻,林類、榮啟期衣若縣衰而意不慊。("**瞻、慊**"談部)由此觀之,則趣行各異,何以相非也?

夫重生者不以利害己,立節者見難不苟免,貪禄者見利不顧身,("**免、身**"元真合韻)而好名者非義不苟得。("**己、得**"之職通韻)此相為論,譬猶冰炭鉤繩也,何時而合? 若以聖人為之中,則兼覆而并之,未有可是非者也。夫飛鳥主巢,狐狸主穴。巢者,巢成而得棲焉;穴者,穴成而得宿焉。趨舍行義,亦人之所棲宿也。各樂其所安,致其所蹠,謂之成人。故以道論者,總而齊之。

治國之道,上無苛令,官無煩治,士無偽行,工無淫巧,其事經而不擾,其器完而不飾。亂世則不然,為行者相揭以高,為禮者相矜以偽,車輿極於雕琢,器用遂於刻鏤,("**琢、鏤**"屋侯通韻)求貨者爭難得以為寶,詆文者處煩撓以為慧,爭為佹辯,久積而不訣,("**慧、訣**"月部)無益於治。工為奇器,歷歲而後成,不周於用。

故神農之法曰:"丈夫丁壯而不耕,天下有受其飢者;婦人當年而不織,天下有受其寒者。"故身自耕,妻親織,以為天下先。其導民也,不貴難得之貨,不器無用之物。("**先、物**"文物通韻)是故其耕不强者,無以養生;其織不力者,無以揜形;有餘不足,各歸其身。衣食饒溢,姦邪不生;安樂無事,而天下均平。("**生、形、身、生、平**"耕真合韻)故孔丘、曾參無所施其善,孟賁、成荊無所行其威。

衰世之俗,以其知巧詐偽,飾衆無用,貴遠方之貨,珍難得之財,不積於養生之具。("**偽、貨、具**"歌侯合韻)澆天下之淳,析天下之樸,㤼服馬牛以為牢,滑亂萬民,以清為濁,性命飛揚,皆亂以營。貞信漫爛,人失其情性。("**營、性**"耕部)於是乃有翡翠犀象、黼黻文章以亂其目,("**象、章**"陽部)鴃䉆黍粱、荆吳芬馨以嚘其口,("**粱、馨**"陽耕合韻)鐘鼓管簫、絲竹金石以淫其耳,趍舍行義、禮節謗議以營其心。("**義、議**"歌部)於是百姓麋沸豪亂,暮行逐利,煩挐澆淺,法與義相非,行與利相反,("**亂、淺、反**"元部)雖十管仲,弗能治也。且富人則車輿衣纂錦,馬飾傅旄象,帷幕茵席,綺繡條組,青黄相錯,不可為象。("**象、席、組、錯、象**"陽鐸魚通韻)貧人則夏被褐帶索,唅菽飲水以充腸,以支暑熱;冬則羊裘解札,短褐不掩形,而煬竈口。故其為編户齊民無以異,然貧富之相去也,猶人君與僕虜,不足以論之。夫乘奇技偽邪施者,自足乎一世之間;守正脩理不苟得者,不免乎飢寒之患。("**間、患**"元部)而欲民之去末反本,是由發其原而壅其流也。夫雕琢刻鏤,傷農事者也;錦繡纂組,("**鏤、組**"侯魚合韻)害女工者也。農事廢,女工傷,則飢之本而寒之原也。夫飢寒並至,能不犯法干誅者,古今之未聞也。("**原、聞**"元文合韻)

故(仕)[仁]鄙在時不在行,利害在命不在智。夫敗軍之卒,勇武遁逃,將不能止也;勝軍之陳,怯者先行,懼不能走也。("**止、走**"之幽合韻)故江河決沉,一鄉父子兄弟相遺而走,爭升陵阪,上高丘，輕足先升，不能相顧也；世樂志平，見鄰國之人溺，尚猶哀之，又況親戚乎？故身安則恩及鄰國，志為之滅；身危則忘其親戚，而人不能解也。游者不能拯溺，手足有所急也；灼者不能救火，身體有所痛也。夫民有餘即讓，不足則爭。讓則禮義生，（"爭、生"耕部）爭則暴亂起。扣門求水，莫弗與者，所饒足也；林中不賣薪，湖上不鬻魚，所有餘也。（"魚、餘"魚部）故物豐則欲省，求贍則爭止。秦王之時，或人菹子，利不足也；劉氏持政，獨夫收孤，財有餘也。（"孤、餘"魚部）故世治則小人守政，而利不能誘也；世亂則君子為姦，而法弗能禁也。

第十二卷 道應訓

太清問於無窮曰："子知道乎？"無窮曰："吾弗知也。"又問於無為曰："子知道乎？"無為曰："吾知道。""子之知道，亦有數乎？"無為曰："吾知道有數。"曰："其數奈何？"無為曰："吾知道之可以弱，可以強；可以柔，可以剛；可以陰，可以陽；可以窈，可以明；可以包裹天地，可以應待無方。（"強、剛、陽、明、方"陽部）此吾所以知道之數也。"太清又問於無始曰："鄉者吾問道於無窮，無窮曰：'吾弗知之。'又問於無為，無為曰：'吾知道。'曰：'子之知道亦有數乎？'無為曰：'吾知道有數。'曰：'其數奈何？'無為曰：'吾知道之可以弱，可以強；可以柔，可以剛；可以陰，可以陽；可以窈，可以明；可以包裹天地，可以應待無方。（"強、剛、陽、明、方"陽部）吾所以知道之數也。'若是，則無為知與無窮之弗知，孰是孰非？"無始曰："弗知之深，而知之淺；弗知內，而知之外；弗知精，而知之粗。"太清仰而嘆曰："然則不知乃知邪？知乃不知邪？孰知知之為弗知，弗知之為知邪？"無始曰："道不可聞，聞而非也；道不可見，見而非也；道不可言，言而非也。孰知形之不形者乎？"故老子曰："天下皆知善之為善，斯不善也。"故"知者不言，言者不知"也。

白公問於孔子曰："人可以微言？"孔子不應。白公曰："若以石投水中，何如？"曰："吳、越之善没者能取之矣。"曰："若以水投水，何如？"孔子曰："菑澠之水合，易牙嘗而知之。"白公曰："然則人固不可與微言乎？"孔子曰："何謂不可？誰知言之謂者乎？"夫知言之謂者，不以言言也。爭魚者濡，逐獸者趨，（**"濡、趨"侯部**）非樂之也。故至言去言，至為無為。（**"言、為"元歌通韻**）夫淺知之所爭者，末矣！白公不得也，故死於浴室。故老子曰："言有宗，事有君，夫唯無知，是以不吾知也。"白公之謂也。

惠子為惠王為國法，已成而示諸先生，先生皆善之。奏之惠王，惠王甚說之。（**"善、說"元月通韻**）以示翟煎，曰："善！"惠王曰："善，可行乎？"翟煎曰："不可！"惠王曰："善而不可行，何也？"翟煎對曰："今夫舉大木者，前呼邪許，後亦應之。此舉重勸力之歌也，豈無鄭衛激楚之音哉？然而不用者，不若此其宜也。治國有禮，不在文辯。"故老子曰："法令滋彰，盜賊多有。"此之謂也。

田駢以道術說齊王，王應之曰："寡人所有，齊國也，（**"有、國"之職通韻**）道術難以除患，願聞國之政。"田駢對曰："臣之言，無政而可以為政，譬之若林木，無材而可以為材。願王察其所謂，而自取齊國之政焉已。雖無除其患，天地之間，六合之内，可陶冶而變化也。齊國之政，何足問哉？"此老聃之所謂"無狀之狀，無物之象"者也。（**"狀、象"陽部**）若王之所問者，齊也；田駢所稱者，材也。材不及林，林不及雨，雨不及陰陽，陰陽不及和，和不及道。

白公勝得荆國，不能以府庫分人。七日，石乞入曰："不義得之，又不能布施，患必至矣。不能予人，不若焚之，毋令人害我。"白公弗聽也。九日，葉公入，乃發大府之貨以予眾，出高庫之兵以賦民，因而攻之。十有九日而擒白公。夫國非其有也，而欲有之，可謂至貪也。不能為人，又無以自為，可謂至愚矣。譬白公之嗇也，何以異於梟之愛其子也。("**嗇、子**"職之通韻)故老子曰："持而盈之，不如其已；揣而銳之，不可長保也。"("**已、保**"之幽合韻)

趙簡子以襄子為後，董閼于曰："無卹賤，今以為後，何也？"簡子曰："是為人也，能為社稷忍羞。"異日，知伯與襄子飲，而批襄子之首，大夫請殺之。襄子曰："先君之立我也，曰能為社稷忍羞，豈曰能刺人哉！"處十月，知伯圍襄子於晉陽，襄子疏隊而擊之，大敗知伯，破其首以為飲器。故老子曰："知其雄，守其雌，其為天下谿。"("**雌、谿**"支部)

齧缺問道於被衣，被衣曰："正女形，壹女視，天和將至。("**視、至**"脂質通韻)攝女知，正女度，神將來舍。("**度、舍**"鐸魚通韻)德將來附若美，而道將為女居。戇乎若新生之犢，而無求其故。"("**居、故**"魚部)言未卒，齧缺繼以讎夷，被衣行歌而去，曰："形若槁骸，心如死灰，直實知，不以故自持。墨墨恢恢，無心可與謀。彼何人哉？"("**骸、灰、持、恢、謀、哉**"之部)故老子曰："明白四達，能無以知乎？"

趙襄子攻翟而勝之，取尤人、終人。使者來謁之，襄子方將食，而有憂色。("**食、色**"職部)左右曰："一朝而兩城下，此人之所喜也，今君有憂色，("**喜、色**"之職通韻)何也？"襄子曰："江河之大也，不過三日。飄風暴雨，日中不須臾。("**雨、臾**"魚侯合韻)今趙氏之德行無所積，今一朝而兩城下，亡其及我乎？"孔子聞之曰："趙氏其昌乎？"夫憂所以為昌也，而喜所以為亡也；("**昌、亡**"陽部)勝非其難者也,持之其難者也。賢主以此持勝,故其福及後世。齊楚吳越,皆嘗勝矣,然而卒取亡焉,不通乎持勝也。唯有道之主能持勝。孔子勁扣國門之關,而不肯以力聞;墨子為守攻,公輸般服,而不肯以兵知。善持勝者,以強為弱。故老子曰:"道沖而用之,又弗盈也。"

惠孟見宋康王,蹀足謦欬,疾言曰:"寡人所說者,勇有〔力〕(功)也,不說為仁義者也。客將何以教寡人?"惠孟對曰:"臣有道於此,〔使〕人雖勇,刺之不入;雖巧有力,擊之不中。大王獨無意邪?"宋王曰:"善!此寡人之所欲聞也。"惠孟曰:"夫刺之而不入,擊之而不中,此猶辱也。臣有道於此,使人雖有勇弗敢刺,雖有力不敢擊。("**刺、擊**"錫部)夫不敢刺,不敢擊,("**刺、擊**"錫部)非無其意也。臣有道於此,使人本無其意也。夫無其意,未有愛利之心也。臣有道於此,使天下丈夫女子,莫不歡然皆欲愛利之(心),此其賢於勇有力也,四累之上也。大王獨無意邪?"宋王曰:"此寡人所欲得也。"("**意、得**"職部)惠孟對曰:"孔墨是已。孔丘、墨翟,無地而為君,無官而為長,天下丈夫女子,莫不延頸舉踵而願安利之者。今大王,萬乘之主也,誠有其志,則四境之內,皆得其利矣。此賢於孔墨也遠矣。"宋王無以應。惠孟出,宋王謂左右曰:"辯矣,客之以說勝寡人也。"故老子曰:"勇於不敢則活。"由此觀之,大勇反為不勇耳。

昔堯之佐九人,舜之佐七人,武王之佐五人。堯、舜、武王於九七五者不能一事焉,然而垂拱受成功者,善乘人之資也。故人與驥逐走,則不勝驥。("**資、驥**"脂微合韻)託於車上,則驥不能勝人。北方有獸,其名曰蹷,鼠前而菟後,趨則頓,走則顛,("**頓、顛**"文真合韻)常為蛩蛩駏驉取甘草以與之。蹷有患害,蛩蛩駏驉必負而

走。（"與、走"魚侯合韻）此以其能託其所不能。故老子曰："夫代大匠斲者，希不傷其手。"（"斲、手"屋幽合韻）

薄疑説衛嗣君以王術，嗣君應之曰："予所有者，千乘也，願以受教。"薄疑對曰："烏獲舉千鈞，又況一斤乎？"（"鈞、斤"真文合韻）杜赫以安天下説周昭文君，文君謂杜赫曰："願學所以安周。"赫對曰："臣之所言不可，則不能安周。臣之所言可，則周自安矣。"（"可、安"歌元通韻）此所謂弗安而安者也。故老子曰："大制無割。""故致數輿無輿也。"

魯國之法，魯人為人妾於諸侯，有能贖之者，取金於府。（"侯、府"侯部）子贛贖魯人於諸侯，來而辭不受金。孔子曰："賜失之也！"夫聖人之舉事也，可以移風易俗，而受教順，可施後世，非獨以適身之行也。今國之富者寡而貧者衆。贖而受金，則為不廉；（"金、廉"侵談合韻）不受金，則不復贖人。"自今以來，魯人不復贖人於諸侯矣。"孔子亦可謂知禮矣。故老子曰："見小曰明。"

魏武侯問於李克曰："吳之所以亡者，何也？"李克對曰："數戰而數勝。"武侯曰："數戰數勝，國之福，（"勝、福"蒸職通韻）其獨以亡，何故也？"（"亡、故"陽魚通韻）對曰："數戰則民罷，數勝則主憍。以憍主使罷民，而國不亡者，天下鮮矣。憍則恣，恣則極物；罷則怨，怨則極慮。上下俱極，吳之亡猶晚。此夫差之所以自到於干遂也。"故老子曰："功成名遂身退，天之道也。"

甯越欲干齊桓公，困窮無以自達。於是為商旅將任車，以商於齊，暮宿於郭門之外。（"達、外"月部）桓公郊迎客，夜開門，辟任車，爝火甚盛，從者甚衆。（"盛、衆"耕冬合韻）寗越飯牛車下，望見桓公而悲，擊牛角而疾商歌。（"悲、歌"微歌合韻）桓公聞之，撫其僕之手曰："異哉！歌者非常人也！"命後車載之。桓公及至，從者以請。桓公贛之衣冠而見,説以為天下。桓公大説,將任之。羣臣爭之曰:"客,衛人也。衛之去齊不遠,君不若使人問之。而故賢者也,用之未晚。"桓公曰:"不然。問之,患其有小惡也。以人之小惡,而忘人之大美,此人主之所以失天下之士也。"凡聽必有驗,一聽而弗復問,合其所以也。且人固難合也,權而用其長者而已矣。當是舉也,桓公得之矣。故老子曰:"天大,地大,道大,王亦大,域中有四大,而王處其一焉。"以言其能包裹之也。

大王亶父居邠,翟人攻之。事之以皮帛珠玉而弗受。曰翟人之所求者地,無以財物為也。("地、為"歌部)大王亶父曰:"與人之兄居,而殺其弟;與人之父處,("居、處"魚部)而殺其子,("弟、子"脂之合韻)吾弗為,皆勉處矣。為吾臣與翟人臣,奚以異?且吾聞之也,不以其所養害其養。"杖策而去。民相連而從之,遂成國於岐山之下。大王亶父可謂能保生矣。雖富貴不以養傷身,雖貧賤不以利累形。("身、形"真耕合韻)今受其先人之爵祿,則必重失之;所自來者久矣,而輕失之,豈不惑哉?("久、惑"之職通韻)故老子曰:"貴以身為天下,焉可以託天下;愛以身為天下,焉可以寄天下矣。"

中山公子牟謂詹子曰:"身處江海之上,心在魏闕之下,為之奈何?"詹子曰:"重生。重生則輕利。"中山公子牟曰:"雖知之,猶不能自勝。"("之、勝"之蒸通韻)詹子曰:"不能自勝,則從之。("勝、之"蒸之通韻)從之,神無怨乎!不能自勝而強弗從者,此之謂重傷。("從、傷"東陽合韻)重傷之人,無壽類矣。"故老子曰:"知和曰常,知常曰明,益生曰祥,心使氣曰強。"("常、明、祥、強"陽部)是故"用其光,復歸其明"也。("光、明"陽部)

楚莊王問詹何曰:"治國奈何?"對曰:"何明於治身,而不明於治國。"楚王曰："寡人得立宗廟社稷,願學所以守之。"詹何對曰："臣未嘗聞身治而國亂者也,未嘗聞身亂而國治者也。故本任於身,不敢對以末。"楚王曰："善!"故老子曰："修之身,其德乃真也。"(**"身、真"真部**)

桓公讀書於堂,輪扁斲輪於堂下,釋其椎鑿而問桓公曰："君之所讀者,何書也?"桓公曰："聖人之書。"輪扁曰："其人在焉?"桓公曰："已死矣。"輪扁曰："是直聖人之糟粕耳。"桓公悖然作色而怒曰："寡人讀書,工人焉得而譏之哉? 有說則可,無說則死。"(**"可、死"歌脂合韻**)輪扁曰："然! 有說。臣試以臣之斲輪語之。大疾則苦而不入,大徐則甘而不固,不甘不苦,應於手,猒于心,而可以至妙者,臣不能以教臣之子,而臣之子亦不能得之於臣。是以行年七十,老而為輪。(**"臣、輪"真文合韻**)今聖人之所言者,亦以懷其實,窮而死,獨其糟粕在耳。"(**"死、在"脂之合韻**)故老子曰："道可道,非常道,名可名,非常名。"

昔者,司城子罕相宋,謂宋君曰："夫國家之危安,百姓之治亂,在君行賞罰。(**"安、亂、罰"元月通韻**)夫爵賞賜予,民之所好也,(**"予、好"魚幽合韻**)君自行之;殺戮刑罰,民之所怨也,(**"罰、怨"月元通韻**)臣請當之。"(**"行、當"陽部**)宋君曰："善! 寡人當其美,子受其怨,寡人自知不為諸侯笑矣。"國人皆知殺戮之制,專在子罕也,(**"制、罕"月元通韻**)大臣親之,百姓畏之。(**"親、畏"真微合韻**)居不至期年,子罕遂却宋君而專其政。(**"年、政"真耕合韻**)故老子曰："魚不可脫于淵,國之利器不可以示人。"(**"淵、人"真部**)

王壽負書而行,見徐馮於周。徐馮曰："事者,應變而動。變生於時,故知時者無常行。(**"動、行"東陽合韻**)書者,言之所出也。言出於知者,知者[不]藏書。"於是,王壽乃焚書而舞之。(**"書、舞"**

魚部）故老子曰："多言數窮，不如守中。"（"**窮、中**"冬部）

令尹子佩請飲莊王，莊王許諾。子佩疏揖，北面立於殿下，曰："昔者君王許之，今不果往，意者臣有罪乎？"莊王曰："吾聞子具於強臺。強臺者，南望料山，以臨方皇，（"**山、皇**"元陽合韻）左江而右淮，其樂忘死。（"**淮、死**"微脂合韻）若吾薄德之人，不可以當此樂也，恐留而不能反。"故老子曰："不見可欲，使心不亂。"（"**反、亂**"元部）

晉公子重耳出亡，過曹，無禮焉。釐負羈之妻謂釐負羈曰："君無禮於晉公子。吾觀其從者，皆賢人也。若以相夫子，反晉國，必伐曹，子何不先加德焉。"（"**子、國、德**"之職通韻）釐負羈遺之壺飱而加璧焉。重耳受其飱而反其璧。及其反國，起師伐曹，剋之，令三軍無入釐負羈之里。（"**國、剋、里**"職之通韻）故老子曰："曲則全，枉則正。"

越王勾踐與吳戰而不勝，國破身亡，困於會稽。忿心張膽，氣如涌泉，選練甲卒，赴火若滅。（"**泉、滅**"元月通韻）然而請身為臣，妻為妾，親執戈為吳兵先馬走，果擒之於干遂。故老子曰："柔之勝剛也，弱之勝強也，天下莫不知，而莫之能行。"（"**剛、強、行**"陽部）越王親之，故霸中國。

趙簡子死，未葬，中牟入齊。（"**死、齊**"脂部）已葬五日，襄子起兵攻圍之，未合而城自壞者十丈。襄子擊金而退之。軍吏諫曰："君誅中牟之罪，而城自壞，（"**罪、壞**"微部）是天助我，何故去之？"襄子曰："吾聞之叔向曰：'君子不乘人於利，不迫人於險。'使之治城，城治而後攻之。"（"**城、攻**"耕東合韻）中牟聞其義，乃請降。故老子曰："夫唯不爭，故天下莫能與之爭。"（"**爭、爭**"耕部）

秦繆公謂伯樂曰："子之年長矣，子姓有可使求馬者乎？"對曰：

"良馬者,可以形容筋骨相也。相天下之馬者,若滅若失,若亡其一。("**失、一**"**質部**)若此馬者,絶塵弭徹。臣之子,皆下材也,("**子、材**"**之部**)可告以良馬,而不可告以天下之馬。("**馬、馬**"**魚部**)臣有所與供儋纏采薪者九方堙,此其於馬,非臣之下也,請見之。"("**馬、下**"**魚部**)穆公見之,使之求馬。三月而反,報曰:"已得馬矣,在於沙丘。"穆公問:"何馬也?"對曰:"牡而黃。"使人往取之,牝而驪。穆公不說,召伯樂而問之曰:"敗矣!子之所使求者,毛物牝牡弗能知,又何馬之能知?"伯樂喟然大息曰:"一至此乎!是乃其所以千萬臣而無數者也。若堙之所觀者,天機也。得其精而忘其粗,在其内而忘其外。見其所見而不見其所不見,視其所視而遺其所不視。若彼之所相者,乃有貴乎馬者。"("**相、馬**"**陽魚通韻**)馬至,而果千里之馬。故老子曰:"大直若屈,大巧若拙。"("**屈、拙**"**物部**)

　　吳起為楚令尹,適魏,問屈宜若曰:"王不知起之不肖,而以為令尹。先生試觀起之為人也。("**尹、人**"**真部**)"屈子曰:"將柰何?"吳起曰:"將衰楚國之爵而平其制祿,損其有餘而綏其不足,("**祿、足**"**屋部**)砥礪甲兵,時爭利於天下。"("**兵、下**"**陽魚通韻**)屈子曰:"宜若聞之,昔善治國家者,不變其故,不易其常。("**家、故、常**"**魚陽通韻**)今子將衰楚國之爵而平其制祿,損其有餘而綏其不足,("**祿、足**"**屋部**)是變其故,易其常也,("**故、常**"**魚陽通韻**)行之者不利。宜若聞之曰:'怒者,逆德也;兵者,("**怒、兵**"**魚陽通韻**)凶器也;("**德、器**"**職質合韻**)爭者,人之所本也。'今子陰謀逆德,好用凶器,始人之所本,逆之至也。("**器、至**"**質部**)且子用魯兵,不宜得志於齊,而得志焉。子用魏兵,不宜得志於秦,而得志焉。宜若聞之,非禍人不能成禍。吾固惑吾王之數逆天道,戾人理,至今無禍,差須夫子也。"（"**理、子**"之部）吳起愀然曰："尚可更乎？"屈子曰："成刑之徒，不可更也。子不若敦愛而篤行之。"（"**更、行**"陽部）故老子曰："挫其銳，解其紛，和其光，同其塵。"（"**紛、塵**"文真合韻）

晉伐楚，三舍不止。大夫請擊之。（"**止、之**"之部）莊王曰："先君之時，晉不伐楚，及孤之身，而晉伐楚，是孤之過也，若何其辱羣大夫？"（"**楚、楚、夫**"魚部）曰："先臣之時，晉不伐楚，今臣之身，而晉伐楚，此臣之罪也，請王擊之。"王俛而泣涕沾襟，起而拜羣大夫。晉人聞之曰："君臣爭以過為在己，且輕下其臣，不可伐也。"夜還師而歸。故老子曰："能受國之垢，是謂社稷主。"（"**垢、主**"侯部）

宋景公之時，熒惑在心。公懼，召子韋而問焉。曰："熒惑在心，何也？"子韋曰："熒惑，天罰也。心，宋分野。禍且當君。雖然，可移於宰相。"公曰："宰相，所使治國家也，而移死焉，不祥。"（"**相、家、祥**"陽魚通韻）子韋曰："可移於民。"公曰："民死，寡人誰為君乎？寧獨死耳。"子韋曰："可移於歲。"公曰："歲，民之命。歲饑，民必死矣。（"**饑、死**"微脂合韻）為人君而欲殺其民以自活也，其誰以我為君者乎？是寡人之命固已盡矣。子（韋）無復言矣。"子韋還走，北面再拜曰："敢賀君！天之處高而聽卑。君有君人之言三，天必有三賞君。今夕星必徙三舍，君延年二十一歲。"公曰："子奚以知之？"對曰："君有君人之言三，故有三賞，星必三徙舍。（"**賞、舍**"陽魚通韻）舍行七里，三七二十一，故君移年二十一歲。臣請伏於陛下以司之。星不徙，臣請死之。"公曰："可。"是夕也，星果三徙舍。（"**夕、舍**"鐸魚通韻）故老子曰："能受國之不祥，是謂天下王。"（"**祥、王**"陽部）

昔者，公孫龍在趙之時，謂弟子曰："人而無能者，龍不能與遊。"有客衣褐帶索而見曰："臣能呼。"公孫龍顧謂弟子曰："門下故有能呼者乎？"對曰："無有。"公孫龍曰："與之弟子之籍。"後數日，往説燕王。至於河上，而航在一汜。使善呼者呼之，一呼而航來。故曰聖人之處世，不逆有伎能之士。（"汜、之、來、士"之部）故老子曰："人無棄人，物無棄物，是謂襲明。"

子發攻蔡，踰之。宣王郊迎，列田百頃而封之執圭。子發辭不受，曰："治國立政，諸侯入賓，（"政、賓"耕真合韻）此君之德也；發號施令，師未合而敵遁，此將軍之威也；（"遁、威"文微通韻）兵陳戰而勝敵者，此庶民之力也。（"敵、力"錫職合韻）夫乘民之功勢而取其爵禄者，非仁義之道也。"故辭而弗受。（"道、受"幽部）故老子曰："功成而不居，夫唯不居，是以不去。"（"居、居、去"魚部）

晉文公伐原，與大夫期三日。三日而原不降，文公令去之。軍吏曰："原不過一二日將降矣。"君曰："吾不知原三日而不可得下也，以與大夫期。盡而不罷，失信得原，吾弗為也。"（"罷、原、為"歌元通韻）原人聞之曰："有君若此，可弗降也。"遂降。溫人聞，亦請降。故老子曰："窈兮冥兮，其中有精。（"冥、精"耕部）其精甚真，其中有信。"（"真、信"真部）故"美言可以市尊，美行可以加人"。（"尊、人"文真合韻）

公儀休相魯，而嗜魚。（"魯、魚"魚部）一國獻魚，公儀子弗受。其弟子諫曰："夫子嗜魚，弗受，何也？"答曰："夫唯嗜魚，故弗受。夫受魚而免於相，雖嗜魚，不能自給魚。毋受魚而不免於相，則能長自給魚。"此明於為人為己者也。故老子曰："後其身而身先，外其身而身存，（"先、存"文部）非以其無私邪？故能成其私。"一曰："知足不辱。"（"足、辱"屋部）

狐丘丈人謂孫叔敖曰："人有三怨，子知之乎？"孫叔敖曰："何謂也？"對曰："爵高者士妬之，官大者主惡之，禄厚者怨處之。"

("妒、惡、處"鐸魚通韻)孫叔敖曰:"吾爵益高,吾志益下;吾官益大,吾心益小;吾祿益厚,吾施益博。是以免三怨,可乎?"故老子曰:"貴必以賤為本,高必以下為基。"

大司馬捶鉤者年八十矣,而不失鉤芒。大司馬曰:"子巧邪?有道邪?("巧、道"幽部)"曰:"臣有守也。臣年二十好捶鉤,於物無視也,非鉤無察也。"是以用之者,必假於弗用也,而以長得其用,而況持無不用者乎? 物孰不濟焉! 故老子曰:"從事於道者同於道。"

文王砥德修政,三年而天下二垂歸之。紂聞而患之曰:"余夙興夜寐,與之競行,則苦心勞形。縱而置之,恐伐余一人。"("形、人"耕真合韻)崇侯虎曰:"周伯昌行仁義而善謀,太子發勇敢而不疑,中子旦恭儉而知時。("謀、疑、時"之部)若與之從,則不堪其殃;縱而赦之,身必危亡。("殃、亡"陽部)冠雖弊,必加於頭。及未成,請圖之。"("頭、圖"侯魚合韻)屈商乃拘文王於羑里。於是散宜生乃以千金求天下之珍怪,("里、怪"之部)得騶虞、雞斯之乘,玄玉百工,大貝百朋,("乘、朋"蒸部)玄豹、黃羆、青犴、白虎文皮千合,以獻於紂,因費仲而通。紂見而說之,乃免其身,殺牛而賜之。文王歸,乃為玉門,築靈臺,相女童,擊鐘鼓,以待紂之失也。紂聞之曰:"周伯昌改道易行,吾無憂矣。"乃為炮烙,剖比干,剔孕婦,殺諫者。文王乃遂其謀。故老子曰:"知其榮,守其辱,為天下谷。"("辱、谷"屋部)

成王問政於尹佚曰:"吾何德之行而民親其上?"("行、上"陽部)對曰:"使之時而敬順之。"("時、之"之部)王曰:"其度安至?"曰:"如臨深淵,如履薄冰。"("淵、冰"真蒸合韻)王曰:"懼哉! 王人乎!"尹佚曰:"天地之間,四海之內,善之則吾畜也,不善則吾讎也。

("畜、雠"觉幽通韵)昔夏商之臣反雠桀紂而臣湯武,宿沙之民皆自攻其君而歸神農,此世之所明知也,如何其無懼也。"故老子曰:"人之所畏,不可不畏也。"

跖之徒問跖曰:"盜亦有道乎?"跖曰:"奚適其無道也?夫意而中藏者,聖也;入先者,勇也;出後者,義也;分均者,仁也;知可否者,智也。五者不備,而能成大盜者,天下無之。"由此觀之,盜賊之心,必託聖人之道而後可行。故老子曰:"絕聖棄智,民利百倍。"("智、倍"支之合韻)

楚將子發好求技道之士。楚有善為偷者往見曰:"聞君求技道之士,臣,偷也,願以技齎一卒。"子發聞之,衣不給帶,冠不暇正,出見而禮之。左右諫曰:"偷者,天下之盜也。何為之禮?"君曰:"此非左右之所得與。"後無幾何,齊與兵伐楚,子發將師以當之,兵三却。("楚、當、却"魚陽鐸通韻)楚賢良大夫皆盡其計而悉其誠,齊師愈強。("誠、強"耕陽合韻)於是市偷進請曰:"臣有薄技,願為君行之。"子發曰:"諾。"不問其辭而遣之。偷則夜解齊將軍之幬帳而獻之。("遣、獻"元部)子發因使人歸之,曰:"卒有出薪者,得將軍之帷,使歸之於執事。"明又復往,取其枕。子發又使人歸之。明日又復往,取其簪。("枕、簪"侵部)子發又使歸之。齊師聞之,大駭。將軍與軍吏謀曰:"今日不去,楚軍恐取吾頭。"則還師而去。故曰無細而能薄,在人君用之耳。故老子曰:"不善人,善人之資也。"("人、資"真脂通韻)

顏回謂仲尼曰:"回益矣。"仲尼曰:"何謂也?"曰:"回忘禮樂矣。"仲尼曰:"可矣,猶未也。"異日復見,曰:"回益矣。"仲尼曰:"何謂也?"曰:"回忘仁義矣。"仲尼曰:"可矣,猶未也。"異日復見,曰:"回坐忘矣。"仲尼造然曰:"何謂坐忘?"顏回曰:"墮支體,黜聰明,離形去知，洞於化通，是謂坐忘。"（"明、通、忘"陽東合韻）仲尼曰："洞則無善也，化則無常矣，而夫子薦賢，丘請從之後。"故老子曰："載營魄抱一，能無離乎？專氣至柔，能如嬰兒乎？（"離、兒"歌支合韻）"

秦穆公興師，將以襲鄭。蹇叔曰："不可。臣聞襲國者，以車不過百里，以人不過三十里，為其謀未及發泄也，甲兵未及銳弊也，糧食未及乏絕也，（"泄、弊、絕"月部）人民未及罷病也，皆以其氣之高與其力之盛至，是以犯敵能威。今行數千里，又數絕諸侯之地以襲國，臣不知其可也，君重圖之。"穆公不聽。蹇叔送師，衰絰而哭之。師遂行。過周而東，鄭賈人弦高矯鄭伯之命，以十二牛勞秦師而賓之。三帥乃懼而謀曰："吾行數千里以襲人，未至而人已知之，其備必先成，（"人、成"真耕合韻）不可襲也。"還師而去。當此之時，晉文公適薨，未葬。先軫言於襄公曰："昔吾先君與穆公交，天下莫不聞，諸侯莫不知。今吾君薨未葬，而不弔吾喪，而不假道，是死吾君而弱吾孤也。請擊之。"襄公許諾。先軫舉兵而與秦師遇於殽，大破之，擒其三帥以歸。穆公聞之，素服廟臨，以說於眾。（"臨、眾"侵冬合韻）故老子曰："知而不知，尚矣；不知而知，病也。"（"尚、病"陽部）

齊王后死，王欲置后而未定，使羣臣議。薛公欲中王之意，因獻十珥而美其一。旦日，因問美珥之所在，因勸立以為王后。齊王大說。遂尊重薛公。故人主之意欲見於外，則為人臣之所制。（"外、制"月部）故老子曰："塞其兌，閉其門，終身不勤。"（"門、勤"文部）

盧敖游乎北海，經乎太陰，入乎玄闕，至於蒙穀之上。見一士焉，深目而玄鬢，淚注而鳶肩，（"鬢、肩"真元合韻）豐上而殺下，軒軒然方迎風而舞。("下、舞"魚部)顧見盧敖,慢然下其臂,遯逃乎碑。("臂、碑"錫支通韻)盧敖就而視之,方倦龜殼而食蛤梨。("視、梨"脂部)盧敖與之語曰:"唯敖為背羣離黨,窮觀於六合之外者,非敖而已乎？敖幼而好游,至長不渝,周行四極,唯北陰之未闚。("游、渝、闚"幽侯支合韻)今卒睹夫子於是,子殆可與敖為友乎？"("是、友"支之合韻)若士者齤然而笑曰:"嘻！子中州之民,寧肯而遠至此。此猶光乎日月而載列星,陰陽之所行,四時之所生。("星、行、生"耕陽合韻)其比夫不名之地,猶突奧也。若我南游乎岡㝗之野,北息乎沉墨之鄉,西窮冥冥之黨,東開鴻濛之光。("野、鄉、黨、光"魚陽通韻)此其下無地而上無天,聽焉無聞,視焉無昀。("天、聞、昀"真文合韻)此其外猶有汰沃之汜。其餘一舉而千萬里,吾猶未能之在。("汜、里、在"之部)今子游始於此,乃語窮觀,豈不亦遠哉！("觀、遠"元部)然子處矣,吾與汗漫期于九垓之外,吾不可以久駐。"("處、駐"魚侯合韻)若士舉臂而竦身,遂入雲中。盧敖仰而視之,弗見,乃止駕,止柸治,悖若有喪也。曰:"吾比夫子,猶黃鵠與壤蟲也,終日行不離咫尺,而自以為遠,豈不悲哉？"故莊子曰:"小人不及大人,小知不及大知。朝菌不知晦朔,蟪蛄不知春秋。"此言明之有所不見也。

季子治亶父三年,而巫馬期絻衣短褐,易容貌,往觀化焉。("褐、化"月歌通韻)見夜魚釋之。巫馬期問焉,曰:"凡子所為魚者,欲得也。今得而釋之,何也？"漁者對曰:"季子不欲人取小魚也。所得者小魚,是以釋之。"("魚、釋"魚鐸通韻)巫馬期歸,以報孔子曰:"季子之德至矣。使人闇行,若有嚴刑在其側者。季子何以至於此？"孔子曰:"丘嘗問之以治,言曰:'誠於此者刑於彼',季子必行此術也。"故老子曰:"去彼取此。"

罔兩問於景曰："昭昭者，神明也。"景曰："非也。"罔兩曰："子何以知之？"景曰："扶桑受謝，日照宇宙；炤炤之光，輝燭四海。闔户塞牖，則無由入矣。若神明，四通並流，無所不極，上際於天，下蟠於地，化育萬物而不可爲象，俛仰之間而撫四海之外，（"**地、外**"**歌月通韻**）昭昭何足以明之！"（"**象、明**"**陽部**）故老子曰："天下之至柔，馳騁於天下之至堅。"

光耀問於無有曰："子果有乎？其果無有乎？"無有弗應也。光耀不得問，而就視其狀貌，冥然忽然，視之不見其形，聽之不聞其聲，（"**形、聲**"**耕部**）搏之不可得，望之不可極也。（"**得、極**"**職部**）光耀曰："貴矣哉！孰能至于此乎？予能有無矣，未能無無也。及其爲無無，又何從至於此哉？"故老子曰："無有入于無間，吾是以知無爲之有益也。"

白公勝慮亂，罷朝而立，到杖策，錣上貫頤，血流至地而弗知也。鄭人聞之曰："頤之忘，將何不忘哉？"此言精神之越於外，智慮之蕩於内，（"**外、内**"**月物合韻**）則不能漏理其形也。是故神之所用者遠，則所遺者近也。（"**遠、近**"**元文合韻**）故老子曰："不出户以知天下，（"**户、下**"**魚部**）不窺牖以見天道，（"**牖、道**"**幽部**）其出彌遠，其知彌少。"此之謂也。

秦皇帝得天下，恐不能守，發邊戍，（"**守、戍**"**幽侯合韻**）築長城，修關梁，（"**城、梁**"**耕陽合韻**）設障塞，具傳車，置邊吏。（"**塞、吏**"**職之通韻**）然劉氏奪之，若轉閉錘。（"**奪、錘**"**月歌通韻**）昔武王伐紂，破之牧野，乃封比干之墓，表商容之間，（"**野、墓、閭**"**魚鐸通韻**）柴箕子之門，朝成湯之廟，發鉅橋之粟，散鹿臺之錢，破鼓折枹，弛弓絕絃，（"**錢、絃**"**元真合韻**）去舍露宿以示平易，解劍帶笏以示無仇。於此，天下歌謠而樂之，諸侯執幣相朝，三十四世不奪。故老子曰:"善閉者,無關鍵而不可開也,善結者,無繩約而不可解也。"

尹需學御,三年而無得焉。私自苦痛,常寢想之。(**"痛、想"東陽合韻**)中夜,夢受秋駕於師。明日,往朝。師望之,謂之曰:"吾非愛道於子也,恐子不可予也。(**"子、予"之魚合韻**)今日將教子以秋駕。"尹需反走,北面再拜曰:"臣有天幸,今夕固夢受之。"故老子曰:"致虛極,守靜篤,萬物並作,吾以觀其復也。"(**"篤、復"覺部**)

昔孫叔敖三得令尹,無喜志;三去令尹,無憂色。(**"志、色"之職通韻**)延陵季子,吳人願一以為王而不肯。(**"子、肯"之蒸通韻**)許由,讓天下而弗受。(**"由、受"幽部**)晏子與崔杼盟,臨死地不變其儀。此皆有所遠通也。精神通於死生,則物孰能惑之?

荆有佽非,得寶劍於干隊。(**"非、隊"微物通韻**)還反度江,至於中流,陽侯之波,兩蛟俠繞其船。佽非謂枻船者曰:"嘗有如此而得活者乎?"對曰:"未嘗見也。"於是佽非瞋目敦然,攘臂拔劍曰:"武士可以仁義之禮說也,不可劫而奪也。(**"說、奪"月部**)此江中之腐肉朽骨弃劍而已,余有奚愛焉!"赴江刺蛟,遂斷其頭。船中人盡活,風波畢除。(**"頭、除"侯魚合韻**)荆爵為執圭。孔子聞之曰:"夫善載腐肉朽骨弃劍者,佽非之謂乎?"故老子曰:"夫唯無以生為者,是賢於貴生焉。"

齊人淳于髡以從說魏王,魏王辯之。約車十乘,將使荆。辭而行,人以為從未足也,復以衡說,其辭若然。(**"說、然"月元通韻**)魏王乃止其行而疏其身。失從心志而有不能成衡之事,是其所以固也。(**"事、固"之魚合韻**)失言有宗,事有本,失其宗本,技能雖多,不若其寡也。故周鼎著倕而使齕其指,先王以見大巧之不可也。(**"指、可"脂歌合韻**)故慎子曰:"匠人知為門,能以門,所以不知門也。"故必杜然後能門。

墨者有田鳩者，欲見秦惠王。約車申轅，留於秦，(周)[三]年不得見。("**轅、見**"元部)客有言之楚王者，往見楚王。楚王甚悦之，予以節，使於秦。至，因見(予之將軍之節)惠王，而説之。出舍，喟然而嘆，告從者曰："吾留秦三年不得見，不識道之可以從楚也。"物故有近之而遠，遠之而近者。故大人之行，不掩以繩，("**行、繩**"陽蒸合韻)至所極而已矣。此所謂筦子梟飛而維繩者。

豐水之深千仞，而不受塵垢，投金鐵鍼焉，("**仞、鍼**"文侵合韻)則形見於外，非不深且清也。魚鼈龍蛇，莫肯之歸也。("**蛇、歸**"歌微合韻)是故石上不生五穀，秃山不游麋鹿，("**穀、鹿**"屋部)無所陰蔽隱也。

昔趙文子問於叔向曰："晉六將軍，其孰先亡乎？"對曰："中行，知氏。"文子曰："何乎？"對曰："其為政也，以苛為察，以切為明，以刻下為忠，以計多為功，("**明、忠、功**"陽冬東合韻)譬之猶廓革者也，廓之，大則大矣，裂之道也。"故老子曰："其政悶悶，其民純純；("**悶、純**"文部)其政察察，其民缺缺。"("**察、缺**"月部)

景公謂太卜曰："子之道何能？"對曰："能動地。"晏子往見公，公曰："寡人問太卜曰：'子之道何能？'對曰：'能動地。'地可動乎？"晏子默然不對。出見太卜曰："昔吾見句星在房、心之間，地其動乎？"太卜曰："然。"晏子出，太卜走往見公曰："臣非能動地，地固將動也。"田子陽聞之曰："晏子默然不對者，不欲太卜之死；往見太卜者，恐公之欺也。("**死、欺**"脂之合韻)晏子可謂忠於上而惠於下矣。"故老子曰："方而不割，廉而不劌。"("**割、劌**"月部)

魏文侯觴諸大夫於曲陽。飲酒酣，文侯喟然嘆曰："吾獨無豫讓以為臣乎！"蹇重舉白而進之，曰："請浮君！"君曰："何也？"對曰：

"臣聞之,有命之父母,不知孝子;(**"母、子"之部**)有道之君,不知忠臣。(**"君、臣"文真合韻**)夫豫讓之君,亦何如哉?"文侯受觴而飲醧不獻,曰:"無管仲、鮑叔以為臣,故有豫讓之功。"故老子曰:"國家昏亂有忠臣。"

孔子觀桓公之廟,有器焉,謂之宥卮。孔子曰:"善哉乎得見此器!"顧曰:"弟子取水!"水至,灌之。其中則正,其盈則覆。孔子造然革容曰:"善哉,持盈者乎!"子貢在側曰:"請問持盈。"曰:"揖而損之。"曰:"何謂揖而損之?"曰:"夫物盛而衰,樂極則悲,(**"衰、悲"微部**)日中而移,月盈而虧。(**"移、虧"歌部**)是故聰明睿智守之以愚,多聞博辯守之以儉,武力毅勇守之以畏,富貴廣大守之以陋,(**"愚、陋"侯部**)德施天下守之以讓。此五者,先王所以守天下而弗失也。反此五者,未嘗不危也。"故老子曰:"保此道者不欲盈,夫唯不盈,故能弊而不新成。"(**"盈、成"耕部**)

武王問太公曰:"寡人伐紂天下,是臣殺其主而下伐其上也,(**"下、上"魚陽通韻**)吾恐後世之用兵不休,鬬爭不已,為之奈何?"太公曰:"甚善,王之問也。夫未得獸者,唯恐其創之小也;已得之,唯恐傷肉之多也。王若欲久持之,則塞民於兑,道全為無用之事、煩擾之教,彼皆樂其業、供其情,昭昭而道冥冥,(**"情、冥"耕部**)於是乃去其瞀而載之[朮]①(木),解其劍而帶之笏,(**"朮、笏"物部**)為三年之喪,令類不蕃。高辭卑讓,(**"喪、讓"陽部**)使民不爭。酒肉以通之,竽瑟以娛之,鬼神以畏之。繁文滋禮以奔其質,厚葬久喪以亶其家,含珠鱗施綸組以貧其財,深鑿高壘以盡其力。(**"財、力"之職通韻**)家貧族少,慮患者寡。以此移風,可以持天下弗失。"

---

① 據王引之、王紹蘭説改。

故老子曰："化而欲作，吾將鎮之以無名之樸也。"

第十三卷　氾論訓

古者有鍪而綣領以王天下者矣，其德生而不[殺]①（辱），予而不奪，（"殺、奪"月部）天下不非其服，同懷其德。（"德、服"職部）當此之時，陰陽和平，風雨時節，萬物蕃息，（**"時、息"之職通韻**）烏鵲之巢可俯而探也，禽獸可羈而從也，豈必褒衣博帶句襟委章甫哉？

古者民澤處復穴，冬日則不勝霜雪霧露，夏日則不勝暑熱蚊蝱。（**"露、蝱"鐸陽通韻**）聖人乃作為之築土構木，以為（宮）室[屋]②，（**"木、屋"屋部**）上棟下宇，以蔽風雨，以避寒暑，（**"宇、雨、暑"魚部**）而百姓安之。伯余之初作衣也，緂麻索縷，手經指挂，其成猶網羅。後世為之機杼勝複以便其用，而民得以揜形御寒。（**"羅、寒"歌元通韻**）

古者剡耜而耕，摩蜃而耨，木鉤而樵，抱甀而汲，民勞而利薄。後世為之耒耜耰鋤，斧柯而樵，桔臯而汲，民逸而利多焉。

古者大川名谷，衝絶道路，不通往來也，乃為窬木方版以為舟航，故地勢有無得相委輸。乃為蹷蹄而超千里肩負儋之勤也，而作為之楺輪建輿，駕馬服牛，民以致遠而不勞。為鷙禽猛獸之害傷人而無以禁御也，而作為之鑄金鍛鐵以為兵刃，猛獸不能為害。故民迫其難則求其便，因其患則造其備。人各以其所知去其所害、就其所利。常故不可循，器械不可因也，（**"循、因"文真合韻**）則先王之法度，有移易者矣。

---

①② 據王念孫説改。

古之制，婚禮不稱主人。舜不告而娶，非禮也。立子以長，文王舍伯邑考而用武王，非制也。禮三十而娶，文王十五而生武王，非法也。夏后氏殯於阼階之上，殷人殯於兩楹之間，周人殯於西階之上，此禮之不同者也。有虞氏用瓦棺，夏后氏堲周，殷人用梓，周人牆置翣，此葬之不同者也。夏后氏祭於闇，殷人祭於陽，周人祭於日出以朝，此祭之不同者也。堯大章，舜九韶，禹大夏，湯大濩，周武象，此樂之不同者也。故五帝異道而德覆天下，三王殊事而名施後世，此皆因時變而制禮樂者，譬猶師曠之施瑟柱也，所推移上下者無寸尺之度，而靡不中音，故通於禮樂之情者能作。("**度、作**"鐸部)音有本主於中，而以知榘彠之所周者也。魯昭公有慈母而愛之，死為之練冠，故有慈母之服。陽侯殺蓼侯而竊其夫人，故大饗廢夫人之禮。先王之制，不宜則廢之；("**制、廢**"月部)末世之事，善則著之。("**事、著**"之魚合韻)是故禮樂未始有常也。故聖人制禮樂而不制於禮樂。

治國有常，而利民為本；政教有經，而令行為上。("**常、經、上**"陽耕合韻)苟利於民，不必法古；苟周於事，不必循舊。("**古、事、舊**"魚之合韻)夫夏商之衰也，不變法而亡；三代之起也，不相襲而王。("**亡、王**"陽部)故聖人法與時變，禮與俗化。("**變、化**"元歌通韻)衣服器械各便其用，法度制令各因其宜。故變古未可非，而循俗未足多也。("**宜、多**"歌部)

百川異源而皆歸於海，百家殊業而皆務於治。("**海、治**"之部)王道缺而《詩》作；周室廢、禮義壞而《春秋》作。《詩》、《春秋》，學之美者也，皆衰世之造也，儒者循之，以教導於世，豈若三代之盛哉！以《詩》、《春秋》為古之道而貴之，又有未作《詩》、《春秋》之時。夫道之缺也，不若道其全也。誦先王之《詩》、《書》，不若聞得其言；聞得其言,不若得其所以言。得其所以言者,言弗能言也。故道可道者,非常道也。

周公事文王也,行無專制,事無由己,身若不勝衣,言若不出口,有奉持於文王,洞洞屬屬,("口、屬"侯屋通韻)如將不能,恐失之,可謂能子矣。("能、子"之部)武王崩,成王幼少,周公繼文王之業,履天子之籍,聽天下之政,平夷狄之亂,誅管蔡之罪,負扆而朝諸侯,誅賞制斷,無所顧問,威動天地,聲懾海內,("問、內"文物通韻)可謂能武矣。成王既壯,周公屬籍致政,北面委質而臣事之,請而後為,復而後行,無擅恣之志,無伐矜之色,("志、色"之職通韻)可謂能臣矣。故一人之身而三變者,所以應時矣。何況乎君數易世,國數易君!人以其位達其好憎,以其威勢供嗜欲,而欲以一行之禮、一定之法應時偶變,其不能中權亦明矣。

故聖人所由曰道,所為曰事。("道、事"幽之合韻)道猶金石,一調不更;("石、更"鐸陽通韻)事猶琴瑟,每終改調。故法制禮義者,治人之具也,而非所以為治也。故仁以為經,義以為紀,此萬世不更者也。若乃人考其才而時省其用,雖日變可也。天下豈有常法哉?當於世事,得於人理,順於天地,祥於鬼神,則可以正治矣。("事、理、治"之部)

古者人醇工龐,商樸女重,("龐、重"東部)是以政教易化,風俗易移也。("化、移"歌部)今世德益衰,民俗益薄,欲以樸重之法,治既弊之民,是猶無鏑銜橜策錣而御馯馬也。昔者神農無制令而民從,唐虞有制令而無刑罰,夏后氏不負言,殷人誓,周人盟。逮至當今之世,忍訽而輕辱,貪得而寡羞,欲以神農之道治之,則其亂必矣。伯成子高辭為諸侯而耕,天下高之。今之時人,辭官而隱處,為鄉邑之下,("處、下"魚部)豈可同哉?

古之兵,弓劍而已矣,槽柔無擊,脩戟無刺。("擊、刺"錫部)晚世之兵,隆衝以攻,渠幨以守,連弩以射,銷車以鬭。("守、鬭"幽侯合韻)古之伐國,不殺黃口,不獲二毛。於古為義,於今為笑。("毛、笑"宵部)古之所以為榮者,今之所以為辱也;古之所以為治者,今之所以為亂也。夫神農、伏羲不施賞罰而民不為非,然而立政者不能廢法而治民;("非、民"微真合韻)舜執干戚而服有苗,然而征伐者不能釋甲兵而制強暴。("苗、暴"宵藥通韻)由此觀之,法度者,所以論民俗而節緩急也;器械者,因時變而制宜適也。("度、急、械、適"鐸緝職錫合韻)

夫聖人作法而萬物制焉,賢者立禮而不肖者拘焉。制法之民,不可與遠舉;拘禮之人,不可使應變。耳不知清濁之分者,不可令調音;("分、音"文侵合韻)心不知治亂之源者,不可令制法。必有獨聞之聰,獨見不明,然後能擅道而行矣。("聰、明、行"東陽合韻)夫殷變夏,周變殷,春秋變周,三代之禮不同,何古之從?("同、從"東部)大人作而弟子循,知法治所由生,則應時而變;不知法治之源,雖循古終亂。("變、亂"元部)今世之法籍與時變,禮義與俗易,為學者循先襲業,據籍守舊教,以為非此不治,是猶持方枘而周員鑿也,欲得宜適致固焉,則難矣。

今儒墨者稱三代文武而弗行,是言其所不行也;非今時之世而弗改,是行其所非也。稱其所是,行其所非,是以盡日極慮而無益於治,("慮、治"魚之合韻)勞形竭智而無補於主也。("智、主"支侯合韻)今夫圖工好畫鬼魅而憎圖狗馬者,何也?鬼魅不世出,而狗馬可日見也。夫存危治亂,非智不能;道而先稱古,雖愚有餘。("能、古、餘"之魚合韻)故不用之法,聖王弗行;不驗之言,聖王弗聽。("行、聽"陽耕合韻)

天地之氣,莫大於和。和者,陰陽調,日夜分,而生物。("**分、物**"文物通韻)春分而生,秋分而成,生與之成,必得和之精。("**生、成、成、精**"耕部)故聖人之道,寬而栗,嚴而溫,柔而直,猛而仁。("**溫、仁**"文真合韻)太剛則折,太柔則卷,聖人正在剛柔之間,("**折、卷、間**"月元通韻)乃得道之本。積陰則沉,積陽則飛,陰陽相接,乃能成和。("**飛、和**"微歌合韻)夫繩之為度也,可卷而懷也,引而伸之,可直而睎。("**懷、睎**"微部)故聖人以身體之。夫脩而不橫,短而不窮,直而不剛,久而不忘者,其唯繩乎?("**橫、窮、剛、忘、繩**"陽冬蒸合韻)

故恩推則懦,懦則不威;嚴推則猛,猛則不和;("**威、和**"微歌合韻)愛推則縱,縱則不令;刑推則虐,虐則無親。("**令、親**"耕真合韻)昔者齊簡公釋其國家之柄,而專任其大臣,將相攝威擅勢,私門成黨,而公道不行。("**柄、黨、行**"陽部)故使陳成田常、鴟夷子皮得成其難。使呂氏絕祀而陳氏有國者,此柔懦所生也。鄭子陽剛毅而好罰,其於罰也,執而無赦。舍人有折弓者,畏罪而恐誅,則因猘狗之驚以殺子陽。("**赦、陽**"鐸陽通韻)此剛猛之所致也。

今不知道者,見柔懦者侵,則矜為剛毅;見剛毅者亡,則矜於為柔懦。此本無主於中而見聞舛馳於外者也,故終身而無所定趨。譬猶不知音者之歌也,濁之則鬱而無轉,清之則燋而不謳。("**懦、趨、謳**"侯部)及至韓娥、秦青、薛談之謳,侯同、曼聲之歌,憤於志,積於内,盈而發,音則莫不比於律而和於人心。何則?中有本主以定清濁,("**主、濁**"侯屋通韻)不受於外而自為儀表也。

今夫盲者行於道,人謂之左則左,謂之右則右,遇君子則易道,遇小人則陷溝壑,何則?目無以接物也。故魏兩用樓翟、吳起而亡西河,湣王專用淖齒而死于東廟,("**河、廟**"歌宵合韻)無術以御之也。文王兩用呂望、召公奭而王,楚莊王專任孫叔敖而霸,("王、霸"陽鐸通韻)有術以御之也。

夫弦歌鼓舞以為樂,盤旋揖讓以修禮,厚葬久喪以送死,("禮、死"脂部)孔子之所立也,而墨子非之。兼愛、上賢、右鬼、非命,墨子之所立也,而楊子非之。全性保真,不以物累形,("真、形"真耕合韻)楊子之所立也,而孟子非之。趨舍人異,各有曉心。故是非有處,得其處則無非,失其處則無是。丹穴、太蒙、反踵、空同、大夏、北戶、奇肱、脩股之民,是非各異,習俗相反,君臣、上下、夫婦、父子有以相使也。("異、使"職之通韻)此之是,非彼之是也;此之非,非彼之非也。譬若斤斧椎鑿之各有所施也。

禹之時,以五音聽治,懸鐘鼓磬鐸,置鞀,以待四方之士。("治、士"之部)為號曰:"教寡人以道者擊鼓,諭寡人以義者擊鐘,告寡人以事者振鐸,語寡人以憂者擊磬,有獄訟者搖鞀。"當此之時,一饋而十起,一沐而三捉髮,以勞天下之民。此而不能達善效忠者,則才不足也。

秦之時,高為臺榭,大為苑囿,遠為馳道,鑄金人,發適戍,入芻稾,頭會箕賦,輸於少府,("戍、賦、府"侯魚合韻)丁壯丈夫,西至臨洮、狄道,東至會稽、浮石,南至豫章、桂林,北至飛狐、陽原,道路死人以溝量。當此之時,忠諫者謂之不祥,而道仁義者謂之狂。("量、祥、狂"陽部)

逮至高皇帝,存亡繼絕,舉天下之大義,身自奮袂執銳,("絕、銳"月部)以為百姓請命于皇天。當此之時,天下雄雋豪英,暴露于野澤,前蒙矢石,而後墮谿壑,("澤、石、壑"鐸部)出百死而給一生,以爭天下之權,奮武厲誠,以決一旦之命。("生、誠、命"耕部)當此之時,豐衣博帶而道儒墨者以為不肖。逮至暴亂已勝,海內大定,繼文之業,立武之功,履天子之圖籍,造劉氏之貌冠,總鄒魯之儒墨,通先聖之遺教,戴天子之旗,乘大路,建九斿,撞大鐘,擊鳴鼓,奏咸池,揚干戚。當此之時,有立武者見疑。("**時、疑**"之部)一世之間,而文武代為雌雄,有時而用也。今世之為武者則非文也,為文者則非武也,文武更相非,而不知時世之用也。此見隅曲之一指,而不知八極之廣大也。故東面而望,不見西牆;南面而視,不覩北方。唯無所嚮者,則無所不通。("**望、牆、方、嚮、通**"陽東合韻)

國之所以存者,道德也;家之所以亡者,理塞也。("**德、塞**"職部)堯無百户之郭,舜無置錐之地,以有天下;禹無十人之眾,湯無七里之分,以王諸侯;("**下、侯**"魚侯合韻)文王處岐周之間也,地方不過百里,而立為天子者,("**里、子**"之部)有王道也;夏桀、殷紂之盛也,人跡所至,舟車所通,莫不為郡縣,然而身死人手而為天下笑者,有亡形也。故聖人見化以觀其徵。德有盛衰,風先萌焉。("**徵、萌**"蒸陽合韻)故得王道者,雖小必大;有亡形者,雖成必敗。("**大、敗**"月部)夫夏之將亡,太史令終古先奔於商,三年而桀乃亡。殷之將敗也,太史令向藝先歸文王,朞年而紂乃亡。("**亡、商、亡、王、亡**"陽部)故聖人之見存亡之迹,成敗之際也,非乃鳴條之野,甲子之日也。("**際、日**"月質合韻)

今謂彊者勝則度地計眾,富者利則量粟稱金,若此則千乘之君無不霸王者,而萬乘之國無不破亡者矣。("**王、亡**"陽部)存亡之迹,若此其易知也,("**迹、知**"錫支通韻)愚夫惷婦皆能論之。趙襄子以晉陽之城霸,智伯以三晉之地擒;湣王以大齊亡,田單以即墨有功。("**亡、功**"陽東合韻)故國之亡也,雖大不足恃;道之行也,雖小不可輕。("**亡、行、輕**"陽耕合韻)由此觀之,存在得道而不在於大也,亡大失道而不在於小也。《詩》云:"乃眷西顧,此惟與宅。"

("顧、宅"魚鐸通韻)言去殷而遷于周也。

故亂國之君，務廣其地而不務仁義，務高其位而不務道德，是釋其所以存，而造其所以亡也。故桀囚於焦門而不能自非其所行，而悔不殺湯於夏臺；紂拘於宣室而不反其過，而悔不誅文王於羑里。("臺、里"之部)二君處彊大勢位，脩仁義之道，湯武救罪之不給，何謀之敢當？若上亂三光之明，下失萬民之心，雖微湯武，孰弗能奪也？今不審其在己者，而反備之于人，天下非一湯武也，殺一人則必有繼之者也。且湯武之所以處小弱而能以王者，以其有道也；桀紂之所以處彊大而見奪者，以其無道也。今不行人之所以王者，而反益己之所以奪，是趨亡之道也。武王剋殷，欲築宮於五行之山，周公曰："不可。夫五行之山，固塞險阻之地也，使我德能覆之，則天下納其貢職者迴也；使我有暴亂之行，則天下之伐我難矣。"("迴、難"微元合韻)此所以三十六世而不奪也。周公可謂能持滿矣。("奪、滿"月元通韻)

昔者，《周書》有言曰："上言者，下用也；下言者，上用也。上言者，常也；下言者，權也。"("常、權"陽元合韻)"此存亡之術也。唯聖人為能知權。言而必信，期而必當，天下之高行也。("當、行"陽部)直躬，其父攘羊而子證之，尾生與婦人期而死之。直而證父，信而溺死，雖有直信，孰能貴之？("死、貴"脂物合韻)夫三軍矯命，過之大者也。秦穆公興兵襲鄭，過周而東，鄭賈人弦高將西販牛，道遇秦師於周鄭之間，乃矯鄭伯之命犒以十二牛，賓秦師而却之，以存鄭國。("牛、牛、國"之職通韻)故事有所至，信反為過，誕反為功。何謂失禮而有大功？昔楚恭王戰於陰陵，潘尫、養由基、黃衰微、公孫丙相與篡之。恭王懼而失體，黃衰微舉足蹵其體，恭王乃覺，怒其失禮，奮體而起。("禮、起"脂之合韻)四大夫載而行。昔

蒼吾繞娶妻而美，以讓兄，此所謂忠愛而不可行者也。（"兄、行"陽部）

是故聖人論事之局曲直，與之屈伸偃仰，無常儀表。時屈時伸，卑弱柔如蒲葦，非攝奪也；剛强猛毅，志厲青雲，非本矜也；（"雲、矜"文真合韻）以乘時應變也。（"奪、變"月元通韻）夫君臣之接，屈膝卑拜以相尊，禮也；至其迫於患也，則舉足蹴其體，天下莫能非也。是故忠之所在，禮不足以難之也。孝子之事親，和顏卑體，奉帶運履，至其溺也，則捽其髮而拯，非敢驕侮，以救其死也。故溺則捽父，祝則名君，勢不得不然也。此權之所設也。

故孔子曰："可以共學矣，而未可以適道也；可與適道，未可以立也；可以立，未可與權。"權者，聖人之所獨見也。（"權、見"元部）故忤而後合者謂之知權，合而後舛者謂之不知權。不知權者，善反醜矣。故禮者，實之華而偽之文也，方於卒迫窮遽之中也，則無所用矣。是故聖人以文交於世而以實從事於宜，不結於一迹之塗，凝滯而不化，是故敗事少而成事多，號令行于天下而莫之能非矣。（"宜、化、多、非"歌微合韻）

猩猩知往而不知來，乾鵠知來而不知往，此脩短之分也。昔者，萇弘，周室之執數者也，天地之氣，日月之行，風雨之變，律曆之數，無所不通，然而不能自知，車裂而死。（"知、死"支脂合韻）蘇秦，匹夫徒步之人也，（"秦、人"真部）鞿蹻贏蓋，經營萬乘之主，服諸諸侯，（"主、侯"侯部）然不自免於車裂之患。（"蓋、患"月元通韻）徐偃王被服慈惠，身行仁義，陸地之朝者三十二國，然而身死國亡，子孫無類。大夫種輔翼越王句踐，而為之報怨雪恥，擒夫差之身，開地數千里，然而身伏屬鏤而死。（"恥、里、死"之脂合韻）此皆達於治亂之機，而未知全性之具者。故萇弘知天道而不知人事，蘇

秦知權謀而不知禍福,徐偃王知仁義而不知時,大夫種知忠而不知謀。("事、福、時、謀"之職通韻)

聖人則不然,論世而為之事,權事而為之謀,是以舒之天下而不窕,內之尋常而不塞。("事、謀、塞"之職通韻)使天下荒亂,禮義絕,綱紀廢,("絕、廢"月部)彊弱相乘,力征相攘,臣主無差,貴賤無序,甲冑生蟣蝨,燕雀處帷幄,而兵不休息,而乃始服屬臾之貌,恭儉之禮,則必滅抑而不能興矣。天下安寧,政教和平,百姓肅睦,上下相親,("寧、平、親"耕真合韻)而乃始立氣矜,奮勇力,則必不免於有司之法矣。是故聖人者能陰能陽,能弱能彊,("陽、彊"陽部)隨時而動靜,因資而立功,("靜、功"耕東合韻)物動而知其反,事萌而察其變,("反、變"元部)化則為之象,運則為之應,("象、應"陽蒸合韻)是以終身行而無所困。

故事有可行而不可言者,有可言而不可行者,有易為而難成者,("行、成"陽耕合韻)有難成而易敗者。("言、敗"元月通韻)所謂可行而不可言者,趨舍也;可言而不可行者,偽詐也;("舍、詐"魚鐸通韻)易為而難成者,事也;難成而易敗者,名也。此四策者,聖人之所獨見而留意也。("策、意"錫職合韻)

詘寸而伸尺,聖人為之;小枉而大直,君子行之。周公有殺弟之累,齊桓有爭國之名,然而周公以義補缺,桓公以功滅醜,而皆為賢。今以人之小過掩其大美,則天下無聖王賢相矣。故目中有疵,不害於視,不可灼也;喉中有病,無害於息,不可鑿也。("灼、鑿"藥部)河上之丘冢不可勝數,猶之為易也。水激興波,高下相臨,差以尋常,猶之為平。("常、平"陽耕合韻)昔者,曹子為魯將兵,三戰不勝,亡地千里,("勝、里"蒸之通韻)使曹子計不顧後,足不旋踵,刎頸於陳中,則終身為破軍擒將矣。然而曹子不羞其敗,恥死而無功。柯之盟,揄三尺之刃,造桓公之胷,三戰所亡,一朝而反之,勇聞于天下,功立於魯國。管仲輔公子糾而不能遂,不可謂智;遁逃奔走,不死其難,不可謂勇;束縛桎梏,不諱其恥,不可謂貞。當此三行者,布衣弗友,人君弗臣,然而管仲免於累紲之中,立齊國之政,九合諸侯,一匡天下。使管仲出死捐軀,不顧後圖,(**"軀、圖"侯魚合韻**)豈有此霸功哉?

今人君論其臣也,不計其大功,總其略行,而求小善,則失賢之數也。故人有厚德,無問其小節;(**"德、節"職質合韻**)而有大譽,無疵其小故。(**"譽、故"魚部**)夫牛蹏之涔,不能生鱣鮪;而蜂房不容鵠卵,小形不足以包大體也。(**"鮪、體"之脂合韻**)

夫人之情,莫不有所短,誠其大略是也,雖有小過,不足以為累。(**"過、累"歌微合韻**)若其大略非也,雖有閭里之行,未足大舉。(**"行、舉"陽魚通韻**)夫顏喙聚,梁父之大盜也,而為齊忠臣。段干木,晉國之大駔也,而為文侯師。(**"臣、師"真脂通韻**)孟卯妻其嫂,有五子焉,然而相魏,寧其危,解其患。(**"危、患"歌元通韻**)景陽淫酒,被髮而御於婦人,威服諸侯。(**"酒、侯"幽侯合韻**)此四人者,皆有所短,然而功名不滅者,其略得也。季襄、陳仲子立節抗行,不入洿君之朝,不食亂世之食,遂餓而死。不能存亡接絕者何?小節伸而大略屈。

故小謹者無成功,訾行者不容於眾。(**"功、眾"東冬合韻**)體大者節疏,蹠距者舉遠。自古及今,五帝三王未有能全其行者也。故《易》曰:"小過,亨,利貞。"言人莫不有過,而不欲其大也。(**"過、大"歌月通韻**)夫堯舜湯武,世主之隆也;齊桓晉文,五霸之豪英也。(**"隆、英"冬陽合韻**)然堯有不慈之名,舜有卑父之謗,(**"名、謗"耕陽合韻**)湯武有放弒之事,五伯有暴亂之謀。(**"事、謀"之部**)是故君子不責備於一人。方正而不以割,廉直而不以切,("**割、切**"月質合韻)博通而不以訾,文武而不以責。("**訾、責**"支錫通韻)求於人則任以人力,自脩則以道德。("**力、德**"職部)責人以人力,易償也;自脩以道德,難為也。難為則行高矣,易償則求贍矣。夫夏后氏之璜不能無考,明月之珠不能無纇,然而天下寶之者何也?其小惡不足以妨大美也。今志人之所短,而忘人之所脩,而求得其賢乎天下,則難矣。

夫百里奚之飯牛,伊尹之負鼎,太公之鼓刀,甯戚之商歌,其美有存焉者矣。眾人見其位之卑賤,事之洿辱,而不知其大略,以為不肖,及其為天子三公,而立為諸侯賢相,乃始信於異眾也。("**公、相、眾**"東陽冬合韻)夫發于鼎俎之間,出于屠酤之肆,解于累紲之中,興于牛領之下,洗之以湯沐,祓之以爟火,立之于本朝之上,倚之于三公之位,("**火、位**"微物通韻)內不慙於國家,外不愧於諸侯,("**家、侯**"魚侯合韻)符勢有以內合。故未有功而知其賢者,堯之知舜也;功成事立而知其賢者,市人之知舜也。為是釋度數而求之於朝肆草莽之中,其失人也必多矣。何則?能效其求而不知其所以取人也。

夫物之相類者,世主之所亂惑也;("**類、惑**"物職合韻)嫌疑肖象者,眾人之所眩耀也。故狠者類知而非知,愚者類仁而非仁,戇者類勇而非勇。使人之相去也,若玉之與石,美之與惡,("**石、惡**"鐸部)則論人易矣。夫亂人者,芎藭之與藁本也,蛇牀之與麋蕪也,此皆相似。故劍工或劍之似莫邪者,唯歐冶能名其種;玉工眩玉之似碧盧者,唯猗頓不失其情;闇主亂于姦臣小人之疑君子者,唯聖人能見微以知明。("**種、情、明**"東耕陽合韻)故蛇舉首尺,而脩短可知也;象見其牙,("**尺、牙**"鐸魚通韻)而大小可論矣。薛燭庸子,見若狐甲於劍而利鈍識矣；臾兒、易牙，淄澠之水合者，嘗一哈水如甘苦知矣。("**識、知**"職支合韻)故聖人之論賢也，見其一行而賢不肖分矣。("**賢、分**"真文合韻)孔子辭廩丘，終不盜刀鉤；許由讓天子，("**丘、子**"之部)終不利封侯。("**鉤、侯**"侯部)故未嘗灼而不敢握火者，見其有所燒也；未嘗傷而不敢握刃者，見其有所害也。由此觀之，見者可以論未發也，而觀小節足以知大體矣。

故論人之道，貴則觀其所舉，富則觀其所施，窮則觀其所不受，賤則觀其所不為，("**施、為**"歌部)貧則觀其所不取。("**舉、受、取**"魚幽侯合韻)視其更難，以知其勇；動以喜樂，以觀其守；("**勇、守**"東幽合韻)委以財貨，以論其人；振以恐懼，以知其節；("**人、節**"真質通韻)則人情備矣。

古之善賞者，費少而勸眾；善罰者，刑省而姦禁；善予者，用約而為德；善取者，入多而無怨。("**禁、怨**"侵元合韻)趙襄子圍於晉陽，罷圍而賞有功者五人，高赫為賞首。左右曰："晉陽之難，赫無大功，今為賞首何也？"襄子曰："晉陽之圍，寡人社稷危，國家殆，羣臣無不有驕侮之心，唯赫不失君臣之禮。"故賞一人而天下為忠之臣者，莫不終忠於其君。("**臣、君**"真文合韻)此賞少而勸善者眾也。

齊威王設大鼎於庭中，而數無鹽令曰："子之譽，日聞吾耳，察子之事，田野蕪，倉廩虛，("**譽、耳、事、蕪、虛**"魚之合韻)囹圄實。子以姦事我者也。"乃烹之。齊以此三十二歲道路不拾遺。此刑省姦禁者也。

秦穆公出遊而車敗，右服失馬，野人得之。穆公追而及之岐山之陽，野人方屠而食之。("**得、食**"職部)穆公曰："夫食駿馬之肉，而不還飲酒者傷人。吾恐其傷汝等。"徧飲而去之。處一年，與晉惠公為韓之戰。晉師圍穆公之車,梁由靡扣穆公之驂,獲之。("車、獲"魚鐸通韻)食馬肉者三百餘人,皆出死為穆公戰於車下,遂克晉,虜惠公以歸。此用約而為得者也。

齊桓公將欲征伐,甲兵不足,令有重罪者出犀甲一戟,有輕罪者贖以金分,訟而不勝者出一束箭。百姓皆說,乃矯箭為矢,鑄金而為刃,以伐不義而征無道,遂霸天下。此入多而無怨者也。

故聖人因民之所喜而勸善,因民之所惡以禁姦。("善、姦"元部)故賞一人而天下譽之,罰一人而天下畏之。("譽、畏"魚微合韻)故至賞不費,至刑不濫。孔子誅少正卯而魯國之邪塞,子產誅鄧析而鄭國之姦禁。("塞、禁"職侵合韻)以近諭遠,以小知大也。("遠、大"元月通韻)故聖人守約而治廣者,此之謂也。

天下莫易於為善,而莫難於為不善也。所謂為善者,靜而無為也;所謂為不善者,躁而多欲也。適情辭餘,無所誘或,循性保真,無變於己,("或、己"之部)故曰為善易。越城郭,踰險塞,姦符節,盜管金,篡弒矯誣,非人之性也,故曰為不善難。

今人所以犯囹圄之罪,而陷於刑戮之患者,由嗜欲無厭,不循度量之故也。何以知其然?天下縣官法曰:"發墓者誅,竊盜者刑。"此執政之所司也。夫法令者罔其姦邪,勒率隨其蹤跡,無愚夫惷婦,皆知為姦之無脫也,犯禁之不得免也。("脫、免"月元通韻)然而不材子不勝其欲,蒙死亡之罪,而被刑戮之羞。然而立秋之後,司寇之徒繼踵於門,而死市之人血流於路。何則?惑於財利之得,("惑、得"職部)而蔽於死亡之患也。("蔽、患"月元通韻)今夫陳卒設兵,兩軍相當,("兵、當"陽部)將施令曰:"斬首拜爵,而屈撓者要斬。"然而隊階之卒,皆不能前遂斬首之功,而後被要斬之罪,是去恐死而就必死也。故利害之反,禍福之接,不可不審也。事或欲之，適足以失之；或避之，適足以就之。（"欲、失、避、就"屋質錫覺合韻）楚人有乘船而遇大風者，波至而自投於水。非不貪生而畏死也，或於恐死而反忘生也。故人之嗜欲，亦猶此也。齊人有盜金者，當市繁之時，至掇而走。勒問其故曰："而盜金於市中，何也？"對曰："吾不見人，徒見金耳。（"人、金"真侵合韻）"志所欲則忘其為矣。

是故聖人審動靜之變，而適受與之度，理好憎之情，和喜怒之節。夫動靜得，則患弗過也；受與適，則罪弗累也；（"過、累"歌微合韻）好憎理，則憂弗近也；喜怒節，則怨弗犯也。（"近、犯"文談合韻）故達道之人，不苟得，不讓福，（"得、福"職部）其有弗棄，非其有弗索，常滿而不溢，恒虛而易足。（"棄、索、溢、足"質鐸錫屋合韻）今夫霤水足以溢壺榼，而江河不能實漏卮，故人心猶是也。（"卮、是"支部）自當以道術度量，食充虛，衣御寒，則足以養七尺之形矣。若無道術度量而以自儉約，則萬乘之勢不足以為尊，天下之富不足以為樂矣。（"約、樂"藥部）

孫叔敖三去令尹而無憂色，爵祿不能累也；荊佽非兩蛟夾繞其船而志不動，怪物不能驚也。（"動、驚"東耕合韻）聖人心平志易，精神內守，物莫足以惑之。夫醉者俛入城門，以為七尺之閨也；超江淮，以為尋常之溝也；酒濁其神也。怯者夜見立表，以為鬼也；（"表、鬼"宵微合韻）見寢石，以為虎也；（"石、虎"鐸魚通韻）懼揜其氣也。又況無天地之怪物乎？（"氣、物"物部）

夫雌雄相接，陰陽相薄，羽者為雛鷇，毛者為駒犢，柔者為皮肉，堅者為齒角，（"鷇、犢、角"屋部）人弗怪也。水生蜧蚖，山生金玉，人弗怪也；老槐生火，久血為燐，人弗怪也；山出嘄陽，水生罔象，木生畢方，井生墳羊，（"陽、象、方、羊"陽部）人怪之，聞見鮮而識物淺矣。("**鮮、淺**"元部)天下之怪物,聖人之所獨見也;利害之反覆,知者之所獨明達也;("**見、達**"元月通韻)同異嫌疑者,世俗之所眩惑也。("**疑、惑**"之職通韻)

夫見不可布於海內,聞不可明於百姓,是故因鬼神機祥而為之立禁,總形推類而為之變象。("**姓、象**"耕陽合韻)何以知其然也?世俗言曰:"饗大高者,而彘為上牲;葬死人者,裘不可以藏;("**牲、藏**"耕陽合韻)相戲以刃者,太祖軷其肘;枕戶橉而臥者,鬼神蹠其首。"("**肘、首**"幽部)此皆不著於法令,而聖人之所口傳也。夫饗大高而彘為上牲者,非彘能賢於野獸麋鹿也,而神明獨饗之,何也?以為彘者,家人所常畜而易得之物也,故因其便以尊之。裘不可以藏者,非裘不能具絺綿曼帛温暖於身也,世以為裘者,難得貴賈之物也,而可傳於後世,無益於死者,而足以養生,故因其資以讐之。相戲以刃太祖軷其肘者,夫以刃相戲,必為過失,過失相傷,其患必大,無涉血之仇爭忿鬭,而以小事自內於刑戮,愚者所不知忌也,故因太祖以累其心。枕戶橉而臥鬼神履其首者,使鬼神能玄化,則不待戶牖之行,若循虛而出入,則亦無能履也。夫戶牖者,風氣之所從往來,而風氣者,陰陽粗挏者也,離者必病,故託鬼神以伸誡之也。凡此之屬,皆不可勝著於書策竹帛而藏於宮府者也,故以機祥明之。為愚者之不知其害,乃借鬼神之威以聲其教,所由來者遠矣。而愚者以為機祥,而狠者以為非,唯有道者能通其志。

今世之祭井、竈、門、戶、箕、帚、臼、杵者,非以其神為能饗之也,恃賴其德,煩苦之無已也。("**德、已**"職之通韻)是故以時見其德,所以不忘其功也。觸石而出,膚寸而合,不崇朝而雨天下者,唯太山。赤地三年而不絕流,澤及百里而潤草木者,唯江河也。("**山、河**"元歌通韻)是以天子秩而祭之。故馬免人於難者,其死也葬之。牛其死也，葬以大車為薦。牛馬有功，猶不可忘，("**功、忘**"**東陽合韻**)又況人乎？此聖人所以重仁襲恩。("**人、恩**"真部)故炎帝於火，死而為竈；禹勞天下，死而為社；("**下、社**"魚部)后稷作稼穡，死而為稷；("**穡、稷**"職部)羿除天下之害，死而為宗布。此鬼神之所以立。

北楚有任俠者，其子孫數諫而止之，不聽也。縣有賊大搜其廬，事果發覺，夜驚而走。("**廬、走**"魚侯合韻)追，道及之。其所施德者皆為之戰，得免而遂反。("**戰、反**"元部)語其子曰："汝數止吾為俠，今有難，果賴而免身。而諫我，不可用也。"知可以免於難，而不知所以無難。論事如此，豈不惑哉？

宋人有嫁子者，告其子曰："嫁未必成也，有如出，不可不私藏。("**成、藏**"耕陽合韻)私藏而富，其於以復嫁易。"其子聽父之計，竊而藏之。君公知其盜也，逐而去之。其父不自非也，而反得其計。知為出藏財，而不知藏財所以出也。為論如此，豈不勃哉！("**出、勃**"物部)

今夫僦載者，救一車之任，極一牛之力，為軸之折也，有加轘軸其上以為造，不知軸轘之趣軸折也。楚王之佩玦而逐菟，為走而破其玦也，("**折、玦**"月部)因佩兩玦以為之豫，("**菟、豫**"魚部)兩玦相觸，破乃逾疾。("**觸、疾**"屋質合韻)亂國之治，有似於此。("**治、此**"之脂合韻)

夫鴟目大而眡不若鼠，蚈足眾而走不若蛇，("**鼠、蛇**"魚歌合韻)物固有大不若小，眾不若少者。("**小、少**"宵部)及至夫彊之弱，弱之彊，危之安，存之亡也，("**彊、亡**"陽部)非聖人，孰能觀之！("**人、觀**"真元合韻)大小尊卑，未足以論也。唯道之在者為貴。何以明之？天子處於郊亭，則九卿趨，大夫走，坐者伏，倚者齊。當此之時,明堂太廟,縣冠解劍,緩帶而寢,("劍、寢"談侵合韻)非郊亭大而廟堂狹小也,至尊居之也。天道之貴也,非特天子之為尊也,所在而眾仰之。夫蟄蟲鵲巢,皆嚮天一者,至和在焉爾。帝者誠能包裹道,合至和,則禽獸草木莫不被其澤矣,而況兆民乎!

第十四卷　詮言訓

洞同天地,渾沌為樸,未造而成物,謂之太一。("物、一"物質合韻)同出於一,所為各異,有鳥有魚有獸,謂之分物。("一、異、物"質職物合韻)方以類別,物以羣分,性命不同,皆形於有,隔而不通,("同、通"東部)分而為萬物,莫能及宗。故動而為之生,死而謂之窮。皆為物矣,非不物而物物者也,物物者亡乎萬物之中。("宗、窮、中"冬部)

稽古太初,人生於無,("初、無"魚部)形於有,有形而制於物。能反其所生,若未有形,謂之真人。("生、形、人"耕真合韻)真人者,未始分於太一者也。("人、一"真質通韻)聖人不為名尸,不為謀府,不為事任,不為智主。("府、主"侯部)藏無形,行無迹,("形、迹"耕錫通韻)遊無朕。不為福先,不為禍始。保於虛無,動於不得已。("始、已"之部)欲福者或為禍,欲利者或離害。("禍、害"歌月通韻)故無為而寧者,失其所以寧則危;無事而治者,失其所以治則亂。("危、亂"歌元通韻)星列於天而明,故人指之;義列於德而見,故人視之。("指、視"脂部)人之所指,動則有章;人之所視,行則有迹。動有章則詞,行有迹則議,故聖人揜明於不形,藏迹於無為。("議、為"歌部)

王子慶忌死於劍,羿死於桃棓,子路葅於衛,蘇秦死於口。

("棓、口"侯部)人莫不貴其所有而賤其所短,然而皆溺其所貴而極其所賤。("短、賤"元部)所貴者有形,所賤者無朕也。故虎豹之彊來射,蝯貁之捷來措。("射、措"鐸部)人能貴其所賤,賤其所貴,可與言至論矣。("賤、論"元文合韻)

自信者不可以誹譽遷也,知足者不可以勢利誘也。故通性之情者,不務性之所無以為;通命之情者,不憂命之所無奈何;通於道者,物莫不足滑其[和]①(調)。("為、何、和"歌部)詹何曰:"未嘗聞身治而國亂者也,未嘗聞身亂而國治者也。"矩不正,不可以為方;規不正,不可以為員。身者,事之規矩也,未聞枉己而能正人者也。

原天命,治心術,理好憎,適情性,("命、憎、性"耕蒸合韻)則治道通矣。原天命則不惑禍福,治心術則不妄喜怒,("福、怒"職魚合韻)理好憎則不貪無用,適情性則欲不過節。不惑禍福則動靜循理,("福、理"職之通韻)不妄喜怒則賞罰不阿,("怒、阿"魚歌合韻)不貪無用則不以欲害性,("用、性"東耕合韻)欲不過節則養性知足。("節、足"質屋合韻)凡此四者,弗求於外,弗假於人,反己而得矣。

天下不可以智為也,不可以慧識也,不可以事治也,不可以仁附也,不可以強勝也。("識、治、勝"職之蒸通韻)五者皆人才也,德不盛,不能成一焉。德立則五無殆,五見則德無位矣。故得道則愚者有餘,失道則智者不足。度水而無游數,雖強必沉;有游數,雖羸必遂。又況託於舟航之上乎?

為治之本,務在於安民;安民之本,在於足用;足用之本,在於

---

① 據王念孫說改。

勿奪時；勿奪時之本，在於省事；省事之本，在於節欲；節欲之本，在於反性；反性之本，在於去載。("**時、事、載**"之部)去載則虛，虛則平。("**性、平**"耕部)平者，道之素也；虛者，道之舍也。("**素、舍**"魚部)

能有天下者，必不失其國；能有其國者，必不喪其家；("**下、國、國、家**"魚職合韻)能治其家者，必不遺其身；能修其身者，必不忘其心；能原其心者，必不虧其性；能全其性者，必不惑於道。故廣成子曰："慎守而內，周閉而外，多知為敗。("**內、外、敗**"物月合韻)毋視毋聽，抱神以靜，形將自正。"("**聽、靜、正**"耕部)不得之己而能知彼者，未之有也。故《易》曰："括囊，無咎無譽。"("**囊、譽**"陽魚通韻)

能成霸王者，必得勝者也；能勝敵者，必強者也；能強者，必用人力者也；能用人力者，必得人心也；能得人心者，必自得者也；("**勝、力、得**"蒸職通韻)能自得者，必柔弱也。強勝不若己者，至於與同則格；柔勝出於己者，其力不可度。("**格、度**"鐸部)故能以眾不勝成大勝者，唯聖人能之。("**勝、能**"蒸之通韻)

善游者，不學刺舟而便用之；勁筋者，不學騎馬而便居之；輕天下者，身不累於物，故能處之。("**居、處**"魚部)泰王亶父處邠，狄人攻之，事之以皮幣珠玉而不聽，乃謝耆老而徙岐周，百姓攜幼扶老而從之，("**攻、聽、從**"東耕合韻)遂成國焉。推此意，四世而有天下，不亦宜乎！無以天下為者，("**宜、為**"歌部)必能治天下者。("**下、下**"魚部)

霜雪雨露，生殺萬物，天無為焉，猶之貴天也。厭文搔法，治官理民者，有司也，君無事焉，猶尊君也。("**天、君**"真文合韻)辟地墾草者，后稷也；決河濬江者，禹也；("**稷、禹**"之魚合韻)聽獄制中者，皋陶也;有聖名者,堯也。("**陶、堯**"幽宵合韻)故得道以御者,身雖無能,必使能者為己用。不得其道,伎藝雖多,未有益也。方船濟乎江,有虛船從一方來,觸而覆之,雖有忮心,必無怨色。("**來、色**"之職通韻)有一人在其中,一謂張之,一謂歙之,再三呼而不應,必以醜聲隨其後。嚮不怒而今怒,嚮虛而今實也。人能虛己以遊於世,孰能訾之?

釋道而任智者必危,棄數而用才者必困。有以欲多而亡者,未有以無欲而危者也;有以欲治而亂者,未有以守常而失者也。故智不足免患,愚不足以至於失寧。守其分,循其理,失之不憂,得之不喜。("**理、喜**"之部)故成者非所為也,得者非所求也。("**為、求**"歌幽合韻)入者有受而無取,出者有授而無予,("**取、予**"侯魚合韻)因春而生,因秋而殺;所生者弗德,所殺者非怨,("**殺、怨**"月元通韻)則幾於道也。

聖人不為可非之行,不憎人之非己也;修足譽之德,不求人之譽己也。("**德、己**"職之通韻)不能使禍不至,信己之不迎也;不能使福必來,信己之不攘也。("**迎、攘**"陽部)禍之至也,非其求所生,故窮而不憂;福之至也,非其求所成,("**生、成**"耕部)故通而弗矜。知禍福之制不在於己也,故閑居而樂,無為而治。聖人守其所以有,不求其所未得。("**己、治、有、得**"之職通韻)求其所無,則所有者亡矣;("**無、亡**"魚陽通韻)修其所有,則所欲者至矣。

故用兵者先為不可勝,以待敵之可勝也;治國者先為不可奪,以待敵之可奪也。舜脩之歷山而海內從化,文王脩之岐周而天下移風。使舜趨天下之利,而忘脩己之道,身猶弗能保,("**道、保**"幽部)何尺地之有!故治未固於不亂,而事為治者,必危;行未固於無非,而急求名者,必剉也。("**危、剉**"歌部)福莫大無禍,利莫美不喪。動之為物，不損則益，不成則毀，不利則病，皆險也，道之者危。故秦勝乎戎而敗乎殽，楚勝乎諸夏而敗乎柏莒。（"**夏、莒**"魚部）故道不可以勸而就利者，而可以寧避害者。（"**利、害**"質月合韻）故常無禍，不常有福；常無罪，不常有功。

聖人無思慮，無設儲，（"**慮、儲**"魚部）來者弗迎，去者弗將。人雖東西南北，獨立中央。（"**迎、將、央**"陽部）故處眾枉之中，不失其直；天下皆流，獨不離其壇域。（"**直、域**"職部）故不為善，不避醜，遵天之道；（"**醜、道**"幽部）不為始，不專己，循天之理；（"**始、己、理**"之部）不豫謀，不棄時，與天為期；（"**謀、時、期**"之部）不求得，不辭福，從天之則。（"**得、福、則**"職部）不求所無，不失所得；內無旁禍，外無旁福；禍福不生，安有人賊！（"**得、福、賊**"職部）為善則觀，為不善則議，觀則生貴，議則生患。（"**觀、議、患**"元歌通韻）故道術不可以進而求名，而可以退而修身；（"**名、身**"耕真合韻）不可以得利，而可以離害。（"**利、害**"質月合韻）故聖人不以行求名，不以智見譽，法修自然，己無所與。（"**譽、與**"魚部）慮不勝數，行不勝德，事不勝道。為者有不成，求者有不得。人有窮，而道無不通，與道爭則凶。（"**窮、通、凶**"冬東合韻）故《詩》曰："弗識弗知，順帝之則。"有智而無為，與無智者同道；（"**為、道**"歌幽合韻）有能而無事，與無能者同德。（"**事、德**"之職通韻）其智也，告之者至，然後覺其動也；使之者至，然後覺其為也。有智若無智，有能若無能，道理為正也。（"**智、正**"支耕通韻）故功蓋天下，不施其美；澤及後世，不有其名；道理通而人偽滅也。（"**世、滅**"月部）

名與道不兩明，人受名則道不用，道勝人則名息矣。道與人競長。章人者，息道者也。人章道息，則危不遠矣。故世有盛名，則衰之日至矣。欲尸名者必為善，欲為善者必生事，事生則釋公而就私,背數而任己。("**事、己**"之部)欲見譽於為善,而立名於為質,則治不脩故,而事不須時。治不脩故則多責,事不須時則無功。責多功鮮,無以塞之,則妄發而邀當,妄為而要中。("**當、中**"陽冬合韻)功之成也,不足更責;事之敗也,不足以弊身。故重為善若重為非,而幾於道矣。

天下非無信士也,臨貨分財必探籌而定分,以為有心者之於平,不若無心者也。("**分、心**"文侵合韻)天下非無廉士也,然而守重寶者,必關户而全封,以為有欲者之於廉,不若無欲者也。("**封、欲**"東屋通韻)人舉其疵則怨人,鑑見其醜則善鑑。人能接物而不與己焉,則免於累矣。公孫龍粲於辭而貿名,鄧析巧辯而亂法,蘇秦善説而亡國。由其道則善無章,脩其理則巧無名。("**章、名**"陽耕合韻)故以巧鬭力者,始於陽,常卒於陰;以慧治國者,始於治,常卒於亂。使水流下,孰弗能治;激而上之,非巧不能。("**治、能**"之部)故文勝則質揜,邪巧則正塞之也。

德可以自修,而不可以使人暴;道可以自治,而不可以使人亂。雖有賢聖之寶,不遇暴亂之世,可以全身,而未可以霸王也。湯武之王也,遇桀紂之暴也。桀紂非以湯武之賢而暴也,湯武遭桀紂之暴而王也。故雖賢,王必待遇。遇者,能遭於時而得之也,非知能所求而成也。君子脩行而使善無名,布施而使仁無章,("**名、章**"耕陽合韻)故士行善而不知善之所由來,民贍利而不知利之所由出,故無為而自治。("**來、治**"之部)善有章則士爭名,利有本則民爭功,("**名、功**"耕東合韻)二爭者生,雖有賢者弗能治。故聖人揜跡於為善,而息名於為仁也。("**善、仁**"元真合韻)

外交而為援,事大而為安,("**援、安**"元部)不若內治而待時。凡事人者,非以寶幣,必以卑辭。("**時、辭**"之部)事以玉帛,則貨殫而欲不饜；卑體婉辭，則諭說而交不結；約束誓盟，則約定而反無日。（"結、日"質部）雖割國之錙錘以事人，而無自恃之道，不足以為全。（"人、全"真元合韻）若誠外釋交之策，而慎修其境內之事，盡其地力以多其積，厲其民死以牢其城，上下一心，君臣同志，與之守社稷，敦死而民弗離，則為名者不伐無罪，而為利者不攻難勝，此必全之道也。

民有道所同道，有法所同守，（"道、守"幽部）為義之不能相固，威之不能相必也，故立君以一民。（"必、民"質真通韻）君執一則治，無常則亂。君道者，非所以為也，所以無為也。何謂無為？智者不以位為事，勇者不以位為暴，仁者不以位為惠，可謂無為矣。夫無為則得於一也。一也者，萬物之本也，無敵之道也。凡人之性，少則猖狂，壯則暴強，（"狂、強"陽部）老則好利。一人之身既數變矣，又況君數易法，國數易君！人以其位通其好憎，下之徑衢不可勝理，故君失一則亂，甚於無君之時。（"理、時"之部）故《詩》曰："不愆不忘，率由舊章。"（"忘、章"陽部）此之謂也。

君好智則倍時而任己，棄數而用慮。（"己、慮"之魚合韻）天下之物博而智淺，以淺贍博，未有能者也。獨任其智，失必多矣。（"智、多"支歌合韻）故好智，窮術也。好勇則輕敵而簡備，自負而辭助。（"備、助"職魚合韻）一人之力以圍強敵，不杖眾多而專用身才，必不堪也。故好勇，危術也。好與，則無定分，上之分不定，則下之望無止。若多賦斂，實府庫，則與民為讎。少取多與，數未之有也。（"與、有"魚之合韻）故好與，來怨之道也。仁智勇力，人之美才也，而莫足以治天下。由此觀之，賢能之不足任也，而道術之可脩，明矣。

聖人勝心，眾人勝欲。君子行正氣，小人行邪氣。內便於性，外合於義，循理而動，不繫於物者，正氣也。推於滋味，淫於聲色，發於喜怒，不顧後患者，邪氣也。邪與正相傷，欲與性相害，不可兩立，一植一廢，（**"害、廢"月部**）故聖人損欲而從事於性。目好色，耳好聲，口好味，接而説之，不知利害［者］（嗜），慾也。食之不寧於體，聽之不合於道，視之不便於性，三官交爭，以義為制者，心也。割痤疽非不痛也，飲毒藥非不苦也，然而為之者，便於身也。渴而飲水非不快也，飢而大飡非不贍也，然而弗為者，害於性也。（**"身、性"真耕合韻**）此四者，耳目鼻口不知所取去，心為之制，各得其所。（**"去、所"魚部**）由是觀之，欲之不可勝，明矣。

凡治身養性，節寢處，適飲食，和喜怒，（**"處、怒"魚部**）便動静，內在己者得，而邪氣因而不生，（**"静、生"耕部**）豈若憂瘕疵之與痤疽之發，而豫備之哉！（**"食、得、備"職部**）夫函牛之鼎沸，而蠅蚋弗敢入；崑山之玉瑱，而塵垢弗能污也。聖人無去之心而心無醜，無取之美而美不失。故祭祀思親不求福，饗賓脩敬不思德，唯弗求者能有之。（**"福、德、有"職之通韻**）

處尊位者，以有公道而無私説，故稱尊焉，不稱賢也。（**"尊、賢"文真合韻**）有大地者，以有常術而無鈐謀，故稱平焉，不稱智也。（**"平、智"耕支通韻**）內無暴事以離怨於百姓，外無賢行以見忌於諸侯，上下之禮，襲而不離，（**"禮、離"脂歌合韻**）而為論者莫然不見所觀焉，此所謂藏無形者。非藏無形，孰能形！

三代之所道者，因也。故禹決江河，因水也；后稷播種樹穀，因地也；（**"水、地"微歌合韻**）湯武平暴亂，因時也。故天下可得而不可取也，霸王可受而不可求也。（**"取、求"侯幽合韻**）在智則人與之訟，在力則人與之爭。（**"訟、爭"東耕合韻**）未有使人無智者，有使人不能用其智於己者也；（**"智、己"支之合韻**）未有使人無力者，有使人不能施其力於己者也。（"力、己"職之通韻）此兩者常在久見。故君賢不見，則諸侯不備；不肖不見，則百姓不怨。（"見、怨"元部）百姓不怨，則民用可得；諸侯弗備，則天下之時可承。（"得、備、承"職蒸通韻）事所與眾同也，功所與時成也，（"同、成"東耕合韻）聖人無焉。故《老子》曰："虎無所措其爪，兕無所措其角。"蓋謂此也。

鼓不滅於聲，故能有聲；鏡不沒於形，故能有形。金石有聲，弗叩弗鳴；管簫有音，弗吹無聲。（"聲、聲、形、形、聲、鳴、聲"耕部）聖人內藏，不為物先倡，事來而制，物至而應。（"藏、倡、應"陽蒸合韻）飾其外者傷其內，失其情者害其神，見其文者蔽其質。（"神、質"真質通韻）無須臾忘為質者，必困於性；百步之中不忘其容者，必累其形。（"性、形"耕部）故羽翼美者傷骨骸，枝葉美者害根莖，能兩美者，天下無之也。

天有明，不憂民之晦也，百姓穿戶鑿牖，自取照焉；地有財，不憂民之貧也，百姓伐木芟草，自取富焉。至德道者若丘山，塊然不動，行以為期也。（"富、期"職之通韻）直己而足物，不為人贛，用之者亦不受其德，故寧而能久。（"德、久"職之通韻）天地無予也，故無奪也；日月無德也，故無怨也。（"奪、怨"月元通韻）喜得者必多怨，喜予者必善奪，（"怨、奪"元月通韻）唯滅跡於無為而隨天地自然者，唯能勝理而為受名，名興則道行，道行則人無位矣。故譽生則毀隨之，善見則惡從之。利則為害始，福則為禍先。唯不求利者為無害，唯不求福者為無禍。（"害、禍"月歌通韻）侯而求霸者，必失其侯；霸而求王者，必喪其霸。故國以全為常，霸王其寄也；身以生為常，富貴其寄也。能不以天下傷其國，而不以國害其身者，焉可以託天下也。不知道者，釋其所已有，而求其所未得也。（"有、得"之職通韻）苦心愁慮，以行曲故，福至則喜，禍至則怖，

("慮、故、怖"魚部)神勞於謀,智遽於事。禍福萌生,終身不悔。("喜、謀、事、悔"之部)己之所生,乃反愁人。不喜則憂,中未嘗平,持無所監,謂之狂生。("生、人、平、生"耕真合韻)

人主好仁,則無功者賞,有罪者釋;好刑,則有功者廢,無罪者誅。("釋、誅"鐸侯合韻)及無好者,誅而無怨,施而不德,放準循繩,身無與事,若天若地,何不覆載。("德、事、載"職之通韻)故合而舍之者君也,制而誅之者法也,民已受誅,怨無所滅,謂之道。道勝則人無事矣。

聖人無屈奇之服,無瑰異之行,服不視,行不觀,言不議,通而不華,窮而不懾,榮而不顯,隱而不窮,異而不見怪,容而與眾同,無以名之,此之謂大通。("窮、同、通"冬東合韻)

升降揖讓,趨翔周遊,不得已而為也,非性所有於身,情無符檢,行所不得已之事,而不解構耳,豈加故焉哉?故不得已而歌者,不事為悲;不得已而舞者,不矜為麗。("歌、悲、麗"歌微合韻)歌舞而不事為悲麗者,皆無有根心者。善博者不欲牟,不恐不勝,平心定意,捉得其齊,行由其理,("意、理"職之通韻)雖不必勝,得籌必多。何則?勝在於數,不在於欲。("數、欲"侯屋通韻)馳者不貪最先,不恐獨後,緩急調乎手,御心調乎馬,("後、馬"侯魚合韻)雖不能必先哉,馬力必盡矣。("先、盡"文真合韻)何則?先在於數,而不在於欲也。("數、欲"侯屋通韻)是故滅欲則數勝,棄智則道立矣。

賈多端則貧,工多技則窮,心不一也。故木之大者害其條,水之大者害其深;有智而無術,雖鑽之不通;有百技而無一道,雖得之弗能守。("道、守"幽部)故《詩》曰:"淑人君子,其儀一也。其儀一也,心如結也。"("一、結"質部)君子其結於一乎?

舜彈五絃之琴,而歌《南風》之詩,以治天下。("詩、下"之魚合韻)周公殽臑不收於前,鍾鼓不解於縣,("前、縣"元部)以輔成王而海內平。匹夫百畮一守,不遑啟處,無所移之也。以一人兼聽天下,日有餘而治不足,使人為之也。("移、為"歌部)處尊位者如尸,守官者如祝宰。("尸、宰"脂之合韻)尸雖能剝狗燒彘,弗為也,弗能無虧;俎豆之列次,黍稷之先後,雖知弗教也,弗能無害也。("虧、害"歌月通韻)不能祝者不可以為祝,無害於為尸;不能御者不可以為僕,("祝、僕"覺屋合韻)無害於為佐。("尸、佐"脂歌合韻)故位愈尊而身愈佚,(身)[官]愈大而事欲少。譬如張琴,小絃雖急,大絃必緩。

無為者,道之體也;("為、體"歌脂合韻)執後者,道之容也。("後、容"侯東通韻)無為制有為,術也;執後之制先,數也。放於術則強,審於數則寧。("強、寧"陽耕合韻)今與人卞氏之璧,未受者,先也;求而致之,雖怨不逆者,後也。三人同舍,二人相爭,爭者各自以為直,不能相聽,一人雖愚,必從旁而決之,非以智也,以不爭也。("爭、聽、爭"耕部)兩人相鬭,一贏在側,助一人則勝,救一人則免,鬭者雖強,必制一贏,非以勇也,以不鬭也。由此觀之,後之制先,靜之勝躁,數也。倍道棄數,以求苟遇;變常易故,以知要遮,("數、遇、故、遮"侯魚合韻)過則自非,中則以為候,闇行繆改,終身不寤,("候、寤"侯魚合韻)此之謂狂。有禍則詘,有福則贏,有過則悔,有功則矜,遂不知反,此謂狂人。("贏、矜、人"耕真合韻)

員之中規,方之中矩,行成獸,止成文,可以將少而不可以將眾;蓼菜成行,瓶甌有堤,量粟而舂,數米而炊,可以治家而不可以治國;滌杯而食,洗爵而飲,浣而後饋,可以養家老而不可以饗三軍。非易不可以治大,非簡不可以合眾。大樂必易,大禮必簡。易故能天,簡故能地。("**簡、地**"元歌通韻)大樂無怨,大禮不責,四海之內,莫不繫統,故能帝也。("**責、帝**"錫部)

心有憂者,筐牀衽席弗能安也,菰飯犓牛弗能甘也,("**安、甘**"元談合韻)琴瑟鳴竽弗能樂也。患解憂除,然後食甘寢寧,居安游樂。由是觀之,性有以樂也,死有以哀也。今務益性之所不能樂,而以害性之所以樂。故雖富有天下,貴為天子,("**下、子**"魚之合韻)而不免為哀之人。凡人之性,樂恬而憎憫,樂佚而憎勞。心常無欲,可謂恬矣;形常無事,可謂佚矣。遊心於恬,舍形於佚,以俟天命,自樂於内,無急於外,雖天下之大,不足以易其一慸,日月瘦而無溉於志。故雖賤如貴,("**慸、貴**"物部)雖貧如富。("**志、富**"之職通韻)大道無形,大仁無親,大辯無聲,大廉不嗛,大勇不矜。("**形、親、聲、矜**"耕真合韻)五者無棄,而幾鄉方矣。

軍多令則亂,酒多約則辯。("**亂、辯**"元部)亂則降北,辯則相賊。("**北、賊**"職部)故始於都者常大於鄙,始於樂者常大於悲。其作始簡者,其終本必調。("**悲、調**"微幽合韻)今有美酒嘉肴以相饗,卑體婉辭以接之,欲以合歡,爭盈爵之間,反生鬭。鬭而相傷,三族結怨,反其所憎,此酒之敗也。("**怨、敗**"元月通韻)詩之失僻,樂之失刺,禮之失責。("**僻、刺、責**"錫部)徵音非無羽聲也,羽音非無徵聲也,五音莫不有聲,而以徵羽定名者,("**聲、聲、聲、名**"耕部)以勝者也。故仁義智勇,聖人之所備有也,然而皆立一名者,言其大者也。

陽氣起於東北,盡於西南;陰氣起於西南,盡於東北。陰陽之始,皆調適相似,("**始、似**"之部)日長其類,以侵相遠,或熱焦沙,或寒凝水。故聖人謹慎其所積。水出於山而入於海,稼生於野而藏於廩,見所始則知終矣。

席之先藿蕈,樽之上玄樽,("蕈、樽"侵文合韻)俎之先生魚,豆之先泰羹,("魚、羹"魚陽通韻)此皆不快於耳目,不適於口腹,("目、腹"覺部)而先王貴之,先本而後末。("貴、末"物月合韻)聖人之接物,千變萬軫,("物、軫"物文通韻)必有不化而應化者。夫寒之與煖相反,("化、反"歌元通韻)大寒地坼水凝,火弗為衰其[熱]①(暑);大[暑](熱)鑠石流金,火弗為益其烈。("熱、烈"月部)寒暑之變,無損益於己,質有之也。("己、有"之部)聖人常後而不先,常應而不唱;不進而求,不退而讓;("唱、讓"陽部)隨時三年,時去我[走]②(先);去時三年,時在我後。("走、後"侯部)無去無就,中立其所;天道無親,唯德是與。("所、與"魚部)有道者不失時與人,無道者失於時而取人。("人、人"真部)直己而待命,時之至不可迎而反也;要遮而求合,時之去不可追而援也。故不曰我無以為而天下遠,("反、援、遠"元部)不曰我不欲而天下不至。

古之存己者,樂德而忘賤,故名不動志;("己、志"之部)樂道而忘貧,故利不動心。("貧、心"文侵合韻)名利充天下,不足以概志。("下、志"魚之合韻)故廉而能樂,靜而能澹,故其身治者,或與言道矣。自身以上至於荒芒亦遠矣,自死而天地無窮亦滔矣。以數雜之壽,憂天下之亂,猶憂河水之少,("壽、少"幽宵合韻)泣而益之也。龜三千歲,浮游不過三日,以浮游而為龜憂養生之具,人必笑之矣。故不憂天下之亂,而樂其身之治者,可與言道矣。("笑、道"宵幽合韻)

君子為善,不能使福必來;不為非,而不能使禍無至。福之至

---

① 據王引之説改。
② 據景宋本改。

也,非其所求,故不伐其功;禍之來也,非其所生,故不悔其行。("功、行"東陽合韻)内修極而橫禍至者,皆天也,非人也。("天、人"真部)故中心常恬漠,累積其德;("漠、德"鐸職合韻)狗吠而不驚,自信其情。("驚、情"耕部)故知道者不惑,知命者不憂。萬乘之主卒,葬其骸於曠野之中,祀其鬼神於明堂之上,神貴於形也。故神制則形從,形勝則神窮。聰明雖用,必反諸神,謂之太沖。("從、窮、用、沖"東冬合韻)

第十五卷 兵略訓

古之用兵者,非利土壤之廣而貪金玉之略,將以存亡繼絕,平天下之亂,而除萬民之害也。("絕、亂、害"月元通韻)

凡有血氣之蟲,含牙帶角,前爪後距,有角者觸,("角、觸"屋部)有齒者噬,有毒者螫,有蹏者趹,喜而相戲,怒而相害,("噬、趹、害"月部)天之性也。人有衣食之情,而物弗能足也,故羣居雜處,分不均,求不贍則爭。("性、情、均、爭"耕真合韻)爭則強脅弱而勇侵怯。人無筋骨之強,爪牙之利,故割革而為甲,爍鐵而為刃。("利、刃"質文合韻)貪昧饕餮之人,殘賊天下,萬人搖動,莫寧其所。("下、所"魚部)有聖人勃然而起,乃討強暴,平亂世,夷險除穢,以濁為清,以危為寧,("清、寧"耕部)故不得不中絕。("世、穢、絕"月部)

兵之所由來者遠矣。黃帝嘗與炎帝戰矣,("遠、戰"元部)顓頊嘗與共工爭矣。故黃帝戰於涿鹿之野,堯戰於丹水之浦,舜伐有苗,啟攻有扈,("野、浦、扈"魚部)自五帝而弗能偃也,又況衰世乎?("偃、世"元月通韻)

夫兵者,所以禁暴討亂也。炎帝為火災,故黃帝擒之;共工為水害,故顓頊誅之。教之以道,導之以德而不聽,則臨之以威武;臨之威武而不從,("聽、從"耕東合韻)則制之以兵革。("武、革"魚職合韻)故聖人之用兵也,若櫛髮耨苗,所去者少,而所利者多。殺無罪之民而養無義之君,害莫大焉;殫天下之財而贍一人之欲,禍莫深焉。使夏桀、殷紂有害於民而立被其患,不至於為炮烙;晉厲、宋康行一不義而身死國亡,不至於侵奪為暴。("烙、暴"鐸藥合韻)此四君者,皆有小過而莫之討也,故至於攘天下,害百姓,肆一人之邪,而長海內之禍,此大論之所不取也。("下、邪、取"魚侯合韻)所為立君者,以禁暴討亂也。今乘萬民之力,而反為殘賊,是為虎傅翼,曷為弗除!("力、賊、翼、除"職魚合韻)夫畜池魚者必去猵獺,養禽獸者必去犲狼,又況治人乎?

故霸王之兵,以論慮之,以策圖之,以義扶之,("慮、圖、扶"魚部)非以亡存也,將以存亡也。故聞敵國之君有加虐於民者,則舉兵而臨其境,責之以不義,刺之以過行。("境、行"陽部)兵至其郊,乃令軍師曰:毋伐樹木,毋扣墳墓,毋爇五穀,("木、墓、穀"屋鐸合韻)毋焚積聚,毋捕民虜,("聚、虜"侯魚合韻)毋收六畜。乃發號施令曰:其國之君,傲天侮鬼,決獄不辜,殺戮無罪,("鬼、罪"微部)此天之所以誅也,民之所以仇也。("誅、仇"侯幽合韻)兵之來也,以廢不義而復有德也。("來、德"之職通韻)有逆天之道,帥民之賊者,身死族滅。以家聽者祿以家,以里聽者賞以里,("家、里"魚之合韻)以鄉聽者封以鄉,以縣聽者侯以縣。("鄉、縣"陽元合韻)剋其國不及其民,廢其君而易其政,尊其秀士而顯其賢良,("政、良"耕陽合韻)振其孤寡,恤其貧窮,出其囹圄,賞其有功,("窮、功"冬東合韻)百姓開門而待之,淅米而儲之,("寡、圄、儲"魚部)唯恐其不來也。("**待、來**"之部)此湯武之所以致王,而齊桓晉文之所以成霸也。("**王、霸**"陽鐸通韻)故君為無道,民之思兵也,若旱而望雨,渴而求飲。夫有誰與交兵接刃乎!("**飲、刃**"侵文合韻)故義兵之至也,至於不戰而止。

晚世之兵,君雖無道,莫不設渠壍傅堞而守。("**道、守**"幽部)攻者非以禁暴除害也,欲以侵地廣壤也。是故至於伏尸流血,相支以日,("**血、日**"質部)而霸王之功不世出者,自為之故也。夫為地戰者不能成其王,為身戰者不能立其功。("**王、功**"陽東合韻)舉事以為人者,眾助之;舉事以自為者,眾去之。("**助、去**"魚部)眾之所助,雖弱必強;眾之所去,("**助、去**"魚部)雖大必亡。("**強、亡**"陽部)

兵失道而弱,得道而強;將失道而拙,得道而工;國得道而存,失道而亡。("**強、工、亡**"陽東合韻)所謂道者,體圓而法方,背陰而抱陽,左柔而右剛,履幽而戴明,變化無常,得一之原,以應無方,是謂神明。("**方、陽、剛、明、常、方、明**"陽部)夫圓者,天也;方者,地也。天圓而無端,故不可得而觀;("**端、觀**"元部)地方而無垠,故莫能窺其門。("**垠、門**"文部)天化育而無形象,地生長而無計量,渾渾沉沉,孰知其藏!("**象、量、藏**"陽部)凡物有朕,唯道無朕。所以無朕者,以其無常形勢也。輪轉而無窮,象日月之行,("**窮、行**"冬陽合韻)若春秋有代謝,若日月有晝夜,("**謝、夜**"鐸部)終而復始,明而復晦,莫能得其紀。("**始、晦、紀**"之部)制刑而無刑,故功可成;("**刑、成**"耕部)物物而不物,故勝而不屈。("**物、屈**"物部)

刑,兵之極也,至於無刑,可謂極之矣。是故大兵無創,與鬼神通,五兵不厲,天下莫之敢當。("**創、通、當**"陽東合韻)建鼓不出庫,諸侯莫不慴伏沮膽其處。("**庫、處**"魚部)故廟戰者帝,神化者王。所謂廟戰者,法天道也;神化者,法四時也。脩政於境內而遠方慕其德,制勝於未戰而諸侯服其威,內政治也。("**德、治**"職之通韻)

古得道者,靜而法天地,動而順日月,("**地、月**"歌月通韻)喜怒而合四時,叫呼而比雷霆,音氣不戾八風,詘伸不獲五度,下至介鱗,上及毛羽,條脩葉貫,萬物百族,由本至末,莫不有序。是故入小而不偪,處大而不窕,浸乎金石,潤乎草木,宇中六合,振毫之末,莫不順比。道之浸洽,滒淖纖微,無所不在,是以勝權多也。

夫射,儀度不得則格的不中;驥,一節不用而千里不至。夫戰而不勝者,非鼓之日也,素行無刑久矣。故得道之兵,車不發軔,騎不被鞍,鼓不振塵,旗不解卷,("**鞍、卷**"元部)甲不離矢,刃不嘗血,朝不易位,賈不去肆,("**血、肆**"質部)農不離野,招義而責之,大國必朝,小城必下,因民之欲,乘民之力,而為之去殘除賊也。("**力、賊**"職部)故同利相死,同情相成,同欲相助。順道而動,天下為嚮;("**動、嚮**"東陽合韻)因民而慮,天下為鬪。("**慮、鬪**"魚侯合韻)獵者逐禽,車馳人趍,各盡其力,無刑罰之威,而相為斥圍要遮者,同所利也。同舟而濟於江,卒遇風波,百族之子,捷捽招杼船,若左右手,不以相得,其憂同也。故明王之用兵也,為天下除害,而與萬民共享其利,("**害、利**"月質合韻)民之為用,猶子之為父,弟之為兄,威之所加,若崩山決塘,敵孰敢當!("**兄、塘、當**"陽部)故善用兵者,用其自為用也;不能用兵者,用其為己用也。用其自為用,則天下莫不可用也;用其為己用,所得者鮮矣。

兵有三詆,治國家,理境內,行仁義,布德惠,立正法,塞邪隧,("**內、惠、隧**"物質合韻)群臣親附,百姓和輯,上下一心,君臣同力,諸侯服其威,而四方懷其德,("**力、德**"職部)脩政廟堂之上而折衝千里之外,拱揖指撝而天下響應,此用兵之上也。地廣民眾,主賢將忠,國富兵強,約束信,號令明,兩軍相當,鼓錞相望,未至兵交接刃而敵人奔亡,("眾、忠、強、明、當、望、亡"冬陽合韻)此用兵之次也。知土地之宜,習險隘之利,明奇正之變,察行陳解續之數,維枹綰而鼓之,("數、鼓"侯魚合韻)白刃合,流矢接,("合、接"緝盍合韻)涉血屬腸,輿死扶傷,流血千里,暴骸盈場,("腸、傷、場"陽部)乃以決勝,("里、勝"之蒸通韻)此用兵之下也。

今夫天下皆知事治其末,而莫知務脩其本,釋其根而樹其枝也。夫兵之所以佐勝者眾,而所以必勝者寡。甲堅兵利,車固馬良,畜積給足,士卒殷軫,此軍之大資也,而勝亡焉。明於星辰日月之運,刑德奇賌之數,背鄉左右之便,此戰之助也,("數、助"侯魚合韻)而全亡焉。良將之所以必勝者,恒有不原之智,不道之道,難以眾同也。

夫論除謹,動靜時,吏卒辨,兵甲治,正行五,連什伯,明鼓旗,("時、治、旗"之部)此尉之官也。前後知險易,見敵知難易,發斥不忘遺,此候之官也。隧路亟,行輺治,賦丈均,處軍輯,井竈通,此司空之官也。收藏於後,遷舍不離,無淫輿,無遺輺,此輿之官也。凡此五官之於將也,猶身之有股肱手足也,必擇其人,技能其才,使官勝其任,人能其事。("才、事"之部)告之以政,申之以令,("政、令"耕部)使之若虎豹之有爪牙,飛鳥之有六翮,莫不為用,然皆佐勝之具也,非所以必勝也。

兵之勝敗,本在於政,政勝其民,下附其上,則兵強矣;民勝其政,下畔其上,則兵弱矣。故德義足以懷天下之民,事業足以當天下之急,選舉足以得賢士之心,謀慮足以知強弱之勢,此必勝之本也。地廣人眾,不足以為強;堅甲利兵,("強、兵"陽部)不足以為勝;("衆、勝"冬蒸合韻)高城深池,不足以為固;嚴令繁刑,不足以為威。為存政者,雖小必存;為亡政者,雖大必亡。

昔者,楚人地南卷沅湘,北繞潁泗,西包巴蜀,東裹郯邳,潁汝以為洫,江漢以為池,垣之以鄧林,綿之以方城,山高尋雲,豀肆無景,地利形便,卒民勇敢,("便、敢"元談合韻)蛟革犀兕,以為甲冑,("兕、冑"脂幽合韻)脩鍛短鏦,齊為前行,積弩陪後,錯車衛旁,("行、旁"陽部)疾如錐矢,合如雷電,("矢、電"脂真通韻)解如風雨,然而兵殆於垂沙,眾破於柏舉。("雨、舉"魚部)楚國之強,大地計眾,中分天下,然懷王北畏孟嘗君,背社稷之守而委身強秦,兵挫地削,身死不還。("君、秦、還"文真元合韻)

二世皇帝,勢為天子,富有天下,("子、下"之魚合韻)人跡所至,舟楫所通,莫不為郡縣。然縱耳目之欲,窮侈靡之變,不顧百姓之飢寒窮匱也,興萬乘之駕,而作阿房之宮,發閭左之戍,收太半之賦,("戍、賦"侯魚合韻)百姓之隨逮肆刑,挽輅首路死者,一旦不知千萬之數,天下敖然若焦熱,傾然若苦烈,("熱、烈"月部)上下不相寧,吏民不相憀。戍卒陳勝興於大澤,攘臂袒右,稱為大楚,("澤、楚"鐸魚通韻)而天下響應。("右、應"之蒸通韻)當此之時,非有牢甲利兵、勁弩強衝也,伐棘棗以為矜,周錐鑿而為刃,("矜、刃"真文合韻)剡撕笭,奮儋钁,以當脩戟強弩,攻城掠地,莫不降下。("笭、弩、下"魚部)天下為之麋沸螳動,雲徹席捲,方數千里。勢位至賤,而器械甚不利,然一人唱而天下應之者,積怨在於民也。("利、民"質真通韻)

武王伐紂,東面而迎歲,至氾而水,至共頭而墜,("歲、墜"月物合韻)彗星出而授殷人其柄。當戰之時,十日亂於上,風雨擊於中,然而前無蹈難之賞,("上、賞"陽部)而後無遁北之刑,白刃不畢拔而天下得矣。是故善守者無與御,而善戰者無與鬭,("御、鬭"魚侯合韻)明於禁舍開塞之道,乘時勢,因民欲而取天下。

故善為政者積其德,善用兵者畜其怒。德積而民可用,怒畜而威可立也。故文之所以加者淺,則勢之所勝者小;德之所施者博,則威之所制者廣。("博、廣"鐸陽通韻)威之所制者廣,則我强而敵弱矣。故善用兵者,先弱敵而後戰之也,故費不半而功自倍也。湯之地方七十里而王者,脩德也;智伯有千里之地而亡者,窮武也。故千乘之國行文德者王,萬乘之國好用兵者亡。("王、亡"陽部)故全兵先勝而後戰,敗兵先戰而後求勝。德均則眾者勝寡,力敵則智者勝愚,智侔則有數者禽無數。("寡、愚、數"魚侯合韻)凡用兵者,必先自廟戰,主孰賢,將孰能,民孰附,國孰治,蓄積孰多,士卒孰精,甲兵孰利,器備孰便,故運籌於廟堂之上而決勝乎千里之外矣。

夫有形埒者,天下訟見之;有篇籍者,世人傳學之,此皆以形相勝者也,善形者弗法也。所貴道者,貴其無形也。無形,則不可制迫也,不可度量也,不可巧詐也,不可規慮也。("迫、量、詐、慮"鐸陽、魚通韻)智見者人為之謀,形見者人為之功,眾見者人為之伏,器見者人為之備。("謀、伏、備"之職通韻)動作周還,倨句詘伸,可巧詐者,皆非善者也。("還、伸、善"元真合韻)善者之動也,神出而鬼行,星燿而玄[運]①(逐),進退詘伸,不見朕垫,("運、伸、垫"文真合韻)鸞舉麟振,鳳飛龍騰,發如秋風,疾如駭龍,("騰、龍"蒸東合韻)當以生擊死,以盛乘衰,以疾掩遲,以飽制飢,("死、衰、遲、飢"脂微合韻)若以水滅火,若以湯沃雪,何往而不遂,("火、遂"微物通韻)何之而不達?("雪、達"月部)在中虛神,在外漠志,運於無

---

① 據王念孫説改。

形,("**神、形**"真耕合韻)出於不意。("**志、意**"之職通韻)與飄飄往,與忽忽來,莫知其所之;("**來、之**"之部)與條出,與間入,莫知其所集。("**入、集**"緝部)卒如雷霆,疾如風雨,若從地出,若從天下,獨出獨入,莫能應圉。疾如鏃矢,何可勝偶?一晦一明,孰知其端緒?("**雨、下、圉、偶、緒**"魚侯合韻)未見其發,固已至矣。故善用兵者,見敵之虛,乘而勿假也,追而勿舍也,迫而勿去也。("**虛、假、舍、去**"魚部)擊其猶猶,陵其與與,疾雷不及塞耳,("**與、耳**"魚之合韻)疾霆不暇掩目。("**猶、目**"幽覺通韻)善用兵,若聲之與響,若鐘之與鞈,眯不給撫,呼不給吸。("**鞈、吸**"緝部)當此之時,仰不見天,俯不見地,手不麾戈,兵不盡拔,("**地、戈、拔**"歌月通韻)擊之若雷,薄之若風,炎之若火,("**雷、火**"微部)陵之若波。敵之靜不知其所守,動不知其所為。故鼓鳴旗麾,當者莫不廢滯崩陁,天下孰敢厲威抗節而當其前者!("**波、為、麾、陁、前**"歌元通韻)故凌人者勝,待人者敗,為人杓者死。

　　兵靜則固,專一則威,分決則勇,心疑則北,力分則弱。故能分人之兵,疑人之心,則錙銖有餘;不能分人之兵,疑人之心,則數倍不足。("**餘、足**"魚屋合韻)故紂之卒,百萬之心;武王之卒,三千人皆專而一。("**卒、卒、一**"物質合韻)故千人同心,則得千人力;萬人異心,則無一人之用。將卒吏民,動靜如身,乃可以應敵合戰。故計定而發,分決而動,將無疑謀,卒無二心,動無墮容,口無虛言,事無嘗試,應敵必敏,發動必亟。("**試、敏、亟**"職之通韻)故將以民為體,而民以將為心。心誠則支體親[力]①(刃),心疑則支體撓北。("**力、北**"職部)心不專一,則體不節動;將不誠必,("**一、必**"質部)

---

① 據王溥利本改。

則卒不勇敢。(此"勇敢"似為"充勇"。勇与動韻,東部)故良將之卒,若虎之牙,若兕之角,若鳥之羽,若蚧之足,可以行,可以舉,可以噬,可以觸,("牙、角、羽、足、舉、觸"魚屋合韻)強而不相敗,眾而不相害,("敗、害"月部)一心以使之也。故民誠從其令,雖少無畏;民不從令,雖眾為寡。("畏、寡"微魚合韻)故下不親上,其心不用;("上、用"陽東合韻)卒不畏將,其刑不戰。("將、戰"陽元合韻)守有必固,而攻有必勝,不待交兵接刃,而存亡之機固已形矣。

兵有三勢,有二權。有氣勢,有地勢,有因勢。將充勇而輕敵,卒果敢而樂戰,三軍之眾,百萬之師,志厲青雲,氣如飄風,聲如雷霆,誠積踰而威加敵人,此謂氣勢。硤路津關,大山名塞,龍蛇蟠,卻笠居,羊腸道,發笱門,一人守隘,而千人弗敢過也,此謂地勢。因其勞倦怠亂,飢渴凍暍,推其揯揯,擠其揭揭,("暍、揭"月部)此謂因勢。善用間諜,審錯規慮,設蔚施伏,隱匿其形,出於不意,敵人之兵,無所適備,("伏、意、備"職部)此謂知權。陳卒正,前行選,進退俱,什伍摶,前後不相撚,左右不相干,受刃者少,傷敵者眾,此謂事權。("選、摶、撚、干、權"元部)

權勢必形,吏卒專精,選良用才,官得其人,計定謀決,明於死生,舉錯得失,莫不振驚。("形、精、人、生、驚"耕真合韻)故攻不待衝隆雲梯而城拔,戰不至交兵接刃而敵破,("拔、破"月歌通韻)明於必勝之攻也。故兵不必勝,不苟接刃;攻不必取,不為苟發。故勝定而後戰,鈐縣而後動,故眾聚而不虛散,("戰、散"元部)兵出而不徒歸。唯無一動,動則凌天振地,抁泰山,蕩四海,鬼神移徙,鳥獸驚駭,("海、徙、駭"之支合韻)如此則野無校兵,國無守城矣。("兵、城"陽耕合韻)

靜以合躁,治以持亂,無形而制有形,無為而應變,("亂、變"元部）雖未能得勝於敵,敵不可得勝之道也。敵先我動,則是見其形也;彼躁我靜,則是罷其力也。形見則勝可制也,力罷則威可立也。視其所為,因與之化;("為、化"歌部)觀其邪正,以制其命;("正、命"耕部)餌之以所欲,以罷其足。("欲、足"屋部)彼若有間,急填其隙,極其變而束之,盡其節而僕之。("束、僕"屋部)敵若反靜,為之出奇。彼不吾應,獨盡其調;若動而應,有見所為。彼持後節,與之推移。彼有所積,必有所虧。精若轉左,陷其右陂。敵潰而走,後必可移。("奇、調、為、移、虧、陂、移"歌幽合韻)敵迫而不動,名之曰奄遲。擊之如雷霆,斬之若草木,燿之若火電,欲疾以邀,人不及步銗,車不及轉轂,兵如植木,弩如羊角,人雖眾多,勢莫敢格。("木、邀、轂、角、格"屋鐸合韻)諸有象者,莫不可勝也;諸有形者,莫不可應也。("勝、應"蒸部)是以聖人藏形於無而遊心於虛。("無、虛"魚部)風雨可障蔽而寒暑不可開閉,("蔽、閉"月質合韻)以其無形故也。夫能滑淖精微,貫金石,窮至遠,放乎九天之上,蟠乎黃盧之下,唯無形者也。("上、下、者"陽魚通韻)

　　善用兵者,當擊其亂,不攻其治;是不襲堂堂之寇,不擊填填之旗。容未可見,以數相持。彼有死形,因而制之。("治、旗、持、之"之部)敵人執數,動則就陰,以虛應實,必為之禽。("陰、禽"侵部)虎豹不動,不入陷阱;麋鹿不動,不離罝罘;飛鳥不動,不絓網羅;魚鱉不動,不攫脣喙。("羅、喙"歌月通韻)物未有不以動而制者也。是故聖人貴靜,靜則能應躁,後則能應先,數則能勝疏,博則能禽缺。

　　故良將之用卒也,同其心,一其力,勇者不得獨進,怯者不得獨退,("卒、力、退"物職合韻)止如丘山,發如風雨,所淩必破,靡不毀沮,動如一體,莫之應圉。是故傷敵者眾,而手戰者寡矣。("雨、沮、圉、寡"魚部）夫五指之更彈，不若卷手之一挃；萬人之更進，不如百人之俱至也。（"挃、至"質部）今夫虎豹便捷，熊羆多力，然而人食其肉而席其革者，不能通其知而壹其力也。（"力、革、力"職部）夫水勢勝火，章華之臺燒，以升勺沃而救之，（"燒、救"宵幽合韻）雖涸井而竭池，無奈之何也；（"池、何"歌部）舉壺榼盆盎而以灌之，其滅可立而待也。今人之與人，非有水火之勝也，而欲以少耦眾，不能成其功，亦明矣。兵家或言曰："少可以耦眾。"此言所將，非言所戰也。（"將、戰"陽元合韻）或將眾而用寡者，勢不齊也；將寡而用眾者，用力諧也。（"齊、諧"脂部）若乃人盡其才，悉用其力，（"才、力"之職通韻）以少勝眾者，自古及今，未嘗聞也。（"今、聞"侵文合韻）

神莫貴於天，勢莫便於地，動莫急於時，用莫利於人。凡此四者，兵之幹植也。然必待道而後行，可一用也。夫地利勝天時，巧舉勝地利，勢勝人。故任天者可迷也，任地者可束也，任時者可迫也，任人者可惑也。（"束、迫、惑"屋鐸職合韻）夫仁勇信廉，人之美才也，然勇者可誘也，仁者可奪也，信者易欺也，廉者易謀也。（"欺、謀"之部）將眾者，有一見焉，則為人禽矣。由此觀之，則兵以道理制勝，而不以人才之賢，亦自明矣。

是故為麋鹿者則可以罝罘設也，為魚鱉者則可以網罟取也，為鴻鵠者則可以矰繳加也，唯無形者無可奈也。（"設、加、奈"月歌通韻）是故聖人藏於無原，故其情不可得而觀；（"原、觀"元部）運於無形，故其陳不可得而經。（"形、經"耕部）無法無儀，來而為之宜；（"儀、宜"歌部）無名無狀，變而為之象。（"狀、象"陽部）深哉睄睄，遠哉悠悠，且冬且夏，且春且秋，（"睄、悠、秋"幽部）上窮至高之末，下測至深之底，變化消息，無所凝滯，（"末、滯"月部）建心乎窈冥之

野，而藏志乎九旋之淵，雖有明目，孰能窺其情！（"淵、情"真耕合韻）

兵之所隱議者，天道也；所圖畫者，地形也；所明言者，人事也；所以決勝者，鈐勢也。故上將之用兵也，上得天道，下得地利，中得人心，乃行之以機，發之以勢，是以無破軍敗兵。及至中將，上不知天道，下不知地利，專用人與勢，雖未必能萬全，勝鈐必多矣。下將之用兵也，博聞而自亂，多知而自疑，居則恐懼，發則猶豫，（"懼、豫"魚部）是以動為人禽矣。

今使兩人接刃，巧拙不異，而勇士必勝者，（"異、勝"職蒸通韻）何也？其行之誠也。夫以巨斧擊桐薪，不待利時良日而後破之。加巨斧於桐薪之上，而無人力之奉，（"上、奉"陽東合韻）雖順招搖，挾刑德，而弗能破者，以其無勢也。（"破、勢"歌月通韻）故水激則悍，矢激則遠。（"悍、遠"元部）夫栝淇衛箘簵，載以銀錫，雖有薄縞之幨，腐荷之贈，然猶不能獨射也。假之筋角之力，弓弩之勢，則貫兕甲而徑於革盾矣。夫風之疾，至於飛屋折木，虛舉之下大遲，自上高丘，人之有所推也。（"遲、推"脂微合韻）是故善用兵者，勢如決積水於千仞之隄，若轉員石於萬丈之谿，（"隄、谿"支部）天下見吾兵之必用也，則孰敢與我戰者。故百人之必死矣，賢於萬人之必北也，況以三軍之眾，赴水火而不還踵乎！（"眾、踵"冬東合韻）雖誂合刃於天下，誰敢在於上者！（"下、上"魚陽通韻）

所謂天數者，左青龍，右白虎，前朱鳥，後玄武。（"數、虎、武"侯魚合韻）所謂地利者，後生而前死，左牡而右牝。（"利、死、牝"質脂通韻）所謂人事者，慶賞信而刑罰必，動靜時，舉錯疾。（"必、疾"質部）此世傳之所以為儀表者，固也，然而非所以生儀表者，因時而變化者也。是故處於堂上之陰，而知日月之次序；見瓶中之冰，而知天下之寒暑。("**序、暑**"魚部)夫物之所以相形者微,唯聖人達其至。

故鼓不與於五音而為五音主,水不與於五味而為五味調,將軍不與於五官之事而為五官督。("**調、督**"幽覺通韻)故能調五音者,不與五音者也;能調五味者,不與五味者也;能治五官之事者,不可揆度者也。是故將軍之心,滔滔如春,巖巖如夏,湫漻如秋,典凝如冬,因形而與之化,隨時而與之移。("**化、移**"歌部)

夫景不為曲物直,響不為清音濁,觀彼之所以來,各以其勝應之。("**直、來、之**"職之通韻)是故扶義而動,推理而行,掩節而斷割,因資而成功。("**動、行、功**"東陽合韻)使彼知吾所出而不知吾所入,知吾所舉而不知吾所集。("**入、集**"緝部)始如狐狸,彼故輕來;("**狸、來**"之部)合如兕虎,敵故奔走。("**虎、走**"魚侯合韻)夫飛鳥之摯也俛其首,猛獸之攫也匿其爪,("**首、爪**"幽部)虎豹不外其爪而噬不見齒。故用兵之道,示之以柔而迎之以剛,示之以弱而乘之以強,為之以歙而應之以張,將欲西而示之以東,先忤而後合,前冥而後明,若鬼之無跡,若水之無創。("**剛、強、張、東、明、創**"陽東合韻)故所鄉非所之也,所見非所謀也。("**之、謀**"之部)舉措動靜,莫能識也,若雷之擊,不可為備。("**識、備**"職部)所用不復,故勝可百全。與玄明通,莫知其門,是謂至神。("**門、神**"文真合韻)

兵之所以強者,民也;民之所以必死者,義也;義之所以能行者,威也,是故合之以文,齊之以武,是謂必取;("**武、取**"魚侯合韻)威儀並行,是謂至強。("**行、強**"陽部)夫人之所樂者生也,而所憎者死也。然而高城深池,矢石若雨,平原廣澤,("**雨、澤**"魚鐸通韻)白刃交接,而卒爭先合者,("**接、合**"緝盍合韻)彼非輕死而樂傷也,為其賞信而罰明也。("**傷、明**"陽部)是故上視下如子,則下視上如父；上視下如弟，("子、弟"之脂合韻)則下視上如兄。("父、兄"魚陽通韻)上視下如子，則必王四海；("子、海"之部)下視上如父，則必正天下；("父、下"魚部)上視下如弟，則不難為之死；("弟、死"脂部)下視上如兄，則不難為之亡。("兄、亡"陽部)是故父子兄弟之寇，不可與鬭者，("寇、鬭"侯部)積恩先施也。故四馬不調，造父不能以致遠；弓矢不調，羿不能以必中；君臣乖心，則孫子不能以應敵。是故內脩其政，以積其德；外塞其醜，以服其威；察其勞佚，以知其飽飢。故戰日有期，視死若歸。("威、飢、歸"微脂合韻)故將必與卒同甘苦，俟飢寒，故其死可得而盡也。故古之善將者，必以其身先之，暑不張蓋，寒不被裘，所以程寒暑也；險隘不乘，上陵必下，所以齊勞佚也；軍食熟然後敢食，軍井通而後敢飲，所以同飢渴也；合戰必立矢射之所及，[所]以共安危也。("渴、危"月歌通韻)故良將之用兵也，常以積德擊積怨，以積愛擊積憎，何故而不勝？("憎、勝"蒸部)

主之所求於民者二：求民為之勞也，欲民為之死也。民之所望於主者三：飢者能食之，勞者能息之，有功者能德之。("食、息、德"職部)民以償其二積，而上失其三望，國雖大，人雖眾，兵猶且弱也。若苦者必得其樂，勞者必得其利，斬首之功必全，死事之後必賞，四者既信於民矣，主雖射雲中之鳥，而釣深淵之魚，彈琴瑟，聲鍾竽，敦六博，投高壺，("魚、竽、壺"魚部)兵猶且強，令猶且行也。("強、行"陽部)是故上足仰，則下可用也；德足慕，則威可立也。

將者必有三隧、四義、五行、十守。所謂三遂者，上知天道，下習地形，中察人情。("形、情"耕部)所謂四義者，便國不負兵，為主不顧身，見難不畏死，決疑不辟罪。("死、罪"脂微合韻)所謂五行者，柔而不可卷也，剛而不可折也，仁而不可犯也，("卷、犯"元談合韻)信而不可欺也,勇而不可淩也。("欺、淩"之蒸通韻)所謂十守者,神清而不可濁也,謀遠而不可慕也,("濁、慕"屋鐸合韻)操固而不可遷也,知明而不可蔽也,("遷、蔽"元月通韻)不貪於貨,不淫於物,不嗌於辯,不推於方,不可喜也,不可怒也。("喜、怒"之魚合韻)是謂至於,窈窈冥冥,孰知其情?("冥、情"耕部)發必中詮,言必合數,動必順時,解必中揍。("數、揍"侯部)通動靜之機,明開塞之節,審舉措之利害,若合符節。("節、節"質部)疾如礦弩,勢如發矢,一龍一蛇,動無常體,("矢、體"脂部)莫見其所中,莫知其所窮,攻則不可守,守則不可攻。("中、窮、攻"冬東合韻)

　　蓋聞善用兵者,必先脩諸己,而後求諸人;先為不可勝,而後求勝。脩己於人,求勝於敵,己未能治也,而攻人之亂,是猶以火救火,以水應水也,("火、水"微部)何所能制!今使陶人化而為埴,則不能成盆盎;工女化而為絲,則不能織文錦。同莫足以相治也,故以異為奇。兩爵相與鬬,未有死者也,鸇鷹至,則為之解,以其異類也。故靜為躁奇,治為亂奇,飽為飢奇,佚為勞奇,奇正之相應,若水火金木之代為雌雄也。("應、雄"蒸部)

　　善用兵者,持五殺以應,故能全其勝。("應、勝"蒸部)拙者處五死以貪,故動而為人擒。("貪、擒"侵部)兵貴謀之不測也,形之隱匿也,出於不意,不可以設備也。("測、匿、意、備"職部)謀見則窮,形見則制。故善用兵者,上隱之天,下隱之地,中隱之人。("天、人"真部)隱之天者,無不制也。何謂隱之天?大寒甚暑,疾風暴雨,大霧冥晦,("暑、雨、晦"魚之合韻)因此而為變者也。何謂隱之地?山陵丘阜,林叢險阻,可以伏匿而不見形者也。何謂隱之人?蔽之於前,望之於後,出奇行陳之間,("前、間"元部)發如雷霆,疾如風雨,擎巨旗,止鳴鼓,而出入無形,莫知其端緒者也。

("雨、鼓、緒"魚部)

故前後正齊,四方如繩,出入解續,不相越淩,("繩、淩"蒸部)翼輕邊利,或前或後,離合散聚,不失行伍,("後、聚、伍"侯魚合韻)此善脩行陳者也。明於奇(正)賌、陰陽、刑德、五行、望氣、候星、龜策、機祥,此善為天道者也。設規慮,施蔚伏,見用水火,出珍怪,鼓譟軍,所以營其耳也;("伏、怪、耳"職之通韻)曳梢肆柴,揚塵起堨,所以營其目者;此善為詐佯者也。錞鉞牢重,固植而難恐,勢利不能誘,死亡不能動,("重、恐、動"東部)此善為充榦者也。對疾輕悍,勇敢輕敵,疾若滅沒,("悍、沒"元月通韻)此善用輕出奇者也。相地形,處次舍,治壁壘,審煙斥,居高陵,舍出處,("舍、斥、處"魚鐸通韻)此善為地形者也。因其飢渴凍暍,("渴、暍"月部)勞倦怠亂,("倦、亂"元部)恐懼窘步,("懼、步"魚鐸通韻)乘之以選卒,擊之以宵夜,("步、夜"鐸部)此善因時應變者也。易則用車,險則用騎,涉水多弓,隘則用弩,晝則多旌,夜則多火,晦冥多鼓,("車、弩、鼓"魚部)此善為設施者也。凡此八者,不可一無也,然而非兵之貴者也。

夫將者,必獨見獨知。獨見者,見人所不見也;獨知者,知人所不知也。見人所不見謂之明,知人所不知謂之神。神明者,先勝者也。先勝者,守不可攻,戰不可勝,攻不可守,虛實是也。上下有隙,將吏不相得,所持不直,卒心積不服,("得、直、服"職部)所謂虛也。主明將良,上下同心,氣意俱起,所謂實也。若以水投火,所當者陷,所薄者移,牢柔不相通而勝相奇者,虛實之謂也。故善戰者不在少,善守者不在小,("少、小"宵部)勝在得威,敗在失氣。("威、氣"微物通韻)夫實則鬭,虛則走;("鬭、走"侯部)盛則強,衰則北。吳王夫差地方二千里,帶甲七十萬,南與越戰,棲之會稽;北與齊戰,破之艾陵;西遇晉公,擒之黃池;此用民氣之實也。其後驕溢縱欲,拒諫喜諛,憢悍遂過,不可正喻,大臣怨懟,百姓不附,("欲、諛、喻、附"屋侯通韻)越王選卒三千人,擒之干隧,("懟、隧"物部)因制其虛也。夫氣之有虛實也,若明之必晦也。故勝兵者非常實也,敗兵者非常虛也。善者能實其民氣,以待人之虛;不能者虛其民氣,以待人之實也。("氣、實"物質合韻)故虛實之氣,兵之貴者也。("氣、貴"物部)

凡國有難,君自宮召將,詔之曰:"社稷之命在將軍耳,今國有難,願請子將而應之。"將軍受命,乃令祝史太卜齋宿三日,之太廟,鑽靈龜,卜吉日,以受鼓旗。("龜、旗"之部)君入廟門,西面而立;將入廟門,趨至堂下,北面而立。主親操鉞,持頭,授將軍其柄曰:"從此上至天者,將軍制之。"復操斧,持頭,授將軍其柄曰:"從此下至淵者,將軍制之。"("天、淵"真部)將已受斧鉞,答曰:"國不可從外治也,軍不可從中御也,("治、御"之魚合韻)二心不可以事君,疑志不可以應敵。臣既以受制於前矣,鼓旗斧鉞之威,臣無還請,願君亦以垂一言之命於臣也。君若不許,臣不敢將;君若許之,臣辭而行。"("將、行"陽部)乃爪鬋,設明衣也,鑿凶門而出。("衣、出"微物通韻)乘將軍車,載旌旗斧鉞,累若不勝。其臨敵決戰,不顧必死,無有二心。是故無天於上,無地於下,無敵於前,無主於後,進不求名,退不避罪,唯民是保,利合於主,("下、後、主"魚侯合韻)國之[寶]①(實)也,上將之道也。("保、寶、道"幽部)如此,則智者為之慮,勇者為之鬭,氣屬青雲,疾如馳鶩,是故兵未交接而敵人恐懼。("慮、鬭、鶩、懼"魚侯合韻)若戰勝敵奔,畢受功賞,吏遷官,益

---

① 據王念孫、陳昌齊說改。

爵禄,割地而為調,決於封外,卒論斷於軍中。顧反於國,放旗以入斧鉞,報畢於君曰:"軍無後治。"乃縞素辟舍,請罪於君。君曰:"赦之。"退,齊服。大勝三年反舍,中勝二年,下勝期年。兵之所加者,必無道之國也,故能戰勝而不報,取地而不反,民不疾疫,將不夭死,五穀豐昌,風雨時節,("死、節"脂質通韻)戰勝於外,福生於內,是故名必成而後無餘害矣。("外、內、害"月物合韻)

第十六卷 説山訓

魄問於魂曰:"道何以為體?"曰:"以無有為體。"魄曰:"無有有形乎?"魂曰:"無有。"魄曰:"無有,何得而聞也?"魂曰:"吾直有所遇之耳。視之無形,聽之無聲,謂之幽冥。("形、聲、冥"耕部)幽冥者,所以喻道,而非道也。"魄曰:"吾聞得之矣。乃內視而自反也。"魂曰:"凡得道者,形不可得而見,名不可得而揚。今汝已有形名矣,何道之所能乎?"魄曰:"言者,獨何為者?""吾將反吾宗矣。"魄反顧,魂忽然不見,反而自存,亦以淪於無形矣。

人不小學,不大迷;不小慧,不大愚。

人莫鑑於沫雨而鑑於澄水者,以其休止不蕩也。

詹公之釣,千歲之鯉不能避;曾子攀柩車,引輴者為之止也;老母行歌而動申喜,("止、喜"之部)精之至也。瓠巴鼓瑟,而淫魚出聽;百牙鼓琴,而駟馬仰秣;介子歌龍蛇,而文君垂泣。故玉在山而草木潤,("山、潤"元真合韻)淵生珠而岸不枯。("珠、枯"侯魚合韻)

螾無筋骨之強,爪牙之利,上食晞堁,下飲黃泉,用心一也。

清之為明,杯水見牟子;濁之為闇,河水不見太山。

視日者眩,聽雷者聾。人無為則治,有為則傷。("**聾、傷**"東陽合韻)無為而治者,載無也。為者,不能有也;不能無為者,不能有為也。人無言而神,有言者則傷。無言而神者載無,有言則傷其神。之神者,鼻之所以息,耳之所以聽,終以其無用者為用矣。物莫不因其所有,而用其所無,以為不信,視籟與竽。("**無、竽**"魚部)念慮者不得卧,止念慮,則有為其所止矣。兩者俱亡,則至德純矣。

聖人終身言治,所用者非其言也,用所以言也。歌者有詩,然使人善之者,非其詩也。鸚鵡能言,而不可使長。("**言、長**"元陽合韻)是何則?得其所言而不得其所以言。故循迹者,非能生迹者也。神蛇能斷而復續,而不能使人勿斷也。神龜能見夢元王,而不能自出漁者之籠。("**王、籠**"陽東合韻)

四方皆道之門户牖嚮也,在所從闚之。故釣可以教騎,騎可以教御,御可以教刺舟。越人學遠射,參天而發,適在五步之內,不易儀也。("**發、儀**"月歌通韻)世已變矣,而守其故,譬猶越人之射也。("**故、射**"魚鐸通韻)

月望,日奪其光,陰不可以乘陽也。日出星不見,不能與之爭光也。("**望、光、陽、光**"陽部)故末不可以强於本,指不可以大於臂,下輕上重,其覆必易。("**臂、易**"錫部)一淵不兩鮫。

水定則清正,動則失平,("**正、平**"耕部)故惟不動,則所以無不動也。("**動、動**"東部)江河所以能長百谷者,能下之矣。夫惟能下之,是以能上之。("**下、上**"魚陽通韻)

天下莫相憎於膠漆,而莫相愛於冰炭,膠漆相賊,冰炭相息也。("**賊、息**"職部)牆之壞,愈其立也;冰之泮,愈其凝也,以其反宗。("**凝、宗**"蒸冬合韻)

泰山之容,巍巍然高,去之千里,不見埵堁,遠之故也。("**里、**

故"之魚合韻）秋毫之末,淪於不測,是故小不可以為內者,大不可以為外矣。("內、外"物月合韻）

蘭生幽谷,不為莫服而不芳;舟在江海,不為莫乘而不浮;君子行義,不為莫知而止休。("浮、休"幽部）

夫玉潤澤而有光,其聲舒揚,("光、揚"陽部）澳乎其有似也。無內無外,不匿瑕穢,近之而濡,望之而隧。("外、穢、隧"月物合韻）夫照鏡見眸子,微察秋毫,明照晦冥。故和氏之璧,隨侯之珠,出於山淵之精,君子服之,順祥以安寧,侯王寶之,為天下正。("冥、精、寧、正"耕部）

陳成子恒之劫子淵捷也,子罕之辭其所不欲而得其所欲,孔子之見黏蟬者,白公勝之倒杖策也,衛姬之請罪於桓公,子見子夏曰何肥也,魏文侯見之反披裘而負芻也,兒說之為宋王解閉結也,此皆微眇可以觀論者。

人有嫁其子而教之曰:"爾行矣,慎無為善。"曰:"不為善,將為不善邪？"應之曰:"善且由弗為,況不善乎？"此全其天器者。

拘圖圄者以日為脩,當死市者以日為短,日之脩短有度也,有所在而短,有所在而脩也,則中不平也。故以不平為平者,其平不平也。

嫁女於病消者,夫死則後難復處也。故沮舍之下不可以坐,倚牆之傍不可以立。執獄牢者無病,罪當死者肥澤,刑者多壽,心無累也。

良醫者,常治無病之病,故無病;聖人者,常治無患之患,故無患也。

夫至巧不用劍,善閉者不用關楗,("劍、楗"談元合韻）淳于髡之告失火者,此其類。("火、類"微物通韻）

以清入濁必困辱,("濁、辱"屋部)以濁入清必覆傾。("清、傾"耕部)君子之於善也,猶采薪者,見一芥掇之,見青葱則拔之。("掇、拔"月部)

天二氣則成虹,地二氣則泄藏,人二氣則成病。("藏、病"陽部)陰陽不能且冬且夏,月不知晝,日不知夜。("夏、晝、夜"魚侯鐸合韻)

善射者發不失的,善於射矣,而不善所射。善釣者無所失,善於釣矣,而不善所釣。故有所善則不善矣。鍾之與磬也,近之則鍾音充,遠之則磬音章。("充、章"冬陽合韻)物固有近不若遠,遠不如近者。("遠、近"元文合韻)今日稻生於水,而不能生於湍瀨之流;紫芝生於山,而不能生於盤石之上。("山、上"元陽合韻)慈石能引鐵,及其於銅,則不行也。("銅、行"東陽合韻)

水廣者魚大,山高者木脩,廣其地而薄其德,譬猶陶人為器也,揲挺其土而不益厚,破乃愈疾。("器、疾"質部)聖人不先風吹,不先雷毀,不得已而動,故無累。("毀、累"微部)

月盛衰於上,則蠃蛣應於下,同氣相動,不可以為遠。執彈而招鳥,揮梲而呼狗,欲致之,顧反走。("狗、走"侯部)故魚不可以無餌釣也,獸不可以虛器召也。("釣、召"宵部)

剝牛皮鞹以為鼓,正三軍之眾,然為牛計者,不若服於軶也。狐白之裘,天子被之而坐廟堂,然為狐計者,不若走於澤。("軶、澤"錫鐸合韻)亡羊而得牛,則莫不利失也;斷指而免頭,則莫不利為也。故人之情,於利之中則爭取大焉;於害之中則爭取小焉。

將軍不敢騎白馬,亡者不敢夜揭炬,保者不敢畜噬狗。雞知將旦,鶴知夜半,("旦、半"元部)而不免於鼎俎。("馬、炬、狗、俎"魚侯合韻)山有猛獸,林木為之不斬;園有螫蟲,藜藿為之不采。

為儒而踞里閭,為墨而朝吹竽,欲滅跡而走雪中,拯溺者而欲無濡,("閭、竽、濡"魚侯合韻)是非所行而行所非。

今夫闇飲者,非嘗不遺飲也,使之自以平,則雖愚無失矣。是故不同于和而可以成事者,天下無之矣。

求美則不得美,不求美則美矣;求醜則不得醜,求不醜則有醜矣;不求美又不求醜,則無美無醜矣。是謂玄同。

申徒狄負石自沉於淵,而溺者不可以為抗;弦高誕而存鄭,誕者不可以為常。事有一應,而不可循行。("抗、常、行"陽部)人有多言者,猶百舌之聲;人有少言者,猶不脂之户也。六畜生多耳目者不詳,讖書著之。("户、著"魚部)百人抗浮,不若一人挈而趨,("浮、趨"幽侯合韻)物固有眾而不若少者。引車者二六而後之,事固有相待而成者。兩人俱溺,不能相拯,一人處陸,則可矣,故同不可相治,必待異而後成。

千年之松,下有茯苓,上有兔絲;上有叢蓍,下有伏龜。("絲、龜"之部)聖人從外知内,以見知隱也。("内、隱"物文通韻)

喜武非俠也,喜文非儒也,好方非醫也,好馬非騶也,知音非瞽也,知味非庖也。("儒、騶、庖"侯幽合韻)此有一槩而未得主名也。

被甲者,非為十步之内也,百步之外則爭深淺,深則達五藏,淺則至膚而止矣。死生相去,不可為道里。("止、里"之部)楚王亡其猨,而林木為之殘;宋君亡其珠,池中魚為之殫。("猨、殘、殫"元部)故澤失火而林憂。上求材,臣殘木;上求魚,臣乾谷。("木、谷"屋部)上求楫,而下致船;上言若絲,下言若綸。("船、綸"元文合韻)上有一善,下有二譽;上有三衰,下有九殺。

大夫種知所以強越,而不知所以存身;萇弘知周之所存,而不知身所以亡。知遠而不知近。畏馬之辟也不敢騎,懼車之覆也不敢乘,是以虛禍距公利也。不孝弟者,或詈父母;生子者,所不能任其必孝也,然猶養而長之。范氏之敗,有竊其鍾負而走者,鎗然有聲,懼人聞之,遽掩其耳。憎人聞之可也,自揜其耳悖矣。

升之不能大於石也,升在石之中;夜之不能脩於歲也,夜在歲之中;仁義之不能大於道德也,仁義在道德之包。先針而後縷,可以成帷;先縷而後針,不可以成衣。("**帷、衣**"微部)針成幕,蟻成城,事之成敗,必由小生,("**城、生**"耕部)言有漸也。染者先青而後黑則可,先黑而後青則不可;工人下漆而上丹則可,下丹而上漆則不可。萬事猶此,所先後上下不可不審。

水濁而魚噞,形勞則神亂。("**噞、亂**"談元合韻)故國有賢君,折衝萬里。

因媒而嫁,而不因媒而成;因人而交,不因人而親。("**成、親**"耕真合韻)行合趨同,千里相從;行不合趨不同,對門不通。("**同、從、同、通**"東部)海水雖大,不受胔芥。("**大、芥**"月部)日月不應非其氣,君子不容非其類也。("**氣、類**"物部)

人不愛倕之手而愛己之指,("**手、指**"幽脂合韻)不愛江漢之珠而愛己之鉤。("**珠、鉤**"侯部)

以束薪為鬼,以火煙為氣。("**鬼、氣**"微物通韻)以束薪為鬼,揭而走;以火煙為氣,殺豚烹狗。先事如此,不如其後。("**走、狗、後**"侯部)巧者善度,知者善豫。("**度、豫**"鐸魚通韻)羿死桃部,不給射;慶忌死劍鋒,不給搏。("**射、搏**"鐸部)

滅非者戶告之曰:"我實不與。"我諛亂,謗乃愈起。("**與、起**"魚之合韻)止言以言,止事以事,譬猶揚堁而弭塵,抱薪而救火。("**塵、火**"真微合韻)流言雪汙,譬猶以涅拭素也。("**汙、素**"魚部)

矢之於十步貫兕甲,於三百步不能入魯縞。騏驥一日千里,其出致釋駕而僵。大家攻小家則為暴,大國并小國則為賢。小馬非大馬之類也,小知非大知之類也。

被羊裘而賃,固其事也;貂裘而負籠,甚可怪也。(**"事、怪"之部**)以潔白為汙辱,譬猶沐浴而抒溷,薰燧而負燒。(**"溷、燒"文質合韻**)治疽不擇善惡醜肉而并割之,農夫不察苗莠而并耘之,豈不虛哉!壞塘以取龜,發屋而求狸,(**"龜、狸"之部**)掘室而求鼠,割脣而治齲,桀跖之徒,君子不與。(**"鼠、齲、徒、與"魚部**)殺戎馬而求狐狸,援兩鼈而失靈龜,(**"狸、龜"之部**)斷右臂而爭一毛,折鏌邪而爭錐刀,用智如此,豈足高乎!(**"毛、刀、高"宵部**)

寧百刺以針,無一刺以刀;寧一引重,無久持輕;(**"重、輕"東耕合韻**)寧一月飢,無一旬餓。(**"飢、餓"脂歌合韻**)萬人之蹟,愈於一人之隧。(**"蹟、隧"物部**)

有譽人之力儉者,春至旦,不中員呈,猶譎之。察之,乃其母也。故小人之譽,人反為損。

東家母死,其子哭之不哀,西家子見之,歸謂其母曰:"社何愛速死,吾必悲哭社。"夫欲其母之死者,雖死亦不能悲哭矣。謂學不暇者,雖暇亦不能學矣。(**"哭、學"屋覺合韻**)

見竅木浮而知為舟,見飛蓬轉而知為車,見鳥迹而知著書,(**"車、書"魚部**)以類取之。以非義為義,以非禮為禮,(**"義、禮"歌脂合韻**)譬猶保走而追狂人,盜財而予乞者,竊簡而寫法律,蹲踞而誦《詩》、《書》。(**"者、書"魚部**)割而舍之,鏌邪不斷肉;執而不釋,(**"舍、釋"魚鐸通韻**)馬氂截玉。(**"肉、玉"覺屋合韻**)聖人無止,無以歲賢昔,日愈昨也。(**"昔、昨"鐸部**)

馬之似鹿者千金,天下無千金之鹿。玉待礛諸而成器,有千金之璧,而無錙錘之礛諸。(**"鹿、諸"屋魚合韻**)

受光於隙照一隅,受光於牖照北壁,受光於户照室中無遺物,況受光於宇宙乎?天下莫不藉明於其前矣。由此觀之,所受者小則所見者淺,所受者大則所照者博。

江出岷山,河出崑崙,濟出王屋,潁出少室,漢出嶓塚,分流舛馳,注於東海,所行則異,所歸者一。通於學者若車軸,轉轂之中,不運於己,與之致千里,終而復始,("**己、里、始**"之部)轉無窮之源。不通於學者若迷惑,告之以東西南北,所居聆聆,背而不得,("**惑、北、得**"職部)不知凡要。

寒不能生寒,熱不能生熱,不寒不熱,能生寒熱。故有形出於無形,未有天地能生天地者也,至深微廣大矣。("**地、大**"歌月通韻)

雨之集無能霑,待其止而能有濡;矢之發無能貫,待其止而能有穿。("**貫、穿**"元部)唯止能止眾止。

因高而為臺,就下而為池,各就其勢,不敢更為。("**池、為**"歌部)聖人用物,若用朱絲約芻狗,若為土龍以求雨。("**狗、雨**"侯魚合韻)芻狗,待之而求福;土龍,待之而得食。("**福、食**"職部)

魯人身善制冠,妻善織履,往徙於越而大困窮,以其所脩而遊不用之鄉,譬若樹荷山上,而畜火井中,("**窮、鄉、上、中**"冬陽合韻)操釣上山,揭斧入淵,欲得所求,難也。("**山、淵、難**"元真合韻)方車而蹠越,乘桴而入胡,欲無窮,不可得也。

楚王有白蝯,王自射之,則搏矢而熙;使養由其射之,始調弓矯矢,未發而蝯擁柱號矣。有先中中者也。

咼氏之璧,夏后之璜,揖讓而進之以合歡,夜以投人則為怨,("**歡、怨**"元部)時與不時。畫西施之面,美而不可說;規孟賁之目,大而不可畏,君形者亡焉。

人有昆弟相分者無量，而眾稱義焉。夫惟無量，故不可得而量也。

登高使人欲望，臨深使人欲闚，處使然也。射者使人端，釣者使人恭，事使然也。

曰殺罷牛可以贖良馬之死，莫之為也。殺牛，必亡之數。以必亡贖不必死，未能行之者矣。

季孫氏劫公家，孔子說之，先順其所為，而後與之入政。曰："與柱與直，如何而不得！（"**直、得**"職部）與直與柱，勿與遂往！"（"**柱、往**"陽部）此所謂同汙而異塗者。（"**汙、塗**"魚部）

眾曲不容直，眾柱不容正，故人眾則食狼，狼眾則食人。（"**正、人**"耕真合韻）欲為邪者，必相明正；欲為曲者，必相達直。公道不立，私欲得容者，自古及今，未嘗聞也。此以善託其醜。

眾議成林，無翼而飛，三人成市虎，一里能撓椎。（"**飛、椎**"微部）夫游没者，不求沐浴，已自足其中矣。故食草之獸，不疾易藪；（"**獸、藪**"幽侯合韻）水居之蟲，不疾易水。行小變而不失常。信有非禮而失禮，尾生死其梁柱之下，此信之非也。孔氏不喪出母，此禮之失者。（"**非、失**"微質合韻）曾子立孝，不過勝母之閭；（"**孝、閭**"宵魚合韻）墨子非樂，不入朝歌之邑；曾子立廉，不飲盜泉。（"**廉、泉**"談元合韻）所謂養志者也。

紂為象箸而箕子唏，魯以偶人葬而孔子嘆，故聖人見霜而知冰。

有鳥將來，張羅而待之。（"**來、待**"之部）得鳥者，羅之一目也。（"**鳥、目**"幽覺通韻）今為一目之羅，則無時得鳥矣。今被甲者，以備矢之至。若使人必知所集，則懸一札而已矣。（"**至、札**"質月合韻）事或不可前規，物或不可慮，卒然不戒而至，故聖人畜道以待

時。("慮、時"魚之合韻)

騹屯犁牛,既拺以犧,決鼻而羈,生子而犧,尸祝齊戒,以沉諸河,("羈、犧、河"歌部)河伯豈羞其所從出,辭而不享哉!

得萬人之兵,不如聞一言之當;("兵、當"陽部)得隋侯之珠,不若得事之所由;("珠、由"侯幽合韻)得和氏之璧,不若得事之所適。("璧、適"錫部)撰良馬者,非以逐狐貉,將以射麋鹿;("貉、鹿"鐸屋合韻)砥利劍者,非以斬縞衣,將以斷兕犀。("衣、犀"微脂合韻)故高山仰止,景行行止,鄉者其人。

見彈而求鴞炙,見卵而求晨夜,見麛而求成布,雖其理哉,亦不病暮!("炙、夜、布、暮"鐸魚合韻)象解其牙,不憎人之利之也;死而弃其招簪,不怨人取之。人能以所不利利人則可。

狂者東走,逐者亦東走,東走則同,所以東走則異;溺者入水,拯之者亦入水,入水則同,所以入水者則異。故聖人同死生,愚人亦同死生。聖人之同死生,通於分理;愚人之同死生,不知利害所在。("理、在"之部)徐偃王以仁義亡國,國亡者非必仁義;比干以忠靡其體,("義、體"歌脂合韻)被誅者非必忠也。故寒者顫,懼者亦顫,此同名而異實。

明月之珠出於蚌蜄,周之簡圭生於垢石,大蔡神龜出於溝壑。("石、壑"鐸部)萬乘之主冠鏑錘之冠,履百金之車。牛皮為鼓,正三軍之眾。欲學歌謳者,必先徵羽樂風;欲美和者,必先始於陽阿、采菱。("風、菱"侵蒸合韻)此皆學其所不學,而欲至其所欲學者。

燿蟬者務在明其火,釣魚者務在芳其餌。明其火者,所以燿而致之也;芳其餌者,所以誘而利之也。("致、利"質部)欲致魚者先通水,欲致鳥者先樹木。水積而魚聚,木茂而鳥集。好弋者,先具繳與矰;("弋、矰"職蒸通韻)好魚者,先具罟與罠;("魚、罠"魚部)

未有無其具而得其利。

遺人馬而解其羈,遺入車而稅其軾,所愛者少而所亡者多。("羈、軾、多"歌部)故里人諺曰:"烹牛而不鹽,敗所為也。"

桀有得事,堯有遺道;嫫母有所美,西施有所醜。("道、醜"幽部)故亡國之法有可隨者,治國之俗有可非者。("隨、非"歌微合韻)琬琰之玉在洿泥之中,雖廉者弗釋;弊簞甀瓵在牀茵之上,雖貪者不搏。("釋、搏"鐸部)美之所在,雖污辱,世不能賤;惡之所在,雖高隆,世不能貴。

春貸秋賦民皆欣,春賦秋貸眾皆怨,得失同,喜怒為別,其時異也。為魚德者,非挈而入淵;為蝯賜者,非負而緣木,縱之其所而已。貂裘而雜,不若狐裘而粹,故人莫惡於無常行。有相馬而失馬者,然良馬猶在相之中。("行、中"陽冬合韻)今人放燒,或操火往益之,或接水往救之,兩者皆未有功,而怨德相去亦遠矣。

郢人有買屋棟者,求大三圍之木,而人予車轂,跪而度之,巨雖可,而長不足。("木、轂、足"屋部)

蘧伯玉以德化,公孫鞅以刑罪,("化、罪"歌微合韻)所極一也。病者寢席,醫之用針石,巫之用糈藉,("席、石、藉"鐸部)所救鈞也。

狸頭愈鼠,雞頭已瘻,蚩散積血,斷木愈齲,("鼠、瘻、齲"魚侯合韻)此類之推者也。膏之殺鱉,鵲矢中蝟,爛灰生蠅,漆見蟹而不乾,此類之不推者也。推與不推,若非而是,若是而非,孰能通其微?("推、非、微"微部)

天下無粹白狐,而有粹白之裘,掇之眾白也。("狐、白"魚鐸通韻)善學者若齊王之食雞,必食其蹠數十而後足。

刀便剃毛,至伐大木,非斧不尅。物固有以寇適成不逮者。視方寸於牛,不知其大於羊,總視其體,乃知其大,相去之遠。("大、遠"月元通韻)孕婦見兔而子缺脣,見麋而子四目。小馬大目,不可謂大馬;大馬之目眇,可謂之眇馬,物固有似然而似不然者。故決指而身死,或斷臂而顧活,類不可必推。("死、推"脂微合韻)

厲利劍者必以柔砥,擊鍾磬者必以濡木,戟強必以弱輻,兩堅不能相和,兩強不能相服,("輻、服"職部)故梧桐斷角,馬氂截玉。("角、玉"屋部)媒但者,非學謾他,但成而生不信。立慬者,非學鬭爭,慬立而生不讓。("爭、讓"耕陽合韻)故君子不入獄,為其傷恩也;不入市,為其佐廉也,積不可不慎者也。("恩、廉、慎"真談合韻)

走不以手,縛手走不能疾;飛不以尾,屈尾飛不能遠。物之用者必待不用者。故使止見者,乃不見者也;使鼓鳴者,乃不鳴者也。

嘗一臠肉,而知一鑊之味;懸羽與炭,而知燥溼之氣,("味、氣"物部)以小明大。見一葉落,而知歲之將暮;("落、暮"鐸部)睹瓶中之冰,而知天下之寒,以近論遠。("寒、遠"元部)三人比肩,不能外出戶;一人相隨,可以通天下。("戶、下"魚部)足蹍地而為迹,暴行而為影,此易而難。莊王誅里史,孫叔敖制冠浣衣;文公棄荏席後黴黑,咎犯辭歸。故桑葉落而長年悲也。("衣、歸、悲"微部)

鼎錯日用而不足貴,周鼎不爨而不可賤。物固有以不用而為有用者。地平則水不流,重鈞則衡不傾。物之尤,必有所感。物固有以不用為大用者。

先祼而浴則可,以浴而祼則不可;先祭而後饗則可,先饗而後祭則不可。物之先後,各有所宜也。祭之日而言狗生,取婦夕而言衰麻,置酒之日而言上冢,渡江河而言陽侯之波。("宜、麻、波"歌部)或曰知其且赦也而多殺人,或曰知其且赦也而多活人,其望赦同,所利害異。故或吹火而然,或吹火而滅,("然、滅"元月通韻)所

以吹者異也。烹牛以饗其里,而罵其東家母,德不報而身見殆。("里、母、殆"之部)

文王污膺,鮑申僵背,以成楚國之治。裨諶出郭而知,以成子產之事。("治、事"之部)朱儒問(俓)天高於脩人,脩人曰:"不知。"曰:"子雖不知,猶近之於我。"故凡問事必於近者。寇難至,躄者告盲者,盲者負而走,兩人皆活,得其所能也。故使盲者語,使躄者走,失其所也。("語、走、所"魚侯合韻)

郢人有鬻其母,為請於買者曰:"此母老矣,幸善食之而勿苦。"("老、苦"幽魚合韻)此行大不義而欲為小義者。

介蟲之動以固,貞蟲之動以毒螫,熊羆之動以攫搏,("固、螫、搏"魚鐸通韻)兕牛之動以觝觸。物莫措其所脩而用其短也。

治國者若鎒田,去害苗者而已。今沐者墮髮,而猶為之不止,以所去者少,所利者多。砥石不利,而可以利金;撅不正,而可以正弓。物固有不正而可以正,不利而可以利。

力貴齊,知貴捷。得之同,遫為上;勝之同,遲為下。("上、下"陽魚通韻)所以貴鏌邪者,以其應物而斷割也。劙靡勿釋,牛車絕轔。為孔子之窮於陳蔡而廢六藝,則惑;為醫之不能自治其病,病而不就藥,則勃矣。("惑、勃"職物合韻)

第十七卷 説林訓

以一世之度制治天下,譬猶客之乘舟,中流遺其劍,遽契其舟桅,暮,薄而求之。其不知物類亦甚矣。

夫隨一隅之迹,而不知因天地以游,惑莫大焉。雖時有所合,然而不足貴也。譬若旱歲之土龍,疾疫之芻狗,是時為帝者也。

曹氏之裂布，蚨者貴之，然非夏后氏之璜。

無古無今，無始無終，("今、終"侵冬合韻)未有天地而生天地，至深微廣大矣。("地、大"歌月通韻)

足以躡者淺矣，然待所不躡而後行；智所知者褊矣，("淺、褊"元部)然待所不知而後明。("行、明"陽部)游者以足蹶，以手抐，不得其數，愈蹶愈敗；("蹶、抐、敗"月部)及其能游者，非手足者矣。

鳥飛反鄉，兔走歸窟，狐死首丘，寒將翔水，("窟、水"物微通韻)各哀其所生。

毋貽盲者鏡，毋予躄者履，毋賞越人章甫，非其用也。

椎固有柄，不能自椓；目見百步之外，不能自見其眥。

狗彘不擇甌瓴而食，偷肥其體，而顧近其死。("體、死"脂部)鳳凰高翔千仞之上，故莫之能致。月照天下，蝕於詹諸；騰蛇游霧，而殆於蝍蛆。("下、諸、蛆"魚部)烏力勝日，而服於雛禮，("日、禮"質脂通韻)能有脩短也。

莫壽於殤子，而彭祖為夭矣。短綆不可以汲深，器小不可以盛大，非其任也。("深、任"侵部)

怒出於不怒，為出於不為。視於無形，則得其所見矣；聽於無聲，("形、聲"耕部)則得其所聞矣。("見、聞"元文合韻)

至味不慊，至言不文，至樂不笑，至音不叫，("笑、叫"宵部)大匠不斲，大豆不具，大勇不鬭，("斲、具、鬭"屋侯通韻)得道而德從之矣，譬若黃鍾之比宮，太蔟之比商，("宮、商"冬陽合韻)無更調焉。("從、調"東幽合韻)

以瓦鉒者全，以金鉒者跋，以玉鉒者發。("全、跋、發"元月通韻)是故所重者在外，則內為之掘。("外、掘"月物合韻)逐獸者目不見太山，嗜欲在外，則明所蔽矣。("山、外、蔽"元月通韻)

聽有音之音者聾，聽無音之音者聰；不聾不聰，與神明通。（"聾、聰、聰、通"東部）

卜者操龜，筮者端策，以問於數，安所問之哉？

舞者舉節，坐者不期而抃皆如一，（"節、一"質部）所極同也。

日出湯谷，入于虞淵，莫知其動，須臾之間，（"淵、間"真元合韻）俛人之頸。（"動、頸"東耕合韻）

人莫欲學御龍，而皆欲學御馬；莫欲學治鬼，而皆欲學治人，急所用也。

解門以為薪，塞井以為臼，人之從事，或時相似。（"事、似"之部）

水火相憎，䰜在其間，五味以和；骨肉相愛，讒賊間之，而父子相危。（"和、危"歌部）夫所以養而害所養，譬猶削足而適履，殺頭而便冠。（"養、冠"陽元合韻）

昌羊去蚤蝨而來蛉窮，除小害而致大賊，故小快而害大利。牆之壞也，不若無也，然逾屋之覆。

璧瑗成器，礛諸之功；鏌邪斷割，砥礪之力。

狡兔得而獵犬烹，高鳥盡而強弩藏。（"烹、藏"陽部）

虻與驥致千里而不飛，無糗糧之資而不饑。（"飛、饑"微部）

失火而遇雨，失火則不幸，遇雨則幸也。故禍中有福也。

鬻棺者欲民之疾病也，畜粟者欲歲之荒饑也。

水靜則平，平則清，清則見物之形，未能匿也，故可以為正。（"平、清、形、正"耕部）

川竭而谷虛，丘夷而淵塞，唇竭而齒寒。河水之深，其壞在山。（"寒、山"元部）

鈞之縞也，一端以為冠，一端以為絑，冠則戴致之，絑則躡履

之。（"致、履"質脂通韻）

知己者不可誘以物，明於死生者不可卻以危，故善游者不可懼以涉。

親莫親於骨肉、節族之屬連也，心失其制，乃反自害，況疏遠乎？（"連、制、害、遠"元月通韻）

聖人之於道，猶葵之與日也，雖不能與終始哉，其鄉之誠也。

宮池涔則溢，旱則涸，江水之原淵，泉不能竭。（"涸、竭"鐸月合韻）

蓋非燎不能蔽日，輪非輻不能追疾，（"日、疾"質部）然而燎輻未足恃也。金勝木者，非以一刃殘林也；土勝水者，非以一墣塞江也。

蹩者見虎而不走，非勇，勢不便也。

傾者易覆也，倚者易軵也，幾易助也，濕易雨也。（"軵、助、雨"侯魚合韻）

設鼠者機動，釣魚者泛杭，任動者車鳴也。（"動、杭、鳴"東陽耕合韻）

芻狗能立而不能行，蛇蚹似蠯蕪而不能芳。（"行、芳"陽部）

謂許由無德，烏獲無力，莫不醜於色，（"德、力、色"職部）人莫不奮于其所不足。

以兔之走，使大如馬，（"走、馬"侯魚合韻）則逮日歸風；及其為馬，則又不能走矣。（"馬、走"魚侯合韻）

冬有雷電，夏有霜雪，然而寒暑之勢不易，小變不足以妨大節。（"雪、節"月質合韻）

黃帝生陰陽，上駢生耳目，桑林生臂手，此女媧所以七十化也。

終日言必有聖之事，百發之中必有羿、逢蒙之巧，然而世不與也,其守節非也。

牛蹏、彘顱亦骨也,而世弗灼,必問吉凶於龜者,以其歷歲久矣。("龜、久"之部)

近敖倉者,不為之多飯;臨江河者,不為之多飲,("飯、飲"元侵合韻)其滿腹而已。

蘭芝以芳,未嘗見霜,鼓造辟兵,壽盡五月之望。("芳、霜、兵、望"陽部)

舌之與齒,孰先礲也;鐔之與刃,孰先弊也;繩之與矢,孰先直也。

今鱓之與蛇,蠶之與蠋,狀相類而愛憎異。

晉以垂棘之璧得虞虢,驪戎以美女亡晉國。("直、異、國"職部)

聾者不謌,無以自樂;盲者不觀,("謌、觀"歌元通韻)無以接物。觀射者遺其藝,觀書者忘其愛,("物、藝、愛"物月合韻)意有所在則忘其所守。

古之所為不可更,則推車至今無蟬匷。

使佃吹竽,使工厭竅,雖中節而不可聽,無其君形者也。("聽、形"耕部)

與死者同病,難為良醫;與亡國同道,難與為謀。("醫、謀"之部)

為客治飯,而自藜藿,名尊於實。

乳狗之噬虎也,伏雞之搏狸也,恩之所加,不量其力。("狸、力"之職通韻)

使景曲者形也,使響濁者聲也,("形、聲"耕部)情泄者中易測,華不時者不可食也。("測、食"職部)

蹠越者,或以舟,或以車,雖異路,所極一也。佳人不同體,美人不同面,而皆説於目;梨橘棗栗不同味,而皆調於口。

人有盜而富者,富者未必盜;有廉而貧者,貧者未必廉。菡苗類絮而不可為絮,廲不類布而可以為布。("絮、布"魚部)

出林者不得直道,行險者不得履繩。

羿之所以射遠中微者,非弓矢也;("微、矢"微脂合韻)造父之所以追速致遠者,非轡銜也。("遠、銜"元談合韻)

海内其所出,故能大;輪復其所過,故能遠。("大、過、遠"月歌元通韻)

羊肉不慕蟻,蟻慕於羊肉,羊肉羶也。醯酸不慕蚋,蚋慕於醯酸。("羶、酸"元部)

嘗一臠肉而知一鑊之味,懸羽與炭而知燥濕之氣,("味、氣"物部)以小見大,以近喻遠。("大、遠"月元通韻)

十頃之陂可以灌四十頃,而一頃之陂可以灌四頃,大小之衰然。

明月之光可以遠望,而不可以細書;("望、書"陽魚通韻)甚霧之朝可以細書,而不可以遠望尋常之外。

畫者謹毛而失貌,射者儀小而遺大。("外、大"月部)

治鼠穴而壞里閭,潰小皰而發痤疽。("閭、疽"魚部)若珠之有纇,玉之有瑕,置之而全,去之而虧。("瑕、虧"魚歌合韻)

榛巢者處林茂,安也;窟穴者託埵防,便也。("安、便"元部)王子慶忌足躡麋鹿,手搏兕虎,置之冥室之中,不能搏龜鼈,勢不便也。

湯放其主而有榮名,崔杼弑其君而被大謗,("名、謗"耕陽合韻)所為之則同,其所以為之則異。

吕望使老者奮,項託使嬰兒矜,("奮、矜"文真合韻)以類相慕。使葉落者風摇之,使水濁者魚撓之,("摇、撓"宵部)虎豹之文來射,蝯狖之捷來乍。("射、乍"鐸部)

行一棊不足以見智,彈一弦不足以見悲。

三寸之管而無當,天下弗能滿;("當、滿"陽元合韻)十石而有塞,百斗而足矣。("塞、足"職屋合韻)以篙測江,篙終而以水為測,惑矣。("測、惑"職部)

漁者走淵,木者走山,所急者存也;("淵、山、存"真元文合韻)朝之市則走,夕過市則步,所求者亡也。("步、亡"鐸陽通韻)

豹裘而雜,不若狐裘之粹;("雜、粹"緝物合韻)白璧有考,不得為寶。("考、寶"幽部)言至純之難也。

戰兵死之鬼憎神巫,盜賊之輩醜吠狗。("巫、狗"魚侯合韻)

無鄉之社易為黍肉,無國之稷易為求福。("肉、福"覺職合韻)

鼈無耳,而目不可以蔽,精於明也;瞽無目,而耳不可以察,精於聽也。("明、聽"陽耕合韻)遺腹子不思其父,無貌於心也;不夢見像,無形於目也。

蝮蛇不可為足,虎豹不可使緣木。馬不食脂,桑扈不啄粟,("足、木、粟"屋部)非廉也。

秦通崤塞而魏築城也。

饑馬在廄,寂然無聲,投芻其傍,爭心乃生。("聲、生"耕部)

引弓而射,非弦不能發矢。弦之為射,百分之一也。("矢、一"脂質通韻)

道德可常,權不可常,故遁關不可復,亡豜不可再。

環可以喻員,不必以輪;條可以為繺,不必以紃。("員、輪、紃"文部)

日月不並出，狐不二雄，神龍不匹，猛獸不群，鷙鳥不雙。（**"雄、雙"蒸東合韻**）

循繩而斲則不過，懸衡而量則不差，（**"過、差"歌部**）植表而望則不惑。

損年則嫌於弟，益年則疑於兄，不如循其理，若其當。（**"兄、當"陽部**）

人不見龍之飛舉而能高者，風雨奉之。

蠹眾則木折，隙大則牆壞。懸垂之類，有時而隧；（**"類、隧"物部**）枝格之屬，有明而挻。

當凍而不死者，不失其適；當暑而不喝者，不亡其適；未嘗適亡適。

湯沐具而蟣虱相弔，大廈成而燕雀相賀，憂樂別也。（**"賀、別"歌月通韻**）柳下惠見飴，曰可以養老，盜跖見飴，曰可以黏牡；（**"老、牡"幽部**）見物同而用之異。（**"飴、飴、異"之職通韻**）

蠶食而不飲，二十二日而化；蟬飲而不食，三十日而蛻；（**"化、蛻"歌月合韻**）蜉蝣不食不飲，三日而死。人食礜石而死，蠶食之而不饑；魚食巴菽而死，鼠食之而肥；類不可必推。（**"死、饑、肥、推"脂微合韻**）

瓦以火成，不可以得火；竹以水生，（**"成、生"耕部**）不可以得水。（**"火、水"微部**）

揚堁而欲弭塵，被裘而以翣翼，豈若適衣而已哉！

槁竹有火，弗鑽不然；土中有水，（**"火、水"微部**）弗掘無泉。（**"然、泉"元部**）

蚖象之病，人之寶也；人之病，將有誰寶之者乎？

為酒人之利而不酤，則竭；為車人之利而不儆，則不達。握火

提人,反先之熱。("竭、達、熱"月部)

鄰之母死,往哭之,妻死而不泣,有所劫以然也。

西方之倮國,鳥獸弗辟,與為一也。

一膊炭爔,掇之則爛指;萬石俱爔,去之十步而不死;("指、死"脂部)同氣異積也。大勇小勇,有似於此。("積、此"錫支通韻)

今有六尺之席,卧而越之,下材弗難;("越、難"月元通韻)植而踰之,上材弗易,勢施異也。

百梅足以為百人酸,一梅不足以為一人和。("酸、和"元歌通韻)

有以飯死者而禁天下之食,有以車為敗者而禁天下之乘,("食、乘"職蒸通韻)則悖矣。

釣者靜之,罝者扣舟,罩者抑之,罾者舉之,為之異,得魚一也。("抑、異、一"質職合韻)

見象牙乃知其大於牛,見虎尾而知其大於狸,("牛、狸"之部)一節見而百節知也。

小國不鬭於大國之間,兩鹿不鬭於伏兕之旁。佐祭者得嘗,救鬭者得傷,("旁、嘗、傷"陽部)蔭不祥之木,為雷電所撲。("木、撲"屋部)

或謂冢,或謂隴;("冢、隴"東部)或謂笠,或謂簦。頭蚤與空木之瑟,名同實異也。("簦、異"蒸職通韻)

日月欲明,而浮雲蓋之;蘭芝欲脩,而秋風敗之。("蓋、敗"月部)

虎有子,不能搏攫者,輒殺之,為墮武也。("攫、武"鐸魚通韻)

龜紐之璽,賢者以為佩;土壤布在田,能者以為富。("佩、富"之職通韻)

予拯溺者金玉，不若尋常之縲索。（"玉、索"屋鐸合韻）

視書，上有酒者，不必有肉；（"酒、肉"幽覺通韻）上有年者，下必有月，以類而取之。

蒙塵而眯，固其理也；（"眯、理"脂之合韻）為其不出戶而堁之也。

屠者羹藿，為車者步行，陶者用缺盆，匠人處狹廬，（"行、廬"陽魚通韻）為者不得用，用者弗肯為。

轂立，三十輻各盡其力，不得相害。使一輻獨入，眾輻皆棄，豈能致千里哉！

夜行者掩目而前其手，涉水者解其馬，載之舟，（"手、舟"幽部）事有所宜，而有所不施。（"宜、施"歌部）

橘柚有鄉，藋葦有叢。獸同足者相從遊，鳥同翼者相從翔。（"鄉、叢、翔"陽東合韻）

田中之潦，流入於海；附耳之言，聞於千里也。（"海、里"之部）

蘇秦步，曰何故；（"步、故"鐸魚通韻）趑，曰何趑（馳）①。（"趑、趑"侯部）有為則議，多事固苛。（"議、苛"歌部）

皮將弗覩，毛將何顧！（"覩、顧"魚部）畏首畏尾，身凡有幾。（"尾、幾"微部）

欲觀九州之土，足無千里之行；心無政教之原，而欲為萬民之上，（"行、上"陽部）則難。（"原、難"元部）

的的者獲，提提者射。（"獲、射"鐸部）故大白若辱，大德若不足。（"辱、足"屋部）

未嘗稼穡粟滿倉，未嘗桑蠶絲滿囊，得之不以道，用之必橫。

---

① 據王引之說刪。

("倉、囊、橫"陽部）

海不受流胔,太山不上小人,旁光不升俎,聊駮不入牲。（"人、牲"真耕合韻）

中夏用箑,快之,至冬而不知去；褰衣涉水,至陵而不知下；（"去、下"魚部）未可以應變。

有山無林,有谷無風,有石無金。（"林、風、金"侵部）

滿堂之坐,視鉤各異,於環帶一也。

獻公之賢,欺於驪姬；叔孫之知,欺於豎牛。故鄭詹入魯,《春秋》曰："佞人來,佞人來。"（"姬、牛、來、來"之部）

君子有酒,鄙人鼓缶；雖不見好,亦不見醜。（"酒、缶、好、醜"幽部）

人性便絲衣帛,或射之則被鎧甲,為其所不便,以得所便。

輻之入轂,各值其鑿,不得相通,猶人臣各守其職,不得相干。

嘗被甲而免射者,被而入水；嘗抱壺而度水者,抱而蒙火；可謂不知類矣。（"水、火、類"微物通韻）

君子之居民上,若以腐索御奔馬,若蹍薄冰蛟在其下,若入林而遇乳虎。（"馬、下、虎"魚部）

善用人者,若蚈之足,眾而不相害；若脣之與齒,堅柔相摩而不相敗。（"害、敗"月部）

清醠之美,始於耒耜；黼黻之美,在於杼柚。

布之新不如紵,紵之弊不如布,或善為新,或善為故。（"紵、布、故"魚部）

黶䫜在頰則好,在顙則醜；（"好、醜"幽部）繡以為裳則宜,以為冠則譏。（"宜、譏"歌微合韻）

馬齒非牛蹄,檀根非椅枝,故見其一本而萬物知。（"蹄、枝、

知"支部）

石生而堅，蘭生而芳，少有其質，（**"堅、質"真質通韻**）長而愈明。（**"芳、明"陽部**）

扶之與提，謝之與讓，故之與先，諾之與已，也之與矣，相去千里。（**"己、矣、里"之部**）

汙準而粉其頯；腐鼠在壇，燒薰於宮；入水而憎濡，懷臭而求芳；雖善者弗能為工。（**"頯、宮、芳、工"陽冬東合韻**）

再生者不穫，華大早者不胥時落。（**"穫、落"鐸部**）

毋曰不幸，甑終不墮井；抽簪招燐，有何為驚。（**"幸、井、驚"耕部**）

使人無度河，可；（中河）使［河中］無［波］①（度），不可。（**"河、可、波、可"歌部**）

見虎一文，不知其武；見驥一毛，不知善走。（**"武、走"魚侯合韻**）

水蠆為蟌，孑孓為蟁，兔齧為蟹，物之所為，出於不意，弗知者驚，知者不怪。（**"蟹、意、怪"職之通韻**）

銅英青，金英黃，玉英白，靡燭挏，膏燭澤也，（**"白、澤"鐸部**）以微知明，以外知內。

象肉之味，不知於口；鬼神之貌，不著於目；捕景之說，不形於心。

冬冰可折，夏木可結，時難得而易失。（**"折、節、失"月質合韻**）木方茂盛，終日采而不知，秋風下霜，一夕而殫。

病熱而强之餐，救暍而飲之寒，（**"餐、寒"元部**）救經而引其索，

---

① 據陶鴻慶說改。

拯溺而授之石,欲救之,反為惡。("索、石、惡"鐸部)

雖欲謹亡馬,不發戶轔;雖欲豫就酒,不懷蓐。孟賁探鼠穴,鼠無時死,必噬其指,("穴、死、指"質脂通韻)失其勢也。

山雲蒸,柱礎潤;伏苓掘,兔絲死。("潤、死"真脂通韻)一家失燻,百家皆燒;("燻、燒"宵部)讒夫陰謀,百姓暴骸。("謀、骸"之部)

粟得水濕而熱,甑得火而液;("熱、液"月鐸合韻)水中有火,火中有水。("火、水"微部)疾雷破石,陰陽相薄。("石、薄"鐸部)

湯沐之於河,有益不多。("河、多"歌部)流潦注海,雖不能益,猶愈於己。("海、己"之部)

一目之羅,不可以得鳥;("羅、鳥"歌幽合韻)無餌之[鉤]①(釣),不可以得魚;("鉤、魚"侯魚合韻)遇士無禮,不可以得賢。("禮、賢"脂真通韻)

兔絲無根而生,蛇無足而行,魚無耳而聽,蟬無口而鳴,("生、行、聽、鳴"耕陽合韻)有然之者也。

鶴壽千歲,以極其游;蜉蝣朝生而暮死,而盡其樂。

紂醢梅伯,文王與諸侯構之;桀辜諫者,湯使人哭之。("構、哭"侯屋通韻)

狂馬不觸木,猘狗不自投於河,雖聾蟲而不自陷,又況人乎!

愛熊而食之鹽,愛獺而飲之酒,雖欲養之,非其道。("酒、道"幽部)

心所說,毀舟為杕;("說、杕"月部)心所欲,毀鍾為鐸。("欲、鐸"屋鐸合韻)

---

① 據劉台拱說改。

管子以小辱成大榮,蘇秦以百誕成一誠。("**榮、誠**"耕部)

質的張而弓矢集,林木茂而斧斤入,("**集、入**"緝部)非或召之,形勢所致者也。

待利而後拯溺人,亦必以利溺人矣。

舟能沉能浮,愚者不加足。騏驥驅之不進,引之不止,人君不以取道里。("**止、里**"之部)

刺我行者,欲與我交;訾我貨者,欲與我市。

以水和水不可食,一絃之瑟不可聽。

駿馬以抑死,直士以正窮。賢者擯於朝,美女擯於宮。("**窮、宮**"冬部)行者思於道,而居者夢於牀。慈母吟於巷,適子懷於荊。("**牀、巷、荊**"陽耕合韻)

赤肉懸則烏鵲集,鷹隼鷙則眾鳥散。物之散聚,交感以然。("**散、然**"元部)

食其食者不毀其器,食其實者不折其枝,塞其源者竭,("**器、竭**"質月合韻)背其本者枯。("**枝、枯**"支魚合韻)

交畫不暢,連環不解,其解之不以解。

臨河而羨魚,不如歸家織網。("**魚、網**"魚陽通韻)

明月之珠,蚌之病而我之利;虎爪象牙,("**珠、牙**"侯魚合韻)禽獸之利而我之害。("**利、害**"質月合韻)

易道良馬,使人欲馳;飲酒而樂,使人欲謌。("**馳、謌**"歌部)

是而行之,故謂之斷;非而行之,必謂之亂。("**斷、亂**"元部)

矢疾不過二里也,步之遲,百舍不休,千里可致。("**遲、致**"脂質通韻)

聖人處於陰,眾人處於陽;聖人行於水,眾人行於霜。("**陽、霜**"陽部)

異音者不可聽以一律,異形者不可合於一體。

農夫勞而君子養焉,愚者言而智者擇焉。(**"養、擇"陽鐸通韻**)

捨茂林而集于枯,不弋鵠而弋烏,難與有圖。(**"枯、烏、圖"魚部**)

寅丘無壑,泉原不溥;尋常之谿,灌千頃之澤。(**"壑、溥、澤"鐸部**)

見之明白,處之如玉石;(**"白、石"鐸部**)見之闇晦,必留其謀。(**"晦、謀"之部**)

以天下之大託於一人之才,譬若懸千鈞之重於木之一枝。(**"才、枝"之支合韻**)

負子而登牆,謂之不祥,為其一人隕而兩人殤。(**"牆、祥、殤"陽部**)

善舉事者,若乘舟而悲謌,一人唱而千人和。(**"謌、和"歌部**)

不能耕而欲黍粱,不能織而喜采裳,無事而求其功,(**"粱、裳、功"陽東合韻**)難矣。有榮華者必有憔悴,有羅紈者必有麻蒯。(**"悴、蒯"物微通韻**)

鳥有沸波者,河伯為之不潮,畏其誠也。故一夫出死,千乘不輕。(**"誠、輕"耕部**)蝮蛇螫人,傅以和菫則愈。物故有害重而反為利者。

聖人之處亂世,若夏暴而待暮,(**"世、暮"月鐸合韻**)桑榆之間,逾易忍也。

水雖平,必有波;衡雖正,必有差;尺寸雖齊,必有詭。(**"波、差、詭"歌部**)非規矩不能定方圓,非準繩不能正曲直,用規矩準繩者亦有規矩準繩焉。(**"直、繩"職蒸通韻**)

舟覆乃見善游,馬奔乃見良御。(**"游、御"幽魚合韻**)嚼而無味者弗能内於喉,視而無形者不能思於心。

兕虎在於後,隨侯之珠在於前,弗及掇者,先避患而後就利。逐鹿者不顧兔,決千金之貨者不爭銖兩之價。(**"兔、價"魚部**)弓先調而後求勁,馬先馴而後求良,人先信而後求能。陶人棄索,車人掇之;屠者棄銷,而鍛者拾之;所緩急異也。(**"索、掇、拾、異"鐸月緝職合韻**)

百星之明不如一月之光,十牖畢開不若一户之明。(**"光、明"陽部**)

矢之於十步貫兕甲,及其極,不能入魯縞。

太山之高,背而弗見;秋毫之末,視之可察。(**"見、察"元月通韻**)

山生金,反自刻;木生蠹,反自食;人生事,反自賊。(**"刻、食、賊"職部**)

巧冶不能鑄木,工匠不能斲金者,形性然也。白玉不琢,美珠不文,質有餘也。

故跬步不休,跛鼈千里;累積不輟,可成丘阜。(**"里、阜"之幽合韻**)城成於土,木直於下,(**"土、下"魚部**)非有事焉,所緣使然。(**"事、使"之部,"焉、然"元部**)

凡用人之道,若以燧取火,疏之則弗得,數之則弗中,正在疏數之間。

從朝視夕者移,從枉準直者虧,(**"移、虧"歌部**)聖人之偶物也,若以鏡視形,曲得其情。(**"形、情"耕部**)

楊子見逵路而哭之,為其可以南,可以北;墨子見練絲而泣之,為其可以黃,可以黑。(**"北、黑"職部**)

趍舍之相合,猶金石之一調,相去千歲,合一音也。

鳥不干防者，雖近弗射，其當道，雖遠弗釋。("射、釋"鐸部)

酤酒而酸，買肉而臭，然酤酒買肉不離屠沽之家，故求物必於近之者。

以詐應詐，以諔應諔，("詐、諔"鐸質合韻)若披蓑而救火，毀瀆而止水，("火、水"微部)乃愈益多。

西施毛嬙，狀貌不可同，世稱其好，美鈞也。堯舜禹湯，法籍殊類，得民心一也。("類、一"物質合韻)

聖人者隨時而舉事，因資而立功，湋則具擢對，旱則脩土龍。("功、龍"東部)

臨菑之女，織紝而思行者，為之悖戾。室有美容，繪為之纂繹。("戾、繹"質鐸合韻)

徵羽之操，不入鄙人之耳，抮和切適，舉坐而善。

過府而負手者，希不有盜心；故侮人之鬼者，過社而搖其枝。

晉陽處父伐楚以救江，故解捽者，不在於捌格，在於批伉。

木大者根擢，山高者基扶，蹠巨者志遠，體大者節疏。("擢、扶、疏"魚部)

狂者傷人，莫之怨也；嬰兒詈老，莫之疾也，賊心亡止。

尾生之信，不如隨牛之誕，("信、誕"真元合韻)而又況一不信者乎！

憂父之疾者子，治之者醫，("子、醫"之部)進獻者祝，治祭者庖。("祝、庖"覺幽通韻)

第十八卷 人間訓

清淨恬愉，人之性也；儀表規矩，("愉、矩"侯魚合韻)事之制也。知人之性,其自養不勃;知事之制,其舉錯不惑。("**勃、惑**"物職合韻)發一端,散無竟,周八極,總一筦,("**端、竟、筦**"元陽合韻)謂之心。見本而知末,觀指而睹歸,執一而應萬,握要而治詳,謂之術。居智所謂,行智所之,事智所秉,動智所由,謂之道。道者,置之前而不輊,錯之後而不軒,內之尋常而不塞,布之天下而不窕。是故使人高賢稱譽己者,心之力也;("**己、力**"之職通韻)使人卑下誹謗己者,心之罪也。夫言出於口者不可止於人,行發於邇者不可禁於遠。("**人、遠**"真元合韻)事者難成而易敗也,名者難立而易廢也。("**敗、廢**"月部)千里之隄,以螻螘之穴漏;百尋之屋,以突隙之煙焚。堯戒曰:戰戰慄慄,日慎一日。人莫躓於山,而躓於垤。("**慄、日、垤**"質部)是故人皆輕小害,易微事,以多悔。患至而後憂之,是由病者已倦,而索良醫也,("**事、悔、之、醫**"之部)雖有扁鵲、俞跗之巧,猶不能生也。

夫禍之來也,人自生之;福之來也,人自成之。("**生、成**"耕部)禍與福同門,利與害為鄰,非神聖人,莫之能分。("**門、鄰、人、分**"文真合韻)凡人之舉事,莫不先以其知規慮揣度,而後敢以定謀。其或利或害,此愚智之所以異也。("**事、謀、異**"之職通韻)曉自然以為智,知存亡之樞機,禍福之門戶,舉而用之,陷溺於難者,不可勝計也。使知所為是者,事必可行,則天下無不達之塗矣。("**行、塗**"陽魚通韻)是故知慮者,禍福之門戶也;("**慮、戶**"魚部)動靜者,利害之樞機也。百事之變化,國家之治亂,("**化、亂**"歌元通韻)待而後成。(**是故不溺於難者成**)是故不可不慎也。("**成、慎**"耕真合韻)

天下有三危:少德而多寵,一危也;才下而位高,二危也;身無大功而有厚祿,三危也。

故物或損之而益，或益之而損，何以知其然也？昔者，楚莊王既勝晉於河雍之間，歸而封孫叔敖，辭而不受。病疽將死，謂其子曰："吾則死矣，王必封女，女必讓肥饒之地，而受沙石之間有寢丘者，其地确石而名醜，荊人鬼，越人機，（"鬼、機"微部）人莫之利也。"孫叔敖死，王果封其子以肥饒之地，其子辭而不受，請有寢之丘。楚國之俗，功臣二世而爵禄，（"俗、禄"屋部）惟孫叔敖獨存。此所謂損之而益也。

何謂益之而損？昔晉厲公南伐楚，東伐齊，西伐秦，北伐燕，兵横行天下而無所絻，威服四方而無所詘，遂合諸侯於嘉陵，氣充志驕，淫侈無度，暴虐萬民。内無輔拂之臣，外無諸侯之助。戮殺大臣，親近導諛。（"助、諛"魚侯合韻）明年出遊匠驪氏，欒書、中行偃劫而幽之，諸侯莫之救，（"幽、救"幽部）百姓莫之哀，三月而死。夫戰勝攻取，地廣而名尊，此天下之所願也，然而終於身死國亡。此所謂益之而損者也。

夫孫叔敖之請有寢之丘，沙石之地，所以累世不奪也。（"地、奪"歌月通韻）晉厲公之合諸侯於嘉陵，所以身死於匠驪氏也。衆人皆知利利而病病也，唯聖人知病之為利，知利之為病也。（"病、病"陽部）夫再實之木根必傷，掘藏之家必有殃，（"傷、殃"陽部）以言大利而反為害也。張武教智伯奪韓魏之地而擒於晉陽，申叔時教莊王封陳氏之後而霸天下。（"陽、下"陽魚通韻）孔子讀《易》至《損》、《益》，未嘗不憤然而歎曰："益損者，其王者之事與！"

事或欲以利之，適足以害之；（"利、害"質月合韻）或欲害之，乃反以利之。（"害、利"月質合韻）利害之反，禍福之門户，不可不察也。（"反、察"元月通韻）

陽虎為亂於魯，魯君令人閉城門而捕之，（"魯、捕"魚部）得者有重賞，失者有重罪。圍三匝，而陽虎將舉劍而伯頤。門者止之曰："天下探之不窮，我將出子。"（"頤、之、子"之部）陽虎因赴圍而逐，揚劍提戈而走，門者出之。顧反取其出之者，以戈推之，攘袂薄腋。出之者怨之曰："我非故與子友也，為之蒙死被罪，而乃反傷我，（"罪、我"微歌合韻）宜矣其有此難也！"魯君聞陽虎失，大怒，問所出之門，使有司拘之，以為傷者受大賞，而不傷者被重罪。此所謂害之而反利者也。

何謂欲利之而反害之？楚恭王與晉人戰於鄢陵，戰酣，恭王傷而休。司馬子反渴而求飲，豎陽穀奉酒而進之。子反之為人也嗜酒，而甘之不能絕於口，（"酒、口"幽侯合韻）遂醉而卧。恭王欲復戰，使人召司馬子反，子反辭以心痛。王駕而往視之，入幄中而聞酒臭。恭王大怒曰："今日之戰，不穀親傷，所恃者司馬也，而司馬又若此，是亡楚國之社稷而不率吾眾也，不穀無與復戰矣。"於是罷師而去之，斬司馬子反為僇。故豎陽穀之進酒也，非欲禍子反也，誠愛而欲快之也，而適足以殺之。（"快、殺"月部）此所謂欲利之而反害之者也。

夫病溫而強之食，病喝而飲之寒，此眾人之所以為養也，而良醫之所以為病也。（"養、病"陽部）悅於目，悅於心，愚者之所利也，然而有論者之所辟也。故聖人先忤而後合，眾人先合而後忤。

有功者，人臣之所務也；有罪者，人臣之所辟也。或有功而見疑，或有罪而益信。何也？則有功者離恩義，有罪者不敢失仁心也。魏將樂羊攻中山，其子執在城中。城中縣其子以示樂羊。樂羊曰："君臣之義，不得以子為私。"攻之愈急。中山因烹其子，而遺之鼎羹與其首。樂羊循而泣之曰："是吾子。"已，為使者跪而啜三杯。使者歸報，中山曰："是伏約死節者也，不可忍也。"遂降之。為魏文侯大開地，有功。自此之後，日以不信。此所謂有功而見疑者也。

何謂有罪而益信？孟孫獵而得麑，使秦西巴持歸烹之，麑母隨之而啼。("麑、啼"支部)秦西巴弗忍，縱而予之。孟孫歸，求麑安在，秦西巴對曰："其母隨而啼，臣誠弗忍，竊縱而予之。"孟孫怒，逐秦西巴。居一年，取以為子傅。("怒、巴、傅"魚部)左右曰："秦西巴有罪於君，今以為子傅，何也？"孟孫曰："夫一麑而不忍，又何況於人乎？"此謂有罪而益信者也。

故趨舍不可不審也。此公孫鞅之所以抵罪於秦而不得入魏也，功非不大也，然而累足無所踐者，不義之故也。

事或奪之而反與之，或與之而反取之。("與、取"魚侯合韻)智伯求地於魏宣子，宣子弗欲與之。任登曰："智伯之強，威行於天下，求地而弗與，是為諸侯先受禍也，不若與之。"("下、與、與"魚部)宣子曰："求地不已，為之奈何？"任登曰："與之使喜，必將復求地於諸侯，諸侯必植耳。("喜、耳"之部)與天下同心而圖之，一心所得者，非直吾所亡也。"魏宣子裂地而授之。又求地於韓康子。韓康子不敢不予。諸侯皆恐。又求地於趙襄子，襄子弗與。於是智伯乃從韓魏圍襄子於晉陽。三國通謀，擒智伯而三分其國。("謀、國"之職通韻)此所謂奪人而反為人所奪者也。

何謂與之而反取之？晉獻公欲假道於虞以伐虢，遺虞垂棘之璧與屈產之乘。虞公惑於璧與馬，而欲與之道。宮之奇諫曰："不可！夫虞之與虢，若車之有輪，輪依於車，車亦依輪。虞之與虢，相恃而勢也。("虢、勢"鐸月合韻)若假之道，虢朝亡而虞夕從之矣。"虞公弗聽，遂假之道。荀息伐虢，遂克之。還反伐虞，又拔之。("虢、克、拔"鐸職月合韻)此所謂與之而反取之者也。

聖王布德施惠，非求其報於百姓也。郊望禘嘗，非求福於鬼神也。(**"姓、神"耕真合韻**)山致其高而雲起焉，水致其深而蛟龍生焉，君子致其道而福祿歸焉。

夫有陰德者必有陽報，有陰行者必有昭名。古者溝防不脩，水為民害。禹鑿龍門，辟伊闕，平治水土，使民得陸處。(**"土、處"魚部**)百姓不親，五品不慎，(**"親、慎"真部**)契教以君臣之義，父子之親，夫妻之辯，長幼之序。田野不脩，民食不足，后稷乃教之辟地墾草，糞土種穀，令百姓家給人足。(**"足、穀、足"屋部**)故三后之後無不王者，有陰德也。周室衰，禮義廢，孔子以三代之道教導於世，其後繼嗣至今不絕者，(**"廢、世、絕"月部**)有隱行也。秦王趙政兼吞天下而亡，智伯侵地而滅，商鞅支解，李斯車裂。(**"滅、裂"月部**)三代種德而王，齊桓繼絕而霸。(**"王、霸"陽鐸通韻**)故樹黍者不獲稷，樹怨者無報德。(**"稷、德"職部**)

昔者，宋人好善者，三世不解。家無故而黑牛生白犢，以問先生。先生曰："此吉祥，以饗鬼神。"居一年，其父無故而盲，牛又復生白犢，其父又復使其子以問先生。其子曰："前聽先生言而失明，今又復問之，奈何？"其父曰："聖人之言，先忤而後合，其事未究，固試往復問之。"其子又復問先生。先生曰："此吉祥也，復以饗鬼神。"歸，致命其父。其父曰："行先生之言也。"居一年，其子又無故而盲。其後，楚攻宋，圍其城。當此之時，易子而食，析骸而炊之，丁壯者死，老病童兒皆上城，牢守而不下，楚王大怒。城已破，諸城守者皆屠之。(**"下、怒、屠"魚部**)此獨以父子盲之故，得無乘城。軍罷圍解，則父子俱視。(**"解、視"支脂合韻**)夫禍福之轉而相生，其變難見也。

近塞上之人，有善術者，馬無故亡而入胡，人皆弔之。其父曰：

"此何遽不為福乎？"居數月，其馬將胡駿馬而歸。人皆賀之。其父曰："此何遽不能為禍乎？"家富良馬，其子好騎，墮而折其髀，人皆弔之。其父曰："此何遽不為福乎？"居一年，胡人大入塞，丁壯者引絃而戰，近塞之人，死者十九，此獨以跛之故，父子相保。（**"九、保"幽部**）故福之為禍，禍之為福，化不可極，深不可測也。（**"福、極、測"職部**）

或直於辭而不害於事者，或虧於耳以忤於心而合於實者。高陽魋將為室，問匠人。匠人對曰："未可也。木尚生，加塗其上，必將撓。以生材任重塗，今雖成，後必敗。"高陽魋曰："不然！夫木枯則益勁，塗乾則益輕，（**"勁、輕"耕部**）以勁材任輕塗，今雖惡，（**"塗、惡"魚鐸通韻**）後必善。"匠人窮於辭，無以對，受令而為室。（**"對、室"物質合韻**）其始成竘然善也，而後果敗。（**"善、敗"元月通韻**）此所謂直於辭而不可用者也。

何謂虧於耳忤於心而合於實？靖郭君將城薛，賓客多止之，弗聽。靖郭君謂謁者曰："無為賓通言。"齊人有請見者，曰："臣請道三言而已，過三言，請烹。"靖郭君聞而見之。賓趨而進，再拜而興，因稱曰"海大魚"，則反走。靖郭君止之曰："願聞其說。"賓曰："臣不敢以死為熙。"靖郭君曰："先生不遠道而至此，為寡人稱之。"賓曰："海大魚，網弗能止也，鉤弗能牽也，蕩而失水，則螻螘皆得志焉。今夫齊，君之淵也。君失齊，則薛能自存乎？"（**"淵、存"真文合韻**）靖郭君曰："善！"乃止，不城薛。此所謂虧於耳忤於心而得事實者也。夫以無城薛止城薛，其於以行說，乃不若海大魚。故物或遠之而近，或近之而遠。

或說聽計當而身疏，或言不用計不行而益親，何以明之？三國伐齊，圍平陸。括子以報於牛子，曰："三國之地，不接於我，踰鄰國而圍平陸,利不足貪也。然則求名於我也,請以齊侯往。"牛子以為善。括子出,無害子入。牛子以括子言告無害子,無害子曰:"異乎臣之所聞。"牛子曰:"國危而不安,患結而不解,何謂貴智?"(**"解、智"支部**)無害子曰:"臣聞之有裂壤土以安社稷者,聞殺身破家以存其國者,(**"稷、國"職部**)不聞出其君以為封疆者。"牛子不聽無害子之言,而用括子之計。三國之兵罷,而平陸之地存。自此之後,括子日以疏,無害子日以進。故謀患而患解,圖國而國存,括子之智得矣。無害子之慮無中於策,謀無益於國,然而心調於君,有義行也。

今人待冠而飾首,待履而行地。冠履之於人也,寒不能煖,風不能障,暴不能蔽也,然而冠冠履履者,其所自託者然也。夫咎犯戰勝城濮而雍季無尺寸之功,然而雍季先賞而咎犯後存者,其言有貴者也。故義者,天下之所賞也。百言百當,不如擇趨而審行也。(**"當、行"陽部**)

或無功而先舉,或有功而後賞,何以明之?(**"舉、賞、明"魚陽通韻**)昔晉文公將與楚戰城濮,問於咎犯曰:"為奈何?"咎犯曰:"仁義之事,君子不厭忠信;戰陳之事,不厭詐偽。君其詐之而已矣。"辭咎犯,問雍季。雍季對曰:"焚林而獵,愈多得獸,後必無獸。以詐偽遇人,雖愈利,後亦無復。君其正之而已矣。"於是不聽雍季之計而用咎犯之謀,與楚人戰,大破之。還歸賞有功者,先雍季而後咎犯。左右曰:"城濮之戰,咎犯之謀也。君行賞先雍季,何也?"文公曰:"咎犯之言,一時之權也;雍季之言,萬世之利也。吾豈可以先一時之權而後萬世之利也哉!"

智伯率韓、魏二國伐趙,圍晉陽,決晉水而灌之。城下緣木而處,懸釜而炊。襄子謂張孟談曰:"城中力已盡,糧食匱乏,大夫病,為之奈何？"張孟談曰："亡不能存，危不能安，無為貴智。臣請試潛行，見韓、魏之君而約之。"乃見韓、魏之君，説之曰："臣聞之，脣亡而齒寒，今智伯率二君而伐趙，趙將亡矣。趙亡則君為之次矣。不及今而圖之，禍將及二君。"二君曰："智伯之為人也，粗中而少親。（"人、親"真部）我謀而泄，事必敗，為之奈何？"（"泄、敗、何"月歌通韻）張孟談曰："言出君之口，入臣之耳，人孰知之者乎？且同情相成，同利相死，君其圖之。"二君乃與張孟談陰謀，與之期。（"謀、期"之部）張孟談乃報襄子。至其日之夜，趙氏殺其守隄之吏，決水灌智伯。（"夜、伯"鐸部）智伯軍救水而亂，韓、魏翼而擊之。襄子將卒犯其前，大敗智伯軍，殺其身而三分其國。襄子乃賞有功者，而高赫為賞首。羣臣請曰："晉陽之存，張孟談之功也，而赫為賞首，何也？"襄子曰："晉陽之圍也，寡人國家危，社稷殆，羣臣無不有驕侮之心者，唯赫不失君臣之禮，吾是以先之。"由此觀之，義者，人之大本也。雖有戰勝存亡之功，不如行義之隆。（"功、隆"東冬合韻）故君子曰："美言可以市尊，美行可以加人。"（"尊、人"文真合韻）

或有罪而可賞也，或有功而可罪也。西門豹治鄴，廩無積粟，府無儲錢，庫無甲兵，官無計會，人數言其過於文侯。文侯身行其縣，果若人言。（"縣、言"元部）文侯曰："翟璜任子治鄴而大亂，子能道則可，（"亂、可"元歌通韻）不能，將加誅於子。"（"能、子"之部）西門豹曰："臣聞王主富民，霸主富武，亡國富庫。（"武、庫"魚部）今君欲為霸王者也，臣故稸積於民。君以為不然，臣請升城鼓之，一鼓甲兵粟米可立具也。"（"鼓、具"魚侯合韻）於是乃升城而鼓之。一鼓，民被甲括矢，操兵弩而出；再鼓，負輦粟而至。（"出、至"物質合韻）文侯曰："罷之。"西門豹曰："與民約信，非一日之積也。一舉而欺之,後不可復用也。燕常侵魏八城,臣請北擊之,以復侵地。"遂舉兵擊燕,復地而後反。("**燕、反**"元部)此有罪而可賞者也。

解扁為東封,上計而入三倍,有司請賞之。文侯曰:"吾土地非益廣也,人民非益眾也,入何以三倍?"對曰:"以冬伐木而積之,於春浮之河而鬻之。"("**積、鬻**"錫覺合韻)文侯曰:"民春以力耕,暑以強耘,秋以收斂,冬閒無事,以伐林而積之,負輅而浮之河,是用民不得休息也。民以弊矣,雖有三倍之入,將焉用之?"此有功而可罪者也。

賢主不苟得,忠臣不苟利,何以明之?中行穆伯攻鼓,弗能下。("**鼓、下**"魚部)餽聞倫曰:"鼓之嗇夫,聞倫知之。請無罷武大夫,而鼓可得也。"穆伯弗應。("**得、應**"職蒸通韻)左右曰:"不折一戟,不傷一卒,而鼓可得也,君奚為弗使?"("**得、使**"職之通韻)穆伯曰:"聞倫為人,佞而不仁,("**人、仁**"真部)若使聞倫下之,吾可以勿賞乎?若賞之,是賞佞人。佞人得志,是使晉國之武舍仁而為佞。雖得鼓,將何所用之?"("**佞、用**"耕東合韻)攻城者,欲以廣地也。得地不取者,見其本而知其末也。("**地、末**"歌月通韻)

秦穆公使孟盟舉兵襲鄭,過周以東。鄭之賈人弦高、蹇他相與謀曰:"師行數千里,數絕諸侯之地,其勢必襲鄭。凡襲國者,以為無備也。("**國、備**"職部)今示以知其情,必不敢進。"("**情、進**"耕真合韻)乃矯鄭伯之命,以十二牛勞之。三率相與謀曰:"凡襲人者,以為弗知,今已知之矣,守備必固,進必無功。"乃還師而反。晉先軫舉兵擊之,大破之殽。鄭伯乃以存國之功賞弦高。("**殽、高**"宵部)弦高辭之曰:"誕而得賞,則鄭國之信廢矣。為國而無信,是俗敗也。("**廢、敗**"月部)賞一人敗國俗,仁者弗為也。以不信得厚賞,義者弗為也。"遂以其屬徙東夷,終身不反。故仁者不以欲傷生,知者不以利害義。聖人之思脩,愚人之思叕。

忠臣者務崇君之德,諂臣者務廣君之地。何以明之?陳夏徵舒弒其君,楚莊王伐之,陳人聽令,莊王以討有罪,遣卒戍陳,大夫畢賀。申叔時使於齊,反還而不賀。莊王曰:"陳為無道,寡人起九軍以討之,("道、討"幽部)征暴亂,誅罪人,羣臣皆賀,而子獨不賀,何也?"申叔時曰:"牽牛蹊人之田,田主殺其人而奪之牛,罪則有之,罰亦重矣。今君王以陳為無道,興兵而攻,因以誅罪人,遣人戍陳。諸侯聞之,以王為非誅罪人也,貪陳國也。蓋聞君子不棄義以取利。"王曰:"善!"乃罷陳之戍,立陳之後。諸侯聞之,皆朝於楚。("戍、後、楚"侯魚合韻)此務崇君之德者也。

張武為智伯謀曰:"晉六將軍,中行文子最弱,而上下離心,可伐以廣地。"於是伐范、中行,滅之矣。又教智伯求地於韓、魏、趙。韓、魏裂地而授之,趙氏不與。乃率韓、魏而伐趙,圍之晉陽三年。三國陰謀同計以擊智氏,遂滅之。此務為君廣地者也。

夫為君崇德者霸,為君廣地者滅。("霸、滅"鐸月合韻)故千乘之國行文德者王,湯武是也。萬乘之國好廣地者亡,("王、亡"陽部)智伯是也。("武、伯"魚鐸通韻)

非其事者勿仞也,非其名者勿就也,無故有顯名者勿處也,無功而富貴者勿居也。("處、居"魚部)夫就人之名者廢,仞人之事者敗,無功而大利者後將為害。("廢、敗、害"月部)譬猶緣高木而望四方也,雖偷樂哉,然而疾風至,未嘗不恐也。患及身,然後憂之,六驥追之,弗能及也。是故忠臣事君也,計功而受賞,不為苟得;積力而受官,不貪爵祿。("得、祿"職屋合韻)其所能者,受之勿辭也;其所不能者,與之勿喜也。("辭、喜"之部)辭所能則匿,欲所不能則惑。("匿、惑"職部)辭所不能而受所能,則得無損墮之勢,而無不勝之任矣。昔者智伯驕，伐范、中行而克之，又劫韓、魏之君而割其地，尚以為未足，遂興兵伐趙。韓、魏反之，軍敗晉陽之下，身死高梁之東，頭為飲器，國分為三，為天下笑。此不知足之禍也。老子曰："知足不辱，知止不殆，可以脩久。"（**"殆、久"之部**）此之謂也。

或譽人而適足以敗之，或毀人而乃反以成之，何以知其然也？費無忌復於荊平王曰："晉之所以霸者，近諸夏也。（**"霸、夏"鐸魚通韻**）而荊之所以不能與之爭者，以其僻遠也。楚王若欲從諸侯，不若大城城父，而令太子建守焉，以來北方，王自收其南，是得天下也。"楚王悦之，因命太子建守城父，命伍子奢傅之。（**"父、傅"魚部**）居一年，伍子奢遊人於王側，言太子甚仁且勇，能得民心。王以告費無忌。無忌曰："臣固聞之，太子内撫百姓，外約諸侯，齊晉又輔之，將以害楚，其事已構矣。"（**"侯、輔、楚、構"侯魚合韻**）王曰："為我太子，又尚何求？"曰："以秦女之事怨王。"王因殺太子建而誅伍子奢。此所謂見譽而為禍者也。

何謂毀人而反利之？唐子短陳駢子於齊威王，威王欲殺之。陳駢子與其屬出亡奔薛。（**"殺、薛"月部**）孟嘗君聞之，使人以車迎之。至，而豢以芻豢黍粱，五味之膳日三至。冬日被裘罽，夏日服絺紵，出則乘牢車，駕良馬。（**"紵、車、馬"魚部**）孟嘗君問之曰："夫子生於齊，長於齊，夫子亦何思於齊？"對曰："臣思夫唐子者。"孟嘗君曰："唐子者，非短子者耶？"曰："是也。"孟嘗君曰："子何為思之？"對曰："臣之處於齊也，糲粱之飯，藜藿之羹，冬日則寒凍，夏日則暑傷。（**"羹、傷"陽部**）自唐子之短臣也，以身歸君，食芻豢，飯黍[粱]①（粢），服輕煖，（**"豢、煖"元部**）乘牢良，（**"粱、良"陽部**）臣故

---

① 據王念孫説改。

思之。"此謂毀人而反利之者也。是故毀譽之言,不可不審也。

或貪生而反死,或輕死而得生,或徐行而反疾,(**"死、疾"脂質通韻**)何以知其然也?魯人有為父報讎於齊者,刳其腹而見其心,坐而正冠,起而更衣,徐行而出門,上車而步馬,顏色不變。(**"冠、門、變"元文合韻**)其御欲驅,撫而止之曰:"今日為父報讎以出死,非為生也。今事已成矣,又何去之?"追者曰:"此有節行之人,不可殺也。"解圍而去之。使被衣不暇帶,冠不及正,蒲伏而走,上車而馳,必不能自免於千步之中矣。今坐而正冠,起而更衣,徐行而出門,上車而步馬,顏色不變,(**"冠、門、變"元文合韻**)此眾人所以為死也,而乃反以得活。此所謂徐而馳,遲於步也。夫走者,人之所以為疾也;步者,人之所以為遲也。(**"疾、遲"質脂通韻**)今反乃以人之所為遲者反為疾,明於分也。有知徐之為疾,遲之為速者,則幾於道矣。故黃帝亡其玄珠,使離朱、剟索之,而弗能得之也。於是使忽怳而後能得之。

聖人敬小慎微,動不失時;百射重戒,禍乃不滋;計福勿及,慮禍過之。(**"時、滋、之"之部**)同日被霜,蔽者不傷;愚者有備,與知者同功。(**"霜、傷、功"陽東合韻**)

夫爝火在縹煙之中也,一指之所能息也;唐漏若鼷穴,一墣之所能塞也。(**"息、塞"職部**)及至火之燔孟諸而炎雲臺,而水決九江而漸荊州,雖起三軍之眾,弗能救也。(**"州、救"幽部**)夫積愛成福,積怨成禍,若癰疽之必潰也,所浼者多矣。(**"禍、多"歌部**)諸御鞅復於簡公曰:"陳成常、宰予二子者,甚相憎也。臣恐其搆難而危國也,君不如去一人。"簡公不聽,居無幾何,陳成常果攻宰予於庭中,而弒簡公於朝。此不知敬小之所生也。

魯季氏與郈氏鬭雞,郈氏介其雞,而季氏為之金距。季氏之雞不勝，季平子怒，因侵郈氏之宮而築之。郈昭伯怒，傷之魯昭公曰："禱於襄公之廟，舞者二人而已，其餘盡舞於季氏。季氏之無道無上久矣，弗誅必危社稷。"（"久、稷"之職通韻）公以告子家駒，子家駒曰："季氏之得眾，三家為一，其德厚，其威強，君胡得之！"昭公弗聽，使郈昭伯將卒以攻之。仲孫氏、叔孫氏相與謀曰："無季氏，死亡無日矣。"遂興兵以救之。郈昭伯不勝而死，魯昭公出奔齊。（"死、齊"脂部）故禍之所從生者，始於雞足。（"生、定"耕部）及其大也，至於亡社稷。

故蔡女蕩舟，齊師大侵楚。兩人搆怨，廷殺宰予，簡公遇殺，身死無後，陳氏代之，齊乃無呂。兩家鬭雞，季氏金距，郈公作難，魯昭公出走。故師之所處，生以荊楚。（"楚、予、後、呂、距、走、處、楚"魚侯合韻）禍生而不蚤滅，若火之得燥，水之得濕，浸而益大。癰疽發於指，其痛遍於體。（"指、體"脂部）故蠹啄剖梁柱，蟁䖟走牛羊，此之謂也。

人皆務於救患之備，而莫能知使患無生。夫使患無生，易於救患，而莫能加務焉，則未可與言術也。晉公子重耳過曹，曹君欲見其駢脅，使之袒而捕魚。釐負羈止之曰："公子非常也，從者三人，皆霸王之佐也。遇之無禮，必為國憂。"君弗聽。重耳反國，起師而伐曹，遂滅之。身死人手，社稷為墟。禍生於袒而捕魚。（"墟、魚"魚部）齊、楚欲救曹，不能存也。聽釐負羈之言，則無亡患矣。（"言、患"元部）今不務使患無生，患生而救之，雖有聖知，弗能為謀。（"之、謀"之部）

且患禍之所由來者，萬端無方。是故聖人深居以避辱，靜安以待時。小人不知禍福之門戶，妄動而絓羅網，（"戶、網"魚陽通韻）雖曲為之備，何足以全其身？譬猶失火而鑿池，被裘而用箑也。且塘有萬穴，塞其一，魚何遽無由出？（"穴、一、出"質物合韻）室有百戶，閉其一，盜何遽無從入？夫牆之壞也於隙，劍之折必有齧，聖人見之蚤，故萬物莫能傷也。

太宰子朱侍飯於令尹子國。令尹子國啜羹而熱，投戹漿而沃之。明日，太宰子朱辭官而歸。其僕曰："楚太宰，未易得也，辭官去之，何也？"子朱曰："令尹輕行而簡禮，其辱人不難。"明年，伏郎尹而笞之三百。夫仕者先避之，見終始微矣。

夫鴻鵠之未孚於卵也，一指蔑之，則靡而無形矣。及至其筋骨之已就，而羽翮之既成也，則奮翼揮䎶，凌乎浮雲，背負青天，（"雲、天"文真合韻）膺摩赤霄，翱翔乎忽荒之上，析惕乎虹蜺之間，雖有勁弩利矰微繳，蒲苴子之巧，亦弗能加也。江水之始出於岷山也，可褰衣而越也；（"山、越"元月通韻）及至乎下洞庭，鶩石城，（"庭、城"耕部）經丹徒，起波濤，（"徒、濤"魚幽合韻）舟杭一日不能濟也。是故聖人者，常從事於無形之外，而不留思盡慮於成事之內，（"外、內"月物合韻）是故患禍弗能傷也。

人或問孔子曰："顏回何如人也？"曰："仁人也，丘弗如也。""子貢何如人也？"曰："辯人也，丘弗如也。""子路何如人也？"曰："勇人也，丘弗如也。"賓曰："三人皆賢夫子，而為夫子役，何也？"孔子曰："丘能仁且忍，辯且訥，勇且怯。以三子之能，易丘一道，丘弗為也。"孔子知所施之也。

秦牛缺徑於山中，而遇盜奪之車馬，解其橐笥，拖其衣被，盜還反顧之，無懼色憂志，（"馬、笥、顧、志"魚之合韻）驩然有以自得也。盜遂問之曰："吾奪子財貨，劫子以刀，而志不動，何也？"秦牛缺曰："車馬所以載身也，衣被所以捍形也，（"身、形"真耕合韻）聖人不以所養害其養。"盜相視而笑曰："夫不以欲傷生，不以利累形者，世之聖人也。("**生、形、人**"耕真合韻)以此而見王者,必且以我為事也。"還反殺之。此能以知知矣,而未能以知不知也;能勇於敢,而未能勇於不敢也。凡有道者,應卒而不乏,遭難而能免,故天下貴之。今知所以自行也,而未知所以為人行也,其所論,未之究者也。人能由昭昭於冥冥,則幾於道矣。《詩》曰:"人亦有言,無哲不愚。"此之謂也。

　　事或為之適足以敗之,或備之適足以致之。("**敗、致**"月質合韻)何以知其然也?秦皇挾錄圖,見其傳曰:"亡秦者,胡也。"因發卒五十萬,使蒙公、楊翁子將,築脩城,西屬流沙,北擊遼水,東結朝鮮,中國內郡,輓車而餉之。又利越之犀角、象齒、翡翠、珠璣,乃使尉屠睢發卒五十萬,為五軍,一軍塞鐔城之嶺,一軍守九嶷之塞,一軍處番禺之都,一軍守南野之界,一軍結餘干之水,三年不解甲弛弩。使監祿無以轉餉,又以卒鑿渠而通糧道,以與越人戰,殺西嘔君譯吁宋,而越人皆入叢薄中,("**宋、中**"冬部)與禽獸處,莫肯為秦虜。("**處、虜**"魚部)相置桀駿以為將,而夜攻秦人,大破之,殺尉屠睢,伏尸流血數十萬。乃發適戍以備之。當此之時,男子不得脩農畝,("**時、畝**"之部)婦人不得剡麻考縷,羸弱服格於道,大夫箕會於衢,("**縷、衢**"侯魚合韻)病者不得養,死者不得葬。("**養、葬**"陽部)於是陳勝起於大澤,奮臂大呼,("**澤、呼**"鐸魚通韻)天下席卷,而至於戲。("**卷、戲**"元歌通韻)劉、項興義兵隨而定,若折槁振落,遂失天下。("**落、下**"鐸魚通韻)禍在備胡而利越也。欲知築脩城以備亡,不知築脩城之所以亡也。發適戍以備越,而不知難之從中發也。("**越、發**"月部)夫鵲先識歲之多風也,去高木而巢扶枝,大人過之則探鷇,嬰兒過之則挑其卵,知備遠難而忘近患。("**卵、患**"元部)故秦之設備也,烏鵲之智也。

或爭利而反强之，或聽從而反止之，何以知其然也？魯哀公欲西益宅，史爭之，以為西益宅不祥。哀公作色而怒，左右數諫，不聽，乃以問其傅宰折睢曰："吾欲[西]益宅，而史以為不祥，子以為何如？"("**宅、祥、如**"鐸陽魚通韻)宰折睢曰："天下有三不祥，西益宅不與焉。"("**祥、與**"陽魚通韻)哀公大悅而喜。頃，復問曰："何謂三不祥？"對曰："不行禮義，一不祥也；嗜欲無止，二不祥也；不聽强諫，三不祥也。"哀公默然深念，憤然自反，("**念、反**"侵元合韻)遂不西益宅。夫史以爭為可以止之，而不知不爭而反取之也。

智者離路而得道，愚者守道而失路。夫兒説之巧，於閉結無不解，非能閉結而盡解之也，不解不可解也。至乎以弗解解之者，可與及言論矣。

或明禮義、推道理而不行，或解搆妄言而反當。("**行、當**"陽部)何以明之？孔子行遊，馬失，食農夫之稼。野人怒，取馬而繫之。子貢往説之，卑辭而不能得也。孔子曰："夫以人之所不能聽説人，譬猶以大牢享野獸，以九韶樂飛鳥也。("**獸、鳥**"幽部)予之罪也，非彼人之過也。"("**罪、過**"微歌合韻)乃使馬圉往説之，至，見野人曰："子耕於東海，至於西海，吾馬之失，安得不食子之苗？"野人大喜，解馬而與之。("**喜、與**"之魚合韻)説若此其無方也，而反行。("**方、行**"陽部)事有所至，而巧不若拙。("**至、拙**"質物合韻)故聖人量鑿而正枘。夫歌采菱，發陽阿，鄙人聽之，不若此延路、陽局，非歌者拙也，聽者異也。故交畫不暢，連環不解，物之不通者，聖人不爭也。("**通、爭**"東耕合韻)

仁者，百姓之所慕也；義者，衆庶之所高也。為人之所慕，行人之所高，此嚴父之所以教子，而忠臣之所以事君也。然世或用之而身死國亡者，不同於時也。昔徐偃王好行仁義，陸地之朝者三十二國。王孫厲謂楚莊王曰："王不伐徐，必反朝徐。"王曰："偃王，有道之君也，好行仁義，不可伐。"（"**義、伐**"歌月通韻）王孫厲曰："臣聞之，大之與小，強之與弱也，猶石之投卵，虎之啗豚，又何疑焉？且夫為文而不能達其德，為武而不能任其力，（"**德、力**"職部）亂莫大焉。"楚王曰："善！"乃舉兵而伐徐，遂滅之。此知仁義而不知世變者也。

申菽、杜茝，美人之所懷服也，（"**茝、服**"之職通韻）及漸之於澔，則不能保其芳矣。古者，五帝貴德，三王用義，五霸任力。（"**德、力**"職部）今取帝王之道而施之五霸之世，是由乘驥逐人於榛薄，而蓑笠盤旋也。今霜降而樹穀，冰泮而求穫，（"**穀、穫**"屋鐸合韻）欲其食則難矣。（"**旋、難**"元部）故《易》曰"潛龍勿用"者，言時之不可以行也。故"君子終日乾乾，夕惕若厲，無咎。"終日乾乾，以陽動也；夕惕若厲，以陰息也。因日以動，因夜以息，唯有道者能行之。夫徐偃王為義而滅，燕子噲行仁而亡，哀公好儒而削，代君為墨而殘。滅亡削殘，暴亂之所致也，而四君獨以仁義儒墨而亡者，遭時之務異也，非仁義儒墨不行。非其世而用之，則為之擒矣。

夫戟者，所以攻城也；鏡者，所以照形也。（"**城、形**"耕部）宮人得戟則以刈葵，盲者得鏡則以蓋卮，（"**葵、卮**"脂支合韻）不知所施之也。故善鄙不同，誹譽在俗；趨舍不同，逆順在時。狂譎不受祿而誅，段干木辭相而顯，所行同也，而利害異者，時使然也。故聖人雖有其志，不遇其世，僅足以容身，何功名之可致也！（"**世、致**"月質合韻）

知天之所為，知人之所行，則有以任於世矣。知天而不知人，則無以與俗交，知人而不知天，（"**人、天**"真部）則無以與道遊。（"**交、遊**"宵幽合韻）單豹倍世離俗，巖居谷飲，不衣絲麻，不食五穀,("俗、穀"屋部)行年七十,猶有童子之色,卒而遇飢虎,殺而食之。("色、食"職部)張毅好恭,過宮室廊廟必趨,見門閭聚眾必下,廝徒馬圉,("趨、下、圉"侯魚合韻)皆與伉禮,不終其壽,內熱而死。("禮、死"脂部)豹養其內而虎食其外,毅脩其外而疾攻其內。("外、內"月物合韻)故直意適情,則堅強賊之;以身役物,則陰陽食之。("賊、食"職部)此皆載務而戲乎其調者也。

得道之士,外化而內不化。外化,所以入人也;內不化,所以全其身也。("人、身"真部)故內有一定之操,而外能詘伸、羸縮、卷舒,與物推移,故萬舉而不陷。所以貴聖人者,以其能龍變也。("陷、變"談元合韻)今捲捲然守一節,推一行,雖以毀碎滅沉,猶且弗易者,此察於小好,而塞於大道也。("好、道"幽部)

趙孟宣活飢人於委桑之下,而天下稱仁焉;荊佽非犯河中之難,不失其守,而天下稱勇焉。("守、勇"幽東合韻)是故見小行則可以論大體矣。田子方見老馬於通,喟然有志焉。以問其御曰:"此何馬也?"其御曰:"此故公家畜也,老罷而不為用,出而鬻之。"("畜、鬻"覺部)田子方曰:"少而貪其力,老而棄其身,仁者弗為也。"束帛以贖之。罷武聞之,知所歸心矣。齊莊公出獵,有一蟲舉足將搏其輪,問其御曰:"此何蟲也?"對曰:"此螳螂者也。其為蟲也,知進而不知卻,不量力而輕敵。"("卻、敵"鐸錫合韻)莊公曰:"此為人而必為天下勇武矣。"迴車而避之。勇武聞之,知所盡死也。故田子方隱一老馬,而魏國載之;齊莊公避一螳螂,而勇武歸之。湯教祝網者,而四十國朝;文王葬死人之骸,而九夷歸之;("骸、之"之部)武王蔭暍人於樾下,左擁而右扇之,而天下懷其德;("之、德"之職通韻)越王句踐一決獄不辜,援龍淵而切其股,("辜、股"魚部)血流至足,以自罰也,而戰武士必其死。故聖人行之於小,則可以覆大矣;審之於近,則可以懷遠矣。("**大、遠**"月元通韻)孫叔敖決期思之水而灌雩婁之野,莊王知其可以為令尹也;子發辨擊劇而勞佚齊,("**尹、齊**"真脂通韻)楚國知其可以為兵主也。("**野、主**"魚侯合韻)此皆形於小微而通於大理者也。

聖人之舉事,不加憂焉,察其所以而已矣。今萬人調鍾,不能比之律;誠得知者,一人而足矣。説者之論,亦猶此也。誠得其數,則無所用多矣。夫車之所以能轉千里者,以其要在三寸之轄。夫勸人而弗能使也,禁人而弗能止也,其所由者非理也。("**使、止、理**"之部)

昔者,衛君朝於吳,吳王囚之,欲流之於海。説者冠蓋相望而弗能止。("**海、止**"之部)魯君聞之,撤鐘鼓之懸,縞素而朝。仲尼入見,曰:"君胡為有憂色?"魯君曰:"諸侯無親,以諸侯為親;大夫無黨,以大夫為黨。今衛君朝於吳王,吳王囚之,而欲流之於海。孰衛君之仁義而遭此難也。吾欲免之而不能,為奈何?"仲尼曰:"若欲免之,則請子貢行。"魯君召子貢,授之將軍之印。子貢辭曰:"貴無益於解患,在所由之道。"斂躬而行。至於吳,見太宰嚭。太宰嚭甚悦之,欲薦之於王。子貢曰:"子不能行説於王,奈何吾因子也。"太宰嚭曰:"子焉知嚭之不能也?"子貢曰:"衛君之來也,衛國之半曰'不若朝於晉',其半曰'不若朝於吳'。然衛君以為吳可以歸骸骨也,故束身以受命。今子受衛君而囚之,又欲流之於海,是賞言朝於晉者,而罰言朝於吳也。且衛君之來也,諸侯皆以為蓍龜兆,今朝於吳而不利,則皆移心於晉矣。子之欲成霸王之業,不亦難乎?"太宰嚭入,復之於王,王報出令於百官曰:"比十日,而衛君之禮不具者死!"子貢可謂知所以説矣。

魯哀公為室而大,公宣子諫,曰:"室大,眾與人處則譁,少與人處則悲，願公之適。"公曰："寡人聞命矣。"築室不輟。公宣子復見曰："國小而室大，百姓聞之，必怨吾君；諸侯聞之，必輕吾國。"魯君曰："聞命矣！"築室不輟。公宣子復見曰："左昭而右穆，為大室以臨二先君之廟，得無害於子乎？"公乃令罷役除版而去之。魯君之欲為室誠矣，公宣子止之必矣，然三説而一聽者，其二者非其道也。

夫臨河而釣，日入而不能得一鯈魚者，非江河魚不食也，所以餌之者非其欲也。及至良工執竿，投而擐脣吻者，能以其所欲而釣者也。夫物無不可奈何，有人無奈何。鉛之與丹，異類殊色，而可以為丹者，得其數也。故繁稱文辭，無益於説，審其所由而已矣。

物類之相磨，近而異門户者，眾而難識也。故或類之而非，或不類之而是；或若然而不然者，或不若然而然者。諺曰："鳶墮腐鼠，而虞氏以亡。"（"鼠、亡"魚陽通韻）何謂也？曰：虞氏，梁之大富人也，家充盈殷富，金錢無量，財貨無貲。升高樓，臨大路，設樂陳酒，積博其上。游俠相隨，而行樓下，博上者射朋張中，反兩而笑，飛鳶適墮其腐鼠而中游俠。游俠相與言曰："虞氏富樂之日久矣，而常有輕易人之志。（"久、志"之部）吾不敢侵犯，而乃辱我以腐鼠。如此不報，無以立務於天下。（"鼠、下"魚部）請與公僇力一志，悉率徒屬，而必以滅其家。"此所謂類之而非者也。

何謂非類而是？屈建告石乞曰："白公勝將為亂。"石乞曰："不然。白公勝卑身下士，不敢驕賢，其家無筦籥之信，關楗之固，大斗斛以出，輕斤兩以内。（"出、内"物部）而乃論之，以不宜也。"屈建曰："此乃所以反也。"居三年，白公勝果為亂，殺令尹子椒、司馬子期。此所謂弗類而是者也。

何謂若然而不然？子發為上蔡令，民有罪當刑，獄斷論定，（"令、刑、定"耕部）決於令尹前。子發喟然有悽愴之心，罪人已刑而不忘其恩。此其後,子發盤罪威王而出奔。("**恩、奔**"**真文合韻**)刑者遂襲恩者,恩者逃之於城下之盧,追者至,踹足而怒曰:"子發視決吾罪而被吾刑,怨之憯於骨髓,使我得其肉而食之,其知厭乎?"追者皆以為然,而不索其內,果活子發。此所謂若然而不然者。

何謂不然而若然者?昔越王句踐卑下吳王夫差,請身為臣,妻為妾,奉四時之祭祀,而入春秋之貢職,委社稷,效民力,("**祀、職、稷、力**"**之職通韻**)居為隱蔽,而戰為鋒行,禮甚卑,辭甚服,其離叛之心遠矣。然而甲卒三千人,以擒夫差於姑胥。此四策者,不可不審也。

夫事之所以難知者,以其竄端匿跡,立私於公,倚邪於正,而以勝惑人之心者也。若使人之所懷於內者,與所見於外者,("**內、外**"**物月合韻**)若合符節,則天下無亡國破家矣。夫狐之捕雉也,必先卑體彌耳以待其來也。("**家、來**"**魚之合韻**)雉見而信之,故可得而擒也。("**信、擒**"**真侵合韻**)使狐瞋目植睹,見必殺之勢,雉亦知驚憚遠飛以避其怒矣。("**睹、怒**"**魚部**)夫人偽之相欺也,非直禽獸之詐計也。物類相似若然,而不可從外論者,眾而難識矣,是故不可不察也。

第十九卷　脩務訓

或曰:"無為者,寂然無聲,漠然不動,引之不來,推之不往,如此者,乃得道之像。"("**動、往、像**"**東陽合韻**)吾以為不然,嘗試問之矣:若夫神農、堯、舜、禹、湯,可謂聖人乎?有論者必不能廢。以五聖觀之,則莫得無為明矣。("**觀、明**"**元陽合韻**)

古者，民茹草飲水，采樹木之實，食蠃蚘之肉，時多疾病毒傷之害。（"實、害"質月合韻）於是神農乃始教民播植五穀，相土地宜燥濕肥墝高下，嘗百草之滋味，水泉之甘苦，（"下、苦"魚部）令民知所避就。當此之時，一日而遇七十毒。（"就、毒"幽覺通韻）堯立孝慈仁愛，使民如子弟，西教沃民，東至黑齒，北撫幽都，南道交趾。（"弟、齒、趾"脂之合韻）放讙兜於崇山，竄三苗於三危，流共工於幽州，殛鯀於羽山。（"山、危、山"元歌通韻）舜作室，築牆茨屋，辟地樹穀，（"屋、穀"屋部）令民皆知去巖穴，各有家室。（"穴、室"質部）南征三苗，道死蒼梧。（"苗、梧"宵魚合韻）禹沐浴霪雨，櫛扶風，決江疏河，鑿龍門，闢伊闕，（"河、闕"歌月通韻）脩彭蠡之防，乘四載，隨山栞木，平治水土，定千八百國。（"載、土、國"之魚職合韻）湯夙興夜寐，以致聰明；輕賦薄斂，以寬民氓；布德施惠，以振困窮；弔死問疾，以養孤孀；百姓親附，政令流行。（"明、氓、窮、孀、行"陽冬合韻）乃整兵鳴條，困夏南巢，（"條、巢"幽宵合韻）譙以其過，放之歷山。此五聖者，天下之盛主，勞形盡慮，為民興利除害而不懈。奉一爵酒不知於色，挈一石之尊則白汗交流，又況贏天下之憂而［任］海內之事者乎？其重於尊亦遠也。且夫聖人者，不恥身之賤，而愧道之不行；不憂命之短，（"賤、短"元部）而憂百姓之窮。（"行、窮"陽冬合韻）是故禹之為水，以身解於陽盱之河；湯旱，以身禱於桑山之林。聖人憂民，如此其明也，而稱以無為，豈不悖哉！

且古之立帝王者，非以奉養其欲也；聖人踐位者，非以逸樂其身也。為天下強掩弱，眾暴寡，詐欺愚，勇侵怯，懷知而不以相教，積財而不以相分，故立天子以齊一之。為一人聰明而不足以遍照海內，故立三公、九卿以輔翼之。絕國殊俗，僻遠幽閒之處，不能被德承澤，（"處、澤"魚鐸通韻）故立諸侯以教誨之。（"翼、誨"之部）

是以地無不任，時無不應，官無隱事，國無遺利，所以衣寒食饑，養老弱而息勞倦也。

若以布衣徒步之人觀之，則伊尹負鼎而干湯，呂望鼓刀而入周，百里奚轉鬻，管仲束縛，孔子無黔突，墨子無煖席。（**"縛、席"鐸部**）是以聖人不高山，不廣河，蒙恥辱以干世主，非以貪祿慕位，欲事起天下利而除萬民之害。（**"位、害"物月合韻**）蓋聞傳書曰：神農憔悴，堯瘦臞，舜黴黑，禹胼胝。由此觀之，則聖人之憂勞百姓甚矣。故自天子以下，至於庶人，四胘不動，思慮不用，（**"動、用"東部**）事治求贍者，未之聞也。夫地勢，水東流，人必事焉，然後水潦得谷行；禾稼春生，人必加功焉，故五穀得遂長。（**"行、長"陽部**）聽其自流，待其自生，則鯀禹之功不立，而后稷之智不用。

若吾所謂無為者，私志不得入公道，嗜欲不得枉正術，循理而舉事，因資而立[功]，權自然之勢，而曲故不得容者，（**"功、容"東部**）政事成而身弗伐，功立而名弗有，非謂其感而不應，攻而不動者。（**"應、動"蒸東合韻**）若夫以火爂井，以淮灌山，此用己而背自然，故謂之有為。（**"山、然、為"元歌通韻**）若夫水之用舟，沙之用𨏉，泥之用輴，山之用蔂，夏瀆而冬陂，因高為田，因下為池，此非吾所謂為之。（**"陂、池、為"歌部**）

聖人之從事也，殊體而合于理，（**"事、理"之部**）其所由異路而同歸，其存危定傾若一，志不忘于欲利人。（**"一、人"質真通韻**）何以明之？

昔者，楚欲攻宋，墨子聞而悼之。自魯趍而十日十夜，足重繭而不休息，裂衣裳裹足，（**"夜、息、足"鐸職屋合韻**）至於郢，見楚王曰：「臣聞大王舉兵將攻宋，計必得宋而後攻之乎？（**"宋、攻"冬東合韻**）忘其苦眾勞民，頓兵剉銳，負天下以不義之名，而不得咫尺之地,猶且攻之乎?"王曰:"必不得宋,又且為不義,曷為攻之!"墨子曰:"臣見大王之必傷義而不得宋。"王曰:"公輸,天下之巧士,作雲梯之械,設以攻宋,曷為弗取?"墨子曰:"令公輸設攻,臣請守之。"於是公輸般設攻宋之械,墨子設守宋之備,("械、備"職部)九攻而墨子九却之,弗能入。於是乃偃兵,輟不攻宋。

段干木辭禄而處家,魏文侯過其閭而軾之。其僕曰:"君何為軾?"文侯曰:"段干木在,是以軾。"("在、軾"之職通韻)其僕曰:"段干木,布衣之士,君軾其閭,("士、閭"之魚合韻)不已甚乎?"文侯曰:"段干木不趨勢利,懷君子之道,隱處窮巷,聲施千里,寡人敢勿軾乎?("里、軾"之職通韻)段干木光于德,寡人光于勢;段干木富于義,("勢、義"月歌通韻)寡人富于財。("德、財"職之通韻)勢不若德尊,財不若義高。干木雖以己易寡人不為。吾日悠悠慙于影,子何以輕之哉?"其後,秦將起兵伐魏,司馬庚諫曰:"段干木賢者,其君禮之,天下莫不知,諸侯莫不聞,舉兵伐之,無乃妨於義乎!"("伐、義"月歌通韻)於是秦乃偃兵,輟不攻魏。

夫墨子跌蹶而趨千里,以存楚宋;段干木闔門不出,以安秦魏。夫行與止也,其勢相反,而皆可以存國,此所謂異路而同歸者也。

今夫救火者,汲水而趨之,或以甕瓴,或以盆盂,其方員銳橢不同,盛水各異,其於滅火,鈞也。故秦楚燕魏之謌也,異轉而皆樂;九夷八狄之哭也,殊聲而皆悲,一也。夫謌者,樂之徵也;哭者,悲之效也。憤於中則應於外,故在所以感。夫聖人之心,日夜不忘于欲利人,其澤之所及者,効亦大矣。

世俗廢衰,而非學者多。("衰、多"微歌合韻)人性各有所脩短,若魚之躍,若鵲之駮,("躍、駮"藥部)此自然者,不可損益。

吾以為不然。夫魚者躍,鵲者駮也,("躍、駮"藥部)猶人馬之為馬,筋骨形體,所受於天,(**"體、天"脂真通韻**)不可變。以此論之,則不類矣。(**"論、類"文物通韻**)夫馬之為草駒之時,跳躍揚蹄,翹尾而走,人不能制,齕咋足以噆肌碎骨,蹶蹄足以破盧陷匈。及至圉人擾之,良御教之,(**"擾、教"幽宵合韻**)掩以衡扼,連以轡銜,則雖歷險超塹弗敢辭。故其形之為馬,馬不可化;其可駕御,(**"馬、御"魚部**)教之所為也。(**"化、為"歌部**)馬,聾蟲也,而可以通氣志,猶待教而成,又況人乎?(**"成、人"耕真合韻**)

且夫身正性善,發憤而成仁,帽憑而為義,性命可說,不待學問而合於道者,堯、舜、文王也;沈湎耽荒,不可教以道,不可喻以德,嚴父弗能正,賢師不能化者,丹朱、商均也;曼頰皓齒,形夸骨佳,不待脂粉芳澤而性可說者,西施、陽文也;啳睩哆噅,籧蒢戚施,雖粉白黛黑弗能為美者,嫫母、仳倠也。(**"文、倠"文微通韻**)夫上不及堯舜,下不及商均,(**"舜、均"文真合韻**)美不及西施,惡不若嫫母,此教訓之所喻也,而芳澤之所施。

且子有弒父者,然而天下莫疏其子,何也?愛父者眾也。儒有邪辟者,而先王之道不廢,何也?其行之者多也。今以為學者之有過而非學者,則是以一(飽)[餂]之故,絕穀不食;以一蹟之難,輟足不行,惑也。(**"食、惑"職部**)今有良馬,不待册錣而行;(**"馬、行"魚陽通韻**)駑馬,雖兩錣之不能進;為此不用册錣而御,則愚矣。(**"馬、御、愚"魚侯合韻**)夫怯夫操利劍,擊則不能斷,刺則不能入;及至勇武,攘捲一擣,則摺脅傷幹;為此棄干將、鏌邪而以手戰,(**"斷、幹、戰"元部**)則悖矣。所為言者,齊於眾而同於俗。今不稱九天之頂,則言黃泉之底,是兩末之端議,何可以公論乎?夫橘柚冬生,而人曰冬死,死者眾;薺麥夏死,人曰夏生,生者(眾)多。(**"死、多"脂歌合韻**)江河之回曲,亦時有南北者,而人謂江河東流;

攝提、鎮星、日月東行,而人謂星辰日月西移者,以大氏為本。胡人有知利者,而人謂之駤;("利、駤"質部)越人有重遲者,而人謂之訬;以多者名之。

若夫堯眉八彩,九竅通洞,而公正無私,一言而萬民齊;("私、齊"脂部)舜二瞳子,是謂重明,作事成法,出言成章,("明、章"陽部)禹耳參漏,是謂大通,興利除害,疏河決江;("通、江"東部)文王四乳,是謂大仁,天下所歸,百姓所親;("仁、親"真部)皋陶馬喙,是謂至信,決獄明白,察於人情;("信、情"真耕合韻)禹生於石;契生於卵;史皇產而能書;羿左臂脩而善射。("石、書、射"鐸魚通韻)若此九賢者,千歲而一出,猶繼踵而生。今無五聖之天奉,四俊之才難,欲棄學而循性,("奉、性"東耕合韻)是謂猶釋船而欲蹍水也。夫純鈞、魚腸之始下型,擊則不能斷,刺則不能入,及加之砥礪,摩其鋒鄂,則水斷龍舟,陸剸犀甲。明鏡之始下型,矇然未見形容,("型、容"耕東合韻)及其粉以玄錫,摩以白旃,[則]鬢眉微毛可得而察。("旃、察"元月通韻)夫學,亦人之砥錫也,而謂學無益者,("錫、益"錫部)所以論之過。

知者之所短,不若愚者之所脩;賢者之所不足,不若眾人之有餘。("脩、餘"幽魚合韻)何以知其然?

夫宋畫吳冶,刻刑鏤法,亂脩曲出,其為微妙,堯、舜之聖不能及。蔡之幼女,衛之稚質,梱纂組,雜奇彩,("女、組、彩"魚之合韻)抑黑質,揚赤文,禹、湯之智不能逮。("及、逮"緝月合韻)夫天之所覆,地之所載,包於六合之內,託於宇宙之間,陰陽之所生,血氣之精,("生、精"耕部)含牙戴角,前爪後距,奮翼攫肆,蚑行蟯動之蟲,喜而合,怒而鬬,見利而就,避害而去,("鬬、去"侯魚合韻)其情一也。雖所好惡,其與人無以異。("惡、異"鐸職合韻)然其爪牙雖利,筋骨雖彊,不免制於人者,知不能相通,("彊、通"陽東合韻)才力不能相一也。各有其自然之勢,無稟受於外,("勢、外"月部)故力竭功沮。夫鴈順風,以愛氣力,銜蘆而翔,以備矰弋。("力、弋"職部)螳知為埳,貛貉為曲穴,("埳、穴"質部)虎豹有茂草,野彘有艽莦,("草、莦"幽宵合韻)槎櫛堀墟,連比以像宮室,陰以防雨,("墟、雨"魚部)景以蔽日,此亦鳥獸之所以知求合於其所利。("室、日、利"質部)今使人生於辟陋之國,長於窮櫩漏室之下,長無兄弟,少無父母,目未嘗見禮節,("弟、節"脂質通韻)耳未嘗聞先古,獨守專室,而不出門[户]①,使其性雖不愚,然其知者必寡矣。("下、母、古、户、寡"魚之合韻)昔者蒼頡作書,容成造曆,胡曹為衣,后稷耕稼,儀狄作酒,奚仲為車,("書、稼、車"魚部)此六人者,皆有神明之道,聖智之迹,故人作一事而遺後世,非能一人而獨兼有之。各悉其知,貴其所欲達,遂為天下備。今使六子者易事,而明弗能見者何? 萬物至眾,而知不足以奄之。周室以後,無六子之賢,而皆脩其業;當世之人,無一人之才,而知其六賢之道者何? 教順施續,而知能流通。由此觀之,學不可已,明矣。("通、明"東陽合韻)

今夫盲者,目不能别晝夜,分白黑,然而搏琴撫弦,參彈復徽,攫援摽拂,手若篾蒙,不失一弦。使未嘗鼓瑟者,雖有離朱之明,攫掇之捷,猶不能屈伸其指,何則? 服習積貫之所致。故弓待撒而後能調,劍待砥而後能利。("致、利"質部)玉堅無敵,鏤以為獸,首尾成形,礛諸之功;木直中繩,揉以為輪,其曲中規,隱括之力。唐碧堅忍之類,猶可刻鏤,(揉)以成器用,又況心意乎? ("力、意"職部)

———————
① 據王念孫說改。

且夫精神滑淖纖微,倏忽變化,與物推移,雲蒸風行,在所設施。("微、移、施"微歌合韻)君子有能精搖摩監,砥礪其才,自試神明,覽物之博,通物之壅,觀始卒之端,見無外之境,("明、壅、境"陽東合韻)以逍遙仿佯於塵埃之外,超然獨立,卓然離世,("外、世"月部)此聖人之所以游心。若此而不能,閑居靜思,鼓琴讀書,追觀上古,及賢大夫,學問講辯,日以自娛,("能、思、書、古、夫、娛"之魚合韻)蘇援世事,分白黑利害,籌策得失,以觀禍福,設儀立度,可以為法則,("福、則"職部)窮道本末,究事之情,立是廢非,明示後人,死有遺業,生有榮名,("情、人、名"耕真合韻)如此者,人才之所能逮。然而莫能至焉者,偷慢懈惰,多不暇日之故。夫磽地之民多有心者,勞也;沃地之民多不才者,饒也。("勞、饒"宵部)由此觀之,知人無務,不若愚而好學。自人君公卿至于庶人,不自彊而功成者,天下未之有也。《詩》云:"日就月將,學有緝熙于光明。"("將、明"陽部)此之謂也。

　　名可務立,功可彊成,故君子積志委正,以趣明師,勵節亢高,以絕世俗。何以明之?

　　昔者南榮疇,恥聖道之獨亡於己,身淬霜露,敕蹻趹,跋涉山川,冒蒙荊棘,百舍重跰,不敢休息,("棘、息"職部)南見老聃,受教一言,精神曉泠,鈍聞條達,欣然七日不食,如饗太牢。是以明照四海,名施後世,達略天地,("世、地"月歌通韻)察分秋毫,稱譽葉語,至今不休。("牢、休"幽部)此所謂名可彊立者。

　　吳與楚戰,莫嚚大心撫其御之手曰:"今日距彊敵,犯白刃,蒙矢石,戰而身死,卒勝民治,全我社稷,("治、稷"之職通韻)可以庶幾乎?("死、幾"脂微合韻)"遂入不返,決腹斷頭,不旋踵運軌而死。申包胥竭筋力以赴嚴敵,伏尸流血,不過一卒之才,不如約身卑辭,求救於諸侯。(**"才、辭、侯"之侯合韻**)於是乃贏糧跣走,跋涉谷行,上峭山,赴深谿,游川水,犯津關,獵蒙籠,蹠沙石,蹠達膝,曾繭重胝,(**"膝、胝"質脂通韻**)七日七夜,(**"石、夜"鐸部**)至於秦庭。鶴跱而不食,晝吟宵哭,面若死灰,顏色黴黑,(**"食、灰、黑"職之通韻**)涕流交集,以見秦王,曰:"吳為封豨脩蛇,蠶食上國,虐始於楚。寡君失社稷,越在草茅,百姓離散,夫婦男女,不遑啟處,(**"楚、茅、女、處"魚幽合韻**)使下臣告急。"秦王乃發車千乘,步卒七萬,屬之子虎,踰塞而東,擊吳濁水之上,果大破之,以存楚國。烈藏廟堂,著於憲法。此功之可彊成者也。

夫七尺之形,心致憂愁勞苦,膚知疾痛寒暑,(**"苦、暑"魚部**)人情一也。聖人知時之難得,務可趣也,苦身勞形,焦心怖肝,不避煩難,不違危殆。蓋聞子發之戰,進如激矢,合如雷電,(**"戰、電"元部**)解如風雨,員之中規,方之中矩,破敵陷陳,莫能壅御,澤戰必克,攻城必下。(**"雨、矩、御、下"魚部**)彼非輕身而樂死,務在於前,遺利於後,故名立而不墮。此自強而成功者也。

是故田者不強,囷倉不盈;官御不厲,心意不精;將相不強,(**"強、強"陽部**)功烈不成;侯王懈惰,(**"厲、惰"月歌通韻**)後世無名。(**"盈、精、成、名"耕部**)《詩》云:"我馬唯騏,六轡如絲。(**"騏、絲"之部**)載馳載驅,周爰諮謀。"(**"驅、謀"侯之合韻**)以言人之有所務也。

通於物者不可驚以怪,喻於道者不可動以奇,(**"怪、奇"之歌合韻**)察於辭者不可燿以名,審於形者不可遯以狀。(**"名、狀"耕陽合韻**)世俗之人,多尊古而賤今,故為道者必託之於神農、黃帝而後能入之説。亂世闇主,高遠其所從來,因而貴之。(**"説、貴"月物合韻**)為學者,蔽於論而尊其所聞,相與危坐而稱之,正領而誦之,此

見是非之分不明。("稱、誦、明"蒸東陽合韻)

夫無規矩,雖奚仲不能以定方圓;無準繩,雖魯般不能以定曲直。("繩、直"蒸職通韻)是故鍾子期死而伯牙絕弦破琴,知世莫賞也;惠施死而莊子寢說言,見世莫可為語者也。("賞、語"陽魚通韻)夫項託七歲為孔子師,孔子有以聽其言也。以年之少為閭丈人說,救敲不給,何道之能明也?

昔者,謝子見於秦惠王,惠王說之。以問唐姑梁,唐姑梁曰:"謝子,山東辯士,固權說以取少主。"惠王因藏怒而待之。後日復見,逆而弗聽也。非其說異也,所以聽者易。("異、易"職錫合韻)夫以徵為羽,非絃之罪;以甘為苦,("羽、苦"魚部)非味之過。("罪、過"微歌合韻)楚人有烹猴而召其鄰人,以為狗羹也而甘之。後聞其猴也,據地而吐之,盡寫其食。此未始知味者也。邯鄲師有出新曲者,託之李奇,諸人皆爭學之。後知其非也,而皆棄其曲。此未始知音者也。鄙人有得玉璞者,喜其狀,以為寶而藏之。("狀、藏"陽部)以示人,人以為石也,因而棄之。此未始知玉者也。

故有符於中,則貴是而同今古;無以聽其說,則所從來者遠而貴之耳。此和氏之所以泣血於荊山之下。("古、耳、下"魚之合韻)今劍或絕側嬴文,蹶缺卷鉒,而稱以頃襄之劍,則貴人爭帶;琴或撥刺枉橈,闊解漏越,而稱以楚莊之琴,則側室爭鼓之。苗山之鋌,羊頭之銷,雖水斷龍舟,陸剸兕甲,莫之服帶;山桐之琴,澗梓之腹,雖鳴廉隅脩營唐牙,莫之鼓也。通人則不然。服劍者期於銛利,而不期於墨陽、莫邪;乘馬者期於千里,而不期於驊騮、綠耳;("邪、耳"魚之合韻)鼓琴者期於鳴廉脩營,而不期於濫脇、號鍾;誦《詩》、《書》者期於通道略物,而不期於《洪範》、《商頌》。("鍾、頌"東部)聖人見是非,若白黑之於目辨,清濁之於耳聽。眾人則不然。中無主以受之,譬若遺腹子之上隴,以禮哭泣之,而無所歸心。故夫孿子之相似者,唯其母能知之;玉石之相類者,唯良工能識之;("類、識"物職合韻)書傳之微者,唯聖人能論之。("微、論"微文通韻)

今取新聖人書,名之孔、墨,則弟子句指而受者必眾矣。故美人者,非必西施之種;通士者,不必孔、墨之類。曉然意有所通於物,故作書以喻意,以為知者也。誠得清白之士,執玄鑑於心,照物明白,不為古今易意,攄書明指以示之,雖闔棺亦不恨矣。昔晉平公令官為鍾,鍾成而示師曠,師曠曰:"鍾音不調。"平公曰:"寡人以示工,工皆以為調,而以為不調,何也?"師曠曰:"使後世無知音者則已,若有知音者,必知鍾之不調。"故師曠之欲善調鍾也,以為後之有知音者也。

三代與我同行,五伯與我齊智。彼獨有聖智之實,我曾無有閭里之聞、窮巷之知者何?彼并身而立節,我誕謾而悠忽。("節、忽"質物合韻)今夫毛牆、西施,天下之美人,若使之銜腐鼠,蒙蝟皮,衣豹裘,帶死蛇,("皮、蛇"歌部)則布衣韋帶之人,過者莫不左右睥睨而掩鼻。嘗試使之施芳澤,正娥眉,設笄珥,衣阿錫,曳齊紈,粉白黛黑,佩玉環,揄步,雜芝若,籠蒙目視,冶由笑,目流眺,口曾撓,奇牙出,靨酺搖,("笑、眺、撓、搖"宵部)則雖王公大人有嚴志頡頑之行者,無不憚悇癢心而悅其色矣。今以中人之才,蒙愚惑之智,被汙辱之行,無本業所脩,方術所務,焉得無有睥[睨](面)掩鼻之容哉!

今鼓舞者,繞身若環,曾撓摩地,扶於猗那,("地、那"歌部)動容轉曲,便嫚擬神,身若秋葯被風,髮若結旌,("神、旌"真耕合韻)騁馳若騖。木熙者,舉梧檟,據句枉,蝯自縱,好茂葉,龍夭矯,燕枝拘,援豐條,("矯、條"宵幽合韻)舞扶疏,("拘、疏"侯魚合韻)龍從鳥集,搏援攫肆,蔑蒙踊躍。且夫觀者莫不為之損心酸足,彼乃始徐行微笑,被衣脩擢。("笑、擢"宵藥通韻)夫鼓舞者非柔縱,而木熙者非眇勁,("縱、勁"東耕合韻)淹浸漬漸靡使然也。

是故生木之長,莫見其益,有時而脩;砥礪礛䃹,莫見其損,有時而薄。藜藿之生,蠕蠕然,日加數寸,不可以為櫨棟;楩柟豫章之生也,七年而後知,故可以為棺舟。夫事有易成者名小,難成者功大。君子脩美,雖未有利,福將在後至。("美、利、至"脂質通韻)故《詩》云:"日就月將,學有緝熙于光明。"("將、明"陽部)此之謂也。

第二十卷　泰族訓

天設日月,列星辰,調陰陽,張四時;日以暴之,夜以息之,風以乾之,雨露以濡之。其生物也,莫見其所養而物長;("養、長"陽部)其殺物也,莫見其所喪而物亡。此之謂神明。("喪、亡、明"陽部)聖人象之,故其起福也,不見其所由而福起;("福、起"職之通韻)其除禍也,不見其所以而禍除。("禍、除"歌魚合韻)遠之則邇,延之則疏;稽之弗得,察之不虛;日計無筭,歲計有餘。("疏、虛、餘"魚部)夫濕之至也,莫見其形而炭已重矣;風之至矣,莫見其象而木已動矣;("重、動"東部)日之行也,不見其移,騏驥倍日而馳,草木為之靡,("移、馳、靡"歌部)縣燧未轉,而日在其前。("轉、前"元部)故天之且風,草木未動而鳥已翔矣;其且雨也,陰曀未集而魚已噞矣,以陰陽之氣相動也。("翔、噞、動"陽東合韻)故寒暑燥濕,以類相從;聲響疾除,以音相應也。("從、應"東蒸合韻)故《易》曰:"鳴鶴在陰,其子和之。"

高宗諒闇,三年不言,四海之内,寂然無聲;一言,聲然大動天下。是以天心吒唵者也。故一動其本而百枝皆應，若春雨之灌萬物也，渾然而流，沛然而施，無地而不澍，無物而不生。故聖人者，懷天心，聲然能動化天下者也。故精誠感於內，形氣動於天，("**內、天**"物真合韻)則景星見，黃龍下，祥鳳至，醴泉出，嘉穀生，河不滿溢，海不溶波。故《詩》云："懷柔百神，及河嶠岳。"逆天暴物，則日月薄蝕，五星失行，四時干乖，晝冥宵光，山崩川涸，冬雷夏霜。("**行、光、霜**"陽部)《詩》曰："正月繁霜，我心憂傷。"("**霜、傷**"陽部)天之與人有以相通也。故國危亡而天文變，世惑亂而虹蜺見，("**變、見**"元部)萬物有以相連，精祲有以相蕩也。("**通、蕩**"東陽合韻)

　　故神明之事，不可以智巧為也，不可以筋力致也。天地所包，陰陽所嘔，雨露所濡，以生萬[殊]①(物)，瑤碧玉珠，翡翠玳瑁，文彩明朗，潤澤若濡，摩而不玩，久而不渝，("**嘔、濡、殊、珠、濡、渝**"侯部)奚仲不能旅，魯般不能造，此之謂大巧。("**造、巧**"幽部)宋人有以象為其君為楮葉者，三年而成。莖柯豪芒，鋒殺顏澤，亂之楮葉之中而不可知也。列子曰："使天地三年而成一葉，則萬物之有葉者寡矣。"夫天地之施化也，嘔之而生，吹之而落，豈此契契哉！故凡可度者，小也；可數者，少也。("**小、少**"宵部)至大非度之所能及也，至眾非數之所能領也。故九州不可頃畝也，八極不可道里也，("**畝、里**"之部)大山不可丈尺也，江海不可斗斛也。("**尺、斛**"鐸屋合韻)

　　故大人者，與天地合德，日月合明，與鬼神合靈，與四時合信。故聖人懷天氣，抱天心，執中含和，不下廟堂而衍四海，變習易俗，

————————
① 據王念孫説改。

民化而遷善,若性諸己,能以神化也。("善、化"元歌通韻)《詩》云:"神之聽之,終和且平。"("聽、平"耕部)夫鬼神,視之無形,聽之無聲,("神、形、聲"真耕合韻)然而郊天,望山川,("天、川"真文合韻)禱祠而求福,雩兌而請雨,卜筮而決事。("福、雨、事"職魚之合韻)《詩》云:"神之格思,不可度思,矧可射思!"("格、度、射"鐸部)此之謂也。

天致其高,地致其厚,月照其夜,日照其晝,("厚、晝"侯部)陰陽化,列星朗,非有道而物自然。故陰陽四時,非生萬物也;雨露時降,非養草木也;神明接,陰陽和,而萬物生矣。故高山深林,非為虎豹也;大木茂枝,非為飛鳥也;流源千里,淵深百仞,非為蛟龍也。致其高崇,成其廣大,山居木棲,巢枝穴藏,水潛陸行,各得其所寧焉。("藏、行、寧"陽耕合韻)

夫大生小,多生少,("小、少"宵部)天之道也。故丘阜不能生雲雨,滎水不能生魚鼈者,小也。牛馬之氣蒸生蟣虱,蟣虱之氣蒸不能生牛馬。故化生於外,非生於內也。("外、內"月物合韻)夫蛟龍伏寝於淵,而卵剖於陵;騰蛇雄鳴於上風,雌鳴於下風,而化成形,精之至也。故聖人養心,莫善於誠,至誠而能動化矣。

今夫道者,藏精於內,棲神於心,靜漠恬淡,訟繆胸中,("心、中"侵冬合韻)邪氣無所留滯,四枝節族,毛蒸理泄,("滯、泄"月部)則機樞調利,百脉九竅,莫不順比。("利、比"質脂通韻)其所居神者,得其位也,豈節枒而毛脩之哉!聖主在上,廓然無形,寂然無聲,官府若無事,朝廷若無人,無隱士,("事、士"之部)無軼民,無勞役,無冤刑。("形、聲、人、民、刑"耕真合韻)四海之內,莫不仰上之德,象主之指;夷狄之國,("德、國"職部)重譯而至。("指、至"脂質通韻)非戶辨而家說之也,推其誠心,施之天下而已矣。《詩》曰:

"惠此中國,以綏四方。"內順而外寧矣。大王亶父處邠,狄人攻之,杖策而去,百姓攜幼扶老,負釜甑,踰梁山而國乎岐周,(**"老、周"幽部**)非令之所能召也。秦穆公為野人食駿馬肉之傷也,飲之美酒;韓之戰,以其死力報,非券之所[能]責也。密子治亶父,巫馬期往觀化焉,見夜漁者得小即釋之,非刑之所能禁也。孔子為魯司寇,道不拾遺,市買不豫賈,田漁皆讓長,(**"賈、長"魚陽通韻**)而斑白不戴負,非法之所能致也。夫矢之所以射遠貫牢者,弩力也;其所以中的剖微者,(**"牢、微"幽微合韻**)(正)[人]心也。賞善罰暴者,政令也;其所以能行者,精誠也。(**"令、誠"耕部**)故弩雖強,不能獨中;令雖明,不能獨行;(**"強、明、行"陽部**)必自精氣所以與之施道。故攄道以被民,而民弗從者,誠心弗施也。

天地四時,非生萬物也,神明接,陰陽和,而萬物生之。

聖人之治天下,非易民性也,柎循其所有而滌蕩之。(**"性、蕩"耕陽合韻**)故因則大,化則細矣。禹鑿龍門,闢伊闕,決江濬河,東注之海,因水之流也;后稷墾草發菑,糞土樹穀,使五種各得其宜,因地之勢也;湯、武革車三百乘,甲卒三千人,討暴亂,制夏、商,因民之欲也。故能因則無敵於天下矣。

夫物有以自然,而後人事有治也。故良匠不能斲金,巧冶不能鑠木,金之勢不可斲,而木之性不可鑠也。埏埴而為器,窬木而為舟,鑠鐵而為刃,鑄金而為鍾,因其可也。駕馬服牛,令雞司夜,令狗守門,因其然也。民有好色之性,故有大婚之禮;有飲食之性,故有大饗之誼;(**"禮、誼"脂歌合韻**)有喜樂之性,故有鍾鼓筦絃之音;有悲哀之性,故有衰絰哭踊之節。故先王之制法也,因民之所好而為之節文者也。因其好色而制婚姻之禮,故男女有別;因其喜音而正雅頌之聲,故風俗不流;因其寧家室、樂妻子,教之以順,故父子有親；因其喜朋友而教之以悌，故長幼有序。然後脩朝聘以明貴賤，饗飲習射以明長幼，時搜振旅以習用兵也，入學庠序以脩人倫。此皆人之所有於性，而聖人之所匠成也。（"性、成"耕部）

故無其性，不可教訓；有其性，無其養，（"性、養"耕陽合韻）不能遵道。繭之性為絲，然非得工女煮以熱湯而抽其統紀，則不能成絲。（"絲、紀、絲"之部）卵之化為雛，非慈雌嘔煖覆伏，累日積久，（"伏、久"職之通韻）則不能為雛。人之性有仁義之資，非聖王為之法度而教導之，則不可使鄉方。故先王之教也，因其所喜以勸善，因其所惡以禁姦。（"善、姦"元部）故刑罰不用而威行如流，政令約省而化燿如神。故因其性則天下聽從，拂其性則法縣而不用。（"從、用"東部）

昔者，五帝三王之蒞政施教，必用參五。何謂參五？仰取象於天，俯取度於地，中取法於人。（"天、人"真部）乃立明堂之朝，行明堂之令，以調陰陽之氣，而和四時之節，（"氣、節"物質合韻）以辟疾病之菑。俯視地理，以制度量，察陵陸水澤肥墩高下之宜，立事生財，以除饑寒之患。中考乎人德，以制禮樂，行仁義之道，以治人倫而除暴亂之禍。乃澄列金木水火土之性，故立父子之親而成家；別清濁五音六律相生之數，以立君臣之義而成國；察四時季孟之序，以立長幼之禮而成官。此之謂參。制君臣之義，父子之親，夫婦之辨，長幼之序，朋友之際。（"義、辨、際"歌元月通韻）此之謂五。乃裂地而州之，分職而治之，築城而居之，割宅而異之，分財而衣食之，立大學而教誨之，夙興夜寐而勞力之，（"治、異、食、誨、力"之職通韻）此治之紀綱也。然得其人則舉，失其人則廢。堯治天下，政教平，德潤洽，在位七十載，乃求所屬天下之統，令四岳揚側陋。四岳舉舜而薦之堯，堯乃妻以二女，以觀其內；任以百官，以觀其外；

("内、外"物月合韻)既入大麓,烈風雷雨而不迷,乃屬以九子,贈以昭華之玉,而傳天下焉。("子、下"之魚合韻)以為雖有法度,而朱弗能統也。

夫物未嘗有張而不弛、成而不毀者也。("弛、毀"歌微合韻)惟聖人能盛而不衰,盈而不虧。("衰、虧"微歌合韻)神農之初作琴也,以歸神;及其淫也,反其天心。("琴、淫、心"侵部)夔之初作樂也,皆合六律而調五音,以通八風;("音、風"侵部)及其衰也,以沉湎淫康,不顧政治,至於滅亡。("康、亡"陽部)蒼頡之初作書也,以辯治百官,領理萬事,愚者得以不忘,智者得以志遠;("官、忘、遠"陽元合韻)至其衰也,為姦刻偽書,以解有罪,("衰、罪"微部)以殺不辜。("書、辜"魚部)湯之初作囿也,以奉宗廟鮮犠之具,簡士卒,習射御,以戒不虞;("具、御、虞"侯魚合韻)及至其衰也,馳騁獵射,以奪民時,罷民之力。("時、力"之職通韻)堯之舉禹、契、后稷、皋陶,政教平,姦宄息,獄訟止而衣食足,賢者勸善而不肖者懷其德;("息、德"職部)及至其末,朋黨比周,各推其與,廢公趨私,外内相推舉,姦人在朝,而賢者隱處。("與、舉、處"魚部)故《易》之失也卦,《書》之失也敷,《樂》之失也淫,《詩》之失也辟,《禮》之失也責,《春秋》之失也刺。("辟、責、刺"錫部)

天地之道,極則反,盈則損。("反、損"元文合韻)五色雖朗,有時而渝;茂木豐草,有時而落。物有降殺,不得自若。("落、若"鐸部)故聖人事窮而更為,法弊而改制,("為、制"歌月通韻)非樂變古易常也,將以救敗扶衰,黜淫濟非,("衰、非"微部)以調天地之氣,順萬物之宜也。聖人天覆地載,日月照,陰陽調,四時化,萬物不同,("調、同"幽東合韻)無故無新,無疏無親,故能法天。("新、親、天"真部)

天不一時，地不一利，人不一事，("時、事"之部)是以緒業不得不多端，趨行不得不殊方。("端、方"元陽合韻)五行異氣而皆適調，六藝異科而皆同道。("調、道"幽部)溫柔惠良者，《詩》之風也；淳龐敦厚者，《書》之教也；("厚、教"侯宵合韻)清明條達者，《易》之義也；恭儉尊讓者，《禮》之為也；寬裕簡易者，《樂》之化也；刺幾辯義者，《春秋》之靡也。("義、為、化、靡"歌部)故《易》之失鬼，《樂》之失淫，《詩》之失愚，《書》之失拘，("愚、拘"侯部)《禮》之失忮，《春秋》之失訾。("忮、訾"支部)六者，聖人兼用而財制之。

失本則亂，得本則治，其美在調，其失在權。水火金木土穀，異物而皆任；規矩權衡準繩，異形而皆施；丹青膠漆不同而皆用，各有所適，物各有宜。("施、宜"歌部)輪員輿方，轅從衡橫，("方、橫"陽部)勢施便也。驂欲馳，服欲步，帶不猒新，鉤不猒故，("步、故"鐸魚通韻)處地宜也。《關雎》興於鳥，而君子美之，為其雌雄之不乖居也；《鹿鳴》興於獸，君子大之，取其見食而相呼也；("居、呼"魚部)泓之戰，軍敗君獲，而《春秋》大之，取其不鼓不成列也；宋伯姬坐燒而死，《春秋》大之，取其不踰禮而行也。成功立事，豈足多哉？方指所言，而取一槩焉爾。("言、焉"元部)

王喬、赤松，去塵埃之間，離羣慝之紛，("間、紛"元文合韻)吸陰陽之和，食天地之精，呼而出故，吸而入新，("精、新"耕真合韻)躁虛輕舉，乘雲遊霧，("故、舉、霧"魚侯合韻)可謂養性矣，而未可謂孝子也；周公誅管叔、蔡叔，以平國弭亂，可謂忠臣也，而未可謂弟也；湯放桀，武王誅紂，以為天下去殘除賊，可謂惠君，而未可謂忠臣矣；樂羊攻中山，未能下，中山烹其子，而食之以示威，可謂良將，而未可謂慈父也。故可乎可，而不可乎不可；不可乎不可，而可乎可。舜、許由異行而皆聖，伊尹、伯夷異道而皆仁，箕子、比干異趄而皆賢。("**聖、仁、賢**"耕真合韻)故用兵者,或輕或重,或貪或廉,此四者相反而不可一無也。輕者欲發,重者欲止,貪者欲取,廉者不利非其有。("**止、有**"之部)故勇者可令進鬬,而不可令持牢;重者可令埴固,而不可令淩敵;貪者可令進取,而不可令守職;廉者可令守分,而不可令進取;信者可令持約,而不可令應變。五者相反,聖人兼用而財使之。

夫天地不包一物,陰陽不生一類,("**物、類**"物部)海不讓水潦以成其大,山不讓土石以成其高。夫守一隅而遺萬方,取一物而棄其餘,則所得者鮮,而所治者淺矣。("**鮮、淺**"元部)

治大者,道不可以小;地廣者,制不可以狹;位高者,事不可以煩;民眾者,教不可以苛。("**煩、苛**"元歌通韻)夫事碎,難治也;法煩,難行也;求多,難贍也。寸而度之,至丈必差,銖而稱之,至石必過。("**差、過**"歌部)石秤丈量,徑而寡失;簡絲數米,煩而不察。故大較易為智,曲辯難為慧。("**失、察、慧**"質月合韻)故無益於治而有益於煩者,聖人不為;無益於用而有益於費者,智者弗行也。故功不猒約,事不猒省,求不猒寡。功約,易成也;("**功、成**"東耕合韻)事省,易治也;("**事、治**"之部)求寡,易贍也。眾易之,於以任人,易矣。孔子曰:"小辯破言,小利破義,小藝破道,小見不達,達必簡。"("**言、義、達、簡**"元歌月通韻)

河以逶蛇故能遠,山以陵遲故能高,陰陽無為故能和,道以優遊故能化。("**遠、和、化**"元歌通韻)夫徹於一事,察於一辭,審於一技,可以曲說而未可廣應也。("**事、辭、應**"之蒸通韻)蓼菜成行,甂甌有蕒,秤薪而爨,數米而炊,可以治小而未可以治大也;("**爨、炊、大**"元歌月通韻)員中規,方中矩,動成獸,止成文,可以愉舞,("**矩、舞**"魚部)而不可以陳軍。("**文、軍**"文部)滌盃而食,洗爵而飲,盥而後饋，可以養少，而不可以饗眾。

今夫祭者，屠割烹殺，("祭、殺"月部)剝狗燒豕，調平五味者，庖也；陳簠簋，列樽俎，設邊豆者，("簋、俎、豆"幽魚侯合韻)祝也；("庖、祝"幽覺通韻)齊明盛服，淵默而不言，神之所依者，尸也。("依、尸"微脂合韻)宰祝雖不能，尸不越樽俎而代之。("能、代"之部)故張瑟者，小絃急而大絃緩；立事者，賤者勞而貴者逸。舜為天子，彈五絃之琴，謌《南風》之詩，而天下治。("子、詩、治"之部)周公脂臑不收於前，鐘鼓不解於懸，("前、懸"元部)而四夷服。趙政晝決獄而夜理書，御史冠蓋接於郡縣，覆稽趀留，戍五嶺以備越，築脩城以守胡，然姦邪萌生，盜賊羣居，("胡、居"魚部)事愈煩而亂愈生。故法者，治之具也，而非所以為治也，而猶弓矢，中之具，而非所以中也。黃帝曰："芒芒昧昧，因天之威，與元同氣。"("昧、氣"物部)故同氣者帝，同義者王，同力者霸，無一焉者亡。("王、亡"陽部)故人主有伐國之志，邑犬羣嘷，雄雞夜鳴，庫兵動而戎馬驚。("鳴、驚"耕部)今日解怨偃兵，家老甘臥，巷無聚人，妖菑不生，("人、生"真耕合韻)非法之應也，精氣之動也。("應、動"蒸東合韻)故不言而信，不施而仁，("信、仁"真部)不怒而威，是以天心動化者也。施而仁，言而信，("仁、信"真部)怒而威，是以精誠感之者也。施而不仁，言而不信，("仁、信"真部)怒而不威，是以外貌為之者也。故有道以統之，法雖少，足以化矣；無道以行之，法雖眾，足以亂矣。("化、亂"歌元通韻)

治身，太上養神，其次養形。("身、神、形"真耕合韻)治國，太上養化，其次正法。神清志平，百節皆寧，("平、寧"耕部)養性之本也；肥肌膚，充腸腹，供嗜欲，養生之末也。民交讓爭處卑，委利爭受寡，力事爭就勞，日化上遷善，而不知其所以然，此治之上也。利賞而勸善，畏刑而不為非，法令正於上，而百姓服於下，此治之末也。上世養本而下世事末，此太平之所以不起也。夫欲治之主不世出，而可與興治之臣不萬一；("出、一"物質合韻)以[不]萬一求不世出，此所以千歲不一會也。("出、會"物月合韻)

水之性，淖以清。("性、清"耕部)窮谷之汙，生以青苔，("汙、苔"魚之合韻)不治其性也。掘其所流而深之，茨其所決而高之，使得循勢而行，乘衰而流，雖有腐髊流漸，弗能汙也。其性非異也，通之與不通也。風俗猶此也。誠決其善志，防其邪心，啟其善道，塞其姦路，與同出一道，則民性可善而風俗可美也。所以貴扁鵲者，非貴其隨病而調藥，貴其擪息脈血，知病之所從生也。所以貴聖人者，非貴隨罪而鑒刑也，貴其知亂之所由起也。若不脩其風俗，而縱之淫辟，乃隨之以刑，繩之以法，雖殘賊天下，弗能禁也。

禹以夏王，桀以夏亡；湯以殷王，紂以殷亡；("王、亡、王、亡"陽部)非法度不存也，紀綱不張，風俗壞也。("存、壞"文微通韻)三代之法不亡而世不治者，無三代之智也。六律具存而莫能聽者，無師曠之耳也。("治、智、耳"之支合韻)故法雖在，必待聖而後治；("在、治"之部)律雖具，必待耳而後聽。故國之所以存者，非以有法也，以有賢人也；其所以亡者，非以無法也，以無聖人也。

晉獻公欲伐虞，宮之奇存焉，為之寢不安席，食不甘味，而不敢加兵焉。賂以寶玉駿馬，宮之奇諫而不聽，言而不用，越疆而去。荀息伐之，兵不血刃，抱寶牽馬而去。故守不待渠壍而固，攻不待衝降而拔，得賢之與失賢也。故臧武仲以其智存魯，而天下莫能亡也；("魯、亡"魚陽通韻)璩伯玉以其仁寧衛，而天下莫能危也。("衛、危"月歌通韻)《易》曰："豐其屋，蔀其家，窺其戶，("家、戶"魚部)閴其無人。"無人者，非無眾庶也，言無聖人以統理之也。

民無廉耻,不可治也;("**耻、治**"之部)非脩禮義,廉耻不立。民不知禮義,法弗能正也;非崇善廢醜,不向禮義。無法不可以為治也,不知禮義不可以行法。法能殺不孝者,而不能使人為孔曾之行;法能刑竊盜者,("**孝、盜**"宵部)而不能使人為伯夷之廉。("**行、廉**"陽談合韻)孔子弟子七十,養徒三千人,皆入孝出悌,言為文章,行為儀表,教之所成也。墨子服役者百八十人,皆可使赴火蹈刃,死不還踵,化之所致也。夫刻肌膚,鑱皮革,被創流血,至難也,然越為之,以求榮也。聖王在上,明好惡以示之,經誹譽以導之,親賢而進之,賤不肖而退之,無被創流血之苦,而有高世尊顯之名,民孰不從?

古者法設而不犯,刑錯而不用,非可刑而不刑也。百工維時,庶績咸熙,禮義脩而任賢得也。("**時、熙、得**"之職通韻)故舉天下之高以為三公,一國之高以為九卿,("**公、卿**"東陽合韻)一縣之高以為二十七大夫,一鄉之高以為八十一元士。("**夫、士**"魚之合韻)故知過萬人者謂之英,千人者謂之俊,百人者謂之豪,十人者謂之傑。明於天道,察於地理,通於人情,大足以容眾,德足以懷遠,信足以一異,知足以知變者,("**遠、變**"元部)人之英也。德足以教化,行足以隱義,("**化、義**"歌部)仁足以得眾,明足以照下者,人之俊也。行足以為儀表,知足以決嫌疑,廉可以分財,("**疑、財**"之部)信可使守約,作事可法,出言可道者,人之豪也。守職而不廢,處義而不比,見難不苟免,("**廢、免**"月元通韻)見利不苟得者,人之傑也。英俊豪傑,各以小大之材處其位,得其宜,由本流末,以重制輕,上唱而民和,上動而下隨,("**傑、宜、末、和、隨**"月歌通韻)四海之內,一心同歸,("**内、歸**"物微通韻)背貪鄙而向義理,其於化民也,若風之搖草木,無之而不靡。

今使愚教知，使不肖臨賢，雖嚴刑罰，民弗從也。小不能制大，弱不能使強也。（"從、強"東陽合韻）故聖主者舉賢以立功，不肖主舉其所與同。（"功、同"東部）文王舉太公望、召公奭而王，桓公任管仲、隰朋而霸，（"王、霸"陽鐸通韻）此舉賢以立功也。夫差用太宰嚭而滅，秦任李斯、趙高而亡，此舉所與同。（"功、同"東部）故觀其所舉，而治亂可見也；察其黨與，（"舉、與"魚部）而賢不肖可論也。（"見、論"元文合韻）

夫聖人之屈者，以求伸也；枉者，以求直也。故雖出邪辟之道，行幽昧之塗，將欲以直大道，成大功，猶出林之中不得直道，拯溺之人不得不濡足也。伊尹憂天下之不治，調和五味，負鼎俎而行，五就桀，五就湯，（"行、湯"陽部）將欲以濁為清，以危為寧也。（"清、寧"耕部）周公股肱周室，輔翼成王，管叔、蔡叔奉公子祿父而欲為亂，周公誅之以定天下，緣不得已也。管子憂周室之卑，諸侯之力征，夷狄伐中國，民不得寧處，故蒙耻辱而不死，將欲以憂夷狄之患，平夷狄之亂也。（"患、亂"元部）孔子欲行王道，東西南北七十說而無所偶，故因衛夫人、彌子瑕而欲通其道。（"道、偶、道"幽侯合韻）此皆欲平險除穢，由冥冥至炤炤，動於權而統於善者也。夫觀逐者於其反也，而觀行者於其終也。故舜放弟，周公殺兄，猶之為仁也；文公樹米，（"弟、米"脂部）曾子架羊，（"兄、羊"陽部）猶之為知也。

當今之世，醜必託善以自為解，邪必蒙正以自為辟。（"解、辟"支錫通韻）遊不論國，仕不擇官，行不辟汙，曰伊尹之道也。分別爭財，親戚兄弟搆怨，骨肉相賊，（"財、賊"之職通韻）曰周公之義也。（"怨、義"元歌通韻）行無廉耻，辱而不死，（"耻、死"之脂合韻）曰管子之趨也。行貨賂，趨勢門，立私廢公，比周而取容，（"公、容"東部）曰孔子之術也。此使君子小人紛然殽亂,莫知其是非者也。故百川並流,不注海者不為川谷；趣行蹐馳,不歸善者不為君子。故善言歸乎可行,善行歸乎仁義。

田子方、段干木輕爵祿而重其身,不以欲傷生,不以利累形；("**身、生、形**"真耕合韻)李克竭股肱之力,領理百官,輯穆萬民,使其君生無廢事,死無遺憂,此異行而歸於善者。張儀、蘇秦,家無常居,身無定君,("**秦、君**"真文合韻)約從橫之事,為傾覆之謀,("**事、謀**"之部)濁亂天下,橈滑諸侯,使百姓不遑啟居,("**侯、居**"侯魚合韻)或從或橫,或合眾弱,或輔富強,("**橫、強**"陽部)此異行而歸於醜者也。故君子之過也,猶日月之蝕,何害於明？小人之可也,猶狗之晝吠,鴟之夜見,何益於善!("**可、吠、見、善**"歌月元通韻)

夫知者不妄發,擇善而為之,計義而行之,故事成而功足賴也,身死而名足稱也。("**行、稱**"陽耕合韻)雖有知能,必以仁義為之本,然後可立也。知能蹐馳,百事並行,聖人一以仁義為之準繩,中之者謂之君子,弗中者謂之小人。君子雖死亡,其名不滅；小人雖得勢,("**滅、勢**"月部)其罪不除。("**亡、除**"陽魚通韻)使人左據天下之圖而右刎喉,愚者不為也,身貴於天下也。死君親之難,視死若歸,義重於身也。天下,大利也,比之身則小；身,所重也,比之義則輕；義,所全也。《詩》曰:"愷悌君子,求福不回。"言以信義為準繩也。

欲成霸王之業者,必得勝者也；能得勝者,必強者也；能強者,必用人力者也；能用人力者,必得人心者也；能得人心者,必自得者也。("**勝、力、得**"蒸職通韻)故心者,身之本也；身者,國之本也。未有得己而失人者也,未有失己而得人者也。故為治之本,務在寧民；寧民之本,在於足用；足用之本,在於勿奪時；勿奪時之本,在於省事;("**時、事**"之部)省事之本,在於節用;節用之本,在於反性。("**用、性**"**東耕合韻**)未有能摇其本而静其末,濁其源而清其流者也。故知性之情者,不務性之所無以爲;知命之情者,不憂命之所無奈何。("**爲、何**"**歌部**)故不高宫室者,非愛木也;不大鍾鼎者,非愛金也。直行性命之情,而制度可以爲萬民儀。今目悦五色,口嚼滋味,耳淫五聲,七竅交争,以害其性,("**聲、争、性**"**耕部**)日引邪欲而澆其[天和]①(身夫調),身弗能治,奈天下何?("**和、何**"**歌部**)故自養得其節,則養民得其心矣。

所謂有天下者,非謂其履勢位,受傳籍,稱尊號也。言運天下之力,而得天下之心。紂之地,左東海,右流沙,前交趾,("**海、趾**"**之部**)後幽都,師起容關,至蒲水,士億有餘萬,然皆倒矢而射,傍戟而戰。("**關、萬、戰**"**元部**)武王左操黄鉞,右執白旄以麾之,("**鉞、麾**"**月歌通韻**)則瓦解而走,遂土崩而下。("**走、下**"**侯魚合韻**)紂有南面之名,而無一人之德,此失天下也。故桀紂不爲王,湯武不爲放。("**王、放**"**陽部**)周處酆鎬之地,方不過百里,而誓紂牧之野,入據殷國,朝成湯之廟,表商容之閭,封比干之墓,解箕子之囚,乃折枹毁鼓,偃五兵,縱牛馬,挺胸而朝天下,("**野、閭、鼓、馬、下**"**魚部**)百姓謌謳而樂之,諸侯執禽而朝之,("**樂、朝**"**藥宵通韻**)得民心也。闔閭伐楚,五戰入郢,燒高府之粟,破九龍之鍾,鞭荆平王之墓,舍昭王之宫;("**鍾、宫**"**東冬合韻**)昭王奔隨,百姓父兄携幼扶老而隨之,乃相率而爲致勇之寇,皆方面奮臂而爲之鬭。("**寇、鬭**"**侯部**)當此之時,無將卒以行列之,各致其死,却吴兵,復楚地。靈王作章華之台,發乾谿之役,外内搔動,百姓罷弊,弃疾乘民之怨而立公子

---

① 據王念孫説改。

比,百姓放臂而去之,餓於乾谿,食莽飲水,枕塊而死。("水、死"微脂合韻)楚國山川不變,土地不易,民性不殊,昭王則相率而殉之,靈王則倍畔而去之,得民之與失民也。故天子得道,守在四夷;天子失道,守在諸侯。諸侯得道,守在四鄰;諸侯失道,守在四境。故湯處亳七十里,文王處酆百里,皆令行禁止於天下。("里、里、下"之魚合韻)周之衰也,戎伐凡伯于楚丘以歸。("衰、歸"微部)故得道則以百里之地令於諸侯,失道則以天下之大畏於冀州。("侯、州"侯幽合韻)故曰:無恃其不吾奪也,恃吾不可奪。行可奪之道,而非篡弒之行,無益於持天下矣。

凡人之所以生者,衣與食也。今囚之冥室之中,雖養之以芻豢,衣之以綺繡,不能樂也,以目之無見,耳之無聞。穿隙穴,見雨零,則快然而嘆之,況開戶發牖,從冥冥見炤炤乎!從冥冥見炤炤,猶尚肆然而喜,又況出室坐堂見日月光乎!見日月光,曠然而樂,又況登泰山,履石封,以望八荒,視天都若蓋,江河若帶,("蓋、帶"月部)(又況)萬物在其間者乎!其為樂豈不大哉!("間、大"元月通韻)且聾者耳形具而無能聞也,盲者目形存而無能見也。夫言者所以通己於人也,聞者所以通人於己也。瘖者不言,聾者不聞,既瘖且聾,人道不通。("聾、通"東部)故有瘖聾之病者,雖破家求醫,不顧其費。

豈獨形骸有瘖聾哉,心志亦有之。("哉、之"之部)夫指之拘也,莫不事申也;心之塞也,莫知務通也。不明於類也。夫觀六藝之廣崇,窮道德之淵深,("崇、深"冬侵合韻)達乎無上,至乎無下,("上、下"陽魚通韻)運乎無極,翔乎無形,廣於四海,("極、海"職之通韻)崇於太山,富於江河,("山、河"元歌通韻)曠然而通,昭然而明,("通、明"東陽合韻)天地之間,無所繫戾,其所以監觀,豈不大哉！（"間、觀、大"元月通韻）人之所知者淺，而物變無窮，曩不知而今知之，非知益多也，問學之所加也。（"多、加"歌部）夫物常見則識之，嘗為則能之，故因其患則造其備，（"識、能、備"職之通韻）犯其難則得其便。（"難、便"元部）夫以一世之壽，而觀千歲之知，今古之論，雖未嘗更也，其道理素具，可不謂有術乎！人欲知高下而不能，教之用管準則說；欲知輕重而無以，予之權衡則喜；（"以、喜"之部）欲知遠近而不能，教之以金目則（射）快；（"說、快"月部）又況知應無方而不窮哉！犯大難而不懼，見煩繆而不惑，晏然自得，其為樂也，豈直一說之快哉！（"懼、惑、得、樂、快"盍職藥月合韻）

夫道，有形者皆生焉，其為親亦戚矣；享穀食氣者皆受焉，其為君亦惠矣；諸有智者皆學焉，其為師亦博矣。（"戚、惠、博"覺質鐸合韻）射者數發不中，人教之以儀則喜矣，又況生儀者乎！人莫不知學之有益於己也，然而不能者，嬉戲害人也。人皆多以無用害有用，故知不博而日不足。以鑿觀池之力耕，則田野必辟矣；以積土山之高脩隄防，則水用必足矣；以食狗馬鴻鴈之費養士，則名譽必榮矣；以弋獵博奕之日誦詩讀書，[則]聞識必博矣。（"辟、足、博"錫屋鐸合韻）故不學之與學也，猶瘖聾之比於人也。

凡學者能明於天人之分，通於治亂之本，澄心清意以存之，（"分、本、存"文部）見其終始，可謂知略矣。

天之所為，禽獸草木；人之所為，禮節制度，（"木、度"屋鐸合韻）搆而為宮室，制而為舟輿是也。治之所以為本者，仁義也；所以為末者，法度也。凡人之所以事生者，本也；其所以事死者，末也。本末一體也，其兩愛之，性也。先本後末謂之君子，以末害本謂之小人。君子與小人之性非異也，所在先後而已矣。草木，洪者為本而殺者為末；禽獸之性，大者為首而小者為尾。末大於本則折，尾大於要則不掉矣。故食其口而百節肥，灌其本而枝葉美，（"肥、美"微脂合韻）天地之性也。天地之生物也有本末，其養物也有先後，人之於治也，豈得無終始哉！（"治、始"之部）

故仁義者，治之本也。今不知事脩其本，而務治其末，是釋其根而灌其枝也。且法之生也，以輔仁義。今重法而棄義，是貴其冠履而忘其頭足也。故仁義者，為厚基者也，不益其厚而張其廣者毀，不廣其基而增其高者覆。趙政不增其德而累其高，故滅；知伯不行仁義而務廣地，故亡。其《國語》曰："不大其棟，不能任重，（"棟、重"東部）重莫若國，棟莫若德。"（"國、德"職部）國主之有民也，猶城之有基，木之有根；根深即本固，基美則上寧。五帝三王之道，天下之綱紀，治之儀表也。今商鞅之啟塞，申子之三符，韓非之孤憤，張儀、蘇秦之從橫，皆掇取一權、一切之術也，非治之大本，事之恒常，可博內而世傳者也。子囊北而全楚，北不可以為庸；弦高誕而存鄭，誕不可以為常。（"庸、常"東陽合韻）今夫《雅》、《頌》之聲，皆發於詞，本於情，故君臣以睦，父子以親。（"聲、情、親"耕真合韻）故《韶》、《夏》之樂也，聲浸乎金石，潤乎草木，（"石、木"鐸屋合韻）今取怨思之聲，施之於絃管，聞其音者，不淫則悲；淫則亂男女之辯，悲則感怨思之氣，豈所謂樂哉！趙王遷流於房陵，思故鄉，作為山水之謳，聞者莫不殞涕。荊軻西刺秦王，高漸離、宋意為擊筑而謌於易水之上，聞者莫不瞋目裂眦，髮植穿冠。因以此聲為樂而入宗廟，豈古之所謂樂哉！（"廟、樂"宵藥通韻）故弁冕輅輿，可服而不可好也；（"輿、好"魚幽合韻）太羹之和，可食而不可嗜也；（"和、嗜"歌脂合韻）朱絃漏越，一唱而三嘆，可聽而不可快也。（"越、嘆、快"月元通韻）故無聲者，正其可聽者也；（"聲、聽"耕部）

其無味者,正其足味者也。("味、味"物部)呋聲清於耳,兼味快於口,("耳、口"之侯合韻)非其貴也。

故事不本於道德者,不可以為儀;言不合乎先王者,不可以為道;音不調乎《雅》、《頌》者,不可以為樂。故五子之言,所以便說掇取也,非天下之通義也。

聖王之設政施教也,必察其終始;其縣法立儀,必原其本末,不苟以一事備一物而已矣。見其造而思其功,觀其源而知其流,故博施而不竭,彌久而不垢。("流、垢"幽侯合韻)夫水出於山而入於海,稼生於田而藏於倉,聖人見其所生,則知其所歸矣。故舜深藏黃金於嶄巖之山,所以塞貪鄙之心也。儀狄為酒,禹飲而甘之,遂疏儀狄而絕嗜酒,所以遏流湎之行也。師延為平公鼓朝謌北鄙之音,師曠曰:"此亡國之樂也!"大息而撫之,所以防淫辟之風也。故民知書而德衰,知數而厚衰,知券契而信衰,知械機而空衰也。巧詐藏於胸中,則純白不備,而神德不全矣。

瑟不鳴,而二十五絃各以其聲應;("鳴、應"耕蒸合韻)軸不運,而三十輻各以其力旋。("運、旋"文元合韻)絃有緩急小大然後成曲,車有勞軼動靜而後能致遠。使有聲者,乃無聲者也;能致千里者,乃不動者也。故上下異道則治,同道則亂。

位高而道大者從,事大而道小者凶。("從、凶"東部)故小快害義,小慧害道,("義、道"歌幽合韻)小辯害治,苛削傷德。("治、德"之職通韻)大政不險,故民易道;至治寬裕,故下不相賊;至中復素,故民無匿情。商鞅為秦立相坐之法而百姓怨矣,吳起為楚減爵祿之令而功臣畔矣。("怨、畔"元部)商鞅之立法也,吳起之用兵也,天下之善者也。然商鞅以法亡秦,察於刀筆之跡而不知治亂之本也;吳起以兵弱楚,習於行陳之事而不知廟戰之權也。("本、權"文元合韻）晉獻公之伐驪，得其女，非不善也，然而史蘇歎之，（"善、歎"元部）見其四世之被禍也。吳王夫差破齊艾陵，勝晉黃池，非不捷也，而子胥憂之，見其必擒於越也。（"禍、越"歌月通韻）小白奔莒，重耳奔曹，非不困也，而鮑叔、咎犯隨而輔之，知其可與至於霸也。（"莒、輔、霸"魚鐸通韻）句踐棲於會稽，脩政不殆，謨慮不休，知禍之為福也。（"殆、福"之職通韻）襄子再勝而有憂色，畏福之為禍也。故齊桓公亡汶陽之田而霸，知伯兼三晉之地而亡。（"霸、亡"鐸陽通韻）聖人見禍福於重閉之內，而慮患於九拂之外者也。（"內、外"物月合韻）

螾䗪一歲再收，非不利也，然而王法禁之者，為其殘桑也。䅰先稻熟，而農夫耨之，不以小利傷大穫也。（"熟、耨、穫"覺屋鐸合韻）家老異飯而食，殊器而享，子婦跣而上堂，跪而斟羹，（"享、堂、羹"陽部）非不費也，然而不可省者，為其害義也。待媒而結言，聘納而取婦，初綣而親迎，非不煩也，然而不可易者，所以防淫也。使民居處相司，有罪相覺，於以舉姦，非不掇也，然而傷和睦之心，而搆仇讎之怨。故事有鑿一孔而生百隙，樹一物而生萬葉者。所鑿不足以為便，而所開足以為敗；所樹不足以為利，而所生足以為濊。（"敗、濊"月部）愚者或於小利，而忘其大害。（"利、害"質月合韻）昌羊去蚤虱，而人弗席者，為其來蛉窮也。貍執鼠，而不可脫於庭者，為搏雞也。故事有利於小而害於大，得於此而亡於彼者。（"大、彼"月歌通韻）

故行棊者，或食兩而路窮，或予踦而取勝。（"窮、勝"冬蒸合韻）偷利不可以為行，而知術可以為法。故仁知，人材之美者也。所謂仁者，愛人也；所謂知者，知人也。愛人則無虐刑矣，知人則無亂政矣。（"刑、政"耕部）治由文理，則無悖謬之事矣；（"理、事"之部)刑不侵濫,則無暴虐之行矣。上無煩亂之治,下無怨望之心,則百殘除而中和作矣,此三代之所昌。("**行、昌**"陽部)故《書》曰:"能哲且惠,黎民懷之。("**惠、懷**"質微合韻)何憂讙兜,何遷有苗。"("**兜、苗**"侯宵合韻)知伯有五過人之材,而不免於身死人手者,不愛人也;齊王建有三過人之巧,而身虜於秦者,不知賢也。("**人、賢**"真部)故仁莫大於愛人,知莫大於知人,二者不立,雖察慧捷巧,劬祿疾力,不免於亂也。

第二十一卷　要略

夫作為書論者,所以紀綱道德,經緯人事,上考之天,下揆之地,中通諸理。雖未能抽引玄妙之中才,繁然足以觀終始矣。("**事、理、始**"之部)摠要舉凡,而語不剖判純樸,靡散大宗,則為人之惛惛然弗能知也,故多為之辭,博為之說。又恐人之離本就末也。("**說、末**"月部)故言道而不言事,則無以與世浮沉;言事而不言道,則無以與化遊息。故著二十篇,有原道,有俶真,有天文,有地形,有時則,有覽冥,有精神,有本經,("**真、形、冥、經**"真耕合韻)有主術,有繆稱,有齊俗,有道應,("**稱、應**"蒸部)有氾論,有詮言,有兵略,有說山,有說林,有人間,("**言、山、間**"元部)有脩務,有泰族也。("**務、族**"侯屋通韻)

原道者,盧牟六合,混沌萬物,象太一之容,測窈冥之深,以翔虛無之軫。("**深、軫**"侵文合韻)託小以苞大,守約以治廣,使人知先後之禍福,動靜之利害。誠通其志,浩然可以大觀矣。欲一言而寤,則尊天而保真;欲再言而通,則賤物而貴身;欲參言而究,則外欲而反情。("**真、身、情**"真耕合韻)執其大指,以內洽五藏,瀸濇肌膚,被服法則,而與之終身。所以應待萬方,覽耦百變也,若轉丸掌中,足以自樂也。

俶真者,窮逐終始之化,嬴垺有無之精,離別萬物之變,合同死生之形,("**精、形**"耕部)使人知遺物反己,審仁義之間,通同異之理,觀至德之統,知變化之紀,説符玄妙之中,("**統、中**"冬部)通(迴)[迴]造化之母也。("**己、理、紀、母**"之部)

天文者,所以和陰陽之氣,理日月之光,節開塞之時,列星辰之行,知逆順之變,避忌諱之殃,順時運之應,法五神之常,使人有以仰天承順,而不亂其常者也。("**光、行、殃、常、常**"陽部)

地形者,所以窮南北之脩,極東西之廣,經山陵之形,區川谷之居,明萬物之主,知生類之眾,列山淵之數,("**主、數**"侯部)規遠近之路,("**居、路**"魚鐸通韻)使人通迴周備,不可動以物,不可驚以怪者也。("**備、怪**"職之通韻)

時則者,所以上因天時,下盡地力,據度行當,合諸人則,形十二節,以為法式,終而復始,轉於無極,因循倣依,以知禍福,操舍開塞,各有龍忌,發號施令,以時教期,使君人者知所以從事。("**時、力、則、式、始、塞、忌、期、事**"之職通韻)

覽冥者,所以言至精之通九天也,至微之淪無形也,純粹之人至清也,昭昭之通冥冥也。("**天、形、清、冥**"真耕合韻)乃始攬物引類,覽取撟掇,浸想宵類,物之可以喻意象形者,乃以穿通窘滯,("**類、掇、類、滯**"物月合韻)決瀆壅塞,引人之意,繫之無極,("**塞、意、極**"職部)乃以明物類之感,同氣之應,陰陽之合,形埒之朕,("**感、應、朕**"侵蒸合韻)所以令人遠觀博見者也。

精神者,所以原本人之所由生,而曉寤其形骸九竅,取象於天。("**生、天**"耕真合韻)合同其血氣,與雷霆風雨;比類其喜怒,與晝宵寒暑(並明)①。("雨、怒、暑"魚部)審死生之分,別同異之跡,節動靜之機,("分、機"文微通韻)以反其性命之宗,所以使人愛養其精神,撫靜其魂魄,不以物易己,而堅守虛無之宅者也。("魄、宅"鐸部)

本經者,所以明大聖之德,通維初之道,埒略衰世古今之變,以褒先聖之隆盛,而貶末世之曲政也。("盛、政"耕部)所以使人黜耳目之聰明,靜精神之感動,樽流遁之觀,節養性之和,分帝王之操,列小大之差者也。("和、差"歌部)

主術者,君人之事也。所以因作任督責,使群臣各盡其能也。("事、能"之部)明攝權操柄,以制群下,提名責實,考之參伍,所以使人主秉數執要,不妄喜怒也。("下、伍、怒"魚部)其數直施而正邪,外私而立公,使百官條通而輻湊,各務其業,人致其功,此主術之明也。("公、功、明"東陽合韻)

繆稱者,破碎道德之論,差次仁義之分;("論、分"文部)略雜人間之事,總同乎神明之德。("事、德"之職通韻)假象取耦,以相譬喻,斷短為節,以應小具,("耦、喻、具"侯部)所以曲說攻論,應感而不匱者也。

齊俗者,所以一羣生之短脩,同九夷之風[采]②(氣),通古今之論,貫萬物之理,財制禮義之宜,擘畫人事之終始者也。("采、理、始"之部)

道應者,攬掇遂事之蹤,追觀往古之跡,察禍福利害之反,考驗乎老莊之術,而以合得失之勢者也。("術、勢"物月合韻)

---

① 據王念孫說刪。
② 據王念孫說改。

氾論者,所以箴縷縩繺之間,攡搜呝齲之郄也。接徑直施,以推本樸,而兆見得失之變,利病之反,("間、施、變、反"元歌合韻)所以使人不妄沒於勢利,不誘惑於事態,有符曬晱,兼稽時勢之變,而與化推移者也。("變、移"元歌通韻)

詮言者,所以譬類人事之指,解喻治亂之體(也),("指、體"脂部)差擇微言之眇,詮以至理之文,而補縫過失之闕者也。

兵略者,所以明戰勝攻取之數,形機之勢,詐譎之變,體因循之道,操持後之論也。("變、論"元文合韻)所以知戰陣分爭之非道不行也,知攻取堅守之非德不強也。("行、強"陽部)誠明其意,進退左右,("意、右"職之通韻)無所擊危,乘勢以爲資,("危、資"歌脂合韻)清靜以爲常,避實就虛,若驅羣羊,此所以言兵也。("常、羊、兵"陽部)

説山、説林者,所以竅窕穿鑿百事之壅遏,而通行貫扃萬物之窒塞者也。假譬取象,異類殊形,以領理人之意,憿墮結細,說捍搏囷,而以明事埒(事)者也。

人間者,所以觀禍福之變,察利害之反,鑽脉得失之跡,標舉終始之壇也。("變、反、壇"元部)分别百事之微,敷陳存亡之機,("微、機"微部)使人知禍之爲福,亡之爲得,("福、得"職部)成之爲敗,利之爲害也。("敗、害"月部)誠喻至意,則有以傾側偃仰世俗之間,而無傷乎讒賊螫毒者也。

脩務者,所以爲人之於道未淹,味論未深,("淹、深"談侵合韻)見其文辭,反之以清淨爲常,恬惔爲本,則憿墮分學,縱欲適情,欲以偷自佚,而塞於大道也。今夫狂者無憂,聖人亦無憂。聖人無憂,和以德也;狂者無憂,不知禍福也。("德、福"職部)故通而無爲也,與塞而無爲也同,其無爲則同,其所以無爲則異。故爲之浮稱流説，其所以能聽，所以使學者孳孳以自幾也。

泰族者，橫八極，致高崇，上明三光，下和水土，經古今之道，治倫理之序，("土、序"魚部)總萬方之指，而歸之一本，以經緯治道，紀綱王事。乃原心術，理情性，以館清平之靈，澄澈神明之精，("性、靈、精"耕部)以與天和相嬰薄。所以覽五帝三王，懷天氣，抱天心，執中含和，德形於內，以莙凝天地，("和、地"歌部)發起陰陽，序四時，正流方，綏之斯寧，推之斯行，乃以陶冶萬物，遊化羣生，("陽、方、行、生"陽耕合韻)唱而和，動而隨，("和、隨"歌部)四海之內，一心同歸。("內、歸"物微通韻)故景星見，祥風至，黃龍下，鳳巢列樹，麟止郊野。("下、野"魚部)德不內形，而行其法籍，專用制度，("籍、度"鐸部)神祇弗應，福祥不歸，四海弗賓，兆民弗化。("歸、化"微歌合韻)故德形於內，治之大本。此《鴻烈》之《泰族》也。

凡屬書者，所以窺道開塞，庶後世使知舉錯取捨之宜適，外與物接而不眩，內有以處神養氣，宴煬至和，而己自樂所受乎天地者也。故言道而不明終始，則不知所倣依；言終始而不明天地四時，("始、時"之部)則不知所避諱；言天地四時而不引譬援類，則不識精微；言至精而不原人之神氣，("類、氣"物部)則不知養生之機；("依、諱、微、機"微部)原人情而不言大聖之德，則不知五行之差；言帝道而不言君事，("德、事"職之通韻)則不知小大之衰；言君事而不為稱喻，則不知動靜之宜；言稱喻而不言俗變，則不知合同大指；("差、衰、宜、指"歌微脂合韻)已言俗變而不言往事，則不知道德之應；知道德而不知世曲，則無以耦萬方；知氾論而不知詮言，則無以從容；("應、方、容"蒸陽東合韻)通書文而不知兵指，則無以應卒；已知大略而不知譬諭，則無以推明事；知公道而不知人間，則無以應禍福；知人間而不知脩務，則無以使學者勸力。欲強省其辭，覽揔其要，弗曲行區入，則不足以窮道德之意。故著書二十篇，則天地之理究矣，人間之事接矣，帝王之道備矣。("事、福、力、意、備"之職通韻)其言有小有巨，有微有粗，指奏卷異，各有為語。("巨、粗、語"魚部)

今專言道，則無不在焉，然而能得本知末者，其唯聖人也。今學者無聖人之才，而不為詳說，則終身顛頓乎混溟之中，而不知覺寤乎昭明之術矣。今《易》之《乾》、《坤》足以窮道通意也，八卦可以識吉凶、知禍福矣，("意、福"職部)然而伏犧為之六十四變，周室增以六爻，所以原測淑清之道，而攎逐萬物之祖也。("道、祖"幽魚合韻)夫五音之數，不過宮商角徵羽，然而五絃之琴不可鼓也，("數、羽、鼓"侯魚合韻)必有細大駕和，而後可以成曲。今畫龍首，觀者不知其何獸也，("首、獸"幽部)具其形，則不疑矣。今謂之道則多，謂之物則少，謂之術則博，謂之事則淺。推之以論，則無可言者。("淺、言"元部)所以為學者，固欲致之不言而已也。

夫道論至深，故多為之辭以抒其情；萬物至眾，故博為之說以通其意。辭雖壇卷連漫，絞紛遠緩，所以洮汰滌蕩至意，使之無凝竭底滯，捲握而不散也。("漫、緩、滯、散"元月通韻)夫江河之腐胔不可勝數，然祭者汲焉，大也。一盃酒白，蠅漬其中，匹夫弗嘗者，小也。誠通乎二十篇之論，睹凡得要，以通九野，徑十門，外天地，掉山川，("門、川"文部)其於逍遙一世之間，宰匠萬物之形，亦優游矣。若然者，挾日月而不烑，潤萬物而不耗，("烑、耗"宵部)曼兮洮兮，足以覽矣；藐兮浩浩曠曠兮，("覽、曠"談陽合韻)可以游矣。("洮、游"宵幽合韻)

文王之時，紂為天子，賦歛無度，殺戮無止，康梁沉湎，宮中成市，作為炮格之刑，刳諫者，剔孕婦，天下同心而苦之。("子、止、市、婦、苦"之魚合韻)文王四世纍善，脩德行義，處岐周之間，地方不過百里，天下二垂歸之。文王欲以卑弱制強暴，以為天下去殘除賊而成王道，故太公之謀生矣。

文王業之而不卒，武王繼文王之業，用太公之謀，悉索薄賦，躬擐甲胄，以伐無道，而討不義，誓師牧野，以踐天子之位。天下未定，海內未輯，武王欲昭文王之令德，使夷狄各以其賄來貢，遼遠未能至，故治三年之喪，殯文王於兩楹之間，以俟遠方。("喪、方"陽部)武王立三年而崩，成王在襁褓之中，未能用事。("崩、事"蒸之通韻)蔡叔、管叔輔公子祿父，而欲為亂。周公繼文王之業，持天子之政，以股肱周室，輔翼成王。懼爭道之不塞，臣下之危上也，故縱馬華山，放牛桃林，敗鼓折枹，搢笏而朝，以寧靜王室，鎮撫諸侯。成王既壯，能從政事，周公受封於魯，以此移風易俗。孔子脩成康之道，述周公之訓，以教七十子，使服其衣冠，脩其篇籍，故儒者之學生焉。

墨子學儒者之業，受孔子之術，以為其禮煩擾而不悅，厚葬靡財而貧民，[久]服傷生而害事，故背周道而用夏政。("民、政"真耕合韻)禹之時，天下大水，禹身執虆臿，以為民先，剔河而道九歧，鑿江而通九路，辟五湖而定東海。("歧、海"支之合韻)當此之時，燒不暇撌，濡不給扢，死陵者葬陵，死澤者葬澤，故節財、薄葬、閒服生焉。

齊桓公之時，天子卑弱，諸侯力征，南夷北狄，交伐中國，中國之不絕如綫。齊國之地，東負海而北鄣河，("地、河"歌部)地狹田少，而民多智巧。("少、巧"宵幽合韻)桓公憂中國之患，苦夷狄之亂，("患、亂"元部)欲以存亡繼絕，崇天子之位，廣文武之業，故管子之書生焉。

齊景公內好聲色，外好狗馬，獵射亡歸，好色無辨，作為路寢之臺，族鑄大鍾，撞之庭下，郊雉皆呴，一朝用三千鍾贛，梁丘據、子家噲導於左右，故晏子之諫生焉。

晚世之時，六國諸侯，谿異谷別，水絕山隔，各自治其境內，守其分地，握其權柄，擅其政令，("柄、令"陽耕合韻)下無方伯，上無天子，力征爭權，勝者為右，("子、右"之部)恃連與國，約重致，剖信符，結遠援，以守其國家，持其社稷，故縱橫脩短生焉。

申子者，韓昭釐之佐。韓，晉別國也，地墽民險，而介於大國之間。晉國之故禮未滅，韓國之新法重出；先君之令未收，後君之令又下。新故相反，前後相繆，百官背亂，("反、亂"元部)不知所用，故刑名之書生焉。

秦國之俗，貪狼強力，寡義而趨利；可威以刑，而不可化以善；可勸以賞，而不可厲以名；被險而帶河，四塞以為固，地利形便，畜積殷富；孝公欲以虎狼之勢而吞諸侯，故商鞅之法生焉。

若劉氏之書，觀天地之象，通古今之事，權事而立制，度形而施宜，("制、宜"月歌通韻)原道[德]之心，合三王之風，("心、風"侵部)以儲與扈冶，玄眇之中，精搖靡覽，棄其畛挈，斟其淑靜，以統天下，理萬物，應變化，通殊類，非循一跡之路，守一隅之指，拘繫牽連於物，而不與世推移也。故置之尋常而不塞，布之天下而不窕。